Friedrich Gerstäcker

Tahiti

VERO Verlag

Friedrich Gerstäcker

Tahiti

ISBN/EAN: 9783737200554

Auflage: 1

Erscheinungsjahr: 2014

Erscheinungsort: Norderstedt, Deutschland

Hergestellt in Europa, USA, Kanada, Australien, Japan
Vero Verlag in Hansebooks GmbH

Cover: Foto ©Klaus Brüheim / pixelio.de

VERO Verlag

Inhalt

1. Band

Capitel 1

Der Walfischfänger

Von einem leichten Ostpassat getrieben, dazu die Obersegel fest, ja sogar noch mit einem Reef im Kreuzsegel, der vor einigen Abenden hineingenommen, und den man sich gar nicht die Mühe gegeben hatte wieder auszustechen, kam ein schwerfälliges, schmutzig aussehendes Schiff langsam bei dem Winde nach Süden herunter und näherte sich einer, in der Ferne eben sichtbar werdenden kleinen hohen Insel der Cooksgruppe.

Schon die großen fettigen Stellen in den Segeln, auf denen die Leute, nach dem Thranauskochen, beim Reefen allabendlich gelegen, verriethen den Wallfischfänger, hätten ihn nicht auch die, an besonderen Krahnen zu beiden Borden aufgehangenen und noch auf Querstützen über Deck besonders gehaltenen Boote als solchen dargethan. Andere Fahrzeuge besuchten auch selten diese Gewässer und selbst die Wallfischfänger nur in diesen Monaten Januar und Februar, ehe sie wieder mit einbrechendem Frühling nach Norden aufgingen, die einträglichere, wenigstens ergiebigere Jagd der »rechten Wallfische« der der Spermacetis vorzuziehen.

Es war diesmal aber noch ziemlich früh in der Jahreszeit und der Delaware, wie der Wallfischfänger getauft worden, hatte im Anfang beabsichtigt gerade zu Tahiti anzulaufen; durch den starken Ostpassat aber und die klein geführten Segel, wie mit der starken Aequatorialströmung gegen sich zu viel nach Westen versetzt, mußte er erst wieder nach Süden hinunter, etwas mehr in die Region der veränderlichen Winde zu kommen, oder auch vielleicht einen der dann und wann einsetzenden Westwinde zu benutzen, und beschloß jetzt nur die erste in Sicht befindliche Insel anzulaufen, um einige Erfrischungen und vielleicht etwas Holz einzunehmen.

Das Wasser zwischen diesen Inseln ist übrigens, häufiger Riffe wegen, den Schiffen oft gefährlich, und die mit den Localitäten nicht sehr gut vertrauten Fahrzeuge machen, wenn sie in solchen Gruppen nichts zu thun haben, lieber einen ziemlich bedeutenden Umweg, sie zu umgehen, als daß sie sich leichtsinniger Weise hineinwagen. Mit einem Wallfischfänger ist das aber ganz etwas anderes; er versäumt, sobald er sich erst einmal auf seinem Jagdgrund befindet, keine Zeit mehr, denn wenn er segelt, hat er die Möglichkeit eben so auf seiner Seite, daß er von Fischen weg, als ihnen gerade entgegenläuft, und wenn er still liegt, kann er eben so gut eine ganze »school« versäumen, die vielleicht dort vorübergeht wo er hätte sein können, als die auf ihn zukommenden gerade wie auf der Lauer abfangen. Das Ganze ist Glückssache und dem Pirschen auf Rothwild in einem fremden Walde nicht unähnlich. Kommen diese Wallfischfänger also an solche Stellen, so suchen sie, ehe es dunkel wird, hinter irgend eine kleinere Insel oder Riffbank zu laufen, wo sie entweder Ankergrund oder Raum zum Kreuzen haben, und treiben dort die Nacht herum, bis ihnen die aufsteigende Sonne wieder ihre Bahn beleuchtet.

Gerade mit Sonnenuntergang war denn auch der Delaware, bis westlich von Atiu, einer nicht ganz unbedeutenden Insel, gekommen, und der Capitain wäre gern die Nacht vor Anker gegangen, die Stellen aber, die er untersuchte waren überall, bis fast dicht an die schäumenden Riffbänke, so tief, daß er sich nicht der Gefahr aussetzen mochte, so nahe unter dem bösartigen Ufer vielleicht einmal von einem der hier oft sehr rasch eintretenden Weststürme überrascht zu werden. Er ließ also die Segel dicht reefen und kreuzte, (eben nicht zum Vergnügen der Mannschaft, die sechs bis acht Mal in der Nacht mit dem Schiff herum mußte) in Lee der Insel auf und nieder.

Capitain Lewis kümmerte sich übrigens den Henker darum, ob er seinen Leuten damit einen Gefallen that oder nicht – er und sie standen, wie man's am Lande nennen würde – »auf Hofton« mit einander – d. h. er sprach, seit sie das letzte Mal auf den Sandwichsinseln gewesen, wo es zu einigen Auftritten gekommen war, nur höchst höflich mit ihnen und nannte sie, wenn er sie zu einer Arbeit im Einzelnen aufforderte, gewöhnlich Mister, und – if you please –, mit starker Betonung des letzten Wortes, aber mit einem Blick dabei, der deutlich genug sagte: »Wenn Du nicht springst, Canaille, zu thun was ich Dir sage, so laß ich Dich bei den Beinen aufhängen.«

Er, zum Dank dafür, hieß bei den Leuten, statt wie sonst die Capitaine gewöhnlich »den Alten« (the old man) zu nennen, »the old devil« (der alte Teufel); und wußte das auch recht gut, ja es schien ihm ordentlich Spaß zu machen daß er so genannt wurde, und er hatte seiner Mannschaft schon mehrmals versichert, er wolle sich bemühen, seinem Namen keine Schande zu machen; welches Versprechen er auch bis jetzt, so weit es in seinen Kräften stand, redlich gehalten.

2

Die Mannschaft eines Schiffes ist in solchen Fällen übel d'ran — widersetzt sie sich, so ist es Meuterei, und sie wird darnach bestraft, mögen die Leute recht gehabt haben oder nicht, und halten sie, auf der anderen Seite aus bis zum Letzten, und verklagen nachher den Capitain, so ist Zehn gegen Eins zu wetten, daß dieser dennoch Recht bekommt. In sehr vielen Fällen hat er's aber auch, und es giebt wohl auf keinen Fahrzeugen der Welt, Kriegsschiffe vielleicht ausgenommen, toller zusammen gewürfeltes Volk, als auf diesen Wallfischfängern. Ein ordentlicher Matrose geht selten oder nie darauf, es ist meist lauter aufgelesenes Ufervolk, die faul genug sind ihre eigene Arbeit bei Seite zu werfen, und Romantik genug im Kopfe haben, sich von einem »Wallfischzug« ein ganz besonderes Vergnügen und außerdem einen bedeutenden Nutzen zu versprechen. Die guten Leute sehen dann gewöhnlich immer etwas zu spät ein, daß sie sich in der ersten Erwartung jedesmal, und nur zu häufig auch in der anderen getäuscht haben, und sie sind dann eben einmal und nicht wieder Wallfischfänger gewesen, so daß fast jedes neu ausgehende Schiff, die Offiziere ausgenommen, auch eine durchaus neue Besatzung hat.

Schuster und Schneider, besonders die letzteren, sieht man sehr häufig dabei, Tischler und Maurer, Schmiede und Böttcher, Gerber und Cigarrenmacher — Alles wird Wallfischfänger und der Capitain eines solchen Fahrzeugs, der von dem Rheder, sobald er eine volle Besatzung hat und die Jahreszeit gekommen ist, in See hinaus geschickt wird, hat dann oft, wie sich nicht leugnen läßt, eine entsetzliche Zeit dies Volk, von dem er vorher weiß daß es doch nur eine Reise bei ihm aushält — ja schon an den nächsten Plätzen wo er anlegt fortläuft, wenn er ihnen nur Gelegenheit dazu gäbe, so weit einzurichten, daß sie wenigstens erst einmal verstehen lernen was sie nur überhaupt zu thun haben. Dies sie nachher wirklich thun zu machen hat dann schon weniger Schwierigkeiten. Kommen nun ordentliche ruhige Menschen manchmal zwischen diese hinein — d. h. die Mannschaft, denn die Offiziere, vom Bootsteurer aufwärts, bilden ein ganz besonderes, abgeschlossenes Corps — so fühlen sich diese gewöhnlich höchst unglücklich und verwünschen den Augenblick, wo sie sich von der Romantik der Sache bethören ließen — aber leider zu spät, und die viertehalb Jahr, die eine solche Fahrt sehr häufig dauert, werden ihnen zur Hölle.

Doch zurück an Bord unseres Fahrzeugs. Zum Ausschauen auf der Back vorn stand ein junger Mann, dessen edle, fast schöne Gesichtszüge, wie der schlanke schmächtig gebaute Körper wohl passender für einen Salon als das Vorcastle eines Wallfischfängers geschienen hätten. Das volle braune Haar quoll ihm in dichten Massen unter der breiten schottischen, dunkelblauen Mütze vor, und seine reinliche Kleidung selber unterschied ihn auffällig von der übrigen, besonders in diesem Punkt höchst nachlässigen Schaar. Es war ein junger Franzose aus sehr guter Familie, der sich in Boston mehr einer tollen Laune oder ziellosen Reiselust zu Liebe, als aus irgend einer andern Ursache hatte verleiten lassen, an Bord des Delaware eine Reise nach der Südsee mitzumachen, und der jetzt still und brütend nach dem nahen Lande hinüberschaute, das mit dem dunkeln Schatten seiner Palmen in träumerischer Ruhe vor ihm lag.

»Nun René, so in Gedanken?« sagte plötzlich, dicht neben ihm, eine freundliche Stimme und eine Hand berührte leise seine Schulter — »an was denkst Du?«

Der Angeredete fuhr erst wie erschreckt aus seinem Nachdenken empor und schaute sich um, als er aber den Sprechenden erkannte, sagte er rasch und fast erfreut:

»Es ist mir lieb, Adolph, daß du gerade in diesem Augenblick zu mir kommst, ich bin eben mit meinem Entschluß ins Reine gekommen — ich verlasse dies Schiff.«

»Thorheit,« sagte Adolph kopfschüttelnd — »Du kennst die Verhältnisse hier nicht, René. Kämst Du wirklich glücklich an Land, so brauchte der Capitain nur eine unbedeutende Belohnung auf Deinen Fang zu setzen und Du würdest rettungslos ausgeliefert. Ich bin schon früher hier gewesen und habe den Fall zweimal ausgeführt gesehen. Die Eingebornen sind seelensgut, aber wie die Kinder — ein Spielzeug könnte sie zu irgend etwas verführen — sei es nun zum Guten oder zum Bösen.«

»Hab' ich erst festen Boden unter den Füßen, so könnten sie mich nur als Leiche wieder zurückschaffen,« murmelte René mit düsterem Blick und fester Entschlossenheit zwischen den zusammengebissenen Zähnen durch.

»Das wäre Thorheit,« sagte aber sein älterer Freund, ein Landsmann von ihm und jetzt dritter Harpunier auf dem Delaware, der mit René schon in Algier gefochten und in Canada gejagt, und damals Alles versucht hatte ihm einen so tollen Entschluß, wenn auch vergebens, auszureden, als gemeiner Matrose das Leben eines Wallfischfängers zu versuchen. »Du bist noch jung René und das Leben steht

4

Dir weit und freudig offen — hier nun einmal in die Klemme gerathen, bring Dich deshalb nicht gleich um Alles, blos weil es Dir in
den Sinn kommt die Suppe, die Du Dir selber eingebrockt, nicht aus-
essen zu wollen. Ein, höchstens zwei Jahr, und Du bist wieder frei wie
der Vogel in der Luft, und selbst diese Zeit wird Dir dann, so
schmerzvoll und entsetzlich sie Dir jetzt auch scheint, eine freudige,
vielleicht liebere Erinnerung sein, als manche froh und glücklich ver-
lebte Stunde.«

»Ich halt' es nicht aus, Adolph, ich halt' es bei Gott nicht aus«
sagte René kopfschüttelnd — »hier unter dem rohen Volk noch Jahrelang bleiben und an Geist und Körper zu Grunde gehen — ich vermag
es nicht. Du weißt dabei, wie nahe ich zweimal schon daran war mit
dem Capitain selber, der fast schlimmer ist als der Schlimmste seiner
Leute, zusammenzugerathen, und wer schützt mich dann vielleicht
sogar vor seinen rohen Mißhandlungen? Das Resultat bliebe dasselbe,
auch das ertrüge ich nicht, und lieber will ich mein Leben hier wagen,
wo mir noch die Möglichkeit eines Entkommens bleibt, als zuletzt
gezwungen werden dem Capitain vielleicht ein Messer in den Leib zu
rennen und über Bord zu springen. Nein, Adolph, ich bin fest entschlossen« setzte er leise aber mit ruhiger und überzeugter Stimme
hinzu — »die erste Gelegenheit, die sich mir bietet an Land zu kommen, und sollt' ich es schwimmend zu suchen haben, benutz ich, und
die Folgen mögen dann sein wie sie wollen — ich weiß und fühle, daß
mir nichts Schlimmeres begegnen kann, als was ich jetzt in Seelenqual
und innerer Unruhe zu leiden habe.«

»Hol's der Henker«, sagte Adolph nach kurzem Sinnen — »wer
weiß ob ichs nicht an Deiner Stelle, und mit Deinem jungen Blut in
den Adern am Ende auch thäte. Aber wie willst Du an Land kommen?
es ist noch ganz ungewiß ob der alte Teufel ein Boot abschickt Erfrischungen einzunehmen oder nicht, — er traut uns allen mit einander
nicht.«

»Doch« entgegnete ihm René — »ich habe vorher zufällig gehört,
daß unser Boot mit dem ersten Harpunier morgen mit Tagesanbruch
hinüber soll, etwas Brodfrucht und Cocosnüsse abzuholen. Die Gelegenheit will ich jedenfalls benutzen, noch dazu da es uns einen Vorwand giebt, reichliche Kleider mit zu nehmen. — Die Leute haben ja
sonst nichts, sich Kleinigkeiten von den Eingebornen einzutauschen.«

»Und sowie Du im Wald drin bist« sagte Adolph immer noch
kopfschüttelnd, »hetzt der alte Seehund von Harpunier Dir die ganze

5

Einwohnerschaar hinterher — wie willst Du ihnen entgehen? — René, René es ist wahr, das Land liegt wohl verlockend genug vor uns da, und selbst mir zuckt's in den Knochen, einmal frei darauf herumzuspatzieren und von diesem — verdammten Marterkasten loszukommen, aber — ich weiß doch nicht — hast du einmal das Schiff verlaufen und wirst wieder eingefangen, so kommst Du nachher erst in eine Hölle, wenn Du vorher in keiner gewesen bist, und wenn ich ganz aufrichtig sein soll, so glaub' ich nicht daß Du zwei Tage von uns bleibst, ehe sie Dich wieder haben — und die zwei Tage über bist Du dann mehr wie ein gehetzter Wolf als wie ein Mensch.«

»Und es hilft doch Alles Nichts« lächelte René trüb; »ich hab's mir nun einmal in den Kopf gesetzt, und ich führ es auch aus, mag daraus entstehen was da will; schlimmer kann's nicht werden als es schon ist.«

»Doch, doch« sagte Adolph »es kann noch viel viel schlimmer werden, Du hast es noch nicht gesehen, wenn es an Bord eines Schiffes einmal recht schlimm ist,« setzte er schaudernd hinzu — »und ich verlang' es ebenfalls nie, nie wieder zu erleben. Außerdem bist Du der Sprache gar nicht mächtig — wie willst Du Dich den Leuten verständlich machen? René, es geht in der Welt alles nach Eigennutz — bist Du erst einmal älter, wirst Du das auch selber erfahren — und die Eingeborenen hier wissen recht gut, daß sie von einem entlaufenen Matrosen nicht viel Gutes und gar keinen Nutzen zu gewärtigen haben, während ihnen der Capitain eine Masse Sachen geben kann, die für sie und ihr einfaches Leben förmliche Schätze sind.«

»Ich habe Geld bei mir« sagte René rasch — »Peste, ich brauche des alten Schuftes Blutgeld nicht, mir meine Bahn auch im schlimmsten Fall zu erkaufen, wenn es denn nicht anders sein kann.«

»Das ist schon ein sehr sehr großer Vortheil« lächelte Adolph, »und es werden wenig Matrosen von Wallfischfängern weglaufen, die wirklich einen Franc in der Tasche haben, aber der Capitain bleibt immer im Vortheil. — Aexte, Beile, Kattune und Schmuck und besonders Spirituosen sind ihnen weit lieber als Geld, und über derlei Sachen hast Du immer nicht zu verfügen.«

»Vernünftiger Weise magst Du Recht haben, Adolph«, lächelte aber der junge Mann, auf alle diese Argumente — »und ich glaube selbst daß es eine Art verzweifelter Schritte ist, auf einer so kleinen Insel, wie diese zu sein scheint, zu entlaufen — die Möglichkeit ist immer eher da, daß man eingefangen wird.«

»Sag' lieber die Wahrscheinlichkeit« unterbrach ihn Adolph.

»Und meinethalben auch die Wahrscheinlichkeit« murmelte René zwischen den zusammengebissenen Zähnen durch, »ich habe mir aber noch nie etwas so fest vorgenommen gehabt, ohne es durchzuführen, und den Versuch will ich machen, oder darüber zu Grunde gehen!«

»Eh bien« lachte Adolph, »sobald Du einmal so weit gekommen, ist es nicht nöthig mehr darüber zu sprechen. Meine Wünsche für Dein Wohl hast Du übrigens, und ich wollte nur, daß ich Dir in irgend etwas dabei nützlich sein könnte; ich sehe nur noch nicht wie.«

»Wer weiß wie sich das noch Alles machen kann« sagte René — »aber auf dem Quarterdeck werfen sie schon wieder die Falle los — in der Mitternachtswache möcht' ich Dir noch etwas sagen.«

»Ship about« unterbrach ihn hier der eintönige Ruf; die Leute traten sämmtlich an ihre Posten und das Schiff wurde über den anderen Bug gelegt, jetzt wieder vom Lande abhaltend.

Mit der nächsten Morgendämmerung hatten sie die Küste, und zwar eine kleine Art Bai, die von zwei auslaufenden Corallenriffen gebildet wurde, gerade vor sich, und der Ruf des ersten Harpuniers sammelte die Leute in sein Boot; mehre dort schon aufgeschichtete Sachen, Handels- und Tauschartikel für die Eingebornen, wurden hineingelegt — das Boot schwang frei und auf das Wasser nieder, und die Mannschaft legte sich in die Ruder.

»Was sind das für Pakete da vorn?« sagte der Harpunier, als sie eben von Bord abgestoßen waren, »wer hat die eingeworfen?«

»Ein paar Hemden und andere Kleinigkeiten, Mr. Rowsy« erwiederte Einer der Leute — »wir wollten uns auch was von Früchten eintauschen!«

»Und das andere daneben?«

»Dasselbe« erwiederte René, den die Frage anging. Der Harpunier sagte nichts weiter und René warf noch einen verstohlenen Blick nach Bord zurück, wo Adolph stand und ihm zunickte. Er war ihm behülflich gewesen die Sachen rasch, und ohne daß sie an Bord selber etwas davon zu sehen bekamen, in's Boot zu schaffen, der Capitain hätte es sonst unter keiner Bedingung zugelassen, obgleich dies etwas ziemlich gewöhnliches an Bord von Wallfischfängern ist.

In Canoes kamen übrigens keine Indianer ab und ihnen entgegen, obgleich sie mehrere Canoes in der Bai liegen sahen, und nur erst als sie die Corallen-Bank berührten, erschienen oben zwischen den Büschen eine Anzahl Männer und Frauen mit Körben aus Cocosblättern geflochten, in denen sie Früchte und Muscheln trugen, und erst ein Zeichen der Fremden abzuwarten schienen, ehe sie sich ihnen näherten.

Der Harpunier, der sich seit seiner Jugend fast in diesen Meeren herumgetrieben, sprach ihre Sprache ziemlich geläufig, und ein paar freundliche Worte in dieser hatten fast eine zauberhafte Wirkung auf die Schaar. Die, die im Anfang die furchtsamsten gewesen waren, riefen sich erstaunt unter einander zu daß die Fremden Freunde seien, und dieselbe Sprache mit ihnen hätten, und aus allen Büschen und Dickichten brachen sie jetzt heraus, und mischten sich so sorglos und vertrauend wie Kinder zwischen die Leute, befühlten das Zeug ihrer Kleider, lachten über ihre Bärte und Schuhe, und sprangen und sangen, als ob sie schon Jahre lang mit ihnen bekannt gewesen wären.

Der Tauschhandel ging indessen rüstig vor sich; gegen Messer und Tabak, Kattune und Glasperlen brachten sie Massen der herrlichsten Früchte, besonders vortreffliche Orangen und Brodfrucht und während der Harpunier unter einem stattlichen Pandanus saß, die ihm gebrachten Waaren musterte, und bestimmte was er dafür geben wolle, mischten sich die Leute, nur Einen derselben bei dem Boot lassend, ebenfalls unter die Eingebornen, die wenigen Kleinigkeiten die sie mitgebracht, gegen Früchte und Muscheln, hauptsächlich aber die ersten, zu vertauschen.

Diesen Zeitpunkt benutzte René, schnallte sein kleines Bündel, daß er im Anfang vor den Eingeborenen ausgebreitet gehabt, wieder zusammen, und verlor sich damit, ohne daß irgend Jemand auf ihn acht hatte, im Dickicht. Von den Eingeborenen sahen ihn vielleicht Einige, achteten aber nicht auf ihn, und die Leute vom Schiff waren viel zu sehr mit sich selber und ihrer Umgebung beschäftigt, sich nur im mindesten darum zu bekümmern, was Einer der ihrigen that.

Zwei Stunden später etwa, als der Harpunier Alles weggegeben was er mitgebracht, und sein Boot fast gefüllt war mit all den Massen von Sachen die er dafür eingetauscht, rief sein Befehl die Leute wieder zusammen, und er stieg selber ins Boot, an Bord zurückzukehren.

»Wo ist René!« frug er, als er einen Blick über die Mannschaft geworfen.

»René!« tönte der Ruf der Matrosen — »oh René!«

Kein René ließ sich blicken und Niemand wußte was aus ihm geworden, ja ein paar bezweifelten, daß er überhaupt mit an Bord gekommen sei, so wenig hatten sie sich, mit dem Land vor sich, um einander bekümmert. Jedenfalls fehlte aber ein Mann, und der Offizier wußte auch, daß er bei der Herüberfahrt seine volle gewöhnliche Besatzung gehabt.

»Damn it« rief der Harpunier endlich im Boot, in dem er seinen Sitz schon wieder eingenommen, in die Höhe springend — »he has bolted, [A] die Pest über den Hallunken; aber den wollen wir bald wieder haben. Bleibt Ihr hier im Boot bis ich zurückkomme!« rief er dann seinen Leuten zu, und über die Sitze wegspringend, eilte er wieder an Land und wandte sich dort an einen der Eingebornen, der eine Art Oberherrschaft über die Andern auszuüben schien.

»Hallo Freund!« redete er ihn an, »Einer von meinen Leuten ist mir weggelaufen, könnt Ihr ihn wieder fangen, und was wollt Ihr dafür haben?«

»Hat er Gewehr mit?« frug der Alte ziemlich vorsichtig, denn er schien danach den Preis des Einfangens bestimmen zu wollen.

»Nein, kein Schießgewehr, vielleicht nicht einmal ein Messer« lautete die ermuthigende Antwort.

Die Eingebornen fingen jetzt eifrig an unter einander zu verhandeln, und zwar in so rascher und oft eigentümlicher Sprache, daß der Amerikaner selber nicht verstehen konnte was sie mitsammen hatten. Aus ihren Bewegungen wurde es ihm jedoch bald deutlich, denn zwei davon gingen nach einem besondern Theil im Busch und untersuchten hier die Fährten und ihren Gesticulationen nach schien es, als ob der Flüchtige sich dort hinein gewandt habe. Der alte Indianer zeigte sich auch bald erbötig ihm den Mann wieder zu verschaffen; seine Forderung dafür war aber ziemlich bedeutend; er wollte Kattun und Messer, etwas Tabak und in der That ein wenig von Allem haben, und als Jener endlich einwilligte ihm das Alles zu geben, hatte er noch ein Beil und ein Hemd und mehrere andere Kleinigkeiten vergessen.

Der Harpunier wußte übrigens daß sich der Capitain nicht lange hier aufhalten wollte, und wüthend sein würde über die Flucht des

Mannes; er sagte also dem Alten seine sämmtlichen Forderungen zu, vorausgesetzt daß sie mit dem Gefangenen am Ufer wären, sobald sie mit dem Boot und den verlangten Sachen wieder vom Schiff zurück sein könnten.

Dies abgemacht, stieß das Boot augenblicklich vom Lande, die eingetauschten Früchte mit der fatalen Nachricht an Bord zu bringen und den Fanglohn für den Entflohenen herüber zu holen, während die Eingebornen indessen wie Spürhunde den einmal angenommenen Fährten des Flüchtigen nachliefen.

Fußnoten:

[A] Er ist ausgerissen.

Capitel 2

Die Flucht, und welchen Dollmetscher René fand

René war, als er sich nur einmal außer dem Bereich seiner Kameraden sah, so rasch er konnte gerade einem der nächsten Hügel zugeeilt, und das selbst schien mit der Last die er trug gerade kein kleines Unternehmen. Für ein Hemd hatte er sich nämlich vorher ein paar grüne Cocosnüsse und einige Bananen eingetauscht, damit er nicht genöthigt wäre, gleich in den ersten vierundzwanzig Stunden wegen Nahrungsmitteln einen irgendwo gefundenen Versteck zu verlassen, und diese, neben seinen Bündel Kleidern tragend, mußte er sich durch das, manchmal entsetzlich dicke Gebüsch, fortwährend mit dem fatalen Gefühl verfolgt zu werden, Bahn brechen. Er wußte aber was ihm bevorstand, wurde er von den Leuten des Delaware wieder eingefangen, und wollte wenigstens Nichts was in seinen eigenen Kräften stand unversucht lassen, sich so weit als möglich jeder solchen Gefahr zu entziehen. In dieser Absicht arbeitete er sich auch dem höheren Theil der Insel zu, weil er dort erstens den Lagunen aus dem Weg ging, die hier seinen Pfad zu beengen drohten, und dann auch wahrscheinlich in dichtes Buschwerk hineinkam, was von den Eingebornen selber selten betreten wurde.

Als er nur erst einmal hügeligen Boden erreichte, wurde seine Flucht dadurch sehr erleichtert, daß er cultivirtes und eingefenztes, wenn auch durch Unkraut ziemlich arg überwachsenes Land traf. Dort hatte er sich wenigstens durch keine verwachsenen Büsche mehr Bahn zu brechen und konnte sein Terrain ein wenig freier übersehen. Blieb er da in der Nähe, so wuchs auch Frucht genug, ihn ein Jahr im Proviant zu halten; überdies war der ganze Wald voll Früchte, denn die Guiaven standen mit Aepfeln, wenn auch noch nicht vollkommen gereift, förmlich bedeckt. Nur die Cocospalmen reichten nicht so weit hinauf, doch sah er hier in den Feldern eine Masse Wassermelonen, die ihn reichlich dafür entschädigen konnten. Weiter durfte er sich für jetzt aber nicht beladen, denn er trug schon, was er überhaupt tragen konnte, und die Hitze war groß. Die ungewohnte Anstrengung und Aufregung thaten natürlich auch das ihrige dabei.

Durch die Felder ging das auch ganz gut, überhalb diesen wurde das Dickicht aber wieder so schlimm wie es je gewesen, und die Guiavenbüsche schienen hier eine förmliche undurchdringliche Hecke zu bilden, durch die er sich nur gebückt, und sein Gepäck oft nach-

11

schleppend, hindurchdrängen konnte. Nur erst, wo diese endlich aufhörten, und mit ihnen jede Art von Frucht, begannen hohe dunkle Casuarinen, die einen weit bessern Durchgang gewährt haben würden, wären nicht so viele trockene und dürre Aeste von ihnen heruntergefallen gewesen, die sich ihm oftmals wie förmliche Pallisaden entgegenstellten.

Aber er mußte hindurch, und das war ein tüchtiges Wort, ihn alle Schwierigkeiten mit leichtem Muth überwinden zu lassen. Hier wurde der Grund auch steinig, und er fand, als er den höchsten Punkt endlich erreichte, zu seiner Freude einen kleinen felsigen Platz, den er sich selber hätte nicht schöner und passender zu einem Castell ausbauen können, als es hier die Natur für ihn gethan. Zehn Fuß war er dort oben von allen Seiten frei, und das bröcklige Gestein, was den steil auflaufenden Gipfel bildete, konnte ihm im Anfang eben so wohl zum Verbergen, als später, sollte er gefunden werden, als Waffe dienen, auf irgend einen andringenden Feind niederzurollen.

Mit einem förmlichen Triumphruf nahm er von dieser kleinen Festung Besitz, und als er oben seine Last abgeworfen, und sich die nassen Haare aus der Stirn gestrichen hatte, sagte er lächelnd:

»Beim Himmel, mit Adolph hier und zwei guten Gewehren, wollt' ich mir die ganze Besatzung des Delaware vom Leibe und einem förmlichen Sturm abhalten — ha — le Delaware!« unterbrach er sich plötzlich selber überrascht, und fast unwillkürlich trat er hinter einen der Felsstücke, denn als er den ersten Blick nach außen warf sah er, daß er frei über das Meer schauen konnte, und dort lag auch sein altes Schiff so klar und nah vor ihm, daß er die einzelnen Leute an dessen Bord konnte auf- und abgehen sehen. Mit dem Glas mußten sie im Stande sein ihn, sobald er sich nur frei zeigte, vollkommen gut zu unterscheiden. Er überlegte sich jedoch bald, daß sie bis jetzt an Bord noch keine Ahnung von seiner Flucht haben konnten, denn eben kam erst das Boot, dem er entflohen, dorthin zurück, und er konnte selbst erkennen wie die Leute von unten hinauf an Bord kletterten.

Jedenfalls war er also schon vermißt und er mußte darauf gefaßt sein daß ihn die Eingeborenen aufspüren würden, denn mit seiner Ladung hatte er an vielen Stellen eine ziemlich breite und tiefe Fährte zurückgelassen. Die kurze Zeit also die ihm bis dahin blieb, wollte er benutzen sich noch so gut als es eben anging zu befestigen, nachher dem Schicksal und seinem guten Glück das Uebrige zu überlassen. Er war jung und ein Franzose — also weit davon entfernt sich Sorgen vor der Zeit zu machen, überdies hatte er Alles was ihm jetzt bevorstand voraus gewußt und es kam ihm Nichts unerwartet.

Schießwaffen hatte er, zwei kleine Terzerole ausgenommen, keine; außer diesen aber ein langes zweischneidiges schweres Messer in lederner Scheide, wovon er sich die meiste Hülfe versprach, und ein leichtes trotziges fast muthwilliges Lächeln überflog seine schönen Züge, als er die beiden kleinen Pistolen aus der Tasche nahm, und vor sich auf die Steine legte.

»Es sind zwar keine Zweiunddreißigpfünder« sagte er dabei lachend vor sich hin, »und ich weiß in der That nicht einmal ob sie überhaupt losgehen werden, aber sie haben doch Mündungen, und ist den Eingebornen hier schon überhaupt jemals ein solches Instrument wie eine Pistole zu Gesicht gekommen, so müßte ich mich sehr irren, wenn ich nicht glauben sollte die ganze Insel damit von mir abhalten zu können. Kurze Frist werden sie mir aber doch wohl Ruhe lassen, und die will ich denn wenigstens benutzen meinen Körper ein wenig zu restauriren und mit Speise und Trank zu erquicken.«

Und damit schnürte er wohlgemuth seinen Bündel wieder auf, in dem er auch ein kleines Packet mit einem paar Schiffszwiebacken und einem Stück Salzfleisch verborgen hatte, und mit einem Theil von diesem und einigen Bananen, wozu er eine der Cocosnüsse anzapfte und etwas davon trank, seinen allerdings brennenden Durst zu löschen, hielt er eine so vortreffliche und ruhige Mahlzeit, als ob er sich in voller Sicherheit in irgend einem guten Gasthaus befände, und nicht jeden Augenblick fürchten mußte, umstellt und gefangen zu werden.

Die Feinde waren ihm übrigens weit näher als er je vermuthet, denn kaum hatte er sein Mahl beendet, und eben wieder die Cocosnuß an die Lippen gehoben, noch einen letzten Schluck zu thun, als er gar nicht weit von sich entfernt ein Geräusch zu hören glaubte. Er hielt horchend ein — da krachten wahrhaftig wieder die Büsche. Nichtsdestoweniger trank er erst in aller Ruhe, denn er wußte recht gut daß er hier oben in seiner festen Stellung nicht so plötzlich überrascht werden konnte, stellte dann die Nuß vorsichtig und ein paar Steine darum legend, bei Seite, daß sie nicht umfiel und seinen Wasservorrath gleich um die Hälfte verringerte, griff seine beiden Terzerole auf, und schaute dann, hinter irgend einen der größten Steine gedrückt, aufmerksam nach dorthin von woher sich jetzt vorsichtig irgend Jemand zu nähern schien. Es dauerte auch nicht lange, so

13

konnte er schon die bunten Kattunüberwürfe mehrerer Eingeborener erkennen, die langsam und aufmerksam den Boden betrachtend, seinen hinterlassenen Spuren folgten.

Wie viele es waren ließ sich noch nicht erkennen, das blieb sich aber auch gleich; war er erst einmal aufgefunden, so konnten sie, so sie überhaupt feindliche Absichten hatten, leicht Verstärkung holen, und er mußte vor allen Dingen sehen sich auf eine friedliche Art mit ihnen zu verständigen. Die Terzerole konnten ihm aber dabei nur mehr Schaden als Nutzen bringen, und er steckte sie deshalb vorläufig wieder in die Tasche, die Ankunft der Indianer jetzt auf das ruhigste und kaltblütigste erwartend.

Diese ließen ihn auch nicht lange mehr über ihre Absicht im Zweifel. Der Erste der voranging mochte eine gewisse Obergewalt über die Andern haben, denn dicht unter den Steinen, auf denen sie den Flüchtling gar nicht zu vermuthen schienen, sandte er zwei rechts und zwei links ab, zu sehen wohin sich die Spuren etwa den Berg wieder hinunter zögen, während er selber gerade auf den Felsen zukam. René wußte recht gut daß er von diesen fünf Leuten noch weiter keine Gefahr zu fürchten hatte, und doch jedenfalls aufgefunden werden mußte, sich also deshalb aufrichtend, und mit beiden Ellbogen auf einem der vor ihm liegenden Blöcke stützend, sah er erst eine kurze Weile den Mann unten, der auf dem hier steinigen Boden nicht recht mit der Spur einig zu sein schien, lächelnd zu, und sagte dann plötzlich mit lauter Stimme den schon mehrfach gehörten und behaltenen Gruß:

»Joranna-boy!«

Wäre dem Eingebornen, der gebückt und die Augen fest auf den Boden geheftet, fast gerade unter ihm stand, ein grimmer Tausendfuß über den Nacken gelaufen, er hätte nicht rascher und mehr erschreckt in die Höhe und zur Seite springen können, und erst das laute Lachen René's, der auf ihn herunterschaute, als ob Jemand aus dem Fenster einer höheren Etage sieht, brachte ihn wieder ein wenig zu sich. Der erste Schrei, den er aber in voller Ueberraschung ausgestoßen war hinreichend gewesen, seine Gefährten um ihn zu sammeln, und die fünf rothen Burschen, die hier mit so feindseligen Absichten heraufgekommen waren, wußten eigentlich nicht recht wie ihnen geschah, als sie den gerade, von dem sie die grimmigste Gegenwehr erwartet, in der größten Gemütlichkeit vor sich und so friedlich gesinnt fanden, wie sie es nimmer hätten erwarten dürfen.

Erst sahen sie eine ganze Zeitlang schweigend zu ihm empor — es war augenscheinlich, sie mißtrauten noch dem äußeren Ansehn der Dinge — diese Freundlichkeit konnte Maske sein sie plötzlich zu überrumpeln, und obgleich sie bewaffnet waren, d. h. zwei führten Tapa-Hölzer und die andern drei Einer ein Beil und Zweie Messer — und der Weiße unten ihnen die Versicherung gegeben hatte daß der Flüchtling nichts derartiges mitgenommen habe, wußten sie doch nicht welche außerordentlichen Mittel ihm sonst vielleicht zu Gebote stehen möchten ihnen zu schaden. Sie waren allerdings willens die ausgesetzte Belohnung zu verdienen, dachten aber dabei gar nicht daran ihren Leib oder gar ihr Leben irgend einer unnöthigen und zu vermeidenden Gefahr auszusetzen.

René blieb übrigens in seiner nichts weniger als feindlichen Stellung, wobei er sich jedoch wohl gehütet hatte seine Gestalt den Fernröhren des Schiffes preis zu geben, und da die so erstaunten und verdutzten Gestalten der Indianer allerdings komisch genug aussehen mußten, und er sich gar keine Mühe gab sein Lachen zu verbergen, so verlor sich diese Furcht denn auch endlich.

Der Führer sah seine Begleiter erst ganz ernsthaft an, und dann verzog ein breites Grinsen oder Feixen seine sonst gutmüthigen Züge, während sich diese noch eine kleine Weile zu geniren schienen, — endlich mochte ihnen das Komische ihrer Lage aber auch wohl einleuchtend werden. Der Eine schnitt auf einmal ein ganz freundliches Gesicht, und war dann urplötzlich wieder so ernst und finster als vorher, als er aber den Häuptling ansah und dessen ausbrechende Fröhlichkeit bemerkte, glaubte er auch wahrscheinlich dem Anstand volle Genüge geleistet zu haben, und platzte nun auf einmal so rasch und laut heraus, daß sich die Andern ordentlich erschreckt nach ihm umsahen.

»Joranna, Joranna!« rief jetzt der Erste hinauf, dem augenscheinlich ein Stein vom Herzen gefallen schien, da er die Sache sich so friedlich lösen sah — und es zeigte sich jetzt daß er auch etwas gebrochen englisch sprach, wie man fast auf allen diesen Inseln Einzelne findet, die Worte und Redensarten, im Verkehr mit den Fremden, aufgefangen und behalten haben. »Joranna boy! — wie geht's — wie geht's Freund — komm herunter, komm herunter — weißer Mann, Capitain sagt, soll herunterkommen.«

»So?« lachte René in derselben Sprache, — »weißer Mann Capitain sagt also ich soll herunter kommen?«

Der Indianer nickte auf das freundlichste, daß er ihn so gut verstanden hatte, und versicherte, sich zu seinen Begleitern wendend, diesen, daß er die Sache jetzt augenblicklich in Ordnung bringen würde.

»Ja, komm herunter, komm herunter — weißer Mann Capitain sagt« wiederholte er noch einmal, dieses Factum vor allen Dingen außer jeden Zweifel zu stellen.

»Und wenn ich, weißer Mann kein Capitain nun nicht will?« lachte René.

»Nicht will?« rief der Führer der Eingebornen erstaunt aus, und sah den Fremden an; dann aber, denn er konnte in dessen Gesicht immer noch keinen Ernst entdecken, dies ebenfalls für einen guten Spaß desselben haltend, den er zu ihrem eigenen Vergnügen gemacht habe, schaute er sich nach den Andern um, lachte laut auf, und erzählte ihnen mit der größten Freundlichkeit was der Weiße da oben eben so Lustiges gesagt habe.

Die übrigen Eingebornen, die gleich von allem Anfang gar nichts Anderes erwartet hatten, konnten darin aber nicht den mindesten Spaß entdecken, und ein paar, zu diesem Zwecke an den Alten gerichtete Worte machten diesen ebenfalls wieder ernsthaft und ließen ihn doch an die Möglichkeit glauben daß der Fremde am Ende wirklich nicht selber herunterkommen wollte, und ihn da herunter zu holen, war jedenfalls eine mißliche Sache.

»Bah, bah« sagte der Alte jetzt kopfschüttelnd und mit einem Gesicht als ob man einem unartigen Kinde irgend eine Thorheit verweisen wolle »närrisch Ding, närrisch Ding — weißer Mann Capitain guter Mann, verlangen weiter Nichts wie herunterkommen.«

»Was bekommt Ihr dafür mich zu holen?« frug ihn aber René so gerade mitten in alle seine Berechnungen hinein, daß er ihn ganz wieder außer Fassung brachte, und er erst den Weißen, und dann seine Begleiter erstaunt ansah, augenscheinlich unschlüssig ob er diese, etwas indiscrete Frage so geradezu und der Wahrheit gemäß beantworten solle. Er hielt es am Ende für besser es erst mit den Seinen zu berathen; da diese aber nicht das mindeste Bedenken darin fanden seinem Wunsche zu willfahren, wandte er sich wieder zu dem jungen Franzosen und zählte ihm jetzt mit der größten Ernsthaftigkeit alle die Artikel auf die sie bekommen würden, und zwar mit einem Eifer und einer Genauigkeit, als ob das noch ein besonderer Beweggrund für ihn selber sein müsse, jetzt augenblicklich niederzusteigen und ihnen den Besitz aller dieser Herrlichkeiten nicht länger, widerrechtlicher Weise, vorzuenthalten.

Zu ihrem Erstaunen ließ sich aber der Fremde selbst nicht durch die Erwähnung des Handbeils und die fünf Yards rothen Kattun bestechen, sondern blieb nur ruhig und unbeweglich in seiner Stellung. Angenehm war es ihm aber nicht, diese Masse verschiedenartiger Gegenstände aufzählen zu hören, und er konnte daraus nicht allein sehen wie viel dem Harpunier daran gelegen gewesen war ihn wieder zu bekommen, als auch wie sehr schon die Habgier dieser sonst einfachen und gutmüthigen Leute erregt worden, den ausgesetzten Lohn so rasch als möglich zu verdienen. Ueberredung half hier Nichts, so viel sah er recht gut ein, wäre er selbst ihrer Sprache vollkommen mächtig gewesen, und das einzige was sich noch mit ihnen im Guten anfangen ließ, war ihnen an Geld und vielleicht Kleidern gleichen Nutzen zu bieten, wo er dann wieder das zu seinen Gunsten hatte, daß sie bei dessen Annahme ihre Gliedmaßen in keine Gefahr brachten.

»So?« sagte er also, da sie geendet hatten und nun nichts anderes zu erwarten schienen als daß er nach solchen dargelegten Gründen, ihren Beweisen nicht länger werden widerstehen können — »so? — das also hat Euch weißer Mann Capitain Alles geboten, mich einzig und allein wieder unten abzuliefern?«

»Ja Freund — blos unten abzuliefern« lautete die Antwort.

»Todt oder lebendig?« frug aber der junge Mann mit größter Kaltblütigkeit zurück, und erschreckte dadurch den Alten nicht wenig, der jetzt zum ersten Mal an zu begreifen fing, daß der Fremde doch am Ende nicht so ganz gutwillig mit ihnen gehen werde.

»Todt oder lebendig?« wiederholte er erstaunt und versuchte zu lachen, was ihm aber mißglückte — »todt? wir sollen doch weißen Mann nicht todt abliefern — lebendig versteht sich.«

»Und wenn sich nun weißer Mann zur Wehr setzt?« sagte René.

»Zur Wehr setzen?« frug der Alte, der das Wort nicht so recht zu verstehen schien — »zur Wehr setzen?«

»Nun ich meine, wenn weißer Mann unter keiner Bedingung gutwillig mitgehen will und sich vertheidigt« erklärte es ihm der Fremde deutlich genug.

»Aber fünf Yards rothen Kattun — ein Handbeil — zwei Messer« begann der erstaunte Eingeborne alle die Herrlichkeiten wieder aufzuzählen; René aber, dem Nichts daran lag sie nur hinzuhalten, was er mit Leichtigkeit für den ganzen Tag hätte thun können da viele dieser Leute fast gar keinen Begriff von Zeit oder dem Werth derselben haben, unterbrach ihn mitten in der schon gehörten Liste und sagte freundlich, während er eine ganze handvoll Silbergeld aus seiner Tasche nahm und ihnen vorzeigte:

»Was wollt Ihr denn thun, wenn ich Euch nun ebensoviel an baarem Gelde gebe, als Euch weißer Mann Capitain für mich versprochen hat, heh und dann bei Euch bleibe und mit Euch lebe und wohne?«

Das war jedenfalls ein Vorschlag zur Güte, und die Eingeborenen beriethen lange unter sich was sie damit thun sollten; endlich erkundigte sich der Alte näher danach wie viel Geld das eigentlich sei, was er da in der Hand halte. René zählte es über — es waren sechs FünfFrankenthaler und vielleicht zehn Franken an kleiner Münze Geld, was sie hier, in ihrem Verkehr mit Tahiti, recht gut kannten.

Für eine solche Summe wußten sie auch gut genug, daß sie selbst in Papetee ebensoviel an Waaren bekommen könnten als ihnen geboten worden; erstlich aber war der Verkehr mit jenem Platz nicht sehr bedeutend, und dann hatten sie ja auch die Sachen noch nicht hier, während sie dieselben von Bord des Wallfischfängers gleich richtig und ohne weitere Mühe überliefert bekamen.

Die Unterhandlung fiel für den Matrosen ungünstig aus, und der Alte suchte ihn nun, gewissermaßen als Entschuldigung seiner abschlägigen Antwort, und als einziges Motiv ihrer Weigerung, auseinanderzusetzen, wie sich auf dieser Insel Niemand ohne Beistimmung ihres Fua oder Königs von fremden Völkern aufhalten dürfe und daß sie also, wenn sie auch selber wünschten ihn bei sich zu behalten, ihn darin doch nicht unterstützen dürften. »Ja,« setzte dann der Alte mit vieler Aufrichtigkeit und auch gewiß Wahrheit hinzu — »wollten wir jetzt selbst Dein Geld nehmen, und Dich zufrieden lassen, wir könnten Dich doch nicht schützen, und der König würde bald Andere schicken, die Dich trotzdem abholten.«

René sah dies recht gut ein, und beschloß also deshalb mit Sr. Majestät selber zu unterhandeln — wie aber das möglich zu machen? stieg er hinunter, so gab er sich vollkommen in die Gewalt seiner Feinde, und überfielen und banden ihn diese nachher, so konnten sie ihm mit leichter Mühe abnehmen was er bei sich hatte, ohne daß er je im Stande gewesen wäre auch nur eine Centime seines Geldes wieder zu bekommen — und Sr. Majestät zuzumuthen hier oben heraufzuklettern, mit einem entlaufenen Matrosen wegen einiger Thaler zu unterhandeln war doch auch ein wenig viel verlangt. Nichtsdestoweniger beschloß er den Versuch zu machen, denn hinunter wollte er auf keinen Fall eher steigen, bis nicht der Delaware die Insel verlassen hätte. Er bat also den Alten, der überhaupt der Leiter der Schaar zu sein schien, ihn erst noch einmal kurze Zeit hier oben zu lassen, und indessen selber hinunter zu Sr. Majestät zu gehen, oder wenigstens einen von seinen Leuten hinunter zu schicken, der dem König Kunde von seinem Vorschlag brächte, ihn um die Erlaubniß längeren Aufenthaltes auf dieser Insel und Schutz zu bitten, bis sich das fremde Schiff entfernt hätte, wofür er denn seinerseits Willens sei, Sr. Majestät, falls diese ihm seine Sicherheit garantire, zwanzig Fünf-Frankenthaler — ein Capital für diese Menschen — auszuzahlen.

»Ja — sehr gut das,« sagte der Alte nach einer kurzen Pause ernster Ueberlegung — »sehr gut das, weißer Mann nicht Capitain kann mit fu-a sprechen, aber muß hinunter gehn — König nicht heraufkommen hier oben auf Berg — König sehr faul, nicht viel Berge steigen.«

»Ja, ich kann ihm da aber doch nicht helfen,« lachte René — »wenn er die zwanzig großen Stücke Silber verdienen will, muß er auch etwas mehr dafür thun, als blos mit dem Scepter winken. Also marsch Ihr guten Freunde, bringt Sr. Majestät meinen freundlichen Gruß und Handschlag, und meldet ihm, was ich ihm hiemit entbieten lasse. Er soll einen vortrefflichen Vasallen an mir haben, und kann auch, wenn er es nur irgend anzustellen weiß, noch weit mehr Nutzen aus mir ziehen; ich bin gelehrig, und wer weiß ob ich mich nicht selbst ganz vortrefflich zu Schwiegersohn und Nachfolger eignen würde.«

Der Alte verstand sicher nicht die Hälfte von alle dem, was ihm der Fremde da in seinem leichten fröhlichen Muth vorplauderte, soviel aber begriff er, daß er dem König eine gewisse Summe, und zwar eine ziemlich bedeutende bot, ihn frei zu lassen und nicht die mindeste Absicht habe vorher herunter zu kommen. Ging nun der König diese Bedingung ein, so verlor er selber jedenfalls seinen Antheil an dem ausgesetzten Lohne, ging er sie aber nicht ein, so war der ganze Weg doch umsonst gewesen, und es erschien ihm also weit besser gleich das Letztere von vornherein anzunehmen, und den jungen

Burschen, der da oben doch so freundlich lachte, und sich gewiß nicht gegen sie wehren würde, nur vor allen Dingen erst einmal herunterzuholen und mitzunehmen: das Andere konnten sie ja nachher unten ausmachen. Ein paar mit seinen Begleitern rasch gewechselte Worte setzte diese von dem gefaßten Entschluß in Kenntniß, und sich dann wieder zu dem Matrosen wendend, der ihn aufmerksam betrachtete seine Entscheidung zu hören, sagte er mit bedächtiger Stimme, indem er sich das Lendentuch etwas fester anzog und einsteckte, ungefähr in derselben Weise wie Matrosen gewöhnlich, mehr in eine Art Angewohnheit, ihre um die Hüften dicht anschließenden Segeltuchhosen in die Höhe ziehen.

»Ja weißer Mann, Alles recht gut, weißer Mann Capitain hat aber gesagt müssen unten sein, bis Boot mit Kattun und Tabak und Messer und Beil und Hacke und andere Sachen wieder zurückkommt; so steig nur herunter solange, wollen unten erst zu König gehn, und nachher zu weiße Mann Capitain.«

»Ich habe Dir aber schon gesagt, Du etwas harthöriger Bursche Du,« sagte René, fast ungeduldig werdend, »daß ich nicht eher hinunter kommen will, bis ich Sr. Majestät den König dieser vielleicht vereinigten Inseln gesprochen habe — also mache daß Du zu ihm kömmst, je eher er hier ist, desto schneller können wir unsern Handel ins Reine bringen.«

Der Alte aber, ob er dies Letzte nicht recht verstanden, oder für eine Einladung genommen, oder ob er auch vielleicht glaubte es sei jetzt über die Sache genug gesprochen worden, und müsse nun einmal gehandelt werden, kurz er rief seinen Begleitern zwei oder drei Worte mit einem entschiedenen Ton zu, und stieg dann mit weit mehr Entschlossenheit, als er bis jetzt überhaupt gezeigt hatte, die bröcklichen Felsen hinan dem Orte zu, wo der Fremde ihn ruhig erwartend stand.

René hätte ihm mit leichter Mühe einen der schweren nur kaum in der Balance liegenden Steine auf den Kopf rollen können, aber er wollte selber in seinem eigenen Interesse Feindseligkeiten solange als möglich hinausschieben, und solche nur ein letztes, wirklich verzweifeltes Mittel sein lassen. Er behinderte deshalb auch den Alten nicht im Mindesten bei seinem Marsch, und dieser fand sich gleich darauf, vielleicht selbst gegen seine eigene Erwartung, oben auf der kleinen Plattform, neben seinem vermutheten Opfer, während seine vier Begleiter eben bemüht waren ihm langsam zu folgen.

»So,« sagte der Indianer mit freundlichem Kopfnicken, als er endlich neben René stand und eben die Hand ausstreckte ihn auf die Schulter zu klopfen, »so Freund weißer Mann, nun wollen wir —« aber er sprach nichts weiter — nur ein Blick war auf das Terzerol gefallen, das der Weiße ruhig in der Hand hielt, und mit einem Satz der selbst diesen um seine Sicherheit besorgt machte, sprang er von der kleinen Steinveste ab nach der Wurzel eines tiefer liegenden Baumes, und von dieser wieder auf die Erde hinunter, wo er nicht eher stehen blieb, bis er den schützenden Stamm einer Casuarine erreicht hatte, hinter dem vor er jetzt mit den Händen auf das lebhafteste an zu gesticuliren fing, und dabei schrie und tobte, als ob ihm da oben das schmählichste Unrecht geschehen wäre.

Die Anderen warteten natürlich, als sie des Führers Flucht sahen, in ihrer, wie sie glaubten ebenfalls höchst gefährdeten Stellung, gar nicht ab die Ursache so schnellen Rückzugs zu erfragen, sondern folgten nur eben, so rasch sie konnten, dem gegebenen Beispiel des Alten.

Sonderbarer Weise richtete sich aber dieses Zorn keineswegs auf den jungen Mann, sondern nur auf den »weißen Mann Capitain«, der ihn hier unter falscher Vorspiegelung, mit Aussetzung eines weit geringeren Lohnes, auf eine Expedition ausgeschickt hatte, wo er gegen jede Verabredung Waffen, und sogar ihm recht gut bekannte Schießwaffen fand.

»Das sind zwei Handbeile,« rief er heftig, »und zehn Ellen Kattun — zwei fünf,« indem er die eine Hand mit gespreizten Fingern zweimal von sich drückte, — »und vier Messer und zwei zehn Stangen Tabak« — er wiederholte, wie mit sich selber redend, die Bewegung der Hand — »und zwei Hacken, und zwei handvoll Nägel und eine handvoll Knöpfe — weißer Mann Capitain sagt was nicht wahr ist — keine Waffen — puh — was ist das? — kleine blanke Ding da — puff! macht Loch in armen Kanaka.«

»Habe keine Angst wackerer Krieger,« rief ihm René jetzt lachend hinunter, der im Anfang wirklich zu befürchten schien, der Alte müsse bei dem tollen Sprung wenigstens ein paar Beine gebrochen haben — sich übrigens nicht wenig über den Eindruck freute, den seine kleinen Terzerole gemacht hatten — »ich will Euch nicht das mindeste zu Leide thun — ja im Gegentheil, Euer König soll sogar eine von diesen Handkanonen bekommen, falls er auf meine Bedingungen eingeht, und wir werden gewiß nachher in Fried' und Freundschaft zusammen leben, ja uns möglicher Weise noch einige benachbarte Inselgruppen zusammen unterwerfen; aber nun mache auch daß Du Sr. Majestät von meinen Vorschlägen in Kenntniß setzst, würdiger Greis, denn ich sehe schon daß vom Schiff aus wieder ein Boot abgeht, und möchte vorher noch Deine trostbringenden Nachrichten haben.«

Der Alte sah jetzt allerdings selber ein daß hier, mit seinen wenigen Mann und mit Gewalt, Nichts auszurichten war; dann genügte ihm auch der auf das Einfangen des Entlaufenen gesetzte Preis nicht mehr; dieser hatte Schießwaffen und er glaubte von dem »weißen Mann Capitain«, wie er den Harpunierer nannte, vorher erst noch leicht die doppelte Ration herausdingen zu können, noch dazu da er das erst Geforderte so leicht und schnell bewilligt hatte. Da der Weiße übrigens, wie es schien, nicht die geringsten feindlichen Absichten zeigte, und wieder ganz in seine frühere friedliche Stellung zurückgefallen war, kam er auch hinter seinem, in der ersten Geschwindigkeit angenommenen Baume vor, und sich erst kurze Zeit mit seinen Leuten besprechend, wandte er sich dann plötzlich wieder zu dem Flüchtling und sagte:

»Gut, gut — Raiteo will gehn, will mit fu-a sprechen — weißer Mann nicht Capitain bleibt hier so lange — Raiteo kommt wieder — Sonne dort« und er zeigte dabei mit der Hand die Himmelsgegend an, an welcher sich die Sonne befinden würde, wenn er wieder zurückkäme. Damit zog er sich, und ohne weiter eine Antwort abzuwarten, in die Büsche zurück, und wie es schien folgten ihm alle seine Leute; außer Sicht ließ er aber seine sämmtliche Mannschaft auf Wacht und vertheilte sie so, daß sie die Bergkuppe nach allen vier Seiten umgaben, nicht etwa eine Flucht des Weißen von dort zu verhindern, denn das wußte er recht gut, konnten sie nicht, sondern nur genau zu sehen wo er bliebe, falls er den Ort aus freien Stücken verlassen sollte, damit ihnen die neue Arbeit eines Nachspürens erspart würde.

Raiteo, wie er sich selbst genannt, dachte übrigens gar nicht daran Sr. Majestät dem König den ganzen Nutzen dieses Fanges allein zu lassen, und beschloß vor allen Dingen einmal zu sehen, wie viel mehr Belohnung er, dieser neuen Entdeckung nach, aus dem fremden Schiff herauslocken könne. Demzufolge, und da er jetzt selbst durch eine lichte Stelle in den Guiavenbüschen das auf's Neue heranrudernde Boot erkennen konnte, eilte er so rasch er vermochte dem Strand wieder zu, und traf dort mit dem eben auf dem weißen Corallensand auflaufenden Boot fast in ein und derselben Minute ein.

Der Harpunier fluchte übrigens nicht wenig, als er hörte daß die Eingeborenen den Entlaufenen allerdings gefunden, aber noch nicht zum Strand gebracht hätten, und nun erst noch eine neue erhöhte Forderung stellten; er hätte ihnen jetzt gern das sechsfache gegeben, wäre der entlaufene Matrose damit in seinen Händen gewesen, denn der Capitain des Delaware wüthete ordentlich als er die Flucht des Manns und seinen dadurch erzwungenen Aufenthalt vernahm, und gab ihm jede Vollmacht den Burschen, den er exemplarisch zu bestrafen gedachte, wieder in seine Gewalt zu bekommen.

Raiteo sollte aber die Sache nicht mehr allein auszufechten haben, sondern Sr. Majestät, die von dem reichen, für den Flüchtling versprochenen Lohn gehört hatte, mischte sich jetzt selber in das Geschäft, und schien Raiteo mehr als Führer wie Leitenden betrachten zu wollen.

Der Harpunier hatte nun zwar selber schon Raiteo eine Belohnung geboten, wenn er ihn nur zu dem Platz hinbringen wolle wo der Flüchtling sei; Jener schien das aber einestheils nicht gern thun zu mögen, und anderer Seits zeigte dies wieder eine neue Schwierigkeit. Der Harpunier hätte seine Leute entweder zurücklassen oder mitnehmen müssen, und in beiden Fällen konnte es am Ende gar noch einem Andern einfallen, sein Glück ebenfalls in den Wäldern zu versuchen. Nach kurzem Ueberlegen suchte er deshalb die Indianer zu bewegen so rasch als möglich zurückzugehn und den Weißen zu holen, und die Versprechungen die er ihnen dafür machte, ja mehr noch die mitgebrachten Sachen die er ihnen zeigte, und von denen er einiges dem König schon gab, seine Habgier zu reizen, schienen ihm allerdings das günstigste Resultat zu versprechen.

Die Leute waren diesmal in sehr bedeutender Anzahl, sogar mit einer Menge neugieriger Frauen, aufgebrochen den Gefangenen, der solcher Masse nicht hätte widerstehen können, zum Strand zu holen, und jetzt etwa lange genug abwesend daß der Harpunier schon dann und wann nach seiner Uhr sah, und die Zeit zu berechnen anfing, in der sie würden wieder zurück sein können, als Mr. Rowsey plötzlich, sehr zu seinem Erstaunen, ein Zeichen von seinem Schiff erhielt, so rasch er könne an Bord zurückzukommen.

»Was zum Teufel kann nur los sein?« brummte er, als ihn Einer der Leute auf die eben aufsteigende Flagge aufmerksam machte — »Fische bei Gott!« rief er aber, als diese, zum verabredeten Signal, dreimal auf und niedergezogen wurde — »die hätten auch noch ein paar Stunden warten können. An Bord boys, an Bord — rasch an Eure Riemen« — rief er dann seinen Leuten zu, die schnell dem Befehl gehorchten. Er selber blieb noch ein paar Momente wie unschlüssig am Ufer stehen, während sich die zurückgebliebenen Eingeborenen neugierig um ihn sammelten, theils zu erfahren was die Flagge am Schiff bedeuten solle — denn soviel hatten sie schon mit Schiffen verkehrt, zu wissen daß dies etwas Besonderes melden wolle — theils was die Weißen jetzt zu thun beabsichtigten.

Der Harpunier wußte das in der That im Anfang selber nicht — mußten sie jetzt hinter Fischen her, wie es allen Anschein hatte, so konnten ein paar Tage vergehen, ehe sie hierher wieder zurück kamen, und sollte er indessen die für das Einfangen des Mannes bestimmten Güter in den Händen des Königs lassen? That er es nicht, so war es die Frage ob sich die Eingebornen, sobald sie das Schiff absegeln sahen, weiter um den Weißen bekümmern würden, und ließ er die Sachen da, so hieß das ein wenig viel der Ehrlichkeit dieser Leute vertraut, von der er, nach ziemlich langer Erfahrung, in solcher Hinsicht gerade keinen besonderen Begriff zu haben schien. Er entschloß sich aber doch zuletzt dazu, denn eines Theils lag in den mitgebrachten Sachen kein wirklicher Werth, und andern Theils durfte er dann auch darauf rechnen daß die Leute — wenn sie eben nicht mit dem Ganzen durchbrannten — ihr Bestes thun würden sein Vertrauen zu rechtfertigen. Sich also zu dem König wendend sagte er ihm mit kurzen Worten, er müsse jetzt an sein Schiff gehn, er wolle aber den Lohn für das Einfangen des Entlaufenen bei ihm niederlegen, und er verlange dafür von ihm, daß sie den Mann, wenn sie ihn einbrächten — sollte das Schiff noch dort liegen, wo sie es jetzt sähen — augenblicklich in ein Canoe nähmen und an Bord brächten, sollte es aber unter Segel sein, so lange gut verwahrten, bis er selber zurückkäme.

Se. Majestät versprach ihm dafür die Sachen in sein eigenes Haus zu legen, und versicherte den Harpunier es würde Nichts davon kommen, denn sie seien alle Christen und zwei »Mitonares« hier auf der Insel.

Der alte Harpunier schien ihm etwas darauf erwiedern zu wollen, und sah ihn einen Augenblick wie zweifelnd an, endlich aber brummte er nur leise ein paar Worte in den Bart, sprang in sein Boot und schoß gleich darauf, so rasch ihn die mit äußerster Kraft der Leute geführten Riemen [B] bringen konnten, dem, etwa zwei englische Meilen entfernten Schiffe zu, von dessen Gaffel die Flagge noch immer wehte, und dann und wann gezogen wurde — ein Zeichen größter Eile.

Fußnoten:

[B] Riemen, das nautische Wort für die langen Ruder der See- und Wallfischboote.

Capitel 3

Das Mädchen von Atiu

René saß indessen, nachdem ihn die Eingeborenen verlassen, eine ganze Weile sinnend auf den Steinen seines kleinen Fort's, und überlegte was er am Besten thäte — hier auf dieser Stelle bleiben und die Rückkunft der Männer zu erwarten, oder sich vielleicht, mit mehr Vorsicht ein neues Versteck zu suchen, wo er wenigstens bis Dunkelwerden unentdeckt bleiben konnte und dann die ganze Nacht vor sich hatte eine Stelle zu finden seinen Verfolgern zu entgehn oder sie hinzuzögern; er wußte recht gut daß der Capitain des Delaware bald ungeduldig werden würde, wenn er ihn nicht rasch wieder zurückbekäme. Es war überdies auch möglich daß er selber in der Nacht ein Canoe fand mit dem er getrost in See gehen konnte; im Nord-Westen lagen noch mehre Inseln, und selbst die Gefahr der er sich dabei aussetzte, schien ihm nicht halb so groß als die, in der er sich jetzt wirklich befand wieder gefangen genommen und an Bord des Delaware zurückgeschafft zu werden. Er entschloß sich also endlich von dieser Kuppe wieder einer andern Hügelspitze zuzugehn, die er von hier aus gut erkennen konnte; jedenfalls nahm es dann seinen Feinden einige Zeit bis sie ihn wieder fanden, und die Nacht verbarg dann seine Spuren den Verfolgern.

Diesen Versuch mußte er aber bald aufgeben, denn kaum hatte er etwa hundert Schritt den Berg hinunter gethan, so entdeckte sein scharf umherspähendes Auge die Gestalt des dort stationirten Insulaners, der sich allerdings, als er ihn kommen hörte, in das dichte üppige Kraut, was überall den Boden bedeckte, niederdrückte. Er war also umstellt, und es half ihm Nichts seinen Schlupfwinkel zu verändern, denn diese Wachen würden ihm natürlich auf den Fersen gefolgt sein; ja die Möglichkeit lag vor, daß sich seine Feinde, vielleicht zahlreicher als er selber eine Ahnung hatte, hier in den Hinterhalt gelegt, nur eben auf sein Niedersteigen wartend, um ihn dann, in dem dichten Gestrüpp soviel leichter überfallen und binden zu können, und scheu, hinter jedem Stamm einen versteckten, zum Ansprung bereiten Feind vermuthend, das gespannte Terzerol in der Hand, zog er sich rasch aber unbelästigt, wieder zu dem kaum verlassenen Versteck zurück.

»Gut,« murmelte er dabei zwischen den fest zusammengebissenen Zähnen durch, als er zu seiner kleinen Veste zum zweiten Mal aufstieg — »laß sie dann die Folgen nehmen, wenn sie mich mit Gewalt zum Aeußersten treiben wollen; aber lebendig bringen sie mich beim ewigen Gott nicht von diesen Steinen hinunter.«

Er untersuchte jetzt auf das sorgfältigste seine kleinen Terzerole, schraubte die Pistons los und that frisches Pulver wie nachher frische Kupferhütchen auf, und als er sich wenigstens dieser Hülfe versichert und sein Messer gefühlt hatte, ob es ihm locker und zum Griff bequem an der Seite hing, wußte er daß er für den Augenblick nichts weiter thun konnte und warf sich, der Dinge die er doch nicht zu ändern vermochte wartend, auf die Steine nieder, seine Kräfte wenigstens nicht durch unnöthige Anstrengungen vor der Zeit zu erschöpfen.

Er mochte etwa eine halbe Stunde so gelegen haben, als der Lärm der jetzt zu ihm heraufsteigenden Schaar an sein Ohr drang — er horchte einen Augenblick auf und als er die lauten Stimmen einer großen Zahl Menschen deutlich unterschied, blieb er ruhig in seiner Stellung. Er wußte daß sie, mit solchem Geräusch ankommend, ihn nicht überraschen wollten, und daß sich jetzt der entscheidende Augenblick nahe. Er hatte das Boot wieder zurückkommen sehen und erwartete kaum anders, als daß sich der Harpunier selber mit seinen Leuten der Schaar angeschlossen habe.

Diese kam jetzt so rasch und mit solchem Geplapper und Lachen und Schreien näher, daß er sich endlich aufrichten mußte; ein Blick überzeugte ihn aber er habe es nur mit Insulanern und keinem seiner früheren Kameraden zu thun, und mit der Ueberzeugung zog ihm auch wieder neue Hoffnung durch die Seele. Er lehnte sich jetzt in seine frühere Stellung auf den Stein, und als er sich Männer und Frauen in bunter Masse um sich sammeln sah, konnte er selbst ein Lächeln nicht zurückhalten.

»Was für eine herrliche Situation wäre dies jetzt für einen der frommen Missionaire,« murmelte er leise vor sich hin, »für die »Prediger in der Wüste« wie sie sich selber nennen — Kanzel und Auditorium fix und fertig, und welch zahlreiche, bunte Versammlung — wahrhaftig auch Frauen — die lieben Dinger müssen doch überall dabei sein, selbst wenn es gilt einen armen Teufel von Matrosen wieder an seine Henker auszuliefern. Aber, prenez-garde mes dames, noch habt Ihr ihn nicht, und billig sind die zehn Ellen rother Kattun etc. wahrhaftig nicht verdient, wenn Ihr ihn bekommt.«

Die Schaar sammelte sich indessen um den Felsen herum und

obgleich dießmal eine höhere Person als Raiteo, nämlich der Sohn des Königs selber, mitgekommen war, behielt doch jener bei den nachfolgenden Unterhandlungen als Dollmetscher das Wort, und forderte jetzt, augenscheinlich verdrießlich durch die Hartnäckigkeit des Burschen um den, ihm von Gott und Rechts wegen zustehenden Lohn gebracht zu sein, ihn einfach auf herunter zu kommen und mit ihnen zu gehn, weil sie sonst Gewalt brauchen müßten, und ihm nicht gern ein Leides thun wollten. Ihr König erlaube ihm nicht länger hier auf der Insel zu bleiben, also helfe ihm weiter kein Widerstand.

René hatte sich hoch aufgerichtet, die jetzt frisch von der See herüberwehende Brise schlug ihm das dunkle lange Haar wild um die Schläfe, und sein Gesicht war von der inneren Aufregung vollkommen bleich geworden, aber seine Augen funkelten und ein trotziges Lächeln kräuste ihm selbst die Lippe, als er mit lauter herausfordernder Stimme hinunter rief:

»So kommt denn, wenn Ihr den Muth habt mich zu holen — kommt und seht wessen Blut diese Steine zuerst färben soll — kommt und überliefert einen Mann, der Euch nie ein Leides gethan, seinen Feinden, Ihr seid ja am Ende gar Christen und wollt nach Gottes Geboten handeln — kommt, aber ehe ich jenes Schiff wieder lebendig betrete —« er schwieg plötzlich denn sein Auge hatte in diesem Moment fast unwillkürlich das ferne Fahrzeug gesucht, und er sah jetzt zum ersten Mal das von der Gaffel flatternde Zeichen, wie das zu dem Schiff zurückkehrende Boot, ja ein zweiter Blick überzeugte ihn sogar daß nach Westen hin die drei anderen Boote ebenfalls voll unter Segel waren, und die Wahrheit des Ganzen durchzuckte ihn im Nu.

Als die unten Stehenden sahen daß er plötzlich seine Blicke so aufmerksam nach der Richtung hin sandte, wo das Schiff lag, suchten sie ebenfalls dorthin Aussicht zu gewinnen, und zwei junge Leute die rasch eine der Casuarinen erstiegen hatten, riefen bald etwas in ihrer Sprache hinunter. Von den Männern vertheilten sich jetzt mehre nach lichteren Punkten hin, wo sie die See nach dieser Richtung hin besser überschauen konnten, und es zeigte sich gar bald daß etwas Besonderes dort an Bord vorgehen müsse, was für den Augenblick, da es ja auch mit ihren Verhandlungen hier in naher Beziehung stehen mußte, ihre Aufmerksamkeit vollkommen von dem jungen Matrosen ablenkte.

René selber dachte kaum mehr an die Eingeborenen — er sah wie das Boot, das ihn hatte abholen sollen, an Bord des Delaware zurückkehrte, der augenblicklich seine Raaen umbraßte und mit geblähten Segeln den vorangeeilten Booten nach Westen folgte. Jedenfalls hatten sie dort eine große Zahl Fische bemerkt, die ihm sicherlich sehr zu gelegener Zeit aufgekommen waren, und hielt die Jagd nur bis Abend an, daß das Schiff dadurch eine tüchtige Strecke nach Westen versetzt wurde, so war die Frage ob der Capitain seinetwegen hier wieder gegen den Passat ankreuzen würde; jedenfalls behielt er einen, vielleicht mehre Tage Zeit auf Flucht von der Insel zu denken und die Gefahr war wenigstens für den Augenblick von ihm genommen. Daß er die Insulaner jetzt leicht von sich abhalten konnte, daran zweifelte er keinen Augenblick.

Der Erfolg zeigte denn auch daß er darin vollkommen recht gehabt. Die Insulaner, als sie das Schiff unter vollen Segeln die Insel verlassen sahen, wußten nicht recht woran sie waren, und mußten erst wieder einen Boten nach unten schicken, neue Verhaltungsbefehle einzuholen. Allerdings begegnete diesem schon ein Anderer, der ihnen die Ordre brachte den jungen Fremden nur einstweilen einzufangen und mit herunterzunehmen. Das war aber weit eher gesagt als gethan, und kam das Fahrzeug am Ende nachher gar nicht zurück, so mußten sie ihn doch wieder los lassen; da war es also weit vernünftiger ihn jetzt gar nicht zu stören, bis das Schiff wirklich wieder da sei, nachher sei es noch Zeit genug.

Als die Frauen und Mädchen, die dem Zug aus Neugierde gefolgt waren und sich im Anfang, da man noch nicht wußte ob es zu Feindseligkeiten kommen würde, scheu zurück gehalten hatten, nun, wie die Sachen jetzt standen, und daß nicht die mindeste Gefahr zu fürchten sei, sahen, so kamen sie weiter vor, und suchten Plätze zu bekommen, von denen sie den jungen Fremden genau beobachten konnten. Nur ein junges Mädchen allein war schon früher so weit vorgedrungen, daß sie sich dem Umstellten, auf einer anderen kleinen Erderhöhung fast gegenüber befand, und hatte die ganze Zeit keinen Blick von ihm verwandt.

Es war ein junges bildschönes Kind von vielleicht funfzehn oder sechzehn Jahren, schlank gewachsen wie die Palme ihrer Wälder, aber mit vollem runden Gliederbau; die rabenschwarzen mit wohlriechendem Cocosöl getränkten Locken wild um die braune Stirn flatternd, und die schönen großen dunklen Augen halb ängstlich halb mitleidig auf den jungen Mann geheftet, dessen Leben wenn er sich zum äußersten widersetzte, wie sie recht gut wußte, in großer Gefahr schwebte. Sie war nach Art der übrigen Mädchen gekleidet; ein Lendentuch von farbigem Kattun, das ihr bis auf die feingeformten Knie niederging, schloß sich ihr dicht um die Hüften und ein anderes Tuch war nur lose über die linke Schulter gehangen, und auf der rechten mit einem Knoten locker zusammengehalten, daß es den rechten Arm vollkommen nackt und ihm freie Bewegung ließ. In den vollen Locken trug sie einen dünnen Kranz weißer und rother Blüthen, mit den Fasern des Cocosblattes fest zusammengebunden, in den Ohren aber zwei der großen weißen duftenden Sternblumen, und wie sie dort stand auf dem bröcklichen Gestein, um das sich dicht hinter ihr die vollen dunklen Büsche schmiegten, den linken Arm um die dünne Casuarine geschlungen, die sie da oben auf ihrer etwas gefährlichen Stelle stützte, glich sie eher einer lauschend aus dem Dickicht gebrochenen Waldnymphe, als einem einfachen schlichten Kind dieser Inseln.

René war im Anfang natürlich zu sehr mit der Gefahr seiner eigenen Lage beschäftigt gewesen, einzelne Gestalten der ihn umgebenden Insulaner beachten zu können, und vorzüglich hatte er die Männer und ihre Bewegungen im Auge behalten, da er ja auch gar nicht wissen konnte, ob sie nicht einen plötzlichen Angriff auf ihn beabsichtigten; jetzt aber, als sein leichter Sinn ihn rasch über die geringere Gefahr, die ihm von den Insulanern selber drohte, hinwegsetzte, fühlte er mehr das eigenthümliche, ja interessante seiner Lage, und während das Blut in seine Wangen zurückkehrte und ein leichtes Lächeln über seine schönen Züge flog, schaute er sich um nach den einzelnen Gruppen, und sein Blick begegnete zum ersten Mal dem dunklen, brennenden Auge des Mädchens.

Das holde Kind schlug aber, als sie sah daß er sie bemerkt hatte, verschämt den Blick zu Boden, und so zart war die lichtbraune Haut, daß René deutlich darauf das dunkle Erröthen, das ihre Schläfe und Wangen färbte, erkennen konnte; gerade jetzt wurde aber seine Aufmerksamkeit wieder auf die Schaar der Männer gelenkt, die sich ihm näherten und ihn noch einmal frugen, ob er gutwillig zu ihnen hinuntersteigen wolle oder nicht.

»Gewiß!« rief René jetzt freudig, und war es früher schon seine Absicht gewesen, so hatte sie jetzt die Gestalt des holden ihm gegenüber stehenden Kindes nur noch bestärkt — »gewiß will ich hinunter kommen und bei Euch bleiben, aber Ihr müßt mir versprechen daß Ihr mich nicht festhalten oder binden wollt — freiwillig komme ich in

Euere Mitte, und freiwillig werde ich darin bleiben, denn das Schiff, was mich zurück forderte, hat die Insel verlassen nicht wieder zurückzukehren. Wollt Ihr mir also fest und aufrichtig Sicherheit für meine Person versprechen, so steige ich augenblicklich zu Euch nieder, und ich hoffe wir sollen recht gute Freunde zusammen werden. Seid Ihr das zufrieden?«

Die Insulaner, denen Raiteo die Worte des jungen Mannes verdollmetscht hatte, besprachen sich kurze Zeit in lauter, lärmender Stimme miteinander, und dieser wandte sich dann wieder zu ihm und sagte, freundlich dabei mit der Hand winkend:

»Gut, weißer Mann, — a haere mai — sei willkommen und bleib bei uns bis dein Schiff wieder zurück kommt, oder so lange Du willst!«

»Eh bien!« rief der junge Franzose lachend — »das ist ein Vorschlag zur Güte und die Sache löst sich freundlicher als ich erwarten durfte.« Und damit schob er seine Terzerole in die Tasche, drückte sich die Mütze wieder in die Stirn, und wollte sich eben über die Steine, die seine Festungswerke bildeten, hinüberschwingen, als ihn ein Ruf in gutem Englisch plötzlich nicht allein daran verhinderte, sondern auch erstaunt und überrascht aufschauen machte.

Es war das junge holde Mädchen, das, den rechten Arm gegen ihn ausgestreckt, laut und fast ängstlich im reinsten Englisch rief:

»Halt, Fremder — halt — sie sind falsch — sie wollen Dich binden und halten, und dem Schiff, das ihnen das Lösegeld zurückgelassen hat, wieder ausliefern — traue ihnen nicht, und bleibe wo Du bist, bis Dich der König selber seines Schutzes versichert hat.« Dann aber sich gegen die unten Stehenden wendend, unter denen Raiteo die hervorragendste und jedenfalls bestürzteste Persönlichkeit bildete, da er allein zu seinem Schrecken verstanden hatte, wie das junge Mädchen ihre eigenen Landsleute an den Fremden, seiner Meinung nach, verrieth, rief sie mit zürnender fast drohender Stimme in der schönen klangvollen melodischen Sprache ihres Stammes:

»Schäme Dich, ahina [C] — schämt Euch Ihr alle, den armen hutupanutai [D] verrätherisch unter Euch locken und überfallen zu wollen. — Wo sind seine Verwandte — wo seine Eltern — wo seine Geschwister? — weit weit von hier, und um schnöden Lohn drängt es Euch, ihn seinen Feinden zu überliefern, und Ihr nennt Euch Christen? Ihr prahlt damit in den öffentlichen Versammlungen daß Ihr

Euern Nächsten lieben wollt wie Euch selbst, und Anderen nicht das zufügen möchtet, was Euch nicht selbst geschehen solle; schämt Euch in Euere Seele hinein daß Euch ein armes junges Mädchen zurechtweisen und Euere Ehre retten muß vor dem Fremden!«

Kaum aber hatte sie diese Worte gesprochen, und sah wie Aller Blicke auf sie gerichtet waren, als auch die natürliche mädchenhafte Scheu wieder jedes andere Gefühl verdrängte; das Blut schoß ihr in Strömen nach den Schläfen, und die Blicke niederschlagend, als ob sie selber jetzt gerade eine unrechte Handlung gethan, und nicht im Gegentheil Andere von einer solchen zurückgehalten hatte, glitt sie in die sie dicht umschließenden Büsche zurück, und war auch im nächsten Moment hinter dem Felsenhang verschwunden.

René, der dieser so zeitgemäßen Warnung der Jungfrau nach, rasch seine alte Stellung wieder eingenommen hatte, und jetzt mit gezogenen Waffen und finsterem Blick die etwas verlegen unter ihm stehende Schaar betrachtete, konnte an deren ganzem Betragen leicht und deutlich sehen, wie viel Grund zu jener Anschuldigung, die er später mehr in den Blicken des Mädchens gelesen als aus ihren Worten verstanden hatte, vorhanden gewesen. Raiteo besonders, der bei den allsonntäglichen religiösen »meetings« eine Hauptrolle spielte, schien sich über den, ihn am tiefsten verletzenden Vorwurf, schlimm zu ärgern. Die Mädchen und Frauen flüsterten aber lebhaft untereinander, und aus den freundlichen ihm zugeworfenen Blicken durfte René wohl urtheilen daß er den schönen Theil seiner Feinde nicht mehr zu seinen Feinden zählen durfte, und daß dieser vollkommen mit dem Betragen Einer ihrer Schwestern einverstanden sei.

Die Männer beriethen sich indessen eine ganze Zeitlang miteinander, sahen dann wieder nach dem Schiff aus, das mehr und mehr in der Ferne, und zwar nach Westen hin verschwand, und schienen total rathlos zu sein, was sie eigentlich thun sollten. Einen wirklichen Angriff zu machen, dazu fehlte ihnen in diesem Augenblick, wenn auch nicht der Muth, doch jedenfalls, durch das Absegeln des Schiffs, die dringende Ursache, und friedlich nach dem eben stattgehabten Vorfall wieder mit ihm anzuknüpfen, war auch eine schwierige Sache — wer konnte von ihm verlangen daß er nach dem letzten Beispiel ihnen jetzt noch einmal trauen sollte.

So verging der Nachmittag, René beschloß übrigens jetzt weiter Nichts zu unternehmen; war das Schiff erst einmal gänzlich aus Sicht, so ließ sich eher hoffen die Leute zur Vernunft zu bringen, zeigten sie sich aber dann morgen noch eben so hartnäckig, dann wollte er versuchen ein Canoe zu bekommen, und von der Insel zu fliehen, denn er konnte sich nicht verhehlen daß der Delaware, da er, wie ihm das junge Mädchen gesagt, den für sein Einfangen bestimmten Lohn hier zurückgelassen, doch jedenfalls die Absicht haben mußte die Insel, wenn ihm das irgend möglich war, wieder anzulaufen. Das hing indessen noch Alles theils von dem Weg ab den die Fische nahmen, theils ob er an einem oder mehreren festkam, denn so lange er den Fisch langseits hatte, konnte er nicht segeln und trieb immer weiter nach Westen ab.

Indessen stellte sich aber auch bei ihm wieder Hunger und Durst ein, und theils diesen zu befriedigen, theils den Insulanern unten zu zeigen daß er nicht die mindeste Furcht und noch ganz guten Appetit habe, setzte er sich oben auf seine Befestigungswerke und begann seine etwas hinausgeschobene Mahlzeit nach Kräften zu halten.

Erst als es Abend wurde verließen ihn die Insulaner, und zwar ohne weiter mit ihm zu unterhandeln, bis auf den letzten Mann, und seine einzige Sorge war jetzt daß sie ihn in der Nacht, wenn er eingeschlafen wäre, überrumpeln möchten. Diesem zu begegnen, und da der Feind wahrscheinlich einen solchen Versuch erst spät machen und nicht glauben würde daß er sich gleich nach Dunkelwerden niederlegen werde, beschloß er, trotz der ihn umgebenden Gefahr, gerade jetzt ein paar Stunden zu schlafen um nachher desto munterer zu sein, denn ohne alle Rast wußte er recht gut daß er es nicht aushalten könne. Ueberdieß fürchtete er mehr als alles Andere, seinem Körper gleich im Anfang zu viel zuzumuthen, da er ja nicht wissen konnte welche Strapatzen und Gefahren er überhaupt noch zu bestehen hatte.

Dieß Alles stimmte übrigens so vollkommen mit seiner eigenen Neigung überein, denn er war durch die gehabte Aufregung jetzt, da gewissermaßen ein Ruhestand eingetreten, förmlich erschöpft und so müde geworden, daß er es auch augenblicklich auszuführen beschloß, sein Bündel auf der einen Seite als Kopfkissen hinlegte – nur die Vorsicht gebrauchend an dem am leichtesten zu ersteigenden Platz einen Stein so locker zu placiren, daß er bei der leisesten Berührung niederfallen mußte – und sich dann mit sorgloser Ruhe auf den harten Boden und dem Schlaf in die Arme warf.

Um den armen René möchte es aber schlecht gestanden haben, hätten die Insulaner wirklich beabsichtigt in der Nacht etwas gegen ihn zu unternehmen, denn lange nach Mitternacht berührte eine leichte Hand seine Schulter, ohne daß er erwacht wäre.

»Fremder,« sagte da eine sanfte, weiche Stimme, und das junge schöne Mädchen, das neben ihm stand, legte ihre kalten Finger an seine, vom festen Schlaf erhitzte Stirn.

»Ja,« sagte René, die Augen öffnend und umschauend − »ja − schon acht Glasen?« [E] − die kalte Nachtluft strich über ihn hin − um ihn rauschte das Laub des Waldes und die hellen funkelnden Sterne blickten klar auf ihn nieder. In dem Moment schoß ihm auch die ganze Gefahr seiner Lage durch die Seele, und rasch emporspringend, das Terzerol wie instinktartig im Griff, schien er den Angriff zu erwarten.

»Ihr seid eine vortreffliche Schildwache,« lachte aber das junge Mädchen, das ruhig auf ihrem Platz stehen geblieben war − »wenn Ihr nicht besser über anderer Leute Gut wacht, als Euere eigene Sicherheit, möchte ich Euch wahrlich nicht einer Banane Werth vertrauen.«

René faßte sich an die Stirn − er wußte im ersten Augenblick wahrhaftig nicht ob er wache oder träume, das ganze Fremdartige seiner Umgebung, das schöne lachende Mädchen dicht vor ihm, ein dunkles Bewußtsein drohender Gefahr die über ihm schwebe, und seine Sinne noch halb von dem kaum erst abgeschüttelten tiefen Schlaf befangen, verlangte Alles daß er sich erst sammle, und es verging wohl eine Minute, ehe er seine wirkliche Lage wieder vollständig begriff.

Das junge Mädchen stand indeß, mit untergeschlagenen Armen, die zarten Lippen fest zusammengepreßt, und den Kopf schüttelnd vor ihm, und sagte endlich halb lachend halb erstaunt:

»Bist Du nicht ein wunderlicher Mann, Fremder − schläfst hier mitten zwischen Deinen Feinden, als ob Du daheim im sichern Hause, von den Deinen bewacht lägest und nicht ein Preis auf dein Einbringen gesetzt sei, das habgierige Menschen zu deinem Verderben reizen muß.«

»Und durft ich nicht schlafen, wenn ein solcher Schutzgeist über mich wachte, Du holdes Kind!« sagte René herzlich, die Hand nach der ihren ausstreckend − sie trat aber vor der Berührung einen Schritt zurück, und erwiederte, mit ernstem Blick nach oben deutend:

»Allerdings hattest Du einen Schutzgeist der über Dich wachte, aber es ist das Auge Gottes, das jedes Haar Deines Hauptes gezählt hat, und ohne dessen Willen keins zur Erde fällt – ihm danke für Deine bisherige Sicherheit, nicht mir. Aber komm Fremder,« setzte sie dann freundlicher hinzu –»nimm Dein Bett und wandere und folge mir, ich will Dich vor Tag, und ehe böse Menschen im Thale neue Anschläge schmieden könnten, an die andere Seite der Insel bringen, dort steht das Haus eines frommen Mannes, das Dich schützen wird, bis Dein Schiff diese Gegend verlassen hat, und dann kannst Du später nach Tahiti, wo viele Deiner Landsleute leben, hinübergehn und dort in Sicherheit wohnen.«

»Mein Bett mitzunehmen, möchte hier schwer werden,« lachte aber René, dessen leichter Sinn ihn in der Nähe des schönen Mädchens das so freundlich um ihn besorgt war, schon über alles Andere weggesetzt hatte, »das wollen wir lieber liegen lassen; mit dem Kopfkissen möchte es eher gehn – und wie ists mit den Provisionen – soll ich die Cocosnuß und Bananen? –«

»Wir finden genug auf unserem Weg« – unterbrach ihn aber das Mädchen – »iß und trink wenn Du jetzt Hunger hast, und sorge nicht weiter.«

»Dann mag es sich mein Dollmetscher morgen als schwachen Beweis meiner Erkenntlichkeit mit hinunter nehmen,« lachte René, »der alte Bursche wird schön schauen, wenn er das Nest leer und den Vogel ausgeflogen findet.«

»O sprich nicht mit so leichtem Muth über eine Gefahr, der Du noch keineswegs entgangen bist,« bat aber das Mädchen, »ich selber kann nichts für Deine Sicherheit thun, als Dich zu einem Andern führen und diesen bitten Dir zu helfen – er ist selber ein Weißer und ein Diener des Herrn, und wird gewiß Alles für Dich thun was in seinen Kräften steht – er ist aber doch auch nur ein Mensch, und vermag Dir keinen anderen, als eben nur menschlichen Schutz zu gewähren.«

»Ein Weißer? – und ein Diener des Herrn?« sagte aber René rasch und nachdenkend – »ein Missionair also?«

»Gewiß, ein Missionair,« bestätigte die Jungfrau – »er hat mich von frühester Jugend auferzogen und seine Sprache und Religion gelehrt – er ist ein stiller, friedlicher und guter Mann.«

René blieb nachdenkend eine kleine Weile stehn, und es ging ihm im Kopf herum was er Alles, vielleicht in seinem katholischen Vaterland noch übertrieben, über die protestantischen Missionaire dieser Inseln gehört und gelesen, bei denen er eigentlich schon aus zwei Gründen keine freundliche Aufnahme erwarten durfte, erstlich als entlaufener Matrose und dann als Katholik; er war aber nicht der Mann sich vor der Zeit vielleicht unnöthige Sorgen zu machen, that er's doch nicht wenn er selbst Ursache dazu hatte.

»Eh bien!« rief er fröhlich und entschlossen — »sei es wohin es wolle, wohin Du mich führst Du holdes Kind, geh ich gern, und wäre es in den Tod. Hier kann ich doch nicht bleiben,« setzte er lächelnd hinzu als er einen halb komischen halb verlegnen Blick umherwarf — »der Bequemlichkeiten sind nicht besonders viel, und vor Tag stöberte mich doch am Ende der alte Bursche von Dollmetscher wieder auf — also vorwärts, vorwärts Du liebes Mädchen — aber welchen Namen hast Du? wie kann ich Dich nennen?«

»Meine Landsleute nannten mich Sadie,« sagte das schöne Mädchen leise — »Sadie nach einem jener freundlichen Sterne dort oben, aber mein Pflegevater verwarf den Namen als heidnisch, und ich heiße jetzt Prudentia — nur die Insulaner können das noch nicht gut aussprechen und nennen mich lieber mit dem alten Namen.«

»Oh so laß mich Dich auch Sadie nennen, Du holdes Kind,« bat da René »bist Du mir nicht auch ein freundlicher Stern geworden, der mich hier aus meiner Trübsal hinausführen soll? — und wie gern folg ich ihm — Prudentia, lieber Gott, der Name mag für des würdigen Mannes Mutter oder Gattin recht gut klingen, aber Deinen Namen hinein verwandeln, Sadie, heißt die Saiten einer Harfe zerreißen und Bindfaden darüberspannen — nein Sadie, leuchte mir voran, und jener Stern soll nicht genauer seine Bahn halten, als ich der Deinen folge.«

Das junge Mädchen die wohl den alten liebgewonnenen Namen auch lieber hörte als das fremde, selbst für ihre Zunge schwere Wort, erwiederte nichts weiter, und wie eine Gemse von dem ziemlich steilen Hang hinunterkletternd, und den Arm vermeidend den René nach ihr ausstreckte sie dabei zu unterstützen, glitt sie auf den Boden nieder, daß René kaum ihren Schritten zu folgen vermochte.

Fußnoten:

[C] Verächtlicher Name für einen alten Mann.

[D] hutupanutai, die an den Strand gespühlte hutu-Nuß — oder

auch, in der bildreichen Sprache des Stammes, der an ihre Küsten
geworfene Fremde ohne Verwandte und Freunde.

[E] Glasen, ein Schiffsausdruck, vom Stundenglas entstanden, und
jetzt die verschiedenen Schläge der Wachtuhr bedeutend, die alle
vier Stunden mit eins beginnt und jede halbe Stunde einen Schlag
hinzufügt.

Capitel 4

Der Mi-to-na-re

Es war ein ziemlich langer Marsch durch eine wilde Gegend und oft durch Dickichte, durch die er allein nie seinen Weg gefunden; an den Sternen sah er dabei wie sie viele Umwege machten, entweder vollkommen undurchdringliche Stellen zu umgehen, oder auch vielleicht mögliche Verfolger irre zu führen. Endlich erreichten sie wieder eingezäunte Gartenplätze mit Bananen, Brodfrucht, Orangen, Wassermelonen und süßen Kartoffeln bepflanzt, und als die Sonne eben über dem, wieder vor ihnen liegenden Meeresspiegel emporstieg, betraten sie eine freundliche Ansiedlung wohnlicher Bambushütten, sogar mit einigen weißübertünchten Häusern dazwischen, dicht in dem Schatten hoher Cocospalmen und breitästiger Brodfruchtbäume hineingeschmiegt, und von einer hohen festen Umzäunung rings umschlossen.

René zögerte im ersten Augenblick den Ort zu betreten — er blieb stehen und betrachtete forschend den kleinen freundlichen Platz, der wie ein in sich abgeschlossenes Paradies stillen Friedens vor ihm lag. Sadie schaute nach ihm um und frug ihn lächelnd ob er sich fürchte näher zu kommen.

»Fürchten?« sagte der junge Mann leise mit dem Kopf schüttelnd, »wenn ich überhaupt etwas fürchtete auf der weiten Welt — hätte ich da je diese Insel betreten?«

»Fürchtest Du Nichts?« sagte das Mädchen rasch und erstaunt, und schaute zu ihm auf — »fürchtest Du nicht Gott?«

Der junge Mann fühlte daß er hier ein Feld berührte das er vermeiden müsse — so wenig er sich selber aus irgend einem Religionsbekenntnis machte, hatte er doch zu viel gesunden Sinn für Recht es in Anderm zu achten, und er hätte besonders dem holden Kind nicht durch eine rauhe Antwort weh thun mögen — er sagte deshalb ausweichend:

»Ich sprach nicht von Gott, Sadie — ich sprach von den Menschen — also hier wohnt der weiße Missionair?«

»Hier wohnt er, wenn er auf der Insel ist,« — erwiederte das Mädchen, durch seine Antwort vollkommen wieder beruhigt — »gerade jetzt aber besucht er mehre andere Inseln in Missionsgeschäften, aber schon seit drei Tagen erwarten wir ihn zurück, und jede Stunde kann er wieder eintreffen.«

»Also in diesem Augenblick wohnt kein Missionair auf dieser Insel?« frug der junge Mann rasch, und wie es fast schien, erfreut.

»Kein weißer Missionair wenigstens,« sagte die Jungfrau, »aber Du scheinst Dich darüber eher zu freuen, und ich hatte geglaubt es würde Dich beruhigen wenn Du einen Landsmann in der Nähe wüßtest.«

»So habt Ihr auch eingeborene Missionaire hier?« umging der junge Mann die halbgestellte Frage durch eine andere — »und sind die auf allen Inseln?«

»Nicht auf allen, doch auf vielen — hier aber,« fuhr sie auf das Haus deutend fort — »wirst Du jedenfalls Schutz finden bis Dein Schiff zurückkehrt, denn von den Bewohnern dieser Insel wird es Keiner wagen Hand an Dich zu legen, so lange Du Dich in den Mauern dieses kleinen Wohnortes befindest — was Deine eigenen Landsleute aber thun wenn sie zurückkommen, weiß ich nicht, doch ich fürchte sie werden kaum die Heiligkeit dieses Ortes anerkennen, obgleich sie Alle dem Namen nach Christen sind. Mein Pflegevater hat mir oft erzählt, daß auf den Schiffen viel böse gottlose Menschen hausen, und wir Insulaner hier manchmal viel bessere Christen sind als jene — aber nicht wahr, Du gehörst nicht zu denen?«

»O da mag Dein Pflegevater wohl vollkommen recht haben,« lächelte René, »denn viel Christenthum darf man gewöhnlich auf den Wallfischfängern nicht suchen — darum sind aber doch auch viel gute brave Menschen zwischen ihnen, liebe Sadie, und ich mag leichtsinnig sein,« setzte er gutmüthig hinzu — »aber schlecht bin ich doch wohl nicht. Du mußt mir das freilich auf mein ehrlich Gesicht hin glauben, denn andere Bürgen habe ich weiter nicht dafür.«

Das Mädchen lächelte, vollkommen zufrieden gestellt, vor sich hin, und jetzt zum ersten Mal seine Hand ergreifend, führte sie ihn durch die, ihrem Druck nachgebende kleine Gartenpforte, durch den breiten gutgehaltenen Gang des Gartens, und eine dichte Allee regelmäßig gepflanzter Bananen oder Pisang dem Hause zu, unter deren Schutzdach René die kleine, etwas wohlbeleibte Gestalt eines wie es schien halbcivilisirten Insulaners erkannte.

René konnte ein leises Lächeln kaum verbergen als er die Gestalt mit flüchtigem aber forschendem Blick überflog, und fast unwillkürlich drängte sich ihm der wunderliche Gedanke auf daß der Mann, wenn ihm der Geist und die Civilisation wirklich von oben gekommen sei, jedenfalls noch mit den Beinen im Heidenthum stecke.

Der kleine gelbbraune Missionair sah auch in seiner halb frommen halb wilden Tracht wirklich eigenthümlich genug aus. Er ging in bloßem Kopf, aber die sonst langen schwarzen Haare waren kurz und gottesfürchtig abgeschnitten und zugestutzt — ferner trug er ein weißes baumwollenes Hemd und eine weiße leinene Halsbinde, mit hellgelber mit blanken Knöpfen besetzter Weste, und über diesem Allen einen, dem Klima keineswegs zusagenden — schwarzen Frack. Bis soweit also war der Geist gekommen, darunter aber fing der Heide wieder an — der Mann konnte sich an die christliche Religion aber nicht an Hosen gewöhnen, und während er um die Lenden ein langes Stück roth und gelben Kattun, der höchst freundlich gegen den schwarzen Frack abstach, mehrfach geschlagen hatte, trug er die Beine vollkommen nackt, und unter dem Kattun vor schauten noch die alten heidnischen Tättowirungen früherer Zeiten, wie scheu, von dem christlichen Kleidungsstück bedroht, hervor.

Der kleine Mann schien übrigens ungemein erstaunt über den Besuch und auch vielleicht gerade nicht besonders erfreut, als ihm Sadie in seiner Sprache mit kurzen Worten das, auf der andern Seite der Insel Vorgefallene erzählte, und ihm um seinen Schutz für den Verfolgten ansprach. Er hatte auch erst, wie es René vorkam, eine Menge Einwendungen dagegen zu machen, und das Wort Mitonare kam sehr häufig dabei vor, Sadie oder Pu-de-ni-a wie sie der kleine Missionair in seinem wunderlichen Kauderwelsch statt Prudentia nannte, wußte diesem allen aber zu begegnen, und da er sonst selber wohl gutmüthig und gastfrei war, hatte er endlich nichts länger dawider, streckte dem jungen Mann mit einem halb freundlichen halb salbungsvollen — wahrscheinlich abgesehenen Blick die dicke fette Hand entgegen, deren Finger auch noch frühere Tättowirungen zeigten, und sagte in einer Sprache die jedenfalls englisch sein sollte, aber meist immer wieder auf tahitisch auslief.

»Gu — day bodder — gu day a haere mai — gu fend here — e-hoa ino — very gu fend —« und dann folgte noch eine längere Auseinandersetzung, jetzt auf einmal in reinem Tahitisch als ob er glaubte daß der Fremde, durch die vorigen einleitenden Worte in seiner eigenen Sprache nun auch vollkommen vorbereitet für jede weitere Anrede in gutem Insulanisch sein müsse.

Sadie, die übrigens mit halbverstohlenem Lächeln sah, wie der junge Fremde verlegen vor ihm stand, und nicht recht zu wissen schien was er aus dem Ganzen machen solle, übersetzte ihm schnell was der kleine Mann gesagt hatte, und bat ihn in das Haus zu treten, sich mit Speise und Trank zu stärken und von den überstandenen Strapatzen auszuruhn.

»Aber wie kann ich jetzt erfahren,« frug René das junge Mädchen — »was aus dem Schiff geworden ist, das schon vielleicht in diesem Augenblick die Insel wieder, von anderer Seite, ansegelt?«

»Auch daran hab' ich gedacht« lächelte das Mädchen — »kümmere Dich nicht deßhalb; der Knabe der uns eben verließ, geht nach der nächsten Bergspitze hinauf, von wo er das Meer rings überschauen kann, und bringt uns Nachricht ob das fremde Segel noch in der Nähe ist. — Und nun in's Haus, denn wie ich Dir schon gesagt habe, bis das Schiff zurückkehrt, denn nur gegen Deine eigenen Landsleute können wir Dich nicht schützen — bist Du sicher — und selbst dann finden sich vielleicht Mittel Dich zu verbergen« setzte sie freundlich hinzu.

Der kleine Mitonare, denn als solchen hatte er sich René — mi mitonare — mi mitonare schon selber vorgestellt — ging ihnen jetzt geschäftig voran in's Haus, und obgleich heute wirklich ihr Sonntag fiel [F], brachte er nichtsdestoweniger eigenhändig, erst Teller und Messer und Gabel, die sonst wahrscheinlich nur wenig benutzt, tief in einer Schrankecke zu ruhen schienen, und dann kaltes Fleisch, Früchte und Cocosnußmilch herbei, und lud nun den jungen Mann auf das freundlichste ein sich niederzusetzen und nach Herzenslust zuzulangen.

René sah Sadie an und dann die Speisen — er schämte sich sie zu bitten mit ihm niederzusitzen, und doch hätt' er es gar so gern gethan. Das schöne Mädchen mochte aber errathen was er wünsche, denn sie schüttelte lächelnd mit dem Kopf und war im nächsten Augenblick schon durch die offene Thür verschwunden.

Der kleine Missionair begann nun eine Unterhaltung die René zu jeder andern Zeit ungemein amüsirt haben würde, in diesem Augenblick hatte er aber wirklich einen höchst bedeutenden Hunger, und die steten Fragen des Kleinen, die an und für sich schon des wunderlichen Kauderwelsch wegen eben so viele Räthsel waren, forderten

eine Theilung seiner Aufmerksamkeit, die er jetzt weit lieber un-
getheilt dem delicaten kalten Schweinebraten und den saftigen Früchten zugewandt hätte. Der Kleine ließ aber nicht nach und frug vor
allen Dingen wie er selber hieße — der Name war einfach genug, und
er konnte ihn ziemlich gut nachsprechen — dann wie das Schiff hieße
auf dem er gekommen sei, und von wo es gesegelt wäre. Er interessirte sich besonders, da er in den letzten Jahren mit Hülfe des weißen
Missionairs etwas Geographie getrieben, für die Hafenplätze der Englischen und Amerikanischen Küste, und schien sich ungemein zu
freuen als er einen ihm bekannten Namen, Boston — das er übrigens
hartnäckig bo-son aussprach — erwähnen hörte.

Eine Hauptfrage des kleinen unermüdlichen Mannes war aber
zuletzt nach des Fremden Religion und Vaterland, und René hätte
sich selber keinen schlimmern Namen machen können, als daß er sich
ohne weiteres für einen Franzosen ausgab.

»Wi—wi?« sagte der kleine Mann etwas erstaunt, zog die Augenbrauen in die Höh, und spitzte den Mund — »Wi—wi? [G] — hm
—«

»Wi—wi?« sagte René, der diesen Ausdruck noch nicht kannte,
erstaunt, »was Wi—wi? — nicht Wi—wi — frenchman — français —
ferani —« denn diesen Ausdruck hatte ihn schon Adolph gelehrt.

»Es—es« nickte der Kleine schmunzelnd — »Fe—ra—ni — Wi—
wi«

»Was zum Henker will er denn mit dem Wi—wi?« — dachte René — »das muß ein besonderer Dialekt für den Namen sein.«

»Viel — viel Wi—wi's in Tahiti — sagte der kleine Missionair
wieder keine Christen, Wi—wi's!«

»Keine Christen?« rief René lachend — »nun ich weiß doch nicht
— einige sind sicher darunter, die sich wenigstens so nennen —«

»Es, Christen« nickte der unverwüstliche Kleine — »aber keine
guten — aita maitai —«

Jetzt begriff René erst, worauf der kleine Protestantische Missionair oder Prediger eigentlich abziele, denn dieser mußte natürlich
glauben, was ihm die protestantischen Geistlichen über die Religion
der andern Weißen, die sich ebenfalls Christen nannten, und doch in
ihren äußeren Gebräuchen besonders so bedeutend von diesen abwi-

chen, gesagt hatte. Er hütete sich aber wohl auf irgend einen religiösen Streit einzugehen und beschränkte sich nur darauf ihm zu erklären, er wisse nicht was es in Tahiti für Christen gäbe, er sei noch nie dort gewesen, in seinem eigenen Vaterland — was er in aller Unschuld jetzt selber Wi—wi und zwar sehr zum Ergötzen des kleinen Mannes nannte — gäbe es aber sehr gute, fromme Christen.

René hätte vielleicht noch eine Masse, ihm gerade nicht gelegene Fragen beantworten müssen, wäre in diesem Augenblick nicht draußen vor der Thür eine kleine Glocke geläutet worden und zu gleicher Zeit Sadie in der Thür des Gemaches erschienen. René sprang fast mit einem Freudenruf empor.

Das junge Mädchen sah aber auch wunderlieblich aus in ihrer neuen Tracht, die sie der Sonntagsfeier zu Ehren angelegt hatte. Diese bestand in einem langen faltigen Gewand, das ihr oben von den Schultern bis auf die Knöchel niederfiel, im Gürtel aber von einer leichten rothseidenen Schärpe zusammengehalten wurde; die Haare hatte sie wieder frisch mit wohlriechendem Oel getränkt, und die langen vollen Locken glatt nieder gekämmt, daß sie ihr bis auf die Schultern herabfielen — aber keine Blume schmückte sie jetzt, wo sie zu Gottes Altar treten wollte, nur eine dünne Schnur, aus den Erhöhungen der reifen Ananas geschnitten, zog sich ihr um das Haar und die Stirn, den wilden Lockenschatz in etwas zu bändigen. In der Hand hielt sie ein kleines Buch mit goldenem Schnitt — ein englisches neues Testament, und das erst so wilde muthige Kind sah jetzt so mädchenhaft fromm und schüchtern aus, das dunkle Auge ruhte mit einem so milden sanften Blick auf ihm, daß er sie kaum wieder erkannt hätte, und doch war sie jetzt fast noch schöner als damals wie sie, den nackten Arm um den Baum geschlungen, von dem Felsen herab auf die verrätherischen Landsleute niederzürnte.

»Wie schön Du bist, Sadie!« rief René fast unwillkürlich aus, und streckte ihr seine Hand entgegen.

»Nicht Sadie jetzt« sagte aber das junge Mädchen und schüttelte leise mit dem Kopf — »Prudentia heiß ich, denn ich gehe jetzt zu meinem Gott, durch dessen heiliges Wasser ich den Namen bekommen habe. Aber hier mein Freund« setzte sie mit bittendem Ton hinzu indem sie die ihr gebotene Hand ergriff und dabei dem jungen Mann zugleich das kleine Buch entgegenhielt — »nimm das hier und lies darin, während wir in der Kirche für Dich und Dein Wohl beten wollen — es ist ein gutes Buch und wird Dich trösten.«

Es lag etwas so rührend Herzliches in dem Ton mit dem das holde Kind diese Worte sprach, daß René das Buch nahm, ihr leise die gereichte Hand drückte und sagte

»Ich danke Dir, Sadie — Du mußt mir nun schon erlauben Dich so zu nennen — das andere Wort will mir gar nicht über die Lippen — aber Du bleibst doch nicht lange?«

»Vielleicht nur zu kurze Zeit für so schwere Sünder als wir sind« sagte das Mädchen ernst und fast traurig — »aber lebe wohl und fürchte Nichts für Deine Sicherheit; von der andern Seite der Insel sind eben Männer zur Kirche herübergekommen, und sie berichten, daß Dein Schiff nirgend mehr zu sehen sei — es ist weit nach Westen gegangen und müßte lange Zeit brauchen wollte es gegen den Wind wieder nach uns aufkreuzen. — Bleibe aber hier im Hause und zeige dich nicht den Leuten draußen; doch darum sprechen wir nachher, jetzt darf ich nicht an weltliche Sachen denken — ich dachte aber auch nur Deinetwegen daran« — setzte sie leiser hinzu und eine tiefe Röthe breitete sich über ihre schönen so engelsanften Züge.

Auf den kleinen Mitonare hatte der Ton der Glocke aber ebenfalls eine fast zauberhafte Wirkung ausgeübt. — Noch im Lachen über den Fremden hörte er den ersten Ton derselben und, wie ein in seiner Lust von dem strengen Blick des Lehrers ertappter Schulknabe, zog sich sein Gesicht nicht, nein zuckte es förmlich in die alten ehrbaren Falten hinein, die ihm dabei fast noch komischer standen, als das Lachen vorher. Er erhob sich aber jetzt hastig, ergriff seine Bücher — alle in der Tahitischen Sprache durch die Missionaire übersetzt, — und Sadie einige Worte sagend verließ er mit dieser langsamen Schrittes das Haus.

René blieb allein zurück; Sadie hatte ihn heute absichtlich nicht aufgefordert sie in die Kirche zu begleiten, was sie sonst gewiß nicht versäumt haben würde; es waren aber viele Insulaner von der andern Seite, die gestern Theil an den Vorfällen gehabt, herübergekommen, und sie wollte beide Partheien nicht jetzt schon wieder zusammenbringen. Der Aufenthalt des Fremden konnte übrigens, wie sie recht gut wußten, nicht lange geheim bleiben, wenn er das überhaupt nur bis jetzt noch geblieben war; den Frieden des Missionsgebäudes störten aber, selbst die Verhärtetsten ihres Stammes nicht so leicht, und sie glaubte den armen, von allen Uebrigen verlassenen Fremden wenigstens hier sicher.

René warf sich auf eine der überall in dem hohen luftigen Gebäude ausgebreiteten Matten, und lag lange in tiefem Brüten über die letzten für ihn so verhängnißvoll gewesenen Stunden. Er war einer sehr dringenden Gefahr für den Augenblick entgangen, aber kam das Schiff zurück — und er zweifelte kaum daran, daß der Capitain desselben ihn nun und nimmer so leicht aufgeben würde, ohne wenigstens noch einen Versuch zu machen ihn wiederzubekommen — würde er den Händen der Feinde auch dann entgehen können, und dann nicht vielleicht selbst der, bis dahin jedenfalls zurückgekehrte Missionair ihm seinen Schutz versagen? Es war doch wohl das beste, daß er weder Schiff noch Missionair abwartete, und so rasch als möglich die Insel zu verlassen suchte. — Aber Sadie? — würde sie ihn begleiten? — Er erschrak ordentlich vor dem Gedanken sie zurückzulassen, und mochte sich selber kaum gestehen, wie gewaltig dieß holde Kind des Waldes sein Herz schon gefesselt habe und halte.

»Das ist Thorheit« murmelte er vor sich hin — »Wahnsinn, jetzt an Liebe zu denken wo Du selber noch nicht einmal eine Stätte hast Dein Haupt hinzulegen. Sei vernünftig René — hier an die Inseln geworfen hat das erste hübsche Gesicht was Dir in den Weg kam Dein, überhaupt etwas leicht entzündliches Herz in lichterlohe Flammen gesetzt — das ist ein Strohfeuer und brennt in der ersten Wache aus.«

Er stützte den Kopf in die Hand und schlug das Buch auf, das noch immer vor ihm lag; aber die Buchstaben tanzten ihm vor den Augen; zwischen jeder Zeile lachten die holden schelmischen, und doch so sanften Züge des lieben Kindes heraus, und weder St. Lukas noch die Corinther vermochten den Zauber zu lösen der seine Seele mit der wilden Gluth plötzlicher aber gewaltig erwachter Liebe entzündet hatte.

Der Tag verging ihm langsam — Sadie kehrte mit dem kleinen Missionair wohl um die Mittagszeit zurück, aber es war Sonntag — kein Lächeln stahl sich über ihre Züge — selten oder nie begegnete ihr Blick dem seinen, und die Stunden flossen ihm träge unter Gebeten und Hymnensängen dahin.

Schon vor Tag am nächsten Morgen war er auf, badete in dem cristallhellen Wasser der Corallenbänke, und harrte dann mit wirklicher Sehnsucht des schönen Kindes, das aber heute lange, lange ausblieb und sich ihm gar nicht wieder zeigen wollte. Vergebens erfrug er sie bei dem Mitonare.

»Pu-de-ni-a?« sagte dieser kopfschüttelnd und mit seinem räthselhaften englisch — »der Herr weiß wo man das Mädchen suchen soll, wenn man sie haben will — Pu-de-ni-a ataetai — wie kleine Eidechse, hier im Laub und da im Laub — kann sie nicht fassen — ist weg unter den Augen.«

Der Kleine schien heute übrigens besonders aufgelegt zu einer Unterhaltung, lehnte sich auf seine Matte zurück, faltete die kurzen dicken Finger auf dem runden Magen und begann wieder auf das herablassenste eine ganze Reihe von Fragen an den jungen Mann zu stellen, die ihm oft kaum Zeit ließen nur den Sinn zu verstehen ehe sie wieder, ohne die Beantwortung der ersten abzuwarten, von andern verdrängt wurden. Er trug aber heute weder den schwarzen Frack, noch die hellgelbe Weste mit den blanken Knöpfen; selbst das weiße Halstuch lag, sorgfältig in ein Stück gelbes englisches Packpapier eingewickelt auf einem kleinen Bücherbret, neben seinem geistlichen Schatz. Seine Bewegungen waren aber dadurch auch freier geworden, und er schien mit dem Frack auch den ganzen Mitonare ausgezogen zu haben.

Er war, wie er jetzt selber René aus freien Stücken erzählte, noch vor zehn Jahren ein entsetzlicher Heide gewesen, der glaubte daß das höchste Wesen Taaroa und nicht Gott hieß, der sogar seinen Götzen Früchte und Schweinefleisch zum Opfer brachte, und Gefallen an den sündhaften Tänzen der eingebornen Mädchen fand. Mitonare O-no-so-no, Gott weiß wie der Mann in wirklichem Englisch hieß, hatte ihn jedoch gerettet, sein Vater aber und sein Großvater, und seinem Großvater sein Großvater waren alle in der Hölle — konnten aber nichts dafür — waren aus Versehen hinunter gekommen. — Er hatte sich sogar tättowiren lassen, und als er sah daß René, wahrscheinlich unbewußt, ein erstauntes Gesicht dabei machte, was er vielleicht für Unglauben nahm, lüftete er mit einer halben Wendung den Cattun, fiel aber erschrocken wieder in seine alte Stellung zurück, und sah sich nach allen Seiten um, als René der sich nicht helfen konnte, bei der Bewegung plötzlich in ein schallendes Gelächter ausbrach.

Das hätte der kleine Mann aber bald übel genommen, René wußte ihn jedoch wieder zu beruhigen und er begnügte sich von da an ihm seine Lebensgeschichte ohne Illustrationen zu geben.

Das Mitonare sein war seiner Meinung nach ein sehr schweres Geschäft — weniger des Predigens, als des Frackes wegen — und der viele Aerger mit den Mädchen — soviel junges leichtsinniges Volk —

denken immer können in den Himmel kommen wenn sie lustig sind
— bah — wissens nicht besser — Da in dem Buch steht Alles d'rin —
sehr gutes Buch — ein Bischen dick — aber sehr gutes Buch, und viele
schwere Worte d'rin. Jetzt kam aber bald eine böse Zeit — weiße Mitonares — vier, fünf, sechs kamen hier herüber — sahen zu ob Mitonare rother Mann viel weiß, und kleine Kanakas iti—iti gut unterrich-
tet hat — viele schwere Worte auswendig lernen und viel Aerger mit
iti—iti. — »Pu-de-ni-a gutes Kind« setzte er dann hinzu, »aber ein
Bischen wild — ein Bischen sehr wild für waihini — Mitonare O—
no—so—no Tochter — aber nicht Tochter — nur so Tochter —« und
er bemühte sich dann in langer Rede und mit großer Anstrengung
dem jungen Mann begreiflich zu machen daß Pu-de-ni-a O—no—so—
no's Pflegetochter sei.

Das war etwa der Inhalt seiner Unterhaltung, bei der er ziemlich
allein das Wort führte, und René allerdings nur nothdürftig den Sinn
des Ganzen verstand, indem der Alte oft mehr Tahitische als englische
Worte gebrauchte, und diese wenigen dann selbst noch auf wahrhaft
grausame Art verstümmelte.

René konnte es zuletzt nicht länger aushalten — die Sehnsucht
die ihn auf der einen Seite quälte, Sadie wieder zu sehn, und die pein-
lich scharfe Aufmerksamkeit die er auf der andern genöthigt war dem
Kauderwelsch des Kleinen zu schenken, wenn er nur überhaupt den
ungefähren Sinn der Rede fassen wollte, machten ihm die Unterhaltung zu einer wahren Folter, und er benutzte die erste nur einigermaßen passende Gelegenheit aufzustehn, und in den Garten zu gehn. —
Aber Sadie war nirgends, weder zu hören noch zu sehen.

Die Sonne stieg indessen schon ziemlich hoch, und er warf sich
endlich, als er die Gänge unzählige Male auf- und abgelaufen, ermüdet in dem Schatten eines Orangen- und Citronendickichts nieder,
von wo aus er, da der Platz etwas erhöht lag, das ruhige Binnenwasser, das die Insel umgab und die weiter draußen von der Brandung
hoch beschäumten Riffe, deutlich übersehen konnte. Dicht hinter dem
kleinen Orangenhain lief die Einfriedigung des Gartens hin, und
gleich von diesem ab begannen ziemlich steil die nächsten, dicht mit
Guiaven- und Citronenbüschen bedeckten Hügel emporzusteigen.

Wohl eine halbe Stunde hatte er so gelegen, und wilde wunderliche Luftschlösser gebaut mit träumenden Gedanken. — O wie reizend
lag seine künftige Heimath unter den wehenden Palmen und duftigen
Orangenblüthen dieser Wälder — wie schaukelte sein Canoe so still

und friedlich auf der klaren herrlichen Fluth, wenn er Abends vom Fischfang heimkehrte — und welch' holdes Bild stand in der niedern Thür der Bambushütte, und winkte ihm mit dem wehenden Tuch das fröhliche, herzliche Joranna entgegen — halt! — das waren Schritte — dicht hinter den Orangenbäumen den Hügel herab — ein leichter Sprung über den Zaun — er fuhr empor, und an ihm vorüber schoß mit flüchtigen Schritten die holde Wirklichkeit seiner schönsten Träume.

»Sadie!« rief er leise.

»Ha!« sagte das Mädchen und warf halb scheu halb erschreckt den Kopf zurück, den die vollen dunklen Locken heut' wild umflatterten; als sie aber ihren Schützling erblickte färbte wieder jenes dunkle Roth, das ihrem Antlitz einen so unendlichen Zauber verlieh, die lieblichen Züge der Maid, und rasch auf ihn zutretend, reichte sie ihm freundlich und zutraulich die Hand, die er fest in der seinen hielt, während seine Blicke mit inniger Lust an den ihrigen hingen.

Es war aber heute ganz wieder das wilde Kind wie an jenem Tage, wo sie wie ein zürnender Geist zwischen Verfolger und Verfolgten getreten. Das lange Gewand von gestern hatte sie abgeworfen, und das Schultertuch verrieth mehr von den üppigen Formen des wunderschönen Mädchens, als es verdeckte; auch durch die Locken wand sich wieder ein dichter Kranz duftender Blumen mit einem hochgefärbten Fern durchflochten, während zwei große weiße Sternblumen in ihren Ohrläppchen staken, und die feine Bronzefarbe der Haut nur noch mehr und reizender hervorhoben.

»Wo bist Du aber nur so lange geblieben Sadie!« sagte jetzt René mit leisem fast zärtlichem Vorwurf.

»Lange geblieben?« lachte aber das wilde Kind — »lange geblieben? hab' ich denn überhaupt kommen wollen? — wunderlicher Mann, wie weißt Du nur wo ich überall heute Morgen schon gewesen bin — und Deinetwegen noch dazu« — setzte sie mit leichtem Erröthen und halb abgewandtem Gesicht hinzu — »doch komm,« fuhr sie rasch fort als sie mehr fühlte als sah daß er etwas darauf erwiedern wolle — »komm ich habe gute Nachrichten für Dich, und wir wollen indessen ein wenig zu meinem Lieblingsplätzchen auf jenen Hügel gehn.«

»Aber ich habe meine Waffen im Haus gelassen,« sagte der junge Mann, »ich kann sie rasch holen.«

»Du brauchst sie nicht mehr, wenigstens für den Augenblick nicht,« hielt ihn das Mädchen zurück — »unser Häuptling selber hat mir sein Wort gegeben, daß Du unbelästigt auf der Insel bleiben sollst, bis das Schiff wieder kommt und Dich noch einmal zurückfordert — und selbst dann wird er nicht streng mit Dir sein, — wenn sie ihn nicht dazu treiben; er ist ein guter Mann, und nur erst seit Ihr Weißen uns so viel Sachen herübergebracht habt, ohne die wir nun einmal nicht mehr glauben leben zu können, ist seine Habgier geweckt, und er thut Manches, was er sonst nicht gethan haben würde.«

»Und bist Du meinetwegen heute Morgen schon drüben an der andern Seite der Insel gewesen?« rief René erstaunt, fast erschreckt aus — »Mädchen da mußt Du ja vor Mitternacht aufgebrochen und die ganze Zeit gewandert sein, durch Dorn und Wildniß, mit den zarten Gliedern.«

»Bah!« lachte das wilde Kind und warf sich mit rascher Kopfbewegung die Locken um die Schläfe, daß die losgeschüttelten Blüthen auf ihre Schultern niederfielen — »ist das der Rede werth? — schon als kleines Mädchen von vier Jahren hab' ich den Weg allein gemacht, und jetzt bin ich fünfzehn. Aber gestern durft ich ja doch nicht gehn,« setzte sie ernster hinzu, »gestern war Sabbath und — ich wollte doch auch nicht daß Du wie ein Gefangener im Hause sitzen solltest. — Doch wir wollen ja hier nicht stehn bleiben, ich bin müde und will mich setzen — komm,« sagte sie, und zog ihn nach sich, der Gartenpforte zu, durch die sie gingen und links davon einen kleinen Hügel emporstiegen, wohinauf ein ordentlicher Pfad ausgehauen und geebnet war.

Es ließ sich kaum ein lieblicheres Plätzchen auf der weiten Gotteswelt denken als das, wohin das schöne Mädchen jetzt den jungen Mann führte. — Drei niedere Palmen, in ihren Kronen fast gleich, überhingen die kleine Stelle, und zwar so, daß die schattigen Blätter, weit nach vorn überneigend, die Sonne auffingen, wenn sie nur wenige Stunden hoch am Himmel stand — der Boden war mit einem feinen wohlriechenden Fern bedeckt, der duftende anei, wie reich mit Blüthen geschmückte Büsche bildeten die Rückwand, und mehre mit Blüthen überstreute und zu gleicher Zeit von goldenen Früchten fast niedergebeugte Orangenbüsche die Seitenwände, während ein breiter niederer Sitz, mit feingeflochtenen Matten doppelt und dreifach weich überlegt, mit Bambus gezogener Rücklehne, die weite freie Aussicht auf das blaue Meer und die schäumende Brandung der Riffe gewährte.

René stand lange in schweigender Bewunderung der reizenden Scene, mit dem schönen Mädchen, das ihn lächelnd betrachtete, an seiner Seite.

»Nicht wahr, das ist ein lieblicher Platz hier auf der kleinen freundlichen Insel?« — sagte sie endlich leise, als ob sie fürchte das was sein Herz in diesem Augenblick fühlte, zu unterbrechen.

»O wunder — wunderschön!« rief René begeistert ihre Hand ergreifend, »ein Paradies, dem selbst die Engel nicht fehlen.«

»Pfui Fremder« — sagte aber das Mädchen ernst und fast traurig — »Du mußt nicht lästern, während der liebe Gott das Licht seiner Sonne auf Dich niedergießt und die Wunder seiner Welt um Dich her ausgebreitet hat und Du thust mir auch weh damit, und ich habe Dir doch Nichts zu leide gethan.«

»Sadie« — bat der junge Mann, tief ergriffen von der einfachen, rührenden Natürlichkeit des holden Kindes.

»Laß nur gut sein,« sagte sie aber wieder etwas freundlicher, »und setze Dich hierher — nein, nicht so nah zu mir — da in die Ecke — so, und nun sollst Du mir eine Frage beantworten.«

Sie sah ihm dabei treuherzig in die Augen, und wenn sie auch nicht duldete daß er den Arm um sie legte, ließ sie doch ihre Hand in der seinen ruhen.

»Und was willst Du fragen Du holdes Lieb?«

»Zuerst heiß ich Prudentia, höchstens Sadie — aber nicht anders — aber ja — wie heißt Du denn eigentlich?«

»René!«

»René das ist ein hübscher kurzer Name, und klingt nicht so schwerfällig wie die anderen englischen Worte — René das könnte auch der Mitonare im Haus behalten,« setzte sie leise hinzu und ein schelmisches Lächeln blitzte ihr durch die Augen; es war aber auch im Moment wieder verschwunden.

»Und was wolltest Du mich fragen, Sadie?«

Das junge Mädchen wurde in dem Augenblick recht still und ernsthaft, und sah ihm erst eine ganze Weile forschend, schweigend in die Augen, als ob sie dort lesen wolle, wie es selbst in seinem innersten Herz beschaffen sei. Dann aber schüttelte sie mit dem Kopf; hatte sie nicht gefunden was sie suchte oder war sie über sich selbst böse, und sagte jetzt, aber noch immer keinen Blick dabei von ihm verwendend:

»Ist es wahr, René daß Du ein Ferani bist?«

»Wenn Du, wie ich glaube, Franzose darunter verstehst — ja,« erwiederte René offen aber auch halb erstaunt über den tiefen Ernst dieser doch gewiß höchst gleichgültigen Frage.

»Und bist Du ein Christ?« frug das Mädchen ängstlich.

René konnte ein Lächeln kaum verbergen, er erinnerte sich aber auch zugleich der Fragen des kleinen Mitonares und sagte kopfschüttelnd:

»Liebes Kind wer hat Euch solch tolle Grillen hier in den Kopf gesetzt, daß die Franzosen keine Christen wären? — gewiß sind wir Christen, wenn Dich das beruhigen kann.«

»Aber habt Ihr nicht heidnische Gebräuche bei Euerer Religion?« frug ihn das Mädchen jetzt dringender.

»Aber Du gutes Kind,« bat sie René, »sage mir nur — «

»O bitte, bitte beantworte mir meine Frage treu und wahr,« unterbrach ihn aber, in fast ängstlicher Hast das schöne Mädchen — »ich will Dir dann auch mit Freuden jeder Frage Rede stehen.«

»Nun gut denn Sadie, Dich zu beruhigen will ich Dir jeden Aufschluß geben, der nur in meinen Kräften steht. Der größte Theil der Franzosen, Italiener, Spanier, Portugiesen, des südlichen Deutschlands, wie überhaupt fast aller südlich gelegener Völker des Welttheils von dem wir Weißen abstammen, und von woher wir meist herüberkommen, sind katholische — die nördlicher gelegenen Völker, aber auch wieder mit gewaltigen Ausnahmen, und noch bei Weitem die geringere Zahl — protestantische Christen. Wir haben jedoch einen Gott und einen Heiland, Jesus Christus; nur in den gleichgültigeren Gebräuchen unterscheiden wir uns von einander — die protestantischen Priester halten zum Beispiel die schwarze Farbe für unumgänglich nothwendig zu ihrem Ornat — die katholischen nehmen andere. Wir haben auch — und ich glaube es ist besonders das, was Dir am Herzen liegt — in den Tempeln unseres Gottes die

Bilder frommer Männer und Frauen aufgestellt, die in alten Zeiten gelebt haben und für ihren Glauben, wie der Heiland selber, gestorben sind – nicht aber als Götter, sondern nur als heilige Menschen, deren Vorbild uns anfeuern soll ihnen nachzuahmen. Wir glauben daß diese, durch ihren frommen Wandel zu Gottes Herrlichkeit eingegangen sind, und wenn die Katholiken zu ihnen beten, so geschieht es nicht etwa weil sie glaubten es seien dies selber göttliche Wesen, sondern nur um sie um ihre Fürsprache am Throne des Höchsten zu bitten.

»Ich bin der Herr Dein Gott, Du sollst nicht andre Götter haben neben mir« ist ein Gesetz, das für uns Katholiken so gut Gültigkeit hat, als für die Protestanten.«

»Aber Ihr theilt kleine Götzenbilder aus und brennt vor Eueren Bildern Weihrauch und Kerzen,« sagte das Mädchen und René sah wie sie mit fast peinlicher Spannung der Antwort auf diese Frage harrte.

»Die Priester, mein holdes Kind,« sagte René lächelnd, »theilen unter ihre Beichtkinder, wie sie solche nennen die unter ihrer geistlichen Fürsorge stehn – kleine Bilder der Jungfrau Maria, des Gekreuzigten oder selbst jener guten, später heilig gesprochenen Menschen aus, damit diese die Aufmerksamkeit ihrer Pflegbefohlenen von weltlichen Dingen ablenken und auf das Heil ihrer eigenen Seelen richten sollen – nicht um sie anzubeten.«

»Und der Weihrauch? – die Kerzen?« frug das Mädchen immer noch besorgt.

»Selbst das findet wohl eine sehr natürliche Auslegung,« erwiederte René gutmüthig – »jeder vernünftige Mensch weiß, daß solche Sachen gerade nicht nöthig sind zu seinem Gott zu beten, aber gar Viele wollen auch durch etwas Aeußeres daran gemahnt sein, daß sie in dem Hause des Herrn, in der Nähe ihres Schöpfers stehn, ihre Gedanken ganz von jedem andern fremden, weltlichen Gegenstand abzulenken.«

»Und die Processionen die Ihr haltet – den Ablaß den Ihr um Geld für Euere Sünden bekommt?« sagte das Mädchen wieder und verwandte keinen Blick von seinen Augen.

René kam in Verlegenheit; er hatte in seinem ganzen Leben – wenigstens seit er die Schule verlassen – noch nicht soviel über die

Gebräuche und den Geist seiner eignen Religion nachgedacht, als heute morgen. Er hing dabei viel zu wenig selber an diesen Gebräuchen, sich zu einer warmen Vertheidigung derselben berufen zu fühlen, sah aber auch recht gut ein, daß die Protestantischen Missionaire seine Religion, die sich von Tahiti aus zu verbreiten drohte, oder die auf den Inseln einzuführen von seinen Landsleuten wenigstens schon der Versuch gemacht war, mit den schwärzesten Farben geschildert hätten.

»Und die Processionen die Ihr haltet — den Ablaß den Ihr um Geld für Eure Sünden bekommt?« wiederholte dringend das holde Mädchen, und legte ihre Hand auf seinen Arm.

René schüttelte lächelnd mit dem Kopf.

»Sie haben sich große Mühe gegeben Sadie,« sagte er endlich, »Dir den Glauben so vieler Tausende in ihrem eignen Vaterlande von der schlimmsten Seite zu schildern — und schon das allein wäre nicht christlich, denn mir ist es fast, als ob sie vergessen hätten auch der guten Seiten zu erwähnen, die doch gewiß eine jede Sache hat, also auch wohl eine Religion, in deren Glauben Millionen Menschen glücklich gelebt haben und noch leben. Die Processionen sind Dir gewiß als etwas sehr Entsetzliches beschrieben, und es ist doch gewiß eine harmlose Sache, die übrigens, wie ich gar nicht läugnen will, und meiner Meinung nach auch vielleicht wegfallen dürfte. Sie sind aber von den Priestern eingesetzt, und gehst Du Allem nach, mein Lieb, was die Priester einsetzen oder anordnen, so wirst Du wohl Manches finden, worüber Du Dir auch keine Rechenschaft geben kannst — seien es nun protestantische oder katholische — oder glaubst Du daß Alles, was die Priester thun, von Gott selber anbefohlen ist?«

»Ach Gott, ich weiß das ja nicht,« sagte das junge Mädchen mit recht trauriger bewegter Stimme.

»Und was den Ablaß betrifft, mein Herz,« fuhr René fort, ihre Hand wieder ergreifend, »so hat der wohl Manches gegen, aber auch Vieles für sich. Gott wird uns als ein allbarmherziges Wesen geschildert — als den allliebenden Vater denken wir uns ihn ja — sollen wir da glauben daß er dem schwachen Menschenkinde das da sündigt, auf immer zürnt, und ist es nicht besser wir können, wenn wir über einen begangenen Fehler Reue fühlen, glauben daß uns Gott verziehen hat, in seiner unendlichen väterlichen Huld, und wir nun wieder, mit frohem, leichtem Herzen ein neues Leben beginnen dürfen, als daß wir uns Gott als einen ewig zürnenden Richter denken, der sogar ungerecht bis hinab in's dritte, vierte, ja zehnte Glied straft und richtet? — Nein Sadie — dieser Glaube mag oft durch böswillige oder eigennützige Geistliche gemißbraucht sein, ich will das nicht leugnen, aber es ist immer kein Götzendienst, und wer Dir das gesagt hat, mag es vielleicht recht gut gemeint haben, aber er übertrieb die Sache. — War es Dein Pflegevater, Sadie?«

»Nein,« sagte das junge Mädchen, leise und nachdenklich mit dem Kopf schüttelnd — »mein Pflegevater ist nicht so streng und ernst, und er hat mir oft gesagt, daß unter den Franzosen auch gewiß recht viel brave und gute Menschen wären, vielleicht ebensoviel wie unter den Engländern, nur daß ihre Religion nicht die rechte sei, und das sie noch viele Mißbräuche duldeten.«

»Und wer hat Dir denn all die schrecklichen Geschichten von uns erzählt, mein Lieb,« lächelte René — »in Deinem eigenen Köpfchen sind sie doch wahrlich nicht entsprungen.«

»Nein,« sagte das Mädchen treuherzig — »aber auf Tahiti wohnt ein frommer, ernster, strenger Mann — der kommt des Jahres wohl ein- oder zweimal auf unsere Insel herüber und predigt hier — wir fürchten uns aber alle vor ihm, denn wir dürfen dann keine Blumen in den Haaren tragen, und nicht lachen und fröhlich sein, und er macht uns das Herz dabei auch so schwer, daß wir wenn er schon selbst Wochen lang fort ist, immer noch an die entsetzlichen Strafen denken müssen die uns, selbst nach leichtem Vergehen, in der Ewigkeit erwarten. — Oh er ist gar so finster, aber auch sehr fromm und er besonders hat uns vor Deiner Religion gewarnt, und uns mit ewiger Verdammniß gedroht, so Eines der falschen Lehre lauschen würde — und Du bist auch Katholik; René?«

»Ich gehöre allerdings zu jenen Entsetzlichen,« sagte René fast scherzend, als er aber den schmerzlichen Zug um des lieben Kindes Mund gewahrte setzte er rasch hinzu — »aber fürchte nicht für mich, Du treues Herz — ich selber hänge nicht an jenen Gebräuchen, obgleich sie unsere Kirche verlangt, wenn ich sie auch nicht für so gefährlich halte, als Deine Priester Dich gelehrt haben.«

»Ach das beruhigt mich recht, René,« sagte die Maid, und preßte die Hand auf das Herz, als ob sie da alles niederdrücken wolle, was ihr jetzt Gram und Kummer machen wolle — »und Vater Osborne sagt ja auch daß Gott so gut — so unendlich gut sei und die Menschen

Alle wie seine Kinder liebe — würde er dann da so hart und grausam strafen können? — lieber Gott,« setzte sie mit recht treuherziger bewegter Stimme hinzu — »ich möchte ja nicht einmal ein fremdes armes Kind für ein wenig Muthwillen hart strafen — vielweniger denn mein eigenes.«

»Und glaubst Du, Sadie, daß Euch Gott ein Paradies zum Aufenthalt gegeben und Euere Wohnungen weit weit von dem Verkehr habgieriger schlechter Menschen gelegt hätte, wo sie Jahrhunderte lang die Einfachheit ihrer Sitten und ihr Glück bewahrten, zürnte er auf Euch und wolle Euch strafen für den falschen Glauben? — Sieh mein Mädchen,« fuhr er bewegter fort, als er sah wie sie ihm still und aufmerksam in's Auge schaute — »weit über die Welt zerstreut liegen noch viele viele Länder, die viel hundert Mal größer sind als alle diese Inseln — und auf ihnen wohnen Menschen, verschieden an Farbe, an Körperbau, an Sprache und an Religion — Millionen sind Christen, Millionen Muhamedaner, Millionen was wir Heiden nennen, das heißt sie haben sich ihre Götter selber gebildet und feiern Gebräuche die wir nicht verstehen oder nicht anerkennen, aber sie leben alle glücklich — gleich von Gottes Sonne beschienen und seiner Hand gehalten, glücklich in ihren Familien und ihrem bürgerlichen Treiben: haben sie dann und wann Kriege untereinander so können sie kaum je soviel Blut vergießen, als die Christen schon unter sich des Glaubens wegen vergossen haben, und tausende von Jahren haben sie so, rund um die Grenzen christlicher Völker gelebt, und Gott zürnt ihnen nicht. Gott, meine Sadie, beurtheilt und straft oder belohnt die Menschen nach ihren Handlungen, nicht nach ihrem Glauben, — ihm ist der Gegenstand gleich, zu dem sich das Herz wandte, wenn das Herz selber treu und rein und seiner Liebe voll war. Da hast Du meine Religion — ich glaube jede böse Handlung trägt auch zugleich ihre Strafe in sich selbst — unser Gewissen ist der strengste, unerbittlichste Richter, mit dem wir am allerschwersten fertig werden können, und wirft uns das nichts Böses vor, dann können wir auch getrost dem blauen Himmel da droben in's Auge schauen. Aber herziges Kind, laß uns mit den trüben ernsten Gesprächen aufhören, ich bin ja kein Missionair, der über solche Sachen Stunden lang reden kann, und möchte es wahrhaftig am wenigsten unternehmen, weder die katholische noch protestantische Religion zu vertheidigen, und Alles was darin an Gebräuchen ist, zu rechtfertigen. — Mit Allem was die Natur an Reichthum und Herrlichkeit bieten kann hier ausgestattet, was sollen uns da solche traurige Gedanken quälen.«

»O Sadie, ich bin in meinem Leben noch nicht so glücklich gewesen, als in diesem Augenblick — mir ist es, als ob erst jetzt, an Deiner Seite, der dunkle Schleier gehoben wäre, der bis dahin vor meinem künftigen Leben in düsterer Nacht gelegen. Rastlos, und von einem innern Drang getrieben, dem ich keinen Namen zu geben wußte, jagte es mich in der Welt umher — die Afrikanischen Wüsten und Canadischen Wälder konnten die Sehnsucht nicht befriedigen die mich weiter und weiter drängte; als Soldat zog ich in die Raubstaaten der Algierer — umsonst — als Jäger in die Felsengebirge Amerikas — umsonst — selbst die See versuchte ich, und in den Eismeeren des Nordens glaubt' ich vielleicht den Punkt zu finden, der mir nicht Rast noch Ruhe ließ. Aber wie Spott klang es mir überall entgegen, und das rohe widerliche Wesen meiner letzten Umgebung zwang mich endlich auch zu dem letzten entscheidenden Schritt, die mir unerträglich gewordenen Fesseln abzuschütteln — oder darüber zu Grunde zu gehen. Da fand ich Dich, Sadie — und ich fühle nun — o mit jubelnder Stimme hallt es in meinem Herzen wieder, daß Du bis jetzt, Sadie das nur geahnte, aber so heiß ersehnte Ziel gewesen, dem meine Seele entgegenstrebte. Werde mein Weib — laß uns auf dieser freundlichen Insel, fern von den Sorgen, dem gefühllosen Treiben der Welt, unsre Heimath gründen. — Tief im Laub dieser Palmen versteckt, von diesem lachenden Himmel überspannt, von diesen blauen Wogen umspült, an Deiner Seite, Sadie, und die Welt, die mir bis jetzt nur eine kalte freudlose Straße gewesen, meinen Wanderstab darauf zu setzen, würde mir zum Himmel.«

Er hatte ihre rechte Hand, die sie ihm willenlos überließ, leidenschaftlich in seine beiden Hände gefaßt, und schaute mit leuchtenden Blicken und hochgerötheten Wangen dem jungen schönen Mädchen bittend in's Angesicht.

Sadie saß mit klopfendem Herzen und niedergeschlagenen Augen neben ihm — sie war recht ernst, ja fast traurig geworden, und schaute lange sinnend vor sich nieder — endlich blickte sie wieder zu ihm auf, sah ihn mit den treuen, in einer Thräne schwimmenden Augen an, und sagte mit leiser, kaum hörbarer, wie furchtsamer Stimme:

»Und wenn Du wieder fortgingst von mir?«

»Nie — nie — Sadie!« rief René leidenschaftlich und preßte, sie an sich ziehend, einen heißen, glühenden Kuß auf ihre Lippen. Sie duldete den Kuß, ohne ihn zu erwiedern, dann aber sich langsam seinem Arm entziehend sagte sie leise:

»Willst Du mir etwas versprechen, René?«

»Alles, Sadie, was in meinen Kräften steht,« rief René die Hand nicht lassend, die er noch in der seinen hielt.

»Dann versprich mir,« flüsterte das schöne, jetzt tief erröthende Mädchen, »daß Du davon nicht wieder mit mir reden willst, bis mein Vater, der Missionair zurückgekehrt ist, und« — ihre Stimme war so leise geworden, daß er die Worte kaum verstehen konnte — »mich auch bis dahin nicht wieder küssen willst.«

»Sadie!«

»Versprich mir das — nicht wahr Du sagst es mir zu?« bat sie dann und schaute ihm dabei so lieb und unschuldsvoll in die Augen, daß er ein Heiligenbild zu erblicken glaubte.

»Wie könnte ich Dir die erste Bitte abschlagen Sadie« — sagte er mit tiefem Gefühl.

Da floh der fast traurige Ernst von den Zügen des Mädchens, wie die Sonne aus trüben Wolken plötzlich über grüne wogende Saatfelder bricht, so überflog ein frohes Lächeln die engelschönen Züge.

»Das ist gut von Dir,« sagte sie mit inniger Herzlichkeit — »das ist recht gut von Dir, nun können wir ja auch zusammen durch unsere Berge wandeln, und Abends auf dem stillen blauen Wasser fahren, wo unten die tausend kleinen bunten Fischchen zwischen den Corallenbüschen spielen und sich haschen — sonst hätte ich mich ja vor Dir verstecken müssen« — setzte sie treuherzig hinzu. »Und nun komm mein Freund — Mitonare steht schon da unten vor seiner Thür und schaut sich überall nach uns um, er hat Dein Mahl bereitet was Du nicht im Stich lassen darfst, und gegen Abend komm ich und hole Dich ab.«

»Und jetzt willst Du mich verlassen Sadie?« bat René.

»Du mußt Dich jetzt schon ein Bischen mit Mitonare unterhalten,« lächelte das junge Mädchen neckisch, »ich kann Dir nicht helfen — wir sind aber dann den ganzen Abend zusammen,« setzte sie tröstend hinzu und als ob sie trotz dem Versprechen einen vielleicht zu zärtlichen Abschied fürchte, glitt sie wie ein Reh durch die Seitenbüsche dieser natürlichen Laube, und war im nächsten Moment im Dickicht verschwunden.

René, das Herz voll und überglücklich, saß noch eine lange Zeit an diesem wunderlieblichen Platz, der ihm durch das neue und so gewaltig in seinem Herzen aufgekeimte Gefühl förmlich heilig geworden war — er hatte ganz daran vergessen daß der kleine Missionair mit dem Essen auf ihn warte. Destomehr dachte dieser aber daran, und als der fremde Wi — wi, wie er ihn jetzt immer schmunzelnd nannte, gar nicht kommen wollte, schickte er seine ganze Schule nach allen Richtungen auf Kundschaft aus, und René fand sich bald von drei oder vier jungen nackten Burschen aufgetrieben, die ihm lachend und schreiend eine Masse Zeug vorplauderten von dem er keine Sylbe verstand. Nur das dann und wann wiederkehrende Wort Mitonare rief ihm seinen kleinen freundlichen Wirth in's Gedächtniß zurück, und er folgte der munteren Schaar, die, rasch zutraulich geworden, ihn umsprang und umjubelte.

Dem kleinen Mitonare schien übrigens ein Stein vom Herzen zu fallen, als er seinen so heiß ersehnten Gast erblickte, und er versicherte ihm, er habe schon eine volle Stunde mit Schmerzen auf ihn gewartet, indeß das Essen wahrscheinlich kalt geworden und verdorben wäre.

Mitonare war aber viel zu gutmüthig böse zu werden, und als René nur tüchtig zulangte, und erst mit ihm scherzte und lachte, hatte er an ihm seinen Mann gefunden; er nannte René den besten Wi — wi den er je gesehn habe, und das wolle viel sagen, denn er sei schon einmal auf Tahiti gewesen, wo sie wild herumliefen, und erzählte ihm nun die tollsten Geschichten aus der alten fröhlichen Heidenzeit — wie sie's hier gehalten und getrieben hätten — natürlich damals, wie er nie vergaß hinzuzusetzen, als wir noch entsetzliche Sünder waren. — Auch auf religiöse Gegenstände kam er ein paar Mal wieder zu sprechen, obgleich die René, so gut das eben gehen wollte, abzulenken suchte. Am meisten schmerzte es ihn daß sein Vater in der Hölle sein mußte, denn der war, obgleich ihm die Missionaire damals sehr zugesetzt, ein hartnäckiger Heide geblieben; aus seinem Großvater schien er sich weniger zu machen.

René gewann übrigens bald sein ganzes Vertrauen, er zeigte ihm seine Schreibbücher und Rechenexempel, ja sogar sein allerheiligstes, das wichtigste Dokument seines Lebens — ein Diplom was ihm von der Missionsgesellschaft in O-no — wahrscheinlich London — ausgestellt war, und ihn hier als wirklichen »Prediger in der Wüste« anerkannte.

Dicht neben dem Diplom lag, in der kleinen Schieblade zu der er

René geführt hatte, auch ein schmales, nicht sehr langes aber zierlich gearbeitetes Kästchen aus Sandelholz, das er aber, als René's Auge darauf fiel, rasch bei Seite zu schieben und mit daneben liegenden Papieren zu bedecken suchte. Dadurch wurde aber des jungen Franzosen Neugierde rege gemacht, der es sonst vielleicht gar nicht beachtet hätte, und er drang nun darauf daß er ihm zeige was so Geheimnißvolles darin verborgen sei.

Mitonare wollte erst gar nicht mit der Sprache heraus, endlich aber nahm er das Kästchen vor, hielt es noch eine ganze Zeit lang in der Hand während sein Auge fast mit einem Ausdruck von Anhänglichkeit darauf ruhte — und dann kam die ganze Geschichte heraus.

Mitonare war in früherer Zeit — als er noch im blinden entsetzlichen Heidenthum gelebt — ein vortrefflicher und in der That der Haupttättowirer der Insel gewesen, und dies Kästchen enthielt seine damaligen Werkzeuge die er jetzt allerdings nicht mehr gebrauchte — denn »bodder Au-e« von Tahiti hatte ihm die Augen geöffnet zu was diese abgöttischen heidnischen Gebräuche führten — aber doch gewissermaßen noch als eine Art Reliquie, von der er sich gewiß sehr schwer hätte trennen mögen, aufbewahrte.

Trotz dem freilich, daß der kleine Mann Alles aufbot seinen Gast zu unterhalten, wäre diesem doch wohl die Zeit zuletzt gar lang geworden, denn er sehnte sich nach weit lieberer Gesellschaft; Sadie ließ ihn aber auch nicht so lange warten, und die Sonne war noch mehre Stunden hoch, als sie zu ihnen in die Thür trat. — Doch es war nicht dieselbe Sadie von heute Morgen, als sie leicht geschürzt, das Schultertuch um den nackten Oberkörper flatternd, mit wild tanzenden Locken, hochgerötheten Wangen und blitzenden Augen aus dem Dickicht sprang. Das leichte Schultertuch hatte sie mit dem langen, mehr Europäischen Sonntagsgewand vertauscht, und wenn auch ihren Zügen dasselbe liebe Lächeln geblieben war, schien sie doch in den wenigen Stunden ernster, gesetzter, ja älter geworden zu sein.

Fast schüchtern reichte sie dem jungen Mann die Hand, und sie gingen, als sie bald darauf das Haus verließen, wohl eine ganze Weile schweigend neben einander her. Das verlor sich aber bald, René's leichter Sinn ließ ihn nur sein Glück, die Seligkeit des jetzigen Augenblicks fühlen und Sadie, als sie sah daß er sein Versprechen von heute Morgen hielt, verlor bald gleichfalls jede Scheu, jedes ängstliche, sie beengende Gefühl, und war, als sie kaum den dunklen Schatten des Waldes betreten hatten, ganz wieder das fröhliche Kind wie früher. —

Sie scherzte und lachte, erzählte dem Freunde tausend drollige Geschichten, beschrieb ihm ihre früheren Tänze und Gebräuche, auch das schöne Tahiti drüben, wo ihre Eltern gewohnt, und wo jetzt fremde Menschen Haß und Feindschaft gesäet um Gottes Willen, und führte ihn dabei einen schmalen Pfad entlang, unter überhängenden Cocospalmen hin, und durch fruchtbedeckte Guiaven, Orangen und Brodfruchtbäumen nach einem anderen kleinen Grundstück, das zu einer Art Gemüsegarten eingerichtet schien, aber auch mit einer Masse Fruchtbäumen, wie tappotappos, Kaffee, Zuckerrohr, Bananen und anderen bepflanzt war.

Mit der unbedeutensten Arbeit gab die Erde hier das Hundertfache des ihr anvertrauten Samens zurück, und René glaubte in seinem Leben kein schöneres, herrlicheres Land gesehn zu haben, als diese kleine Insel. O wie gern hätte er jetzt zu dem Mädchen von ihrer künftigen Heimath gesprochen, aber als ob sie fühlte daß solche Gedanken in ihm aufsteigen möchten lenkte sie ihn rasch und geschickt wieder davon ab, zeigte ihm und pflückte für ihn die verschiedenen saftigen Früchte und führte ihn zuletzt an den Strand hinunter, wo in einer natürlichen kleinen Bai ein schmales langes Canoe lag. Dies bestiegen sie und fuhren hinaus in das spiegelglatte und cristallhelle Binnenwasser, das durch die außenherumlaufenden Riffe vor jeder eindringenden See geschützt wird, und so still und friedlich in nie gestörter Ruhe liegt, als diese schönen Inseln bis jetzt selber im weiten Ocean lagen.

René hatte früher noch nie die Bildung dieser Corallenbäume, tief unter dem klaren Wasser, gesehn, und er traute seinen Augen kaum als sich an mehren Stellen, zu denen ihn Sadie jetzt selber hinruderte, in Farbenspiel und Form eine ganz neue nie geahnte Welt vor ihm eröffnete. Er konnte sich nicht satt sehn an den, mit Zauberschnelle wechselnden Gruppen und Bildern und Sadie hatte eine ordentlich kindische Freude darüber, daß es ihm so gefiel hier draußen an den Stellen, die auch ihr Lieblingsaufenthalt waren.

»Nun Dir das so gefällt,« sagte sie endlich lächelnd, »will ich Dich auch zu meinem Corallengarten bringen, und Dir meine kleinen Gold- und Silberfischchen zeigen; die darfst Du mir aber nicht scheu machen mit der Hand oder dem Ruder, denn es sind gar furchtsame kleine Dinger.« Und während sie noch sprach lenkte sie das Canoe weiter den Riffen zu, über die tiefe, dunkelblau daliegende Seitenfahrt, in der selbst große Boote die ganze Insel umsegeln konnten, wieder in flacheres Wasser hinein, wo dunkelbraune und röthlich graue Corallenbäume an vielen Stellen selbst bis zur Oberfläche des Wassers emporragten, und dann wieder, von dünnen, feineren Zweigen und Armen durchwachsen, verhältnißmäßig tiefere Stellen zwischen sich ließen, oder umgaben.

Ueberall wimmelte es hier von kleinen blauen, gelben, weißen, rothen, gestreiften und gefleckten Fischchen; in Schaaren und einzeln schwammen sie herum, oft als ob ein Blitz zwischen sie eingeschlagen hätte, auseinanderschießend, wenn sie irgendwo nur Gefahr zu entdecken glaubten, aber dann auch gleich wieder, wie über ihre ungegründete Furcht beschämt, sich sammelnd und die erst unterbrochenen Spiele auf's Neue beginnend.

René wollte hier mit dem Canoe kurze Zeit still liegen, dem wunderlichen Treiben da unten zuzuschauen, aber Sadie ließ ihn nicht — »nur noch kurze Strecke,« bat sie, »dann sollst Du Dich satt sehn, an all den Herrlichkeiten der Tiefe.« Und das Ruder stärker einsetzend, trieb sie das leichte Fahrzeug rasch durch die, vorn am Bug leicht aufkräußende Fluth einer Stelle zu, wo ein starker Corallenzweig eben über die Oberfläche des Wassers vorragte. Hier hielt sie plötzlich gegen und den Zweig erfassend, rief sie René zu, den Stein der vorn, an einem Bastseil befestigt, im Bug liege hier hinaus und oben auf die Coralle zu werfen. René that dies, und sie brachten dadurch das Canoe förmlich vor Anker, das nun mit der schwachen Strömung, soweit es das Bastseil gestattete, still liegen blieb. Eine kleine Weile konnte René aber noch Nichts unter sich erkennen; das Wasser war noch nicht ruhig genug, und die kleine Fischwelt da unten, durch das plötzliche Erscheinen des Bootes gestört worden. Sadie legte aber den Finger auf die Lippen und sie sahen wohl eine halbe Minute schweigend nieder.

Die Corallenbäume schienen hier einen förmlichen, vollkommen dichten Kranz zu bilden, der von unten aufsteigend, erst nach außen ein wenig abneigte und gerade in die Höhe, an manchen Stellen bis selbst zur Oberfläche des Wassers emporreichte. Der innere Raum mochte vielleicht zwanzig Fuß im Durchmesser haben, und das Ganze glich fast einer aufgebrochenen Riesenblume, die aus ihrem innersten Kelch bunte zackige Fasern aufschickte.

Aber die Blume lebte — hier und da, tief unten aus dem Kelch heraus, kamen ein paar kleine Fischchen aufgeschossen als, wenn sie recognosciren wollten ob die Gefahr vorüber sei — das dunkle Canoe das mit seinem Schatten auf dem Wasser lag, machte sie vielleicht noch mistrauisch – aber nicht lange mehr – sie verschwanden wieder, und gleich darauf quoll es aus allen Winkelchen und Spalten herauf in Schaaren und Massen – alle Farben wild und bunt durcheinander, auf und nieder fahrend, herüber und hinüber schießend.

»Eita, eita!« rief da Sadie – »iti iti iti« – und zu gleicher Zeit warf sie kleine Krumen indessen zerbröckelter Brodfrucht auf die Oberfläche des Wassers. Im Nu lebte dies, von allen Seiten schossen sie herauf, fünf sechs manchmal eine etwas größere Krume fassend und damit niedertauchend, andere an einem etwas zu großen Stück herumstoßend, ohne im Stande zu sein es zu bewältigen, und wieder andere sich mit dem kleinsten begnügend und wohl dabei fahrend.

Mit der wiederkehrenden Ruhe waren aber auch, und zugleich mit den kleinen wunderniedlichen Bewohnern dieses eigenthümlichen Aufenthalts, dessen Feinde zurückgekehrt. – Zwei große dunkelbraune Fische, mit breiten Mäulern und tückisch blitzenden Augen, wohl ganze zwölf Zoll lang, für die kaum zierlichen Dinger aber natürlich entsetzliche Ungeheuer, kamen an den äußeren Rand der Blume, deren Spalten zu schmal waren sie durchzulassen, obgleich sie den schlankeren Inwohnern freien Aus- und Einlaß genügend gewährten, und schauten mit sehnsüchtigen Blicken nach den dichtgedrängten Schaaren solch delikater Leckerbissen hinüber. Die kleinen Dinger schienen aber recht gut zu wissen daß ihnen der Feind hier im Innern nichts anhaben könne, ausgenommen er kam von oben herein, und dann waren sie auch wie der Blitz in ihren Schlupfwinkeln.

Manchmal wagte sich auch, selbst dicht unter oder über den Feinden, ein leichtsinniges Fischchen hinaus in's Freie, gerade als ob es das Ungeheuer verhöhnen wolle, ehe dieses aber nur im Stande war sich nach ihm umzuwenden, obgleich das oft rasch genug ging, war jenes schon wieder zwischen den zackigen Pallisaden hineingeschlüpft, und erzählte nun wahrscheinlich den anderen da drinnen seine Heldenthaten.

So trieben sie hier draußen, in den Wundern dieser für René jedenfalls neuen, fast zauberhaften Welt, bis die Sonne groß und glühend in das Meer tauchte und Stern nach Stern am reinen Himmel auffunkelte, und Sadie erzählte dem ihr gegenübersitzenden Freund von dem stillen Frieden dieses Landes und dem glücklichen Leben das die Bewohner desselben führen könnten – wären nicht oft böse Menschen da, die sie störten und kränkten, und Leidenschaften in ihnen weckten, die ihnen in früheren Zeiten fremd gewesen.

René hätte die Nacht hindurch diesen lieben weichen Tönen lauschen mögen, aber das Mädchen lenkte endlich, trotz seinen Bitten noch nicht heimzukehren, das Canoe zum Lande zurück, und jetzt zwar gerade der Wohnung des kleinen Mitonare zu, der sie schon am Ufer empfing und sie etwas ungeduldig erwartet zu haben schien. Er that auch an Sadie mehre Fragen in ihrer Sprache, die das Blut in ihre Wangen trieben, aber sie antwortete ihm endlich lächelnd darauf und verschwand wieder wie gestern mit einem freundlichen Kopfnicken gegen René.

Dem kleinen Mitonare schien aber heute Abend eine Menge im Kopf herumzugehen. — Beim Abendbrod, das sie sehr frugal aus etwas Brodfrucht und Cocosmilch und einigen Bananen hielten, war er einsylbig und sah René immer, wenn er sich unbeobachtet glaubte, von der Seite an; nach dem Essen aber, und als gerade der Mond draußen über die das Haus umgebenden Palmen aufstieg, faßte er den jungen Mann bei dem Arm, führte ihn hinaus an den Strand unter einen stattlichen Tuituinuß-Baum und nahm ihn hier, durch ein wenig Aufregung im noch mehr gemißhandelten Englisch als gewöhnlich, in's Gebet. René mußte tüchtig aufpassen daß er den Zusammenhang verstand, denn sich an einzelne Worte zu halten hatte er lange aufgegeben, der Name Pu-de-ni-a der aber mehrfach vorkam, ließ ihn wohl ahnen was der kleine Mann eigentlich meinte, und er wollte ihm jetzt, über das ganze Verhältniß zu dem Mädchen klaren und offenen Aufschluß geben; er hatte ja Nichts weshalb er sich zu schämen brauchte, hätte ihn eben der kleine Mitonare nur zu Worte kommen lassen. Sowie er aber nur den Mund aufthat rief dieser ihm sein verhinderndes aita aita dazwischen und redete dann nur noch lauter und heftiger, und er mußte ihn jetzt wohl schon gewähren lassen, bis er es von selber müde werden würde.

»Weißer Mann,« sagte indessen der kleine Mitonare, aber wenigstens die Hälfte seiner Rede im Tahitischen oder doch solchen Worten die recht gut tahitisch sein konnten — »weißer Mann kommt her und findet Brodfrucht und Fleisch und Bananen und Cocosnüsse, Yam und Kartoffeln, und Mitonare ist freundlich mit ihm; zeigt ihm Diplom und andere Sachen, und thut gar nicht als ob Fremder Ferani wäre und an keinen Gott glaubte und weißer Mann hat Schutz hier vor anderen weißen Männern. Tane tane Atiu sind freundlicher gegen ihn als Leute von seiner eigenen Farbe, und was thut Ferani? — geht hin und macht kleines Mädchen von Mitonare unglücklich — schwatzt ihr allerlei tolles Zeug vor — aber Pu-de-ni-a ist nicht wie viele andere Mädchen auf der Insel und auf Tahiti. — Ferani kann Mädchen genug bekommen — puh — so viel, aber nicht Pu-de-ni-a. Ferani geht nachher weg und Pu-de-ni-a sitzt gutes Kind und weint und ist nicht mehr glücklich und alte Mann Mitonare O-no-so-no weint weil er Pu-de-ni-a weinen sieht. Ferani sollte sich etwas schämen und wenn Ferani auch kein Christ wäre, könnte er doch darum immer thun was recht wäre — sie wären auch früher keine Christen, nein, schreckliche Heiden gewesen, die sich tättowirt und nach einer Trommel, und nach dem Rauschen der Brandung getanzt hätten, ja sie hätten sogar ganzen kleinen, winzig kleinen Gott angebetet — aber darum hätten sie doch thun können was recht wäre — und es auch gethan, wenn sein Vater auch jetzt in der Hölle dafür wäre.«

Das ungefähr war der Sinn der Rede des kleinen Mitonares, obgleich diese selber wohl über eine Stunde dauerte; wenn aber auch René im Anfang manchmal gern über die oft wunderlich genug klingenden Worte des Eifernden gelacht hätte, sah er doch aus dem Ganzen wie lieb der kleine Mann das Mädchen selber haben mußte, und wie viel er von ihr halte, und daß nur Besorgniß um sie ihn so ängstlich und eifrig gemacht habe, und er faßte endlich seine Hand, die ihm der Mitonare im Anfang aber gar nicht lassen wollte, und sagte ihm nun Alles, wie es ihm auf dem Herzen lag.

Er liebte Sadie und wollte sie heirathen, und hier auf der Insel bei ihnen bleiben und Yams und Kartoffeln bauen, und Cocospalmen pflanzen — er wollte nie nie wieder fort von ihnen gehn und weder ihn noch Prudentia verlassen. Er erzählte ihm aber dann auch wie er das heute Morgen Sadie selber gesagt, und welches Versprechen sie ihm dafür abgenommen, und daß er sich fest darauf verlassen könne er würde es halten und Sadie, bis der alte Missionair zurückkomme, als seine Schwester ansehen, der kein Leid geschehen solle, so lange er es hindern könne.

Der kleine alte Mann war freundlicher und freundlicher geworden, je nachdem er mehr und mehr begriff was der Fremde mit seinen Worten meine, und was er beabsichtigte, als er aber erst verstand welches Versprechen er dem Mädchen gegeben hatte, und wie er versicherte es treu halten zu wollen, da überkam die Freude jedes andere Gefühl, er fiel dem jungen Mann um den Hals und rieb sogar — sehr zu dessen Erstaunen der gar nicht wußte was er aus solcher Ceremo-

nie machen sollte — Nasen mit ihm, die größte innigste Freund-
schaftsversicherung die er ihm überhaupt geben konnte.

Der kleine Bursche wurde aber ganz wie ausgelassen — er erklärte René — dessen Namen er jetzt ebenfalls behalten hatte und ganz
gegen seine sonstige Gewohnheit richtig aussprach, für den besten
Wi—wi der je einen Götzen angebetet habe; und meinte, wenn er bei
ihnen auf der Insel bliebe, dann wolle er und der andere Mitonare
und Pu-de-ni-a doch einmal sehn, ob sie nicht aus diesem Wi—wi
auch einen Christen machen könnten, wenn das auch vielleicht
schwieriger halten würde, als einen verheiratheten Mann aus ihm zu
machen. Er wußte in der That gar nicht, was er vor lauter Lust und
Vergnügen angeben sollte, und es fehlte nicht viel so hätte er wirklich
ein paar mal bald an zu tanzen gefangen, nur daß er sich noch immer
zur rechten Zeit dabei erwischte — das hätte sich im Leben nicht für
einen mi-to-na-re geschickt.

So vergingen René die nächsten drei Wochen in einem Glück,
von dem er früher nicht geglaubt hätte daß es eine Menschenbrust im
Stande wäre zu fassen; aber nicht allein Sadie und Mitonare gewannen ihn in dieser Zeit weit lieber, je näher sie mit ihm bekannt wurden, nein, auch die Eingeborenen der Insel, denn das leichte fröhliche
Temperament des jungen Franzosen sagte auch ihren Neigungen gerade zu; sie sahen ihn gern, lernten ihn lieb gewinnen und der alte
König, außer dem hochklingenden Titel eine sehr unschuldige Persönlichkeit, die jedoch trotzdem viel Einfluß auf die übrigen ausübte,
wurde sein bester Freund. Allerdings hatte ihm René mehrmals Geld-
geschenke gemacht, was ihm des Mannes Herz zuerst öffnete, als er
aber später mehrmals mit Sadie hinüberkam, und der alte Mann erfuhr in welchem Verhältniß die Beiden standen, und daß René sogar
beabsichtige Einer seiner Unterthanen zu werden, da versicherte er
ihn denn auch, daß er ihn, falls sein Schiff wirklich wieder zurückkommen solle, nicht mehr ausliefern werde und daß der weiße Mann
Capitain — wie Raiteo als Dollmetscher übersetzte — schon sehen
solle wie sie ihm eine Nase drehen wollten. Er dachte nämlich keineswegs daran den einmal erhaltenen, und auch in der That schon
theils benutzten, theils vertheilten Fanglohn wieder herauszugeben.

Am komischsten betrug sich Raiteo; — trotzdem daß er früher
sich die größte Mühe gegeben hatte, des Flüchtlings habhaft zu werden, ja sich damals sogar nicht scheute Verrath zu gebrauchen, um
seinen Zweck zu erreichen und den ausgesetzten Lohn zu verdienen,

so that dieser doch jetzt, als wenn er gleich von dem ersten Augenblick an des jungen Mannes Hauptfreund und Beschützer gewesen wäre. Er erklärte ihn auch bald für seinen innigsten tajo und trug wohl Sorge dabei daß er René besonders darauf aufmerksam machte, wie uneigennützig er damals den Dollmetscher zwischen ihm und den Uebrigen abgegeben habe, und wie einige kleine Stücken Geld, selbst jetzt noch dafür ausgelegt, keineswegs zu spät kämen. René war klug genug sich auch diesen Burschen, den er übrigens leicht genug durchschaute, zum Freund zu halten, und ein paar Thaler thaten dies denn auch, wenn Versicherungen nur irgend einen Maßstab für Raiteo's Gefühle geben konnten, auf das vollständigste.

René schrieb übrigens auch in dieser Zeit nach Frankreich, den Brief für die erste sich bietende Gelegenheit nach Tahiti bereit zu halten, ihm einen Theil seiner noch dort stehenden Gelder unter seiner Adresse an den Französischen Consul Tahiti's zu übersenden, wie ihm ebensowohl Einführungsbriefe auf die Hauptinsel dieser Gruppen zu verschaffen. Wenn er ihrer auch jetzt noch nicht bedurfte, wußte er doch nicht wie sich seine Verhältnisse in spätern Zeiten gestalten würden, und er wollte jetzt wenigstens nichts versäumen, dem vorzuarbeiten.

Das Herz des kleinen Mitonares gewann er sich übrigens noch auf ganz besondere Weise durch den regelmäßigen Besuch seiner Kirche, in der er allerdings nichts von der Predigt verstand, aber doch die Melodien der Hymnen mit summte, und den Mitonare nur in dem Glauben befestigte, daß doch noch am Ende ein Christ aus ihm zu machen sei. Der gute kleine Mann war viel zu unschuldig, auf den Gedanken zu kommen, daß René einzig und allein Sadie'ens wegen das Gotteshaus besuche.

Fußnoten:

[F] Diese Inseln außer Tahiti und Imeo oder Eimeo feiern den Sonnabend statt Sonntag, da die ersten hier eingetroffenen Missionaire, die um das Cap der guten Hoffnung gekommen waren, den Tag den sie auf 180° West und Ost Länge gewonnen, nicht dazu zählten, wie sie es eigentlich thun mußten, und nun ihre eigene unterwegs gehaltene Zeitrechnung, die sie um einen Tag zu kurz sein ließ, beibehielten. Auf Tahiti und Imeo haben es die Franzosen jetzt abgeändert.

[G] Wi-wi, ein Spottname dieser Inseln für die Franzosen, nach deren oui, oui.

Capitel 5

Das Geständniß

Das Einzige übrigens was jetzt manchmal Sadie sowohl als auch den kleinen Mitonare beunruhigte, war das so außergewöhnlich lange Ausbleiben des Mr. Osborne, obgleich es bei den Missionairen, wenn sie auch ihre bestimmte und feste Wohnung haben, doch wohl manchmal vorfiel daß sie auch kleine Abstecher nach anderen Inseln machten wo keine festen Prediger wohnten, und dann widriger Winde wegen oft länger aufgehalten wurden, als sie im Anfang selber beabsichtigt.

So standen die Sachen als eines Morgens, in den letzten Tagen des Februar, ein Bursche über die Berge herüberkam und meldete, der Missionscutter — ein kleines Fahrzeug das sie alle gut genug auf der Insel kannten — sei in Sicht und halte gerade nach hierher zu. Gegen Mittag umsegelte es auch die südlichste Spitze der Insel, und von Sadie's Lieblingsplätzchen aus konnten sie sein Näherkommen deutlich beobachten.

Sadie und René standen dort schweigend Hand in Hand — war ihnen Beiden aber auch wohl das Herz übervoll, denn dort in dem kleinen Fahrzeug kam der Mann, der ihr Schicksal entscheiden sollte — mochte ihnen doch Keins Worte geben. Als aber der Cutter sich immer mehr und mehr näherte, jetzt sogar in die natürliche Einfahrt der Corallenriffe, von einer günstigen Briese getrieben, einbog, und in dem ruhigen Wasser pfeilschnell auf seinen gewöhnlichen Ankerplatz zuglitt — als die Segel fielen, der Anker niederschlug und das kleine Fahrzeug herumschwingend, kaum mehr als hundert Schritt vom festen Land der Insel ab einbog, da sagte René leise, Sadie zu sich herüberziehend:

»Willst Du zuerst mit Deinem Vater allein reden, Sadie, oder wollen wir ihm Beide zusammen entgegengehn? — wie ist es Dir am liebsten?«

»Ich weiß es nicht René,« — sagte das Mädchen leise und schüchtern — »ich weiß es nicht — o mir ist auf einmal so bang und weh um's Herz, als ob ich irgend ein großes Unrecht gethan hätte — und ich bin mir doch nichts Böses auf der weiten Gotteswelt bewußt — ich glaube ich fürchte mich meinem Vater entgegenzutreten — und er ist doch so gut — so unendlich gut.«

»Dann laß mich zuerst mit ihm sprechen, Sadie,« bat René — »laß mich zu ihm gehn — ich habe Papiere die ihn über meine Abkunft und Verhältnisse beruhigen können — ich bin kein gewöhnlicher Matrose wie sie hier über diese Inseln hier und da zerstreut sein sollen; das allein ist auch die Ursache daß ich nicht im Stande war an Bord jenes Wallfischfängers zwischen dem rohen wüsten Volke auszuhalten; — wenn er hört wie innig wir uns lieben, kann er ja Nichts gegen eine Vereinigung mit Dir einzuwenden haben. Aber was hast Du? — was erschreckt Dich so sehr, Du süßes Lieb?«

Der Ausdruck in Sadie's Zügen ließ sich nicht verkennen — irgend etwas mußte sie beunruhigt haben, aber sie schüttelte erst schweigend mit dem Kopf und blickte nur scharf nach dem Cutter hinüber, an dessen Seite jetzt ein kleines Boot niedergelassen war, den zurückkehrenden Missionair an Land zu rudern. René hatte auf das Fahrzeug, mit der Geliebten beschäftigt, gar nicht mehr geachtet, als er aber jetzt der Richtung ihrer aufgehobenen Hand folgte, sah er wie vom Bord des Schooners zwei dunkelgekleidete Männer in die Jölle niederstiegen, statt einem.

»Kennst Du den Mann, der dort mit Deinem Pflegevater kommt?« frug er das Mädchen.

Sadie nickte langsam und schweigend mit dem Kopf und sagte endlich leise:

»Das ist der einzige Mann, das einzige Wesen auf dieser Insel, das ich fürchte — und ich weiß nicht weßhalb — Er hat noch Niemandem Böses, und Vielen schon Gutes gethan, aber er ist so ernst und streng und ich weiß nicht, aber wenn ich mir seinen Gott als einstigen Richter denke, so überläuft mich's mit Fieberfrost. Feste Formeln und Gebräuche hat er dabei, von denen er nicht weicht, ja von deren Beobachtung er unser Seelenheil abhängig macht, und nur wenn ich dann meinen Pflegevater dagegen reden höre, ist es mir wie Trost und Linderung für das kalte Wort des finstern Mannes.«

»Das ist der Mann denn, von dem Du mir schon gesprochen, Sadie,« sagte René — »aber wo wohnt er? — was thut und treibt er?«

»Er ist Missionair wie mein Vater, aber der ärgste Feind den Deine Landsleute auf den Inseln haben können — sein Name ist Rowe und obgleich er auf Tahiti seinen festen Wohnsitz hat, besucht er doch, als eine Art geistlicher Oberhirt, zu Zeiten die einzelnen Inseln, ihren Zustand zu untersuchen und an dem Sonntag wo er sich dort aufhält, zu predigen. Aber so lange er auf der Insel ist hörst Du kein Lachen und Singen fröhlicher Menschen, siehst keine Blume in den Haaren der Mädchen — selbst die Kinder fürchten den Mann.«

»Und was kann er uns schaden, Du holdes Lieb,« sagte René — »Dein Pflegevater allein hat Deine Hand zu vergeben, und wenn es selber dann Dein Wille ist, was kümmert uns da der stolze Priester?«

»Aber er wird meinem Pflegevater heftig zureden uns seine Einwilligung zu versagen,« flüsterte ängstlich das Mädchen.

»Dann« — René biß die Lippen zusammen, zwischen denen sich ihm ein heftiges Wort herauszupressen drohte, aber er wollte dem lieben Kinde auch nicht weh thun und sagte, rasch abbrechend: »Hab guten Muth Sadie; es wird noch Alles gut gehen und das Beste sein, daß wir die beiden Herren erst eine Weile landen lassen; der kleine Mitonare mag mich gern leiden und wenn Dein Vater nach Dir frägt wird er schon einen günstigen Vorbericht für uns ablegen. Nachher gehen wir dann grade und offen zu ihm und sagen ihm wie lieb wir uns haben und wie wir hier bei ihm auf der Insel bleiben und wohnen wollen und er wird uns seine Einwilligung gewiß nicht versagen.«

»Mache es wie Du willst, René,« sagte das arme Mädchen leise und schüchtern — »aber ich fürchte mich recht sehr, und ich wollte zu Gott der ehrwürdige Mr. Rowe wäre nur diesmal nicht mitgekommen.«

Das Boot war indessen an Land gerudert, der kleine Mitonare aber, in aller seiner Unschuld niemand Anderen als seinen Missionair, den alten ehrwürdigen Mr. Osborne erwartend, an den Landungsplatz gegangen ihn zu begrüßen. Er trug sein gewöhnliches weißes Hemd, und das rothe Lendentuch fest um den runden stattlichen Leichnam geschlagen, außerdem aber noch, da er als Mitonare nicht gut im bloßen Kopf in der Sonne herumlaufen konnte, einen breiträndrigen Strohhut mit schwarzem breiten Bande, und stand schon schmunzelnd am Ufer seinem alten Freund die Hand mit einem herzlichen Joranna entgegenzustrecken, als er plötzlich die zweite Gestalt im Boot zuerst überrascht bemerkte, und dann erschreckt erkannte — denn Mitonare hatte einen noch viel größeren Respekt vor dem finsteren geistlichen Mann, der ihm diesmal so unverhofft über den Hals kam, als selbst alle Kinder der Insel zusammengenommen, nur daß er nicht ausreißen durfte, wenn ihm der fromme Mann in den Weg kam. Umdrehn aber und in das Haus, und dort angekommen in den schwarzen Frack und die gelbe Weste fahren, war das Werk eines Augenblicks. In beide Kleidungsstücken kam er zuerst in das verkehrte Aermelloch, aber wie eine gehetzte Ratte fand er zuletzt das rechte, und griff nun in wahrer Verzweiflung das eingewickelte Halstuch von dem Bücherbrett herunter, wo es friedlich bis zum nächsten Sabbath hatte ruhen sollen, riß es aus dem Papier, fuhr dann mit dem Halstuch in die Tasche statt dem letzteren, ehe er seinen Irrthum gewahrte, bekam es aber zuletzt doch noch glücklich um, und hätte nun fast, als er wieder mit einem Satze aus der Thür hinaus wollte, das Versäumte gut zu machen, die beiden geistlichen Herren umgerannt, die, the reverend Mr. Rowe voran, indeß gelandet waren und auf die freundliche Wohnung Mitonares zuschritten.

Mr. Rowe, der übrigens wohl erkannte weshalb der kleine Mann so in Hast gewesen, denn dieser hatte in aller Eile den Hemdkragen gar nicht mit in das Halstuch hineingebunden, begrüßte ihn mit einem gütigen väterlichen Blick und Handdruck, wobei Mitonare ein Gesicht machte, als ob er seine Hand in einem Schraubstock hätte.

»Nun, Bruder Ezra,« sagte Mr. Osborne freundlich, als dieser zu ihm hinantrat, und seine Hand auf das herzlichste schüttelte, was Mitonare mit ungemein gutem Willen erwiederte — »wie ist es Euch die Zeit meiner Abwesenheit ergangen? — immer wohl und gesund gewesen, und in keiner Weise zu Schaden gekommen? nicht wahr ich bin weit länger entfernt geblieben als ich im Anfang beabsichtigte?«

Ich muß hier jedoch bemerken daß die Geistlichen mit dem kleinen Mann nur in seiner eignen Sprache redeten, blos wenn sich Mr. Osborne mit Bruder Ezra — wie der kleine Mitonare bei der Taufe genannt worden — allein befand, und gerade nichts Wichtiges zu verhandeln hatte, sprach er englisch mit ihm, um ihm diese Sprache geläufiger zu machen, und seinen etwas schweren Mund an die fremden Worte besser zu gewöhnen.

Bruder Ezra antwortete auf das Befriedigenste, als aber die drei Männer in das Haus traten, sah sich Mr. Osborne erstaunt und vergebens nach seiner Pflegetochter um, die ihn sonst stets fast die erste begrüßt hatte, und er frug rasch, fast ängstlich nach dem Mädchen.

Mitonare hätte in diesem Augenblick eben so gern seinen ganzen Catechismus aufgesagt — ihm sonst die schrecklichste aller Religionsübungen — als vor Bruder Rowe zu erzählen was mit Pu-de-ni-a vorgegangen sei, und welcher Gast sich indessen auf der Insel eingefunden habe. Er wußte ja am besten in welcher Achtung die Feranis bei dem frommen finsteren Manne standen, und sollte er jetzt erzählen was hier unter seinen eigenen Augen vorgegangen war, und was er selber geduldet hatte? denn jetzt kam es ihm auf einmal wunderbarer Weise vor, als ob das ein entsetzliches Verbrechen gewesen wäre.

Durch sein Schweigen wurde der alte Mann aber nur noch besorgter; er glaubte jetzt wirklich es sei dem Mädchen, das er fast wie sein eignes Kind liebte, etwas widerfahren, und als nun auch Bruder Rowe dazutrat und Mitonare zum Sprechen aufforderte, konnte er natürlich nicht mehr zurückhalten. Der Angstschweiß stand ihm auf der Stirn, aber die ganze Sache kam nach und nach zu Tage, und erst als er mit sämmtlichen Factas geendet hatte, fing er an den jungen Ferani zu loben, der ein wahres Muster von einem Menschen sei und sogar als Ferani in seine Kirche gekommen wäre − und so andächtig zugehört hätte, als ob er jedes Wort davon verstände. Er erwähnte auch des Versprechens das ihm Pu-de-ni-a abgenommen, was er ja auch als Hauptentschuldigung für sich aufstellte, und Mr. Osborne der den Charakter des Mädchens kannte, athmete leichter als er dies hörte.

Bruder Rowe's Züge hatten sich aber indessen mehr und mehr verfinstert, schon als er hörte daß ein, von einem Wallfischfänger entsprungener Matrose auf der Insel geblieben und nicht wieder von seinem eigenen Schiff mit fortgenommen sei, horchte er hoch auf, und als es nun gar herauskam daß es ein Franzose sei, der schon in aller Geschwindigkeit ein Liebesverhältniß mit der Adoptivtochter des Geistlichen angesponnen habe, sah man es ihm ordentlich an daß er sich Mühe geben mußte seinen Groll und Zorn zu bemeistern. Vergebens waren jetzt Bruder Ezra's Psalmen, die er dem jungen Franzosen sang, vergebens selbst Mr. Osbornes Einwurf, daß man jedenfalls erst einmal den jungen Mann sehen und sprechen wolle − er war Matrose eines Wallfischfängers und Franzose − also Katholik, und ein richtiger Missionair der Südsee Inseln haßt nichts auf der Welt − selbst den Teufel wohl kaum ausgenommen − herzlicher, als diese beiden Individuen.

Sein Urtheilsspruch war auch ohne weiteres gefällt − »ehe das Uebel tiefer griff, mußten schnelle Maßregeln dagegen ergriffen werden, und er wollte jetzt selbst ohne weiteres zu dem Häuptling hinübergehn und mit diesem das Nöthige dazu besprechen. Der Häuptling oder König brauche ihm nur zu gebieten die Insel zu verlassen, so müsse er dem Befehl Folge leisten, und Gelegenheit habe er jetzt gerade am besten in dem kleinen Schooner, der in einigen Tagen wieder mit ihm nach Tahiti zurück sollte. Weigerte er sich aber dem Befehl Folge zu leisten, so war nichts einfacher als ihn als Gefangenen mit fortzunehmen, und an den französischen Consul in Papetee auszuliefern. – Diese Inseln standen unter englischem Schutz, und es war ihnen von der englischen Regierung versprochen sie gegen jede Aufdringlichkeit, besonders von französischer Seite, zu schützen, wo man überdies nicht einmal wissen könne, ob da nicht am Ende gar irgend ein heimlich gehaltenes Missionswesen der Verbreiter »papistischer Gräuel« dahinter stäke. Andererseits würde aber auch die französische Regierung, die gerade erst ganz kürzlich ihr etwas gewaltsames Protectorat angetreten, Alles vermeiden, mit anderen Mächten, noch dazu eines entsprungenen Matrosen wegen, in Collision zu kommen. Für sie hier war es aber gerade in dieser Zeit von höchster Wichtigkeit jenen papistischen Propaganden, die sich über sämmtliche Inseln zu verbreiten suchten, entgegen zu arbeiten. Das Volk dieser Inseln sei viel zu empfänglich für äußeres Gepränge, nicht der Gefahr ausgesetzt zu sein von dem Flitterstaat der katholischen Religion bestochen zu werden, und nicht allein Jahre lange Anstrengungen und Arbeiten, nein auch die Seelen der Unglücklichen wären dann verloren für immer.«

»Aber nicht allein in religiöser, nein auch in moralischer Beziehung sei es Pflicht der Geistlichen dahin zu wirken diese schlimmsten aller Vagabunden, flüchtige Seeleute, von sich entfernt zu halten. Auch Bruder Osborne wisse recht gut, wie gerade diese Menschen dem wohlthätigen Wirken der Missionaire stets feindlich entgegengetreten wären, selbst wenn sie denselben Glauben mit ihnen hatten; wie viel schlimmer war es jetzt, wo solche Menschen auch sogar noch in ihrem Glauben eine, ihrer Meinung nach vielleicht vollkommen genügende Ursache fänden, Unfrieden zwischen dem Geistlichen und seiner kleinen Gemeinde zu säen?«

»Für den Vater sei es außerdem besonders dringende Pflicht, sein angenommenes Kind vor Verführung zu schützen und ihr Herz zu wahren vor den Eindrücken, die bei einer solchen unnatürlichen Verbindung unvermeidlich wären. – Das war seine Meinung über die Sache, und er hoffte Bruder Osborne würde mit ihm hierin vollkommen harmoniren. Es sei nöthig daß sie zusammenständen, in dieser jetzigen Zeit des Trübsals, um des Glaubens willen.«

73

»Er hatte zuerst die Absicht gehabt den König morgen zu besuchen, aber im Dienste Gottes gäbe es keine Ruhe noch lässiges Verschieben, und er wolle deshalb gleich dorthin aufbrechen, ihn mit sich herüber zu bringen.« Daß er die Einwilligung desselben, oder vielmehr den Befehl für den Flüchtling erhalten würde, mit erster Gelegenheit die Insel wieder zu verlassen, verstand sich von selbst, und er zweifelte daran nicht im mindesten.

Mr. Osborne ersuchte ihn jetzt noch einmal, den Fremden wenigstens erst einmal rufen zu lassen und mit ihm zu sprechen, daß sie mit eigenen Augen sähen zu welcher Klasse von Menschen er gehöre. — Bruder Rowe's Entschluß war gefaßt, und da er, durch seinen langen Aufenthalt zwischen diesen Inseln als Missionair, sich daran gewöhnt hatte unbedingt zu befehlen, indem seine Stimme für das Wort und den Willen des Herrn galt — ja da er die feste Ueberzeugung hatte daß alle diese Tausende von Insulanern nur durch ihn und die wenigen andern Geistlichen einer ewigen Qual entrissen, und der Seligkeit zugeführt seien, ihm also mehr als ihr Leben, ihr ganzes einstiges Heil danken mußten, so verstand es sich wohl von selbst daß er auch die weit geringere Leitung ihrer weltlichen Angelegenheiten wenn auch nicht gerade führen, doch in die Bahn leiten konnte und durfte, die er als die richtige bestimmte.

Er beorderte jetzt ohne weiteres — denn ihre Mahlzeit hatten sie schon an Bord eingenommen — zwei Eingeborene, ihn in einem kleinen Boot, das er schon mehrfach dazu benutzt hatte, um die Insel hinum zu rudern, denn es fiel ihm nicht ein den langen Weg zu Fuß zu gehn. — In diesem wurde ein schmales Sonnendach aufgespannt, und eine Viertelstunde später schoß das kleine scharfgebaute Fahrzeug, von den kräftigen Armen der Insulaner getrieben, pfeilschnell über das spiegelglatte Binnenwasser, von der Strömung jetzt noch überdies begünstigt hin, und war in kurzer Zeit um die nächste vorragende Landspitze verschwunden.

René und Sadie hatten indessen mit freudigem Staunen die rasche Abreise des finstern Mannes gesehen, die sie irgend einer Ursache in seinem geistlichen Wirken zuschrieben, und sie beschlossen nun auch ohne weiteres hinunter zu Mr. Osborne zu gehn, ihm Alles zu erzählen und ihn um seinen Segen zu bitten.

Mitonare war übrigens indessen, nur erst einmal der beengenden Gegenwart des bodder Au-e enthoben, nicht müßig gewesen Mr. Osborne den jungen Fremden von der besten Seite zu schildern. Natürlich lag in diesem Lobe ein großer Theil Eigennutz verborgen, denn es mußte ja auch einzig und allein seine Entschuldigung sein, daß er Prudentia's Umgang mit ihm überhaupt geduldet hatte. Solcher Art war er denn noch emsig damit beschäftigt, und Mr. Osborne saß gar ernst und sinnend vor ihm in seinem Lehnstuhl, den rechten Ellbogen auf die Lehne und das graue Haupt in die rechte Hand gestützt. Es schien ihm recht weh und trüb um's Herz zu sein.

Da traten die beiden jungen Leute in die Thür, und Sadie blieb erst einen Augenblick schüchtern in der Ferne stehen; als er aber den Blick zu ihr aufhob, und sie in das liebe ehrwürdige, jetzt so kummerschwere Antlitz schaute, da flog sie, wie in alter Zeit auf ihn zu, barg ihr Gesicht an seinem Herzen und rief:

»Mein lieber, lieber Vater!«

»Mein liebes, liebes Kind!« sagte der alte Mann und küßte das fest an ihn angeschmiegte Haupt des schönen Mädchens — »was habt Ihr denn hier, unter der Zeit meiner Abwesenheit für böse, böse Streiche getrieben?«

Es lag eine so innige Zärtlichkeit in dem Ton mit dem er diese Worte sprach, und nur ein so leiser — von jedem Verdacht freier Vorwurf, daß sich Sadie nur fester gegen seine Brust preßte, aber ihre Hand zurück nach René ausstreckte, diesen herbeizurufen und zu ihrem Vater zu bringen.

Der alte Mann, der wohl auf den ersten Blick sah, daß er keinen gewöhnlichen Matrosen vor sich habe, grüßte den, sich ihm jetzt offen und vertrauensvoll nähernden jungen Mann freundlich, winkte ihm einen Stuhl zu nehmen, den Mitonare indessen mit großer Bereitwilligkeit herbeigebracht hatte, und bat dann René, was er ihm zu sagen habe, ihm ohne jeden Umschweif, mit jedem Vertrauen zu eröffnen — er habe Prudentia als sein Kind angenommen, und von klein auferzogen als ihre Eltern gestorben waren und die kleine Waise allein zurückgelassen hatten, und hege dieselben Gefühle noch jetzt für das erwachsene Mädchen, als ob sie seine eigene leibliche Tochter sei. Er wolle auch nur ihr Glück, möchte das aber gesichert wissen da es keins der gewöhnlichen Mädchen der Eingeborenen sei, sondern eine fast Europäische Erziehung genossen habe und dabei auch vielleicht jetzt tiefer fühle, besonders andere Ansichten über die Ehe habe, als sie in diesen Gruppen bei ihren Landsmänninnen wohl meist gefunden würden.

René verlangte Nichts mehr; er erzählte zuerst dem alten Mann, so gedrängt als möglich, seine ganze Lebensgeschichte, schilderte ihm, so treu er es selber vermochte, seinen ganzen Charakter, was ihn in die Welt, was ihn zuletzt an Bord eines Wallfischfängers getrieben habe, von dessen ganzen Wesen und Treiben er früher keinen Begriff gehabt, und wie er auf dieser Insel sich jener Existenz zu entziehen gesucht und hier Sadie'en gefunden und lieben gelernt habe. Er zeigte ihm dann die Papiere die er mit sich führte — und Mr. Osborne verstand nicht allein das Französische sondern sprach es auch sehr geläufig — erklärte ihm daß es sein fester Wille sei sich hier auf einer dieser Inseln, am liebsten auf dieser, niederzulassen, und bat den alten Mann ihm Sadie, die er in der kurzen Zeit seines Aufenthalts recht von Herzen lieb gewonnen habe, zum Weib zu geben. Er wollte sich dann bei ihnen seine Heimath gründen, und Mr. Osborne solle einen guten Sohn und Nachbar an ihm finden.

»Sie sind Katholik?« frug ihn der alte Mann, als René schon eine ganze Zeit lang geschwiegen und er ihn indessen mehr sinnend als forschend betrachtet hatte.

Des jungen Mannes Antlitz röthete sich ein wenig, als er erwiederte:

»Lieber Herr, Sie haben gewiß genug von der Welt gesehn, zu wissen wie es mit der Religion unter jungen Leuten meistens steht. — Ich bin allerdings als Katholik erzogen, und die Meinigen waren sämmtlich, einige sogar sehr strenge Katholiken, ich selber muß Ihnen aber aufrichtig gestehn, habe mich nie streng an die Gebräuche weder meiner noch einer andern Sekte gehalten, und Sie können überzeugt sein, daß ich nie daran denken würde Jemanden zu meinem Glauben überreden zu wollen. Sadie ist in dem ihren aufgewachsen und ein so liebes, braves Mädchen geworden, sie wird ihm auch treu bleiben, und ich wäre der Letzte sie darin zu stören. Was mich selber betrifft, so suche ich recht zu thun, und hoffe dann mit meinem Gott schon fertig zu werden — er allein weiß ja auch nur, wer den rechten Glauben hat. Sie werden aber auch nie finden, daß ich über den Glauben eines Andern spotte — ein Jeder hat ein Recht zu seiner Meinung.«

Der Missionair hatte nun allerdings gar sehr verschiedene Ansichten über Religion, aber René gewann sich doch durch diese Offenheit sein Herz, denn keineswegs gehörte er zu jener stolzen Priestersekte die, ihr Religionspanier in der gehobenen Rechten, das Volk vor sich auf die Knie werfen und so lange damit fortschreiten bis sie zuletzt ganz zu vergessen scheinen daß das Volk eigentlich vor dem Panier und nicht vor ihnen kniet. Aber der alte Mann hatte doch noch andere und recht ernste Bedenken, und je mehr er den jungen lebensfrischen Mann da vor sich stehen sah, so viel schwerer ward ihm das Herz; aber er wollte das Alles nicht vor der Tochter aussprechen, und bat also das Mädchen auf kurze Zeit das Haus zu verlassen, er habe mit dem jungen Mann etwas allein zu reden.

Sadie war ein viel zu folgsames Kind auch nur mit einem Blick zu zögern – sie küßte des alten ehrwürdigen Mannes Hand und verließ dann rasch das Zimmer.

Der alte Mann saß, schon als die leichte Bambusthür lange hinter ihr zugefallen war, noch viele Minuten schweigend da, als ob er selber nicht rechte Worte für das finden könne was er sagen wolle.

»Lieber junger Freund,« begann er endlich, »Sie sind frei und aufrichtig gegen mich gewesen, und ich will Ihnen Gleiches mit Gleichem vergelten; Sie werden mir deshalb auch Nichts übel nehmen, was ich zu Ihnen sage, denn Gott weiß es, es geschieht sowohl zu Prudentia's als Ihrem eigenen Wohl. Sie sind, wie ich aus Ihren Papieren gesehn habe, von guter Herkunft, in dem gebildeten, geselligen Leben Europas erzogen, an Europäische Sitten, an ein Leben gewöhnt, das Ihnen mehr bietet als nur einfach Essen und Trinken und ein einzelnes Wesen dem Sie sich anschließen können – mögen Sie dies noch so sehr lieben. Die Beweise haben Sie selber in ihrem unsteten Leben; weder in Afrika noch Amerika fanden Sie was Sie suchten, d. h. das was das Bedürfniß Ihres Herzens und Geistes befriedigen konnte – die rohe Gesellschaft des Wallfischfängers trieb Sie sogar zu einem verzweifelten Schritt, bei dem Sie lieber Ihr Leben einsetzen, als in jenes Verhältniß zurückkehren wollten. Sie fanden hier, gerade in Ihrer größten Gefahr, auf höchst romantische Weise ein junges reizendes Mädchen, dessen liebe regelmäßige Züge, dessen Gestalt zuerst ihre Leidenschaft weckte, und dessen Unschuld und Liebreiz, als Sie dasselbe näher kennen lernten, Ihr Herz gewannen. Scenerie und Umgebung, selbst sogar die verschiedene Farbe und Abstammung des Mädchens trug dazu bei, den Reiz in Ihrem eigenen jugendlichen Herzen zu erhöhen. Unser herrliches Klima, die tropische Vegetation, das stille blaue Meer, ja das ganze Stillleben unseres lauschigen Plätzchens hier bestach Ihre Sinne mehr und mehr, und Sie glauben jetzt – ja Sie sind fest überzeugt davon, daß Sie in dem Mädchen und dieser Insel das Ideal Ihres Lebens gefunden, das Ziel Ihres ganzen Strebens und Drängens erreicht haben. − Wenn Sie sich aber nun irren? − Ich weiß was Sie sagen wollen. Sie folgen dem Drange Ihres Herzens und fürchten nicht daß Sie dieses irre führt, aber hören Sie mich ruhig darüber an. Sie sind jung, das Leben liegt noch offen vor Ihnen − ich bin alt, meine Bahn ist bald durchwandelt, − Sie haben die Hoffnung, ich die Erfahrung, und drei und zwanzig Jahre meines Lebens hab' ich auf diesen schönen Inseln zugebracht. In dieser Zeit habe ich aber auch viele viele Leute kommen und gehen, habe Hoffnungen und Träume aufblühen und verwelken sehn und weiß was ein Mann in Ihren Verhältnissen hier zu finden glaubt − und was er findet.«

»Jetzt ist Ihnen noch Alles neu − die Palmen selber, die ganze tropische Vegetation übt einen Reiz auf den Neuankommenden aus, dem er selten, wenigstens in seinem ersten Andrang, widerstehen kann; nur wenige Jahre führen aber darin eine gewaltige Aenderung herbei, denn das Herz, besonders das junge Herz bedarf einer Veränderung, bedarf eines Reizes für seine Thätigkeit, wenn es nicht erschlaffen oder in neuem, dann aber recht schlimmen Schmerz vergehn soll. Viele, sehr viele Europäer haben sich besonders in den letzteren Jahren hierher gezogen, die aber von ihnen, die wirklich hier geblieben sind, waren schon ältere Leute und brachten auch meistens ihre Familien, die ihnen an Stand und Erziehung gleich waren, mit sich. − Fast alle diese kamen hierher, ein Geschäft zu treiben und sich ein Vermögen zu erwerben, und sie werden meist Alle wieder, wenn ihre Kinder erwachsen sind, nach Europa zurückkehren. Dorthin passen sie auch − ihre Frauen stammen selbst von dort, und sehnen sich nach dort zurück, und sie lassen dann Nichts hier zurück, als eine freundliche Erinnerung; die Fasern ihres Herzens haben nicht zwischen den Palmen und Bananen Wurzel geschlagen.«

»Sehr viele von ihnen haben auch Indianische Mädchen geheirathet − die ersten und hübschesten die ihnen begegneten − auf allen Inseln zerstreut finden Sie solche Beispiele; aber es sind das fast nur einzig und allein rohe Matrosen, denen das müßige Leben zusagt, die sich auch in ihrem Vaterlande in keinen anderen Zirkeln bewegt haben, als wo das materielle Wohl ihr Hauptziel und Streben war, und selbst diese verlassen gewöhnlich, nach einer längeren Reihe von Jahren, ihr leicht genug angetrautes Weib und die mit ihr gezeugten Kinder − selbst diesen genügt zuletzt nicht mehr diese tropische Ruhe, und sie sehnen sich nach Abwechselung, nach einer Veränderung ihrer Verhältnisse, sollten sie diese auch wieder mit harter Arbeit ja sogar dem früheren Leben erkaufen müssen.«

»Auf Tahiti haben Sie einige wenige Beispiele unter Ihren Landsleuten, die sich mit Tahitischen Mädchen wirklich verheirathet haben; jetzt sind diese Frauen jung und schön, sie könnten sie nach Europa zurückführen und vielleicht stolz darauf sein – wenn Sie das Gefühl einer etwas wunderlichen und bizarren Eitelkeit so nennen wollen – werden sie aber alt – und weibliche Körper blühen und verblühen in unserem tropischen Klima so rasch wie unsere üppige Pflanzenwelt – dann ist das vorbei. Sie können keine alte Indianische Frau nach Europa bringen, sie dort in Ihre Kreise einzuführen. – Sie möchten das auch nicht, denn Sie wüßten recht gut, wie Sie hinter Ihrem Rücken dem Gespötte der Menge, die die näheren Beweggründe nicht kennt und nicht achtet, verfallen würden. Und wollen Sie das Wesen, das sich an Sie angeschlossen hat und mit Herz und Seele an Ihnen hängt nicht unglücklich und elend machen, so müssen Sie bei ihm und hier auf den Inseln bleiben, und Unmuth und Sehnsucht nach einem andern Leben zehrt dann an Ihnen weit schlimmer und gewaltiger, als es an dem jungen Herzen gethan. Dem lag die Welt noch frei – es konnte noch dem ersten Drange folgen, ob ihn der auch gleich manchmal irre führte, jetzt aber ist das vorbei – die Möglichkeit frei zu handeln ist genommen, und nur der Drang selber geblieben, der dann wie ein ewiger Wurm an Ihrem Herzen nagt.«

»Ich spreche nach mehren Beispielen, die ich selber kenne, junger Mann, und die innige Liebe auch, die ich für Prudentia fühle, macht mich besorgt, ihr ein solches Schicksal ersparen zu wollen. Prudentia ist, wie ich Ihnen schon gesagt habe, und wie Sie auch selber, nach einem Zusammensein mit ihr von mehren Wochen gewiß finden mußten, keins der gewöhnlichen sinnlichen Mädchen dieser Inseln, die sich dem Ersten Besten, ohne Arges dabei zu denken, hingeben, und gar nichts anderes erwarten, als daß er sie, sobald er ihrer müde ist, wieder verläßt. Ich fürchte im Gegentheil, Sie haben Prudentia's Herz schon zu sehr gewonnen; jetzt wäre aber doch noch vielleicht eine Trennung möglich. – Sie würden Beide an diese Zeit wie an einen schönen Traum zurückdenken, von dem es das Herz nur eine kurze Zeit schmerzt – daß es eben nichts weiter als ein Traum war; aber Sie können Beide auch dadurch vielleicht einem verfehlten Lebensziele entweichen, das dann später nicht mehr zu ändern wäre, und leider für Beide auch verderblich werden müßte.«

»Ich bin fest davon überzeugt, daß Sie in diesem Augenblick Prudentia mit aller Leidenschaft einer innigen, vielleicht gar ersten Neigung lieben – aber wird der alte Hang eines unstäten Lebens, das in dem Herzen nur erst eingewurzelt, gar so leicht verderblich werden kann, diesem Herzen in dem Stillleben unserer Inseln Ruhe und Frieden lassen? — Unsere Palmen sind grün und herrlich — aber so wie sie dort stehn, stehn sie das ganze Jahr — kein gilbendes fallendes Blatt, keine Schneedecke, keine auskeimenden wachsenden Knospen geben ihnen im nächsten Frühjahr immer wieder denselben Reiz. — Unsere Bäume sind mit Früchten bedeckt — aber die Blüthenzeit fehlt uns — wir brauchen die Frucht nie zu erwarten — zu erhoffen — sie hängt voll und reif am Baume, während heimlich, von uns kaum bemerkt, andere indessen nachblühen und nachwachsen, die fehlenden immer wieder zu ersetzen und die Plätze der niederfallenden auszufüllen. Wir kennen auch hier nicht die Sorgen und Mühen des Lebens — das Salz jedes gesellschaftlichen Verkehrs, durch das eine erworbene Existenz erst ihren ganzen uns beglückenden Reiz gewinnt — wir stehen Morgens auf und essen und trinken und legen uns Abends wieder schlafen. Nachrichten von der äußeren Welt dringen nur selten zu uns, und wie sie kommen wäre es fast besser sie blieben ganz aus, denn anstatt zu befriedigen lassen sie, selbst in dem Herzen der Aeltesten von uns, eine Leere zurück, die wir vergebens auszufüllen suchen.«

»Wollen Sie nun, mit Ihrem jungen thatkräftigen Herzen in dieses felsenumgürtete Thal, aus dem es keine Rückkehr für Sie giebt, hinabspringen? — schauen Sie um sich her, junger Freund — noch stehn Sie oben — noch liegt die ganze übrige Welt ausgebreitet vor Ihren Blicken — haben Sie nichts nichts mehr darin was auch nur den geringsten Anhaltepunkt an Ihr Herz hätte? — bedenken Sie, bei einem sinkenden Schiff kann das kleinste, unbedeutenste vergessene Tau das Boot, auf dem sich der Schiffbrüchige sonst vielleicht sicher den Wellen anvertrauen könnte, rettungslos mit in den Abgrund ziehen.«

Der alte Mann schwieg, und eine Thräne zitterte in seinem Auge; ernst und forschend schaute er dabei den jungen Mann an, und es war, als ob er seine innersten Gefühle ergründen wollte, ehe sie auf die Lippen kämen — ja wahrer als sie der Mund vielleicht auszusprechen vermöchte. René begegnete aber, zwar gerührt, doch fest entschlossen dem Blick, und erwiederte endlich mit weicher Stimme:

»Sie verstehn es, alter Herr Einem Herz und Seele zu fassen, mit Ihren Worten, aber ich springe getrost hinab in das Thal, denn da oben blüht für mich kein Glück, keine Freude mehr. Die Meinen sind todt oder schlimmer als so — ich stehe eine Waise in der Welt, weder Bruder noch Schwester leben, die Ansprüche auf meine Nähe machen dürften; Alles was mein Herz sonst hätte binden können, ist für mich verloren, und stießen Sie mich jetzt wieder kalt und erbarmungslos in die Welt zurück, ich müßte rettungslos untergehn — und wäre recht recht elend. Auch Sadie hängt mit inniger Liebe an mir, und ihr Herz ist nicht geschaffen einmal zu lieben und so leicht wieder vergessen zu können — wollten Sie auch aus ihrem Herzen diese erste Neigung reißen? — Sie haben Sadie zu lieb dazu wenn ich selber Ihnen auch gleichgültig sein müßte. Aber — ich kann mich auch irren,« brach er dann plötzlich ab — »ich täusche mich vielleicht selber in Sadie's Herzen, und ihre Neigung wäre eines Rückschrittes fähig. — Sprechen Sie selbst mit Ihr, werther Herr — fragen Sie das Mädchen selber, und halten Sie unsere Vereinigung für gefahrbringend für sie, und glaubt Sadie daß sie mir jetzt noch ohne großen Schmerz entsagen könne — dann beim ewigen Gott will ich nicht in den Frieden dieses stillen Thales getreten sein, Thränen und Kummer zu säen, dann sollen Sie finden daß ich auch im Stande bin zu entsagen, und wenn mir das Herz darüber bräche; kein Wort des Unmuths — keine Klage soll über meine Lippen kommen, das erste beste Canoe mich zu einer anderen Insel — aus ihrer Nähe führen.«

Er war aufgesprungen und seine Mütze ergreifend wollte er das Zimmer verlassen, der alte Missionair streckte ihm aber die Hand entgegen und sagte mit herzlichem, bewegtem Tone:

»Das ist recht brav und ehrlich von Ihnen gehandelt, junger Mann, und ich gebe Ihnen mein Wort, ich habe auch, seit dem ersten Augenblick wo ich Sie sah, noch nicht einen Augenblick daran gezweifelt daß Sie Alles so auch fühlten, wie Sie es dem Mädchen vorgesprochen. Ich kenne übrigens Prudentia, oder wenn Sie denn lieber wollen, Sadie, viel zu gut um bei ihr langer Rede zu bedürfen, in wenigen Minuten haben Sie meine Antwort, treten Sie indessen hier in das nächste Haus — das Fenster ist fast so niedrig wie eine Thür — aber glauben Sie nicht, junger Freund, daß ich Ihnen das Wort reden werde,« setzte er ernster hinzu, »Sie müssen es meinem Gewissen überlassen mit Sadie zu handeln, wie ich es vor dem verantworten kann.«

»Handeln Sie, als wenn Sie ihr Vater wären,« sagte René herzlich — »ich will Sadie'ens Glück, nicht das meine,« und er verließ mit schnellen Schritten das Zimmer.

Auf des alten Mannes Ruf betrat das Mädchen schüchtern und mit niedergeschlagenen Blicken das Gemach — sie schaute nicht auf, aber sie fühlte das René nicht mehr im Zimmer sei, und ihr Herz klopfte fast hörbar in der Brust. — Ihr Vater hatte ihn abgewiesen und der schöne Traum ihres Glücks war in Nacht und Thränen zerflossen.

»Prudentia,« sagte der alte Mann, und zog das zitternde Mädchen sanft zu sich — »ich habe den jungen Fremden fortgeschickt von hier — er hat Dich jetzt wohl lieb, aber wenn er eine Zeit lang von seiner Heimath entfernt ist, sehnt er sich wieder nach ihr zurück, und läßt mein armes Mädchen hier allein, und dann wärst Du wohl recht recht unglücklich geworden und elend. Jetzt ist der Eindruck den er auf Dein Herz gemacht, noch flüchtig, noch leicht wieder zu verwischen — Du wirst einen oder zwei Tage weinen, ihn nachher vergessen, und nicht wahr mein Kind, ich habe darin recht und gut gehandelt — ich wollte ja nur Dein Wohl.«

»Ich will Alles thun was Du mir sagst mein Vater,« flüsterte das Mädchen, dicht an seine Brust geschmiegt, so leise, daß er kaum ihre Worte verstehen konnte.

»Das ist mein gutes Kind,« sagte der Greis, aber die Stimme zitterte ihm; er fühlte nur zu gut was in dem Herzen des armen Mädchens vorging, und wie die Liebe für den Fremden schon viel zu tief Wurzel geschlagen habe, je wieder, ohne das Gefäß selber zu zerbrechen, herausgerissen zu werden. Er mußte sich aber selber einen Augenblick sammeln ehe er fortfahren konnte, und mit lebhafter Stimme wie ermuthigend setzte er hinzu:

»Und, nicht wahr mein Kind — dann wirst Du auch wieder glücklich und froh sein, wie bisher? — wirst wieder lachen und singen und nicht das Köpfchen so trübe hängen lassen.«

»Ich will mir rechte rechte Mühe geben lieber Vater,« flüsterte das Mädchen und barg ihr Haupt fester an dem Herzen des alten Mannes.

»Und willst Du auch den Fremden vergessen meine Tochter? — willst Du mir das recht fest und aufrichtig versprechen, mein braves Mädchen?« frug sie jetzt leise der Greis.

Das aber war zu viel für das arme gequälte Herz — einen Augenblick schien es, als ob sie sich von seiner Brust emporheben wolle, ihm in die Augen zu schauen — aber sie sank wieder zurück und klagte nur leise:

»Ach das weiß ich nicht — das weiß ich wahrhaftig nicht, lieber, lieber Vater« — damit war aber auch ihre Kraft gebrochen, und laut und heftig schluchzend, als ob ihr das Herz vergehen wolle in unendlichem Weh, hing sie in seinen Armen.

Und sie schluchzte nicht allein, denn aus der Ecke des Zimmers vor tönte es noch weit lauter und heftiger, und der kleine Mitonare saß da auf einem der niedern Bambusschemel, ganz allein und vergessen und weinte, in Thränen förmlich zerfließend, wie ein kleines Kind.

Da vermochte sich aber der alte Missionair auch nicht länger zu halten, und der Tochter thränenüberströmtes Antlitz zu sich erhebend und küssend und wieder küssend rief er:

»Nein, nein Prudentia, ich bin ja kein Tyrann daß ich mein Kind so elend und unglücklich machen mögte, nur weil die Möglichkeit existirt, daß es später noch einmal so kommen könne — nein, wenn Gott Dir eine so gewaltige und innige Liebe für ihn in's Herz gelegt hat, dann nimm ihn, nimm ihn — der Herr segne Euch, und Er wird Alles zum Besten lenken. Aber sei auch wieder mein gutes fröhliches Mädchen, lach wieder, sing wieder und mache das Herz Deines alten Vaters froh durch Dein heiteres glückliches Angesicht.«

»Vater — lieber Vater!« rief das Mädchen in jubelnder, kaum gefaßter Lust. — Mitonare hatte aber kaum gehört was die Sache, die ihm selber das Herz abzustoßen drohte, für eine Wendung nahm, als er, wie aus einer Pistole geschossen, zur Thür hinausfuhr, und nach kaum zwei Minuten mit dem »verzweifelten Wi—wi« — wie er ihn nannte, in's Zimmer geschleppt kam.

René lag mit an dem Herzen des alten Mannes — er wußte selber kaum wie, und der Greis flüsterte einen leisen Segen über den Häuptern der Glücklichen.

Capitel 6

Was der ehrwürdige Mr. Rowe dazu sagt

Der Abend verging den beiden Liebenden wie ein Augenblick — sie hatten sich so tausenderlei zu sagen, so tausenderlei zu besprechen, daß sie den Flug der Stunden gar nicht bemerkten, und der alte gute Mann saß lächelnd dabei, und wohl auch ihm stiegen in der Erinnerung alte liebe, o so lang jetzt vergangene Bilder auf, und führten seine träumenden Gedanken zurück zur Jugendzeit.

Aber auch die Gegenwart erheischte seine Umsicht, denn manchmal gedachte er ebenfalls seines, in ziemlicher Aufregung fortgegangenen Collegen und der Schritte die dieser jetzt zu thun suchte, das Glück, was er selber heute Abend hier geschaffen, wieder zu zerstören. Er hielt es auch für seine Pflicht dieses dem jungen Mann mitzutheilen und ihn wenigstens darauf vorzubereiten, daß seine Bahn von jetzt an noch immer keine ganz ebene sein könne. Hätte er dem von seinem Glück förmlich Trunkenen aber auch eine wirkliche Gefahr genannt, er würde ihr mit leichtem Herzen begegnet sein, vielweniger denn, wo es nur den bösen Willen oder Zorn eines fremden Geistlichen betraf, den weder Sadie's Schicksal noch das seine kümmern durfte. Des Königs selber glaubte er dabei ziemlich gewiß zu sein, noch dazu da diese geistlichen Herren selten oder nie Geschenke verschwenden, und nur den Willen Gottes vielmehr als Gebot aufstellen. Hier war also nicht einmal etwas zu gewinnen, im Gegentheil nur zu verlieren, denn die Insulaner wußten recht gut daß bei dem Aufenthalt eines Weißen zwischen ihnen, der förmlich Einer der ihrigen wurde, stets hie und da etwas für sie abfiele.

Mr. Osborne selber, wenn er auch einen Conflikt mit Bruder Rowe gern vermieden hätte, stand doch keineswegs in einer so abhängigen Stellung von ihm, seinen Zorn fürchten zu müssen. Nur Sadie versicherte René sie habe eine entsetzliche Angst vor dem finstern Mann, und wollte vieles darum geben, wäre er gar nicht mit ihrem Pflegevater herübergekommen.

Seinem feindlichen Wirken aber in etwas zu begegnen, wurde noch an demselben Abend ein junger Mann mit einer Privat-Botschaft an den König geschickt, daß der alte Mr. Osborne, den sie Alle auf der Insel wie ihren Vater liebten, seine Pflegetochter dem jungen Fremden zum Weibe versprochen habe, und daß dieser hinführo mit ihnen auf der Insel zu leben wünsche, wozu sie des Königs Erlaubniß erbitten ließen.

Am nächsten Tag kehrte Bruder Rowe, und in einer nichts weniger als freundlichen Stimmung zurück. Er hatte den König, von dem er ohne weiteres verlangt zu haben schien den Fremden, einen entsprungenen Matrosen und Katholik, in Güte oder mit Gewalt von der Insel zu entfernen, in einer keineswegs günstigen Laune dafür getroffen, und schon die Ausflüchte die dieser machte, wenn er sich auch dem finsteren Missionair gegenüber keine direkte Weigerung erlaubte, verriethen ihm daß er, wo er blinden Gehorsam erwartete und verlangte, auf Schwierigkeiten stoßen könne.

Alles was er von dem Könige als festes Versprechen erreichen konnte war, sich mit ihrem eigenen Missionair darüber zu berathen, und wenn dieser es ebenfalls wünsche, dann wolle er gern den Befehl geben, daß der junge Fremde die Insel, auf der er sich übrigens bis jetzt sehr ordentlich betragen habe, verlassen solle. Wie er aber glaube gehört zu haben, wolle der Weiße eines ihrer Mädchen heirathen und solchen Leuten, wenn sie sich wacker aufführten, hätten sie noch nie den Aufenthalt verweigert.

So rasch als möglich sollte jetzt Bruder Osborne dem König seinen Willen oder vielmehr Wunsch bekannt machen, wie er ebenfalls die Entfernung des Fremden verlange. Bruder Rowe kehrte zu diesem Zweck ohne weiteren Aufenthalt, als daß er die Nacht an der anderen Seite schlief, zu den Missionsgebäuden zurück, und es läßt sich denken mit welchen Gefühlen er hier des alten ehrwürdigen Mannes Entschluß vernahm, dem Fremden die Tochter zu geben und ihn als Sohn anzuerkennen. Vergebens waren alle seine Einwendungen, vergebens blieb selbst sein Zürnen dagegen.

»Ich habe dem Mädchen,« sagte der Greis, »die Erziehung eines weißen Kindes gegeben, und vielleicht, wie ich jetzt zu spät sehe, Unrecht daran gethan; ich habe sie unfähig gemacht, sich in den gewöhnlichen Verhältnissen ihrer Landsleute wieder glücklich zu fühlen; diese können ihrem Herzen, ihrem Geiste nicht mehr genügen — bei der Verbindung mit jedem Weißen ist sie aber derselben Gefahr ausgesetzt, der sie jetzt vielleicht entgegengeht — daß sie nicht auf die Länge der Zeit im Stande wäre sein Herz auszufüllen, aber auch das ist nur noch Vermuthung — es ist eine Möglichkeit die wir befürchten, aber nicht voraus wissen mögen, und ich kann mich nicht dazu verstehn, ihr Herz jetzt gewiß zu brechen, weil es vielleicht später einmal gebrochen werden dürfte.«

»Aber fürchtet Ihr nicht die Sünde — Bruder Osborne?« rief da
der Missionair, als alle andere Beweisgründe fehlgeschlagen hatten —
»wollt' Ihr es vor der Tafel der Gesellschaft in England verantworten,
Euer im rechten Glauben erzogenes Kind selber in die Hände eines
Anhängers des Pabstes zu liefern? Ich würde gezwungen sein, so leid
es mir auch selber thun möchte, diesen Fall nach Hause zu berichten,
denn die Folgen sind gar nicht abzusehen, und können auf das ver-
derblichste für unsere kleine Gemeine wirken. Und wie steht Ihr
dann vor jenen ehrwürdigen Männern wenn Ihr selber, Einer jener
Auserwählten die unter die Heiden geschickt wurden den Saamen
unserer Religion in ihre unwissenden verstockten Herzen zu pflanzen
— wenn Ihr selber dann Unkraut zwischen den Weizen gesäet habt,
mit Euren eigenen Händen, ja und ich möchte fast sagen auch mit den
Mitteln, die Euch von der Tafel der Missionsgesellschaft anvertraut
waren in ihrem Sinne, nicht in Eurem eigenen damit zu handeln?«

Der alte Mann blieb aber auch fest, selbst gegen diese halbe Be-
schuldigung eines Mißbrauchs am Vertrauen, wenn ihn solche Anspielung auch wohl recht schwer und tief kränken mußte.

»Ich habe dreiundzwanzig Jahre,« sagte er ruhig, »mein Leben
der Sache geweiht, die ich für eine gute hielt und noch halte; ich habe
mir in der ganzen langen Zeit keinen einzigen Vorwurf, meiner Hand-
lungsweise wegen zu machen — wir sind Alle Sünder und ich bin
nicht reiner davon als der Geringste unter uns, aber ich kann frei das
Auge zu Gott emporheben und sagen: »Herr richte über mich!« — ich
bin mir nichts Böses bewußt. Auch in diesem Fall aber, Bruder Rowe,
handele ich nach bestem Wissen und Willen, ich glaube nicht anders
handeln zu können, und was ich da thue werde ich auch verantworten — Euere Berichte, Bruder, werde ich Euch freilich selber überlassen müssen.«

Mr. Rowe ging mit raschen ungeduldigen Schritten im Zimmer
auf und ab — am wenigsten wollte es dem fanatischen Priester in den
Kopf, daß der Fremde mehr sei, als ein gewöhnlicher weggelaufener
Matrose. — Bruder Osborne hatte, wie er meinte, so lange und zurückgezogen von der Welt gelebt, daß er sich durch die schönen Redensarten und Versprechungen eines jungen leichtsinnigen Menschen
vielleicht ebenfalls täuschen ließe. Er wollte deshalb selber einmal mit
ihm reden und dann bald ausfinden wes Geistes Kind er sei. Es war
seine letzte Hoffnung.

Mr. Osborne selber wünschte dies, weil er dadurch eine bessere Meinung für den Fremden bei dem strengen Geistlichen zu erreichen hoffte, und ließ René, der mit Sadie — jetzt aber freilich seines Versprechens enthoben — nach ihrem Lieblingsplätzchen gegangen war, zu sich bitten.

Mr. Rowe hatte den Lehnstuhl des alten Mannes eingenommen, und saß, das rechte Bein über das linke geschlagen, den Kopf auf den linken Arm gestützt, ernst und schweigend wie zu Gericht, den Fremden, der bald darauf das Zimmer rasch und fröhlich betrat, zu erwarten.

Schon dessen schnelles, nichts weniger als ceremonielles Eintreten rief die Falten auf seine Stirn zusammen und die beiden Ellbogen auf die Lehnen des Stuhles ruhen lassend, die Finger der beiden Hände aber vorn gefaltet, sah er ihn mit etwas vorgebeugtem Oberkörper unter den dunklen buschigen Brauen finster an und sagte, ohne den Gruß des Franzosen anders als mit einem leisen kaum bemerklichen Kopfnicken zu erwiedern, und ohne zu warten bis der Gast einen Stuhl genommen habe, viel weniger ihm selber einen solchen anzubieten:

»Mit welchem Schiff sind Sie hier gelandet, Sir?«

René sah erst den Frager, dann Sadie'ens Vater erstaunt an, als ob er hätte sagen wollen — was bedeutet das? — bin ich hier vor Gericht gerufen? — Mr. Osborne der aber die Unschicklichkeit eines solchen Betragens fühlte, nöthigte ihn freundlich Platz zu nehmen und bemerkte dann, fast wie entschuldigend, mit einem Blick auf seinen Collegen:

»Mein würdiger Freund, hier, lieber René, wünscht sich mit Ihnen kurze Zeit zu unterhalten. Er ist, wie ich, schon lange Jahre auf diesen Inseln, und eine unserer Hauptstützen des Christenthums, selbst in den Zeiten gewesen, wo unsere Aussichten hier trüb und traurig waren, und wir schon fast die Hoffnung aufgegeben hatten Christi Lehre den Sieg über blindes Heidenthum zu verschaffen.«

René verbeugte sich statt aller Antwort noch einmal, wie anerkennend, gegen den Geistlichen, der jedoch keine Miene dabei verzog und seinen Blick fest und forschend auf ihn geheftet hielt und sagte, die frühere Frage jetzt ohne Weiteres beantwortend:

»Mit dem Delaware — einem Amerikanischen Wallfischfänger.«

»Und weshalb verließen Sie Ihr Schiff? – hatten Sie nicht einen festen Contrakt für die ganze Reise gemacht?« lautete die zweite, fast noch schärfere Frage.

»Sehr werther Herr,« erwiederte ihm jetzt René vollkommen ruhig und freundlich – »wollten Sie wohl vorher die Gefälligkeit haben und mir sagen ob diese Fragen im Laufe der Unterhaltung an mich gerichtet werden, oder ob es doch gewissermaßen ein Examen sein soll, zu dem ich berufen bin?«

Bruder Rowe wollte eben, wahrscheinlich keine gerade freundliche Antwort darauf geben, als Mr. Osborne, der jedes böse Wort zwischen den Beiden um alles in der Welt zu vermeiden wünschte, rasch einfiel und gegen René gewandt sagte:

»Bruder Rowe nimmt innigen Antheil an Prudentia's Schicksal, da das Mädchen eigentlich so zwischen uns groß geworden, und es ist besonders deshalb daß er näheres Interesse für Ihr früheres Leben fühlt.«

»Ich habe Ihnen, lieber Herr Osborne,« sagte da der junge Mann, »jeden nur möglichen Aufschluß gegeben, der in meinen Kräften stand, und ich will das auch mit Freuden diesem Herrn thun, wenn ihn das über Sadie'ens künftiges Glück zu beruhigen vermag.«

»Sadie?« unterbrach ihn hier der Missionair streng – »soviel ich weiß heißt das Mädchen Prudentia – wobei ich wünsche daß sie ihrem Namen ein wenig mehr Ehre gemacht hätte – und ich will nicht hoffen daß man sogar in dem Hause eines Dieners der Kirche beabsichtigt die alten heidnischen Namen, die wir nur mit Mühe und Schwierigkeit unterdrücken konnten, wieder aufleben zu lassen.«

»Es ist nicht des Heidenthums wegen lieber Herr,« lächelte René, »nur des Wohlklangs – Prudentia mag recht hübsch für eine alte würdige Matrone klingen, aber meinem fröhlichen heitern Mädchen paßt der Name gerade so, als wenn Sie ihn der Gazelle der Wüste geben wollten.«

»Und das sind die Ansichten die man hier mit in diese fromme christliche Gemeinde bringt?« rief der Geistliche, der nur mit Mühe seinen Zorn über den leichten fröhlichen Ton des jungen Franzosen bezwang, »das soll der Saamen sein, der ein Baum des Unglaubens seine Zweige ausbreiten und mit seinem Schatten die Frucht vergiften würde?«

René sah ihn staunend an, der kleine Mitonare kauerte aber mit vor Schreck und Entsetzen offenem Munde hinten in der Ecke wieder auf seinem kleinen Stühlchen, und schien nichts Geringeres zu erwarten, als daß der schwarze Mann mit dem finstern Gesicht sich jetzt oben aus seinem Himmel einen kleinen Blitz herunterholen und den ruhig und unbefangen vor ihm sitzenden kecken Wi—wi zu Pulver brennen würde.

»Sehr ehrwürdiger Herr,« sagte aber René vollkommen ruhig, denn er wollte den Mann nicht böser machen, da er wohl sah wie unangenehm das für seinen alten wackern Freund sein müsse — »ich hoffe nicht daß Sie etwas Sündhaftes in einem, dem Ohr wohlklingenden Namen finden werden.«

Bruder Rowe schien aber darauf nicht weiter eingehen zu wollen und fuhr fort:

»Und Sie gedenken sich hier auf dieser Insel niederzulassen?«

»Mit des Häuptlings und meines väterlichen Freundes Erlaubniß hier — ja!«

»Aber Sie gehören der katholischen Religion an.«

»Ich bin ein Christ,« sagte René ernst — »was verlangen Sie mehr?«

Der Missionair biß sich auf die Lippen und Bruder Ezra sah nach oben, denn der Blitz konnte jetzt nicht länger ausbleiben.

»Und Ihre Kinder? — sollen das auch Christen werden?« frug der Geistliche mit einer fast höhnischen Zweideutigkeit im Tone. René aber streckte den Arm nach seinem alten Freund aus, und dieses Hand ergreifend sagte er herzlich:

»Die soll dieser würdige Mann hier in der Lehre erziehen die er für die richtige hält — ich weiß er wird gute Menschen aus ihnen machen — der Glaube ist mir gleich.«

»Der Glaube ist Ihnen gleich?« rief aber jetzt der Fanatiker, wie ordentlich froh einen Anhaltepunkt gefunden zu haben an der Schwäche des Gegners — »und wissen Sie daß Sie mit solchen Grundsätzen hier nur Unheil und Elend säen werden? ein Christ nennen Sie sich, und dem Antichrist dienen Sie — Ihrer Pflicht — ihrer Verbindlichkeiten im gesellschaftlichen Leben sind Sie entlaufen, und jetzt wollen Sie sich einem Volke aufdringen, das sie nur zwischen sich duldet, weil es seinem Geistlichen glaubt gefällig zu sein, in der That aber, ihm einen gar schlimmen Dienst damit leistet?«

René war schon nach den ersten heftigen Worten des Mannes von seinem Stuhl aufgesprungen.

»Monsieur,« unterbrach er ihn jetzt fest aber ruhig — »Ihr Stand, wie der Ort an dem wir uns befinden schützt Sie vor jeder Antwort auf diese Unverschämtheit — bon soir« — und mit einem stolzen Gruß gegen den Priester, mit einem freundlichen Kopfnicken aber gegen den Greis, verließ er rasch das Zimmer.

Der ehrwürdige Mr. Rowe hatte sich in einen höchst unehrwürdigen Zorn hineingearbeitet, und er war ebenfalls aufgesprungen und ging jetzt in dem geräumigen Gemach mit schnellen Schritten, die Hände auf dem Rücken, die Augen fest auf den Boden geheftet, auf und ab. Der alte Mr. Osborne aber war erstaunt und empört zugleich über ein so rücksichtsloses, förmlich unschickliches Betragen, und jetzt nur um so fester entschlossen dem Mann, der sich weit mehr Autorität über ihn anzumaßen suchte als er beanspruchen durfte, wissen zu lassen wo seine Grenze sei. Bruder Rowe mochte aber wohl fühlen daß er ein wenig zu weit gegangen sei, oder doch mit zornigen Reden an der Sache selber nichts mehr ändern könne, denn er schwieg von jetzt darüber, und erklärte nur seinem Collegen, daß er dieses Mal nicht hier predigen, sondern morgen früh, da noch dazu eine leichte westliche Brise eingesetzt hatte, zurück nach Tahiti aufbrechen wolle. Mr. Osborne dachte gar nicht daran ihn zurückzuhalten.

Am nächsten Morgen hatte er auch, ohne viel mit den Anderen zu verkehren, seine Vorbereitungen zur Abreise getroffen, während indessen Mr. Osborne den dringenden Bitten René's nachgab, und die Trauung des jungen Paares auf den nächsten Tag, als an einem Sonntag, gleich nach dem Gottesdienst festsetzte. Sie fanden es natürlich nicht für nöthig Bruder Rowe davon in Kenntniß zu setzen, und erwarteten jetzt wirklich den Augenblick mit Sehnsucht, wo der kleine Cutter wieder seine Anker lichten würde.

So mochte es etwa zehn Uhr Morgens geworden sein, als plötzlich ein Knabe, der oben über die Hügel gekommen war, die Nachricht brachte, es nähere sich ein großes Schiff, von Süd-Osten her, der Insel. René war an diesem Tage viel zu sehr mit seinem Glück beschäftigt gewesen auch nur einen Blick auf den Horizont zu werfen, jetzt aber, als er auf diese Nachricht hier rasch nach Sadie'ens Lieblingsplätzchen eilte, von wo man eine freie Uebersicht über den ganzen südlichen Horizont hatte, genügte ein Blick dorthin ihn zu überzeugen daß ein, allem Anschein nach volles Schiff ohne Oberbramstengen, also jedenfalls ein Wallfischfänger, dicht am Winde liegend, von Süd-Osten gegen die erst seit gestern eingesetzte Westbrise aufkreuzend, herankam, und unverkennbar die Insel anlaufen wollte. Mehr ließ sich für den Augenblick noch nicht erkennen, aber dies war auch hinreichend ihn zu beunruhigen, und mit klopfendem Herzen stand er da, die Augen fest und unverwandt auf das näher und näher kommende Fahrzeug geheftet. Er hörte gar nicht wie sich ein leiser, leichter Schritt ihm näherte, und erst als Sadie ihre Hand auf seine Schulter legte und seinen Namen flüsterte, schaute er rasch und fast erschreckt empor, legte dann seinen Arm um sie und zog sie fest und innig an sich.

Das arme Kind war aber selber zu Furcht erfüllt im Anfang reden zu können; sie sah nur das bleiche Antlitz des Geliebten und glaubte schon ihre schlimmsten Besorgnisse eingetroffen.

»Ist es Dein Schiff?« frug sie endlich mit kaum hörbarer Stimme und wagte ihm dabei nicht einmal in's Auge zu schauen.

»Das ist noch nicht möglich zu bestimmen Du liebes Herz,« suchte sie aber René, wenigstens für den Augenblick zu beruhigen — »ich kann das Holz des Schiffes noch nicht einmal ordentlich erkennen, und es schwimmen hier zu viele Wallfischfänger aller Nationen herum, wenn ich auch nicht geglaubt hätte daß sie sich noch so spät in der Jahreszeit hier aufhalten würden« — setzte er leiser, und fast wie mit sich selber redend, hinzu.

Keins sprach von jetzt ab ein Wort mehr, ihre Blicke hingen aber an den hellen Segeln des Fahrzeugs, das rasch näher und näher kam, und bald für das Auge des jungen Mannes keinen Zweifel mehr ließ, die Insel selber sei sein nächstes Ziel. Nur zu bald erhielt er aber sogar völlige Gewißheit, denn das Schiff war jetzt schon so nahe gekommen, daß er in dem Außenclüver desselben einen ziemlich großen Theerfleck erkennen konnte, den er selbst einst mit ungeschickter Hand, als das Segel zum Ausbessern an Deck lag, hineingegossen hatte. Es war der Delaware und gerade in dem Augenblick, wo er sich seines Glücks gewiß geglaubt, warf ihm das tückische Schicksal noch einmal jenes unglückselige Fahrzeug in die Bahn und drohte Alles Alles wieder mit einem furchtbaren Schlage zu vernichten.

Als er damals von Bord entflohen war und sich von seinen Feinden bedrängt sah, trat er der Gefahr, ja dem Tod wenn es sein mußte,
mit ruhigem unerschüttertem Herzen entgegen; er hatte Nichts zu
verlieren auf der weiten Gotteswelt als sein Leben, und achtete das
kaum eines ernsten Gedankens werth. Jetzt aber stand er nicht mehr
allein, hier auf diesem kleinen Eiland, rings von blauen Wogen umspült, war ihm Alles Alles geworden was das Herz des Menschen an
diese Erde fesseln kann, und an der Schwelle dieses Glücks wieder
solcher Art allein freudlos in die kalte Nacht gestoßen zu werden, oh
das wäre zu grausam – zu entsetzlich grausam gewesen.

Sadie frug ihn nicht weiter, sie las in seinen Blicken die Bestätigung ihrer schlimmsten Furcht; ihr Herz aber, das sich in mädchen-
hafter Scheu an den Geliebten geschmiegt, schlug ihr wieder in dem
alten entschlossenen Muth, mit dem sie ihn damals schon seinen Feinden entzogen, und plötzlich seine Hand ergreifend, sagte sie rasch
und fast freudig:

»Sie sollen Dich nicht wieder mit fortnehmen, René, fürchte sie
nicht – ich kenne alle Schlupfwinkel dieser Wälder und weiß Stellen
wo die weißen Fremden wochenlang suchen und in Verzweiflung
zuletzt es aufgeben müßten je hindurchzudringen. Wir Beide flüchten
in den Wald, bis das Fahrzeug die Insel wieder verlassen hat, und
wenn es sein muß trägt uns mein Canoe nach einer andern Insel, viele
Meilen weit entfernt von hier – lieber mit Dir in den Wogen zu Grunde gehn, als allein hier ohne Dich leben René.«

Und in wilder Leidenschaft warf sie sich an seine Brust, als ob sie
schon jetzt gekommen wären, ihn aus ihren Armen zu reißen.

»Sieh wie die See da draußen über den Riffen so hoch geht, Du
herziges Lieb,« sagte aber leise und traurig der junge Mann – »ein
Canoe könnte jetzt nicht leben in dieser Dünung, und ich trüge Dich
dem gewissen Untergang entgegen. Ueberdies könnten wir nicht vor
Nacht entfliehen und bis dahin wird wohl der auf meinen Fang gesetzte Preis Verräther genug gedungen haben mich einzubringen.
Nein ich kann meinem Schicksal nicht mehr entgehen, und der einzige Trost ist, daß sie mich nicht lebendig mit sich führen sollen – oh
Sadie, ich glaubte so glücklich zu sein und lasse Dich jetzt nun allein
und trauernd hier zurück.«

»Nein nein, habe guten Muth,« bat aber das Mädchen – »glaube
auch nicht daß die Bewohner dieser Insel so falsch und treulos wären.

Damals, als sie Dich noch nicht kannten, war es eine andere Sache; von fremden Seeleuten haben sie bis jetzt fast meist nur Noth und Aerger gehabt, und es hätte vielleicht kaum des gebotenen Preises bedurft Dich auf Dein Schiff zurückzuliefern. Jetzt gehörst Du jedoch zu uns — die Männer wissen daß Dich mein Pflegevater gern hat, und ihn lieben sie wie ihren eigenen Vater. Ja es giebt auch wohl Schlechte unter ihnen, die Dich vielleicht verriethen wenn sie es heimlich thun können, aber sie würden es jetzt nicht um den größten Lohn wagen dürfen, sie wären sonst ausgestoßen für immer. Doch komm zurück zum Haus — sieh das Schiff umsegelt die Insel und wird wahrscheinlich auf derselben Stelle sein Boot wieder an's Ufer schicken, wo es Dich damals landete — wir wollen indeß mit meinem Vater bereden was am Besten für Dich zu thun sei, und dann rasch und entschlossen handeln — es ist ja nicht das erste Mal daß Sadie Dich führt,« setzte sie mit einem wehmüthigen und gar so innigen Lächeln hinzu, »Du bist ihr das erste Mal gefolgt, da Du mich noch gar nicht kanntest — wolltest Du jetzt zurückbleiben?«

René preßte die Geliebte fester an sich, und hielt sie in einem langen Kuß an seinem Herzen, aber sie wand sich endlich aus seinen Armen und seine Hand wieder, wie in früherer Zeit ergreifend, wollte sie eben mit ihm hinunter zum Hause gehn, als ihnen von dort der alte Missionair mit einem anscheinend ziemlich schweren Korb entgegenkam, und mit ihnen zurück zu der kleinen Terrasse ging. René setzte hier den Korb, den er ihm abgenommen, auf die Erde nieder und der Greis sagte, nachdem er nur einen flüchtigen Blick auf seine Kinder geworfen, ohne weitere Umschweife:

»Ich hab' es mir gedacht, daß es das unglückselige Schiff sei, als ich nur hörte daß es dicht bei dem Wind die Insel anlaufe, und den prachtvollen Westwind versäume nach Nord-Osten aufzuhalten. Doch wir müssen jetzt handeln Kinder, nicht lamentiren und traurig sein. Ich war erst Eurer Verbindung entgegen, nun aber, da die Sache doch einmal so weit gediehen ist, will ich Euch auch nicht Beide unglücklich wissen, so lange ich es noch verhindern kann — aber Zeit dürfen wir auch nicht mehr verlieren. Ich habe in dieser Sache einige Erfahrung, und schon viel in meinem Leben, gerade hier auf den Inseln mit Wallfischfängern verkehrt, denen Matrosen entlaufen waren. Die Capitaine sparen nicht mit den Belohnungen die sie auf den Einfang setzen, denn die Leute müssen das ja nachher selber von ihrem verdienten Gelde abbezahlen — sie bieten oft enorme Summen, hinreichend einen armen Insulaner, so gut und brav er auch sonst sein möchte, zu verführen — sie haben aber auch keine lange Zeit sich aufzuhalten, besonders wenn es erst einmal so spät in der Jahreszeit ist wie jetzt, wo sie nachher noch die Sandwichsinseln anlaufen müssen Erfrischungen einzunehmen und sich auf ihren Sommerzug in das Eismeer vorbereiten. Dies Schiff kann aber kaum dort noch zu guter Zeit eintreffen, wenn es nicht eine sehr schnelle Reise nach Oweyhy oder Woahu hat und es läßt sich denken daß der Capitain hier nicht wochenlang, eines einzelnen Mannes, und noch dazu eines gewöhnlichen Matrosen wegen, herumliegen wird. Vor allen Dingen ist es also nöthig Sie aus dem Weg zu bringen, damit Sie nachher Niemand verrathen kann, wenn ihm auch Gelegenheit dazu geboten würde, das ist jedenfalls das Sicherste, und dazu habe ich mir einen passenden Platz ausersehn.«

»Ich führe ihn in die Berge, Vater,« sagte Sadie — »oben in den niedern Hügeln stehn einzelne Palmenhaine, und in der breiten Krone einer dieser Palmen kann er tagelang versteckt liegen. Ich weiß eine von ihnen die mein Bruder und ich in's besonders hergerichtet und ausgeschlagen haben — den Platz kennt Niemand als ich selber, denn der Bruder ist ja todt und kein Pfad führt dorthin, kein Weg oder Steg und doch will ich die Stelle im Dunkeln finden.«

»Der Platz wäre zu einer anderen Jahreszeit, und wenn wir keinen besseren hätten, vielleicht recht gut,« lächelte der Greis, »jetzt aber, wo es fast jede Nacht in schweren Schauern niederfällt, möchte der Wipfel einer Palme, besonders wenn es sich nicht um Stunden sondern um Tage handelt, doch ein fataler Aufenthaltsort sein. Nein, Du kennst das Ihiamoea Prudentia — jenes letzte Ueberbleibsel aus der alten Heidenzeit. Es ist das ein kleines Gebäude, früher dem Gott Oro geweiht, das jedenfalls auch mit allen übrigen derartigen Heiligthümern jener Zeit vernichtet wäre, bestände nicht auch zugleich in der Familie des jetzigen Oberhauptes der Insulaner eine alte Sage, daß der König sterben müsse sobald das Gebäude zusammenfiele. Sämmtliche Vorstellungen der Missionaire sind bis jetzt erfolglos gewesen sie von der Thorheit solchen Glaubens zu überzeugen, ja Einer unserer Brüder hätte beinah einst sein eigenes Leben eingebüßt, als er in vielleicht etwas übertriebenem Diensteifer selber Hand daran legen wollte. Nur zwei Personen sind auf der Insel die es jährlich einmal besuchen, der fua oder König, Jeremias Aitaua (der Rächer), wie ihn Bruder Rowe getauft hat, und dessen Sohn; beide nur, um ein frisches Dach aufzulegen oder das alte, wenn es noch gut ist, nachzusehen. Das ist wenigstens die Entschuldigung, denn ich fürchte fast, daß sie dort doch noch, trotz ihrem angenommenen Christenthum, heimlich einige ihrer heidnischen Ceremonien feiern; da sie es aber allein thun, können wir Nichts dagegen machen, und die kleine von Stein dauerhaft aufgerichtete Hütte wird darum, so gut unterhalten, wohl noch mancher Regenzeit trotzen. Dorthin magst Du René führen. – Keiner der Eingeborenen getraut sich den Platz zu betreten und die Weißen könnten wochenlang ihre Zeit vergeuden, ehe sie ihn auffänden. Hier dieser Korb mit Provisionen wird ausreichen, wo nicht, findet sich schon wieder einmal Gelegenheit neue Zufuhr hinaufzuschaffen, obgleich ich fest überzeugt bin daß sich das Schiff keine vierundzwanzig Stunden an der Insel aufhält.«

»So will ich zum Haus gehn und meine Waffen holen,« sagte René.

»Sie sind in diesem Korb,« erwiederte ihm aber der Greis – »es ist auch weit besser daß Sie sich gar nicht wieder am Hause blicken lassen, denn neugierige Augen folgten Ihnen doch, und wenn ich auch nicht glaube daß Einer der hiesigen Leute zum Verräther werden würde, so ist es doch, wie gesagt, besser ihnen auch selbst die Möglichkeit zu nehmen verführt zu werden. Gehn Sie gleich von hier ab, und Prudentia kennt die Richtung gut genug, so weiß kein Mensch wo Sie geblieben sind. Aber Prudentia muß auch, so schnell als nur irgend möglich wieder zurückkehren, und ich hoffe daß dieser Kelch glücklich an uns vorübergehen wird.«

»Lieber, väterlicher Freund –« sagte der junge Mann gerührt, und streckte dem Greis die Hand entgegen. Dieser aber wollte auch die jungen Leute nicht sehen lassen wie weh und ängstlich ihm selber, trotz seiner angenommenen Zuversicht, zu Muthe war, und sagte mit einem wohl etwas erzwungenen Lächeln:

»Keinen Abschied, René – das Ihiamoea liegt nicht am andern Ende der Welt, daß wir –«

»Ich muß Sie hier wohl aufsuchen, Bruder Osborne!« sagte in diesem Augenblick, dicht hinter ihnen die Stimme des Bruder Rowe mit zwar ruhigem aber doch etwas scharfem Ton – »wenn ich überhaupt Abschied von Ihnen nehmen will – Sie scheinen ganz vergessen zu haben daß ich im Begriff bin aufzubrechen.«

Die drei Menschen schauten sich um als ob sie auf einem Verbrechen ertappt wären, und das kalte, theilnahmlose Gesicht des Priesters war ebenfalls nicht geeignet jedes unangenehme Gefühl solcher

Ueberraschung zu mildern. Der Geistliche schien dies aber gar nicht zu bemerken, oder wenn er es bemerkte, zu beachten; gegen Sadie die Hand ausstreckend legte er dem Mädchen, das seine Rechte ergriff und küßte, wie segnend die Linke auf das Haupt, neigte dann seinen Kopf gegen René, der diese kalte Höflichkeit ebenso formell erwiederte, und ging, Mr. Osborne's Arm nehmend, mit diesem nach der Landung hinunter.

»Und nun komm,« flüsterte Sadie, als das dichte Guiavengebüsch die Männer ihren Blicken entzog — »nun komm René und gebe Gott daß ich Dir recht recht bald die frohe Botschaft Deiner Erlösung bringen kann.«

Wenige Secunden später schloß sich der Wald hinter ihnen, und der kleine freundliche Platz lag still und einsam im Schatten seiner rauschenden Palmen.

Der Missionscutter war indeß zur Abfahrt gerüstet, Bruder Rowe traf noch einige Anordnungen zu dem nächst zu haltenden Osterfest zwischen den Insulanern und verließ dann, mit einem frommen »Der Herr segne und behüte Euch« — die Insel.

Mr. Osborne hatte kein Wort gegen ihn erwähnt, daß das Schiff was die Insel passirt war, dasselbe Fahrzeug sei, von dem René entsprungen war, er hielt es für besser die Sache mit keiner Sylbe weiter zu berühren. Auch Bruder Rowe kam nicht wieder auf die Verheirathung der beiden jungen Leute zurück; er mochte auch wohl einsehen, daß jede weitere Vorstellung oder Einsprache unnütz sein würde.

Der Cutter war zuerst nach Mitiaro bestimmt, der ehrwürdige Mann hatte aber vorher die Indianer die ihn führten noch beordert in dem Binnenwasser der Insel am Ufer hinaufzuhalten, da er zuerst noch einmal den König an der andern Seite zu besuchen, und Rücksprache mit ihm über eine Betversammlung zu nehmen habe.

Capitel 7

Der Verrath, und wie sich beide Theile dabei irrten

Am nördlichen Ufer der Insel war indessen Alles in Aufregung, denn das Wiedererscheinen des Schiffes, an das keiner der Insulaner fast mehr gedacht hatte, bot Ursache genug das sonstige Stillleben zu unterbrechen, hätten Manche von ihnen auch gerade nicht Grund gehabt zu wünschen, daß es seinen Weg nicht wieder hierher gefunden habe.

Der König dachte natürlich mit einiger Beunruhigung an die Geschenke, die er unter der Bedingung überliefert bekommen hatte, den Flüchtling einzufangen und wo waren diese Sachen jetzt alle geblieben? — wo war der Flüchtling? — Wer aber konnte auch wissen daß das Schiff nach so langer Zeit zurückkehren würde, und eine Ausrede war bald gefunden. Als der erste Harpunier wieder wie früher an Land kam und nach dem Mann frug, erwiederte ihm der rasch herbeigeholte Raiteo — denn der König schämte sich vielleicht vor seinem eigenen Volk, dem weißen Mann etwas vorzulügen — mit keineswegs christlicher Unverschämtheit, sie hätten den Flüchtling damals eingefangen und drei volle Wochen auch eingesperrt gehalten und gefüttert, wie aber das Schiff gar nichts mehr habe von sich hören oder sehen lassen, da seien sie endlich genöthigt gewesen ihn wieder frei zu lassen. Seit der Zeit sei er aber ebenfalls verschwunden und sie glaubten er wäre mit einem kleinen Schooner, der neulich einmal die Insel anlief, nach Tahiti oder einer der dortigen Inseln gezogen.

Das Ganze schien wahrscheinlich genug, dennoch war der alte Seemann zu bekannt mit diesem Volk um ihnen sogleich, auf die erste Bestätigung hin, die erste beste Geschichte auch zu glauben. Sie hatten einmal den Fanglohn weg, den der fa-u jetzt, wie Raiteo mit vieler Geistesgegenwart weiter log, für die so lange Unterhaltung des Gefangenen beanspruchte, und er sah wohl ein, daß er auf's Neue einen Preis aussetzen mußte. Auch hierin schien er wieder Schwierigkeiten zu finden, aber aus den langen Unterhandlungen die nach den neuen Versprechungen gehalten wurden, merkte der alte Harpunier deutlich genug daß der Matrose noch jedenfalls auf der Insel sein mußte, und der Sache ein Ende zu machen, denn die Sonne neigte sich schon ihrem Untergang, bot er dem König funfzig spanische Thaler — ein wahrer Reichthum für seine Verhältnisse — wie noch andere Güter die er mit im Boot führte, wenn er den Entsprungenen noch diesen

Abend, oder wenigstens diese Nacht in seine Hände liefere.

Raiteo ließ sich die Summe zweimal wiederholen und sogar, ganz sicher zu sein, an den Fingern vorzählen, denn er traute seinen eigenen Ohren kaum eine so ungeheuere Quantität baaren Geldes — ohne alle die übrigen Herrlichkeiten — in den Bereich ihres Arms zu bringen. Trotzdem schüttelte aber der fa-u mit dem Kopf — er wollte mit der Sache, der sich sein alter Freund der Missionair angenommen hatte, nichts mehr zu thun haben, und sagte Raiteo er möge die Fremden bedeuten den Mann selber zu suchen, wenn sie glaubten daß er noch hier auf der Insel sei.

Der Harpunier nahm jetzt den Burschen, dem er wohl ansah zu was er mit Geld gebracht werden konnte, in Englisch vor, und bot ihm die Summe allein, wenn er ihm den Flüchtling diese Nacht ausliefern wolle. Hiergegen erklärte ihm aber Raiteo ganz offen der Mann sei allerdings noch da, so geschwind ließe sich das aber unter keiner Bedingung anstellen. Er habe die Zeit über, am andern Ende der Insel, auf der Mission gewohnt, das Schiff als es von dort heraufkam aber auch jedenfalls sehen können, und sei jetzt wieder irgendwo im Wald versteckt, wo er allein morgen wenigstens den ganzen Tag brauchen würde ihn nur aufzuspüren, und selbst dann sei es eine schwierige Sache, da der König nichts damit zu thun haben wolle, und er selber nachher, vielleicht seines Lebens auf der Insel nicht wieder froh würde. Er verdiene gewiß gern den hohen Preis, wenn sich aber weißer Mann Capitain nicht dazu entschließen wollte zwei drei Tage auf der Insel zu bleiben und auch womöglich noch mehr Leute herüberzubringen, so sehe er keine Möglichkeit seinen Zweck zu erreichen.

Das ging nicht an, das Schiff hatte sich überdies schon, durch einige Spermfische gerade damals aufgehalten als sie wieder nach Norden auf kreuzen wollten, in der Jahreszeit verspätet, und der Capitain erst nicht einmal, trotzdem daß sie die Insel passirten, wieder anlaufen wollen, aber jedenfalls nur bis nächsten Morgen mit Tagesanbruch den äußersten Termin gesetzt — war es bis dahin nicht möglich den Mann wieder zu bekommen, so mußten sie es aufgeben, und der alte Seebär wollte sich eben, mit einem zwischen den Zähnen durchgebrummten Kraftfluch hineingeben und an Bord zurückkehren, als der kleine Missionscutter in Sicht kam und das hinten angehängte Boot gleich darauf den ehrwürdigen Mr. Rowe an Land brachte.

Der Missionair hatte noch einiges mit dem fa-u zu bereden und der Harpunier zögerte einen Augenblick am Ufer — er konnte die

Schwarzröcke nicht gut vertragen, aber eine Frage that auch keinen Schaden, und der Mann kam gerade von dort her, wo sich der Flüchtling aufgehalten.

Bruder Rowe fühlte vielleicht eine gleiche Sympathie für diese Art Leute, er war aber nichts destoweniger freundlich gegen den Seemann, und beantwortete seine Fragen auf das leutseligste aber ausweichend. — Raiteo der mit offenem Munde dabeistand, kam es vor, als ob er mit der Sache nichts zu thun haben wolle, denn darum wissen mußte er.

»Sehn Sie, Mr. — wie mag Ihr Name sein?«

»Rowe.«

»Ah — Mr. Rowe,« sagte der alte in seinem Geschäfte schon ergraute Seemann — indem er fast unwillkürlich neben dem langsam längs dem Strande hergehenden Priester herschritt, wodurch sie sich von Raiteo, der ihnen ja nicht folgen durfte, entfernten. »Es ist nicht wegen dem einen Burschen daß wir uns solche Mühe geben ihn wieder zu bekommen — was das belangt, so könnten wir eher noch zwei dazu entbehren, ehe wir gerade jetzt einen einzigen Tag hier versäumten, aber es ist wegen dem bösem Beispiel — sehn die Canaillen daß sie fortkommen können, dann läuft uns auf den Sandwichsinseln nachher am Ende der ganze Schwarm davon. Kriegen wir aber so einen Burschen wieder, und auch schon während wir uns Mühe danach geben, so sehen doch die Andern daß es ihnen nicht so ganz leicht gemacht wird und hingeht, und besinnen sich zweimal, eh' sie die Beine in die Hand nehmen. Auf den Preis kommts uns dabei nicht an, denn kriegen wir sie nicht, so bezahlen wir ja auch Nichts, als vielleicht ein Bischen Lumperei an Spielkram, und kriegen wir sie, nun dann müssen sie's selber von ihrem Theil abtragen.«

»Haben Sie einen hier von den Insulanern, dem Sie glauben vertrauen zu können?« frug ihn der Missionair jetzt, und drehte sich, wie im Gespräch, halb nach ihm um, zu sehn ob ihnen Niemand folge. — »Könnten Sie einen der Leute hier bewegen Sie zu führen?«

»Führen? — gewiß,« brummte der Harpunier — »wenn ich nur wüßte wohin.«

»Ich kann mich, meiner Stellung wegen, nicht mit solchen Sachen befassen,« erwiederte ihm indirekt hierauf der Geistliche — »Sie werden aber auch wohl als vernünftiger Mann einsehn, daß es mir nicht gleichgültig sein kann dabei, meist gewissenlose Menschen zwischen die, kaum einem etwas civilisirten und religiösen Leben gewonnenen Insulaner geworfen zu sehen.«

»Nein gewiß nicht — kann ich mir denken — ist ganz natürlich« — brummte der Harpunier dabei zwischen den Zähnen durch, und warf nur manchmal einen Seitenblick auf den Geistlichen, als ob er hätte sagen wollen: »nun was steckt dahinter? — wo will der hinaus?«

»Mir liegt also,« fuhr Bruder Rowe hier wieder fort — »gewissermaßen ebensoviel daran den entsprungenen Matrosen wieder von hier zu entfernen als Ihnen daran gelegen ist ihn wieder zu bekommen.«

»Ja sagen Sie mir nur wie!« platzte der Alte, dem die Vorrede zu lange dauerte, heraus.

»Unter der Bedingung daß Sie meinen Namen nicht dabei nennen, und auf eine Entschuldigung oder vielmehr Ausrede, dem Eingeborenen gegenüber, den Sie zu Ihrem Führer nehmen, denken wollen, kann ich Ihnen den Platz so genau angeben wo er versteckt ist, daß Sie nicht die mindeste Schwierigkeit haben werden ihn zu finden — ja noch mehr, der Ort liegt so vortrefflich ihn zu umstellen, daß Sie, wenn Sie Ihre Maßregeln gut treffen, ihn sicher in Ihre Gewalt bekommen müssen.«

»Aber was soll ich dem alten Fuchs dem Raiteo weiß machen,« sagte der Harpunier sinnend, »er hat gesehn wie wir jetzt hier miteinander sprechen und ich kann es ja nicht gut von irgend einem Andern gehört haben.«

Der Missionair blieb einen Augenblick stehn — dann sagte er bedächtig:

»Machen Sie sich nachher mit einem meiner Bootleute etwas zu schaffen und sprechen Sie mit ihm über irgend einen Gegenstand. — Sie können Raiteo dann sagen daß Sie es von dem erfahren haben; ich bin ziemlich fest überzeugt daß ihn Raiteo nicht wieder danach fragen wird.«

»Und wo ist der Platz?« frug der Harpunier.

»Erkundigen Sie sich bei Raiteo,« sagte der Geistliche leise — »ob er ein Haus Namens Ihiamoea auf der Insel kennt. — I-hi-a-mo-e-a — können Sie den Namen behalten?«

»Er ist verdammt lang,« brummte der Harpunier — »I-hi-ma-nu«.

»I-hi-a-mo-e-a,« wiederholte der Missionair.

Der Harpunier repetirte das Wort ein paar Mal leise vor sich hin und sagte dann:

»Ich denke so wird's gehn, und da steckt er also — aber kennt Raiteo den Ort?«

»Genau genug,« lautete die Antwort. »Sie werden ihm aber einen guten Lohn versprechen müssen, denn die Insulaner haben eine gewisse Scheu vor jener Gegend.«

»Er soll die ganzen funfzig Dollars haben wenn er uns heute A-bend noch hinführt!« rief der Seemann rasch — »und Gott straf mich — noch Alles in Sachen dazu, was im Boot liegt — wenn wir den Kerl nur kriegen. Ich habe noch außerdem mein besonderes Gift auf ihn.«

»Gut, dann verlieren Sie keine Zeit mehr,« sagte der Missionair, wieder nach den Gebäuden, wo noch die übrigen standen, zurückkehrend. »Können Sie sich aber auch auf Ihre andern Leute verlassen, daß Sie am Ende nicht, anstatt Einen zu fangen, das Uebel noch verschlimmern und mehre dabei einbüßen?«

»Wir sind diesmal gescheuter gewesen, als das erste Mal,« erwiederte der Harpunier — »und haben gar keine Matrosen, sondern nur Officiere im Boot zum Rudern mitgenommen — die Leute sind sämmtlich Harpunier oder Bootsteurer, die laufen schon seltener weg, weil sie weit höhern Antheil bekommen und auch überhaupt eine Carriere zu machen haben — es sind nur die verwünschten Matrosen die durchbrennen, weil sie sichs gewöhnlich ein Bischen zu hübsch auf einem Wallfischfänger gedacht haben.«

Sie waren indessen wieder zu des Königs Hause gekommen, welches der Missionair jetzt betrat das Wetter abzuwarten, das gerade im Osten heraufzog und schon mit drohenden Wolken über dem Horizont hing. Der Harpunier wechselte indessen mit seinen Leuten einige Worte, und ging dann nach den beiden mit dem Cutter gekommenen Insulanern zu, die unfern ihres eigenen Bootes auf den Corallen saßen und sich eine kleine Cigarre aus ihrem inländischen Tabak und Bananenblättern drehten. Er blieb einige Zeit bei diesen stehn, und ging dann, als er Raiteo gerade über sich am Rande des Gehölzes bemerkte, rasch auf diesen zu.

»Raiteo,« sagte er hier dem aufmerksam Zuhorchenden — »willst Du in dieser Nacht Dein Glück machen und ein reicher Mann werden? Du kannst funfzig Dollar und den ganzen Plunder verdienen der da im Boot liegt.«

»In dieser Nacht?« erwiederte Raiteo kopfschüttelnd — »habe weißen Mann Capitain schon gesagt daß es so schnell nicht geht — und ist immer ein bös Stück Arbeit — kann nicht.«

»Aber Du kannst« — sagte der Harpunier — »kennst Du ein kleines Haus hier irgend wo auf der Insel, das sie I-hi warte einmal — verdammt — I-hi-mano —«

»Ihiamoea?« sagte Raiteo rasch und leise und sah den Fremden erstaunt an — »und ist der weiße Mann im Ihiamoea?«

»Verdamme mich, wenn Du den Namen nicht wie am Schnürchen hast,« lachte der Wallfischfänger — »Ihiamoea kannst Du uns dorthin noch heute Abend führen?«

»Und wer hat Euch den Platz angegeben?« frug der Insulaner, und seine Augen suchten fast unwillkürlich die Stelle wo der Missionair noch vor dem Hause des fa-u stand.

»Einer der Burschen dort im Boot,« erwiederte ihm der Seemann — »sie wollens aber nicht gern wissen lassen, daß die Nachricht von ihnen kommt — ich hab' ihnen fünf Dollar dafür gegeben.«

»Hm« — brummte Raiteo und schaute nach den Bootsleuten hin, die ruhig und abwechselnd ihre kleine dütenförmige Cigarre rauchten, und wieder nach dem Missionair hinüber; dann aber, den Kopf zurückwerfend als ob er hätte sagen wollen »was gehts mich an« gab er dem Harpunier ein Zeichen ihm etwas weiter in den Wald hinein zu folgen, und hatte nun mit diesem in wenigen Minuten das Nöthige besprochen. Das Ihiamoea war ein kleines niederes Gebäude mit einem Gemach und zwei Ausgängen, das oben auf einem der Hügel, im wildesten Dickicht und dichtesten Walde lag; aber auf einem etwa funfzig Schritt breiten, vollkommen freien Raum stand, und also mit größter Leichtigkeit umzingelt und besetzt werden konnte. In etwa anderthalb Stunden konnten sie es von hier aus erreichen und das aufsteigende Wetter begünstigte jedenfalls ein solches Unternehmen. Raiteo aber, so gierig er war das Geld zu verdienen, scheute sich eben so sehr seinen Namen dabei genannt zu wissen, als der Missionair. Er zeigte ihm deshalb jetzt den Pfad, auf dem sie sich gerade befanden, und der durch eine dichte Pandanus-Niederung hinführte — diesen sollte der Harpunier mit seinen Leuten, sobald es dunkelte, etwa 300 Schritt weit folgen, und dann pfeifen, und Raiteo würde ihn von da bis zu dem Haus führen und ihm angeben wie er es umstellen könne — in das Haus aber bedung er sich gleich von vorn herein aus, ging er nicht hinein; »die alten hier unten vertriebenen Götter saßen noch dort oben darin, und wenn sie auch einem weißen Mann wohl nichts anhaben konnten, so liefe doch ein Eingeborener die tödtlichste Gefahr an Leib und Seele.«

Ueber die Ausbezahlung wurden sie ebenfalls einig, Raiteo bekam fünf Dollar im voraus, was ihn soviel gieriger auf das übrige machte, und der Rest sollte ihm ausbezahlt werden, wenn sie den Entsprungenen gebunden in ihrer Gewalt hätten.

Der Abend setzte ein, wie es das Wetter klar genug angedeutet; einzelne Windstöße und Regen was vom Himmel herunter wollte. Der Wallfischfänger war indeß näher herangekommen, wo er durch das hohe Land gegen die Böen ziemlich geschützt lag und sich nicht in der mindesten Gefahr befand auf die Klippen getrieben zu werden, von denen ihn Wind und Strömung zugleich absetzten; in kurzen Gängen war es nur eben Alles was er thun konnte, daß er sich auf seiner Stelle hielt.

Der Missionair hatte die Insel ebenfalls nicht verlassen, obgleich er lieber der durch ihn gewissermaßen herbeigeführten Katastrophe aus dem Wege gegangen wäre; auf See aber etwas ängstlich fürchtete er das Wetter möchte noch schlimmer werden und wollte sich da nicht in seiner Nußschaale von einem Fahrzeug den Wogen anvertrauen.

Das Zeichen für den Harpunier an Bord zu kommen, wenn etwa in der Nacht möglicher Weise etwas vorfiele, sollten zwei Kanonenschüsse sein.

* * * * *

René war indessen durch seine liebe Führerin glücklich an den Ort seiner Bestimmung gebracht und schon der Weg dahin überzeugte ihn, daß Europäer den Platz nimmer in wenigen Tagen auffinden könnten, hätten sie selbst gewußt daß ein solcher Schlupfwinkel hier existire, und von den Insulanern konnte ja auch keiner glauben daß ihm diese Stelle bekannt sei. Ebenso hatte er das aufsteigende Wetter bemerkt, und nicht ohne Grund durfte er hoffen daß es den Wallfischfänger zwingen konnte, die Insel vielleicht sogar eher zu verlassen, als er im Anfang beabsichtigt. Daß aber auch Sadie nicht von dem Wetter überrascht werde, trieb er diese selber mit zärtlicher Besorgniß zum schleunigen Heimweg an, und das schöne Mädchen flog mehr als sie ging den Pfad zurück, denn sie wußte ja daß sie, je eher sie wieder am Hause sei, desto sicherer auch den geringsten Verdacht niederschlagen müsse, der Fremde habe einen so weitentlegenen Platz als das Ihiamoea zu seinem Zufluchtsort gewählt. — An den Missionair dachte Niemand.

Der Platz selber war für so kurzen Aufenthalt wohnlich genug; gegen Wind und Regen vollständig durch ein gutes Dach und fast fußdicke vielleicht sechs Fuß hohe Steinmauern geschützt, lag selbst eine breite aus dem dortigen Schilfgras geflochtene Matte in der Mitte der Hütte — ein Beweis mehr daß der alte Missionair recht hatte wenn er glaubte, der christlichste König dieser Insel hänge noch etwas an dem alten Heidenthum. Doch wie dem auch sei, es kam René hier vortrefflich zu statten.

Vor allen Dingen sah er jedoch nach seinen Waffen, steckte sein Messer in den Gürtel, den er immer trug und untersuchte die Terzerole — aber der alte Mann hatte in der Eile das Pulverhorn vergessen, und wenn auch das Pulver noch ziemlich trocken aussah, war ihm doch nicht viel zu trauen.

»Nun ich werde sie hoffentlich nicht brauchen,« murmelte er leise für sich hin — »besser wär's aber doch ich wüßte sie sicher — es giebt Einem immer mehr Zutrauen eine gute Waffe in der Hand zu haben.« Bei den Waffen lagen aber auch eine Masse Lebensmittel und mit doch weiter keiner anderen Beschäftigung machte er sich über den Korb her, die Leckerbissen vorzunehmen, die ihm der gute alte Mann, mit einem paar Flaschen Wein und Cocosnußmilch zusammengemischt, eingepackt hatte.

So vergingen ihm die Stunden rasch — ein paar Mal trat er in die vordere Thür der Hütte, vielleicht einen Blick in's Freie zu gewinnen, aber der Wald umgab das kleine Heiligthum einer früheren Zeit hier zu hoch und dicht, auch nur einen Blick über dessen äußerste Grenzen zu gestatten, und er warf sich zuletzt, ermüdet vom Umhergehn in so engem Raume, auf die Matte, und schaute träumend auf die kahlen Steinwände, die in früherer Zeit wohl Zeuge mancher wildromantischen Scene, vielleicht manchen furchtbaren Opfers gewesen waren.

»Und wo seid Ihr jetzt — Ihr stolzen Herrscher dieser Haine —
Oro, Du kriegerischer Gott, Hiro, Du schlauer Beschützer der Diebe,
Teroro, Du Sturmerwecker, Tane, Du Herrlicher und Ihr Alle, Alle,
die Ihr früher in dem Rauschen der Palmen, in dem Donnern der ewigen Brandung zu Euern Kindern spracht? — Sie haben sich losgesagt
von Euch, umgeworfen Euere Altäre, in den Wind verweht selbst
Eure Namen, und das Kreuz, von einzelnen Fremden aufgepflanzt,
hat wie mit einem Schlage Euer Jahrhunderte bestandenes Reich vernichtet. Aber solltet Ihr auch diese Haine, die einst Eure Macht sahen,
so schnell und leicht haben verlassen können? wandelt Ihr vielleicht
nicht selbst jetzt noch in den dunklen Schatten der Fruchtbäume, um
die Stellen wo früher Euere Altäre gestanden, und schauet mit finsterem Groll auf die Tempel eines neuen Gottes, vor dem Euere abtrün-
nigen Kinder jetzt ihre Knie beugen? Umschwebst nicht Du selbst,
furchtbarer Oro diese Dir einst, ja vielleicht selbst jetzt noch geweihte
Stätte, und blickst zürnend auf den Fremden nieder, der sich, ein un-
geladener Gast über Deine Schwelle gedrängt hat? Zürne mir nicht,
hätte nur ich, von all den weißen Fremden diese Ufer betreten, Du
herrschtest noch hier, in all Deiner Herrlichkeit, ich hätte Deinem
Volke seine Götter und seinen Frieden gelassen, und wer weiß ob sie
nicht glücklicher — besser geblieben wären.«

Lange noch lag er sinnend und träumend auf der Matte, bis die
einbrechende Nacht ihre Schatten niedersandte, und mit diesen der
Regen laut und schallend auf das schilfige Dach der Hütte niederschlug. War er hier aber auch vor diesem geschützt, so fand er doch
eine andere Plage — eine wahre Unzahl von Mosquitos stellten sich
schon mit der Dämmerung ein, und umschwärmten ihn jetzt als sicher unverhoffte und gute Beute zu Tausenden.

Im Anfang suchte er sich ihrer zu erwehren, zuletzt aber gab er
das auf und streckte sich, nur sein Taschentuch über das Gesicht brei-
tend, auf die Matte aus, der Nacht so viel Schlaf als möglich abzusteh-
len. Er fühlte sich vollkommen sicher daß der Wallfischfänger, wenn
er überhaupt noch an der Insel sei, diese Nacht gewiß Nichts unternehmen werde ihn wieder zu bekommen, und ärgerte sich fast, die
bisherige Wohnung und Sadie'ens Nähe verlassen zu haben.

Eine Stunde hatte er etwa so gelegen, aber er war nicht im Stande
einzuschlafen, die Mosquitos trieben es zu arg, und schienen fortwährend in neuen unersättlichen Schaaren heranzuströmen.

»Das ist ein schöner Polterabend,« brummte er leise vor sich hin

— »und mein armes Mädchen sitzt indeß allein daheim und ängstigt sich um den fernen Freund — ha! —«

Er fuhr in die Höh' und horchte, schüttelte aber dann lächelnd mit dem Kopf und murmelte:

»Das war wie in alter Zeit, als ich noch mit Adolphe in Canadas Wäldern jagte — das klang genau wie sein Jagdruf — der schrille Ton einer kleinen, an der französichen Küste heimischen Möve.«

»Aber Wetter noch einmal!« rief er plötzlich in einiger Unruhe aufspringend — »und wenn das nun doch am Ende Adolphe selber — aber es ist ja nicht möglich — wie hätte er diesen Ort auffinden können.«

Nichtsdestoweniger tappte er nach seinen Waffen herum, die neben ihm auf der Matte lagen, und steckte sie zu sich. Der Regen hatte jetzt für kurze Zeit nachgelassen, und nur die schweren Tropfen fielen draußen noch von den Zweigen nieder. Schlafen konnte er doch nicht, also stand er auf und ging an die Thür die, halbangelehnt, ihm einen Blick auf den kleinen freien, jetzt von dem auf wenige Momente vorbrechenden Mond erhellten Platz gewährte; ha dort drüben bewegte sich beim ewigen Gott eine Gestalt — Wild konnte es nicht sein, das gab es ja nicht auf diesen Inseln. Eine dunkle Wolke legte sich wieder über den Mond und hüllte Alles in tiefe Nacht, als aber René, das gespannte Terzerol krampfhaft fest in der Faust mit spähendem Blick und lauschend vorgebeugtem Oberkörper da stand, erkannte er deutlich zwei dunkle Gestalten die über den Plan, grade auf ihn zu glitten.

»Verrath!« murmelte er leise zwischen den Zähnen durch, und mit Blitzesschnelle in das Haus zurückspringend, gewann er die andere Thüre. Aber in demselben Moment fühlte er sich von drei eisernen Armen zu gleicher Zeit gepackt und es war ein Glück für wenigstens einen der Fänger, daß das Terzerol versagte, denn gerade gegen das Ohr des Harpuniers gepreßt hatte es René abgedrückt.

»Teufel!« schrie er, als er es von sich werfend sein Messer zu ziehen suchte — umsonst, die Uebermacht war zu groß, und wenige Minuten später lag er, an Händen und Füßen gebunden, in der Gewalt seiner Feinde am Boden.

»Damn it mein Bürschchen,« lachte der alte Harpunier in aller Freude über den gelungenen Fang, »ich hatte heute Abend, als ich auf den Regen fluchte, nicht geglaubt daß er mir mit Deinem Pulver zu

gleicher Zeit einen so guten Dienst erweisen würde — das war jedenfalls gut gemeint, ich rechne Dir's aber nicht an — hätte dasselbe an
Deiner Stelle gethan; nun sei aber auch vernünftig und wehr Dich
nicht nutzlos mehr — wir sind hier unserer sieben gegen einen, und
Du wirst begreifen daß da doch jeder Widerstand nutzlos ist.«

»Mordet mich!« schrie aber René mit aller Kraft der Verzweiflung gegen seine Banden und die Arme die ihn niederhielten, an-
kämpfend — »mordet mich, wie Ihr mein Glück zerstört habt, aber
beim ewigen Gott, Ihr sollt mich nicht lebendig von dieser Insel nehmen.«

»Das käme auf einen Versuch an,« sagte der Harpunier kaltblütig
— »willst Du denn gar keine raison annehmen, so haben wir uns
schon so viel Mühe um Dich gegeben, daß wir Dich nun auch wohl
das kleine Stückchen Wegs noch tragen können. Nehmt ihn auf Leute
— nehmt ihn auf — oh wenn er gar so sehr strampelt — hier ist noch
Leine genug zwanzig solche Bürschchen förmlich damit einzuwickeln
— so das thuts — noch eins um die Füße, und nun nehmt ihn auf und
fort damit — da kommt schon wieder ein neuer Regenschauer; daß
die Pest ein solches Land hole.«

»Ja wohinaus gehts aber jetzt?« sagte Einer der Leute, nachdem
sie den sich wüthend Sträubenden aufgehoben hatten — »ich weiß
den Weg nicht mehr.«

Der alte Harpunier sah sich einen Augenblick selber verdutzt in
der Dunkelheit um.

»Damn it,« brummte der Alte, »jetzt bin ich auch confus geworden — welchen Cours sind wir denn eigentlich heraufgesteuert. Wo
ist denn die verdammte Bestie von Insulaner — he Raiteo, Canaille
verwünschte — wo steckt der Satan?«

»Verrathen und verkauft,« knirrschte René zwischen den zusammengebissenen Zähnen hindurch, als er von der verzweifelten
Anstrengung zum Tod erschöpft zurücksank und sich jetzt willenlos
forttragen ließ. — Nicht weit von ihm ab antwortete aber ein leiser
Pfiff. Es war der Insulaner, der dort auf die Seeleute, außer dem Bereich des Ihiamoea, wartete, und schweigend führte er den Zug den
steilen schlüpfrigen Pfad wieder zurück nach dem Landungsplatz.

Der Regen goß jetzt förmlich in Strömen nieder, wenn auch der
Wind für den Augenblick etwas nachgelassen hatte, als sie aber oben

die Pandanus-Niederung erreichten, und nun auf ebener Bahn, auf dem scharfen Corallensand, dicht am Ufer einer der kleinen zahlreichen Lagunen oder Binnenseeen hinschritten, dröhnten laut und mahnend die beiden Kanonenschüsse von Bord des Delaware zu ihnen herüber. — Fast unwillkürlich hielten die Leute einen Moment, der Harpunier aber rief:

»Vorwärts, meine Jungen, vorwärts, wir kommen gerade zur rechten Zeit — Wetter noch einmal, das war abgepaßt, eine Stunde später und wir hätten die ganze Geschichte aufgeben müssen.«

»Was mögen sie an Bord haben?« frug Einer der anderen Harpunier.

»Wahrscheinlich wird dem Alten der Wind zu bunt,« lachte der Harpunier, »und jetzt ists gerade eine hübsche ruhige Zwischenzeit an Bord zu fahren — rasch Ihr Leute, da vorn seh' ich schon die Hüttenfeuer.«

Ein neuer Hoffnungsstrahl blitzte vor René's Seele auf — wenn ihn auch Einer der Insulaner verrathen hatte, waren ihm doch fast alle Anderen gewogen und wer weiß ob sie ihn, wenn er sie anriefe, so vor ihren eigenen Augen wegschleppen ließen. Soviel hatte er, während seines Aufenthalts auf der Insel auch schon von der Tahitischen Sprache gelernt, und als er die ersten Stimmen an den nicht mehr fernen Häusern hörte, damit die Leute Zeit bekämen sich zu sammeln ehe die Weißen das Boot gewinnen konnten, schrie er plötzlich mit lauter donnernder Stimme um Hülfe.

»Knebel her!« sagte der Harpunier ruhig aber rasch — »wer hat ihn — Du John?«

»Ja hier« — antwortete der Mann dem Harpunier den Knebel reichend.

»Der Kerl schreit uns am Ende doch noch die Insulaner auf den Hals — wer weiß wen er hier Alles zu Freunden gewonnen hat, und besser ist besser.«

An allen Gliedern gebunden und mit dem Knebel im Mund vermochte der Gefangene sich nicht weiter zu rühren, und gleich darauf erreichten sie den Strand.

Raiteo forderte aber jetzt, ehe sie zu seinen Leuten hinunterkamen, den bedungenen Lohn, denn er wollte sich nicht mit den Weißen zusammen blicken lassen. Ehe sie abstießen gedachte er dann mit einem Bruder von sich, zum Boot zu kommen und die Sachen in Empfang zu nehmen, die dort noch für ihn bestimmt waren.

»Lauft rasch mit dem Burschen da voran, und legt ihn in's Boot, bis ich den Schuft hier abgefertigt habe,« sagte da der Harpunier zu seinen Leuten, »Wort müssen wir ihm doch halten; und seht zu daß Ihr das Boot flott bekommt bis ich unten bin.« Und während die Leute mit ihrer Last rasch dem Strande zueilten, blieb er neben dem Insulaner stehen und zahlte ihm das Blutgeld. Als er sich von ihm abwandte seinen Leuten zu folgen, glitt Raiteo in die Büsche.

»Höll' und Teufel,« fluchte jedoch der alte Harpunier als er zum Strand kam und sah wie die Mannschaft mit dem Boot beschäftigt war, das hoch und trocken auf der Corallenbank und wohl funfzig Schritt vom Wasser ab saß — »ob ich es den verdammten Schuften von Insulanern nicht gesagt habe das Boot flott zu halten — und ich glaube beim Teufel, sie haben es noch mehr aufs Trockene gezogen; daß der Böse ihre Seelen verdamme. Hinein damit Jungens — greift unter und tragt es in's Wasser — werft den Plunder hinaus der vorn darin liegt — der Eigenthümer mag ihn sich holen — wo ist René?«

»Hier am Hause liegt er,« sagte Einer — »Bill und Adolphe stehen Wache bei ihm.«

»Ach was Wache, der läuft jetzt nicht fort — hier Bill — hier Adolphe mit angefaßt und tragt das Boot zu Wasser — hallo meine Jungen alle zusammen — there she comes — a hoy-y. Was zum Teufel macht es so schwer — was liegt da drinne?«

»Es liegt hinten ganz voller Früchte,« antwortete Bill.

»Früchte? hinaus damit, wir haben jetzt keine Zeit uns mit Früchten abzugeben — so — Alles hinaus — hier an die Seite damit, was in Körben ist, können wir nachher wieder hineinwerfen, und hallo hier — einmal eine Parthie von den Insulanern her, die können uns mit helfen, wenn sie uns wieder los werden wollen.«

Von diesen ließ sich aber keiner blicken — der Hülferuf des Unglücklichen, den sie gehört, hatte ihnen das Schicksal desselben verrathen, und wenn sie auch, wie René in letzter Verzweiflung gehofft, keineswegs gesonnen waren ihr Leben daran zu setzen, um ihn wieder zu befreien, so mochten sie doch auch weiter Nichts mit der Sache zu thun haben, vielweniger denn den Fremden selber in irgend etwas behülflich sein.

Dicht am Strand wo die Leute, vielleicht zehn Schritt von dem Boot, den Gebundenen niedergelegt hatten, stand eine kleine Bambushütte, in welcher die Missionäre, wenn sie sich auf dieser Seite der Insel befanden und, vielleicht von einem Wetter überrascht, nicht mehr zu dem Missionsgebäude kommen konnten, gewöhnlich übernachteten. Hierher hatte sich auch, als das Wetter ärger zu werden drohte, der ehrwürdige Bruder Rowe zurückgezogen, ließ sich aber natürlich nicht blicken wie er die Männer mit ihrem Gefangenen ankommen hörte, sondern hielt seine Thür, allerdings nur dünnes Bambusgeflecht, geschlossen. Durch die überall offenen Stäbe der Wände konnte er aber deutlich erkennen was draußen vorging, und der gebundene und geknebelte René wurde solcher Art in nicht zwei Schritten von seiner eigenen Thüre niedergelegt, während die Leute kaum zehn Schritt weiter damit beschäftigt waren das Boot dem Wasser zuzuarbeiten. Bruder Rowe stand dicht hinter der Thür und schaute schweigend und nachdenkend auf den gebunden am Boden Liegenden nieder.

Außer ihm war aber noch eine andere Gestalt ganz in der Nähe, und zwar niemand anderes als das indirekte Werkzeug des ehrwürdigen Herren — Raiteo, der vorsichtig um das Haus herumglitt und die Bewegungen der dicht dabei in dem Boot beschäftigten Männer auf das vorsichtigste beobachtete. — Er hatte seinen Bruder oder irgend einen seiner Freunde schon abgeschickt die ihm noch zukommenden Waaren zu holen, und seine eigenen Gründe sich nicht selber dorthin zu bemühen.

»Schuft? — so?« murmelte er dabei zwischen den Zähnen durch — »erst ist man gut genug weißer Mann Capitain da hinauf zu führen und nachher ist man Schuft; gut — gut Raiteo ist nicht so dumm — Raiteo hat Geld — liegt sicher unterm Baum — Raiteo hat seinen Contract erfüllt — jetzt kann Raiteo machen was er will, und jetzt will Raiteo einmal sehn was er machen will.«

Die Wallfischfänger hatten indessen Alles was das Boot schwerer machen konnte hinausgeworfen, und während der Regen wieder in Strömen niedergoß, faßten die sieben kräftigen Gestalten das Boot und schoben es langsam aber in sicherem Fortgang den ersten kleinen Abgang hinunter, wo es wieder durch eine neue Corallenschicht aufgehalten, aber auch über diese endlich weggehoben wurde.

»Die verdammten Schurken von Indianern lassen sich nicht blicken,« sagte der alte Harpunier, keuchend in aller Anstrengung, »aber hol' sie der Henker, wir brauchen sie auch nicht — munter meine Jungen, munter — denn hinten kommts wieder so schwarz wie Nacht herauf und wir müssen machen daß wir das Schiff erreichen, wenn uns der Alte hier nicht zurücklassen soll, und dann hätte er nachher eine schöne Mannschaft an Bord, ohne alle Officiere.«

Der Delaware hatte eine Laterne ausgehangen und schien, soweit man nach der Bewegung derselben urtheilen konnte, wieder näher zu kommen.

Als sich die Seeleute mit dem Boot von dem Haus entfernten, glitt Raiteo dahinter vor, und wie eine Schlange dicht an den festgebundenen Körper des Gefangenen hinan, wo er, ohne auch nur einen Laut von sich zu geben und ohne weitern Zeitverlust begann, die verschiedenen Seile mit denen der Körper des Unglücklichen förmlich umwunden war, durchzuschneiden. So leise und geschickt war dies Maneuvre auch, von der Nacht begünstigt, ausgeführt daß der, gewissermaßen dicht davorstehende Missionair, der die Augen doch fortwährend auf den Körper geheftet gehabt, wohl eine Bewegung sah, aber in der ersten Minute gar nicht unterscheiden konnte was es eigentlich sei. René übrigens, der schon jeden Gedanken an Rettung in dumpfer Verzweiflung aufgegeben hatte, und jetzt nur Trost in dem einzigen Entschluß fand, sowie man ihn an Bord seiner Fesseln entledige seinem Leben gewaltsam ein Ende zu machen, fühlte kaum den scharfen Schnitt eines Messers an den Seilen, als ihm wilde fröhliche Hoffnung durch Mark und Seele schoß. Er begriff zugleich die Nothwendigkeit vollkommen regungslos zu bleiben, die Aufmerksamkeit der nur kurze Strecke von ihm entfernten Seeleute nicht auf sich zu ziehen; aber selbst die Secunden die er hier wieder in furchtbarer Erwartung lag, ob nicht doch noch, ehe er den Gebrauch seiner Glieder wieder gewinnen konnte, Jemand von unten heraufkam und der Versuch zu seiner Rettung entdeckt würde, erfüllten ihn mit wahrer Höllenpein.

Raiteo hatte Verstand genug die Füße erst frei zu machen, denn selbst mit gebundenen Händen war in diesem Dunkel die Möglichkeit zu entfliehen da. René drängte es aber den Arm frei zu bekommen, wenigstens sein Messer, das er noch an der Seite fühlte, zu erfassen; der Knebel verhinderte ihn aber auch nur einen Laut von sich zu geben, und Raiteo wollte den nicht entfernen bis er mit allem übrigen im

Reinen wäre. Mit den Füßen glaubte er jetzt fertig zu sein und ging an die Arme, ein dünnes Seil, daß er in der Dunkelheit übersehen hatte, hielt jene aber noch zusammen, und René hob die Knie auf es ihm bemerklich zu machen.

»Geh doch einmal Einer hinauf und sehe nach dem Gefangenen,« sagte in diesem Augenblick die Stimme des Harpuniers, die deutlich zu ihnen herüberdrang. Rasche Schritte wurden gegen sie zu gehört, und Raiteo der keineswegs im Sinne hatte seine eigene Person irgend einer Gefahr preiszugeben, ließ den noch immer Gebundenen wie er war, und glitt um das Haus hinum.

Hierdurch wurde es aber auch jetzt dem Missionair, der schon der Bewegung des Gefangenen nach Verdacht geschöpft, klar, daß irgend Jemand an der Befreiung desselben arbeite. Wer, konnte er natürlich nicht erkennen, aber es lag keineswegs in seinem Plan den Mann hier auf der Insel zu behalten, nun es doch einmal soweit gediehen war.

René schloß die Augen und sank zurück in stummer Verzweiflung.

Der Mann von unten sprang auf den Liegenden zu, und bog sich zu ihm nieder, wie um nachzusehen ob seine Stricke auch noch in Ordnung seien; zu gleicher Zeit aber fühlte René wie ein scharfes Messer und eine geübte Hand das Tau von einander trennte das seine Arme fest umspannt hielt, eine Hand glitt an seinem Körper hinunter, fühlte das Seil um die Knie und trennte auch dieses.

»Muth!« flüsterte dabei eine Stimme die René's Ohren wie himmlische Sphärenmusik klang — »Muth René und jetzt fort,« — und sich aufrichtend rief er laut:

»All right!« und drehte sich rasch um, den Platz zu verlassen, als er plötzlich einen Arm auf seiner Schulter fühlte und erschrocken stehen blieb. René lag noch am Boden, als er ebenfalls die zweite Gestalt bemerkte, aber seine Hand faßte leise das Messer und zog es aus der Scheide — er wußte er war frei, denn zwei Sätze konnten ihn in den Bereich des Waldes und aus der Gewalt seiner Feinde bringen.

Adolphe, denn dieser war René's Befreier, drehte fast unwillkürlich den Kopf halb ab, um nicht erkannt zu werden und suchte schon loszukommen, sich wieder unter seine Kameraden zu mischen und dadurch jeden Verdacht von sich zu entfernen, als er zu seinem Stau nen die Stimme des Missionairs erkannte, der ihn leise etwas von dem vermeintlich Gebundenen fortzog, damit dieser ihn nicht erkennen möchte, und mit hastiger aber unterdrückter Stimme sagte:

»Habt Acht auf Eueren Gefangenen Sir — man will ihn befreien — ich habe —«

Er sagte nichts weiter, denn ein einziger Faustschlag des riesigen Franzosen, gerad gegen seine Stirn, streckte ihn besinnungslos zu Boden.

»Bind ihn,« flüsterte da Adolphe rasch, sich zu diesem niederbiegend — »er hat Dich an uns verrathen,« und so schnell wie er gekommen, sprang er die Corallenbank wieder hinunter, wo die Leute eben mit Anstrengung aller ihrer Kräfte das Boot bis zum Wasserrand gebracht hatten.

»Der Gefangene liegt noch am Boden,« sagte er, als er sich hier wieder unter die Uebrigen mischte.

»Aber habt Ihr nicht nachgesehen ob die Seile noch in Ordnung sind?« frug der Harpunier.

»Ich kann noch einmal hinaufgehn,« erbot sich Adolphe.

Da blitzte es vom Wasser herüber, und gleich darauf dröhnte der dumpfe Schall eines neuen Schusses, dem in kaum einer Minute ein zweiter folgte, zu ihnen herüber.

»Hinein mit dem Boot in's Wasser!« schrie der Alte, alles Andere in dem Bewußtsein der Nothwendigkeit vergessend, so rasch als möglich wieder an Bord zu kommen, »wacker Ihr Leute, wacker und legt Euch dagegen mit Brust und Seele!«

Den vereinten Anstrengungen der Leute gelang es das Boot vorn in die Fluth zu bekommen, das unruhige Wogen derselben half nach, und bald lag es flott.

»Jetzt hinein, mit Riemen und Masten!« lautete der rasch gegebene Befehl, »und vergeßt Nichts Ihr Jungen — laßt die Früchte liegen wo sie sind — vier von Euch nach dem Gefangenen — halt hier — das Boot stößt noch auf — noch einmal unter, alle zusammen — a hoy — there she goes — nun die Riemen und unsern mossier her und hinein mit Euch.«

Es war auch Zeit daß sie von Lande abkamen — der Wind hatte

sich, während einer fast anderthalb Stunden langen Stille, total herumgedreht, und aus Westen kann es in diesen Breiten oft gar bös an zu wehen fangen. — Dort stieg auch schon eine schwere rabenschwarze Wand auf, und der Delaware mußte jetzt allerdings machen daß er von der Küste abhielt. Die Leute rannten sämmtlich, so rasch sie konnten, die Bank hinauf, drei von ihnen die Riemen und den Mast in's Boot zu nehmen; die andern drei den Gefangenen zu holen. Unter diesen Adolphe.

»Auf mit ihm,« rief dieser, den Oberkörper des auf der Erde Liegenden so packend und mit Leichtigkeit emporhebend, daß er den Kopf unter seinen Arm bekam — »auf mit ihm Jungens — und hinunter — da geht ein anderer Kanonenschuß, bei Gott!«

Die beiden andern Bootssteuerer faßten, der Eine in der Mitte, der Andere unter die Knie des Gebundenen, und im vollen Lauf fast ging es damit die Corallenbank hinunter.

»Vorn in's Boot mit ihm,« schrie der Harpunier — »haut ihm eins über den Schädel wenn er sich nicht fügen will — an Eure Riemen für Euer Leben, dort kommts herauf — hinein in's Boot mit ihm sag' ich — werft ihn hinein, zum Donnerwetter, wenn er nicht gehn will, darf's ihm auch nicht auf eine Beule ankommen.«

»Wetter noch einmal,« brummte Bill, als die im Boot Stehenden den Körper anfaßten, hineinzogen und vorn in den Bug mehr warfen als legten, »René ist hier ordentlich stolz geworden; der hat jetzt Schnallen an den Schuhen.«

Es war aber in diesem Augenblick weder Zeit viel Bemerkungen zu machen, noch sie anzuhören oder gar zu beachten. Die Leute sprangen an ihre Plätze, warfen die Riemen in die Dollen, der alte Harpunier hatte den seinigen durch das Rudereisen gezogen, und durch die elastischen Riemen vorwärts getrieben flog das leichte Boot ordentlich durch die schon unruhige See dem glücklicher Weise nicht sehr fernen Schiff, das jetzt auch noch eine zweite Laterne aufgezogen hatte, entgegen.

* * * * *

René war in dem Augenblick als ihn Adolphe verließ, in die Höhe gesprungen, und wußte in der That, in dem ersten Gefühl jubelnder Freiheit, nicht was er thun, ob er dem Rathe Adolphes folgen, oder den Priester ungebunden liegen lassen sollte, wo seine Flucht dann allerdings gleich bemerkt werden mußte, sobald sie ihn nur auffaßten. Eine zweite Person entschied aber seinen Zweifel, und zwar niemand Anderes als Raiteo.

Raiteo war nämlich ein höchst aufmerksamer und selbst überraschter Zeuge sämmtlicher letzter, so schnell auf einander folgender Vorfälle gewesen. Klug genug aber einzusehn daß es für ihn jetzt besonders Zeit sei sich bei der Befreiung noch etwas zu betheiligen, wenn er überhaupt später Ehre und vielleicht auch noch Nutzen daraus ziehen wollte, hatte er auch noch einen andern Grund zu wünschen, die Weißen möchten die Insel mit dem Glauben verlassen, daß Alles in Ordnung sei, weil sie sonst am Ende noch Einsprache wegen den übrigen, zum Theil noch nicht einmal geborgenen Waaren thun, oder doch Lärm schlagen konnten, und dann den Antheil auf der Insel bekannt machen mußten, den er selber bei dem Fang des Europäers gehabt, und dessen er sich, so verstockt er sonst sein mochte, doch einigermaßen schämte. Kaum hatte er deshalb den Missionair, von dem er im ersten Augenblick gar nicht wußte woher er auf einmal kam, fallen gesehn und die Worte Adolphes gehört die dieser dem Freunde auf englisch zurief — »bind ihn« als ihm auch das ganze Nützliche einer solchen Maßregel einleuchtete und er, aus seinem Verstecke vorgleitend, ohne weiteres Hand an den geistlichen Herren legte, und ihn rasch an Händen und Füßen band.

René der wußte daß er von dieser Seite keinen Angriff zu fürchten, ja nur Hülfe zu hoffen hatte, erkannte im ersten Augenblick den Burschen gar nicht, bis Raiteo sein Gesicht gegen ihn aufhob und mit leiser Stimme und bedeutungsvollen Zeichen sagte:

»Knebel — schnell!«

»Schurke verdammter, wo kommst Du her?« rief René fast unwillkürlich.

»Pst,« sagte aber Raiteo, diesmal nicht im mindesten beleidigt — »Knebel.«

Zeit war aber auch in der That nicht zu verlieren, und kaum hatte der Insulaner den Knebel auf das geschickteste in den Mund des am Boden Liegenden gebracht, von dem er sich jedoch vorher wohl überzeugt hatte daß er bewußtlos war, als sie auch schon die Leute die Corallenbank heraufspringen hörten, und nun rasch um das Haus herum und in das Dickicht schlüpften.

Mit klopfendem Herzen hörte René wie sie den Körper seines Stellvertreters auffaßten und zum Boot hinunter trugen — dann aber, als die Riemen in das Wasser einfielen und die regelmäßigen — o so wohlbekannten Ruderschläge an sein Ohr tönten und weiter und weiter in der Ferne verhallten, da war es ihm als ob eine Centnerlast von seiner Brust gewälzt wäre, und mit der dringensten Gefahr auch jeder trübe Gedanke aus seiner Seele verschwunden — sein leichter Sinn schwamm wieder in der alten fröhlichen Lust oben.

»Du bist doch der abgefeimteste durchtriebenste Erzschurke, Raiteo, der sich denken läßt,« wandte er sich lachend an diesen, der im Anfang nicht recht zu wissen schien auf welchem Fuß er nun, mit dem eben Befreiten wieder stehen würde, schon nach dem Klang der Stimme aber vollkommen begriff wie der »weiße Mann nicht Capitain« die Sache aufnahm, ihn aber das natürlich nicht merken lassen wollte, und nur mit kläglichem Ton jetzt versicherte und betheuerte, der »Bodder Aue« habe seinen Schlupfwinkel an weißen Mann Capitain verrathen, und weißer Mann Capitain ihn mit vorgehaltener Pistole und gebundenen Händen gezwungen sie nach dem von dem Missionair bezeichneten Platz hinzuführen.

Das erste war, wie René aus Adolphes eigenem Munde erfahren, in der That so, das zweite jedoch kaum wahrscheinlich, doch nahm der junge Franzose den Burschen eben wie er war, und fühlte sich auch in seiner neugewonnenen Freiheit nicht im mindesten geneigt auf irgend Jemanden in der weiten Welt zu zürnen; überdies hatte Raiteo doch auch einen Theil seiner Schuld wieder gut gemacht, und dadurch jedenfalls Reue über etwa begangene Missethat gezeigt.

René war übrigens noch zu sehr mit dem Schiff selber beschäftigt. Die neuen Kanonenschüsse verriethen des Capitains Eile in der er schien hier fortzukommen — etwas wofür ihn der Befreite in seinem Herzen segnete, und bald zeigten auch die niedergeholten Lichter daß das Boot an Bord sei. Noch konnte er die Compaßlampe durch die Nacht erkennen, aber bald erlosch dieser schwache Punkt ebenfalls, und mit dem jetzt aus vollen Backen einsetzenden West war in kaum einer halben Stunde jede Spur von dem so gefürchteten und auch so furchtbar gewesenen Schiff verschwunden.

Nichtsdestoweniger, und trotz dem Wetter, blieb René die Nacht auf dem ersten Hügel, auf den ihn Raiteo noch hinaufführen mußte, mit diesem auf Wache, und erst, als er sich mit dämmerndem Tage überzeugte daß der Delaware nirgends mehr am Horizont zu erken-

nen war, flog er mehr als er ging die steilen schlüpfrigen Hänge hinunter, dem Missionsgebäude zu, wo Sadie schon in peinlicher Angst
den ausgeschickten Boten erwartete, der ihr melden solle ob das Schiff
die Insel verlassen habe.

Wie erschrak das arme Mädchen, als sie die furchtbare Gefahr
des Geliebten erfuhr, aber den Glücklichen konnten trübe Erinnerungen oder vergangenes Leid, die jetzigen frohen Stunden nicht verbit-
tern, und Sadie wie René waren glücklich.

René hütete sich übrigens wohl, zu erwähnen was aus dem geistlichen Mann geworden sei, obgleich er natürlich nicht verheimlichen
konnte und wollte, daß er durch dessen freundliche Fürsorge verrathen worden, und Raiteo beobachtete ebenfalls in dieser Hinsicht
eine höchst lobenswerthe Discretion.

* * * * *

Was war aber aus ihm geworden?

Als das Boot nur eben nahe genug zum Schiff gekommen war,
daß sie dort die regelmäßigen Ruderschläge unterscheiden konnten —
schrie der Capitain schon mit Donnerstimme hinüber:

»Boot ahoy!«

»Ship ahoy!« lautete die rasche Antwort des Harpuniers — »all
right!«

»Scharf meine Jungen, scharf — macht daß Ihr an Bord kommt,«
schrie die Stimme wieder — »steht bei hier mit den Taljen — alles
klar?«

»Alles klar Sir,« lautete die Antwort zweier Matrosen, die an den
Krahnen standen zu welchen das Boot gehörte, die Taljen niederzulassen.

»Nieder mit Eueren Blöcken,« rief's schon in dem Augenblick
von unten herauf, als daß Boot an die Seite schoß und die Ruder, wie
mit einem Schlag in die Höhe geworfen, längs hineinfielen — »hier —
hakt rasch ein — hinauf mit Euch — all right!« — brüllte der Harpunier wieder durch das Schreien der Leute und das Rasseln der Raaen
oben, die ebenfalls zu gleicher Zeit herumflogen. Seine Leute kletterten rasch an Bord hinauf, nur zwei zurücklassend, die an beiden Enden standen und die eingehakten Taljen wahrten, und eine halbe Minute später schwebte das Boot nach oben und unter seine Krahne, mit

117

dem Deck gleich, während die im Boot Zurückgebliebenen den Gebundenen vorholten und nach Bord hineinreichten.

»Der hat die letzten zehn Minuten gestrampelt, als ob er sich die Seele aus dem Leibe treten wollte,« brummte Bill, als sie ihn oben über die Schanzkleidung holten — »aber zum Donnerwetter — «

»Zwei Reefen in Vor- und große Marssegel — fort mit Euch da hinauf!« schrie der Capitain in diesem Augenblick; die Leute mußten den Gebundenen, der sich am Boden wand wie ein Wurm, liegen lassen und das Niederrasseln der Raaen, das Heulen der Leute an den Reeftaljen übertäubte für den Augenblick selbst das, jetzt mit Macht aufkommende Wetter. Die nächste Viertelstunde nahm das Reefen selber in Anspruch, und Niemand kümmerte sich indessen um den unglückseligen Priester. Erst als die Mannschaft mit dem gewöhnlichen tönenden »Oh — jolly men — hoy« die Marsraaen wieder aufzog, trat der zweite Harpunier, der nicht mit am Lande gewesen war und schon die letzten fünf Minuten die an Deck liegende Gestalt forschend und etwas mistrauisch betrachtet hatte, auf diese zu und sich zu ihr niederbiegend rief er erstaunt:

»Why — damn it — das ist René nicht!«

»René nicht?« antwortete der Capitain, der dicht neben ihm stand, mit der Linken eine der Brassen gefaßt hatte, und die Blicke auf die aufsteigenden Raaen gerichtet hielt — »wer soll's denn sein? — belay that — große Marsraae — was liegt an jetzt?«

»Norden halb Westen,« tönte die monotone Stimme vom Steuerrad herüber.

»Steady then — halt den Cours — wer soll's denn sein Mr. Browning.«

»Weiß nicht Sir,« sagte dieser der, indeß der Capitain die obigen Befehle gegeben, dem Steward zugerufen hatte eine der noch im Spintge stehenden Lampe — die vorige Signallaterne — herauszubringen, und mit dieser vor den Gebundenen trat — »hallo wen haben wir hier?«

»Hallo Mr. Rowsey,« rief aber in diesem Augenblick der Capitain, der ebenfalls hinangetreten war und jetzt mit in das ihm vollkommen fremde, wilde verstörte Gesicht des Bruder Rowe schaute — »wen zum Henker haben Sie uns da vom Lande mitgebracht? — haben Ihnen die Indianer die Jammergestalt hier als René verkauft?«

118

Der alte Harpunier drückte sich rasch durch die, den Gebundenen umdrängenden Officiere und stand, während aller Augen halb erstaunt halb lachend auf ihn gerichtet waren, wohl eine halbe Minute verdutzt vor dem, was ihn im ersten Augenblick kaum weniger als eine Erscheinung deuchte; endlich aber platzte er heraus.

»Why — Gott straf mich, das ist ja der Pfaffe. — Den? — Himmeldonnerwetter — den haben wir doch nicht etwa im Boote mitgebracht?«

»So bindet ihn wenigstens los,« sagte der Capitain ruhig, und nur mit Mühe sein Lachen verbeißend. Während aber zwei daran gingen die Banden aufzuschneiden und den Gefangenen besonders von seinem Knebel zu befreien, fluchte und wetterte der alte Harpunier auf Deck herum, und schien gar nicht übel Lust zu haben jetzt selber über den Missionair herzufallen, als ob der arme Mann die Schuld dieser für ihn so traurigen Verwechselung trage.

Bruder Rowe bekam aber kaum seinen eigenen Mund frei, als er auch augenblicklich seine eigene Meinung von der Sache hatte, über Mord und Gewalt schrie, und verlangte ohne Säumen wieder an Land gesetzt zu werden. Mit Mühe nur bekam man von ihm heraus, daß seiner Meinung nach einer der Leute aus dem Boot ihm einen Schlag versetzt, der ihn bewußtlos niedergestreckt und ihn dann wahrscheinlich gebunden und geknebelt hatte. Hiergegen protestirte aber der Harpunier als eine Unmöglichkeit, denn so lang sei gar keiner von seinen Leuten von ihm entfernt gewesen, das zu bewerkstelligen. Nichtsdestoweniger wurden die Leute alle vorgerufen und der Priester sollte jetzt den nennen, den er für den Thäter halte — war das aber nicht im Stande. Der Harpunier erinnerte sich übrigens einmal Einen die Bank hinaufgeschickt zu haben nach dem Gebundenen zu sehn, der war jedoch augenblicklich zurückgekehrt und Adolphe meldete sich, gleich auf die erste Frage, ohne weiteres, hatte aber, wie er ruhig bemerkte, nur die Gestalt am Boden liegen gesehn und sich um weiter Nichts bekümmert.

Adolphe war nun allerdings René's Landsmann, und wenn auch bei Manchem, selbst bei dem Capitain ein leiser Verdacht aufsteigen mochte, daß damit nicht Alles richtig hergegangen sei, ließ sich auch nicht das mindeste mit einer Anklage machen, bei der der Kläger selber nicht einmal den Thäter erkannte, vielweniger auf ihn zu schwören vermochte. Dazu kam noch der alte Groll, den Wallfischfänger gewöhnlich gegen die Missionaire, sehr häufig allerdings ungegründet, manchmal aber auch mit Ursache haben, und in dem Aerger über das Entkommen des Matrosen mischte sich jedenfalls eine gewisse Parthie Schadenfreude, daß gerade der Priester, der den Seemann verrathen hatte, in dieselbe Grube gefallen war die er dem Andern gegraben, und der Capitain zuckte zuletzt nur mit den Schultern, als der geistliche Herr in vollem Zorn versicherte, er werde sich an seine Regierung wenden und volle Genugthuung für diese schmählige, nichtswürdige Behandlung fordern.

Jetzt aber verlangte er vor allen Dingen augenblicklich und ohne weiteres Säumen wieder an Land gesetzt zu werden.

»An Land!« rief dagegen der Capitain — »jetzt bei dem Wetter? und wenn Sie mir tausend Dollar Passage bis zu der verdammten Insel zahlten, die ich wollte ich hätte sie im Leben nicht gesehen, möchte ich keins von meinen Booten und vielweniger mein ganzes Schiff noch einmal zwischen die Riffe hineinwagen.«

Bruder Rowe war außer sich — aber Drohungen wie Versprechungen blieben gleich fruchtlos, und das einzige womit ihn der Capitain tröstete, war, daß er eine der nördlich gelegenen Inseln wolle anzulaufen suchen, von da könne er dann sehen wie er wieder nach Tahiti oder hierher zurückkomme.

Zwei Tage später lief er Bola-Bola an, wo er den Rev. Mr. Rowe absetzte und vierzehn Tage vergingen ehe er von dort aus im Stande war seinem Schooner wissen zu lassen wo er sich befand, dessen Leute unter der Zeit übrigens in vollkommener Gemüthsruhe, und ohne auch nur einmal nachzufragen weshalb der weiße Mitonare sie so über Nacht verlassen habe, geblieben waren wo sie sich gerade befanden, sie hatten ja genug Brodfrucht und Cocosnüsse dort, und der Schooner lag sicher vor Anker, was wollten sie mehr? — sie hätten auf die Art noch ebensoviele Monate wie Wochen gewartet.

Capitel 8

Tahiti

Wie nach dem wilden furchtbaren Schlag eines Wetters, der uns das Blut stocken machte in den Adern, fast immer Ruhe eintritt in der Natur, der nur leise grollende Donner mehr und mehr verhallt in weiter Ferne, und die Welt, von Sonnenschein beglüht, frisch aufathmend und neu belebt im reinen blitzenden Lichte liegt, so schien sich alles Leid, das der Himmel für die Liebenden in seinen dunklen Wolken geborgen, an diesem letzten furchtbaren Tage entladen — aber auch erschöpft zu haben.

Mit dem, fast noch während dem Sturm scharf und heftig einsetzenden Ost-Passat, hätte der Delaware jedenfalls eine lange Zeit gebraucht wieder gegen die Insel aufzukreuzen, wenn er ja noch im Sinn gehabt mit beispielloser Zähigkeit sein Ziel zu verfolgen. Das aber war, besonders nach den letzten Erfahrungen, nicht mehr zu fürchten, und wenn auch Mr. Osborne durch das eigenthümliche Verschwinden seines Collegen, dessen Schooner, wie ihm der fua gleich am andern Morgen meldete, seiner harrend in dem kleinen Boothafen lag, beunruhigt wurde, verhinderte ihn dies doch nicht die heilige Handlung an den, ihm jetzt nur noch lieber gewordenen jungen Leuten zu vollziehen und sein Kind, sein liebes, liebes Kind dem Schutz des Fremden anzuvertrauen, den ein wunderliches Geschick an diese Küste geworfen.

Von da an gehörte René zu den Söhnen des Landes, und selbst Raiteo würde nicht mehr gewagt haben verrätherisch an ihm zu handeln — wenigstens nicht unter gewöhnlichen Umständen.

Am meisten erstaunt waren aber die Insulaner über das Verschwinden des finsteren Mitonare, und Mr. Osborne wollte schon die betrübende Nachricht seines Todes nach Tahiti senden, als sich René doch genöthigt sah ihm seine »Vermuthung« über den eigenthümlichen Fall mitzutheilen. Bald darauf kam aber die Nachricht von Bola-Bola, daß er dort glücklich gelandet, und einige Tage später Mr. Rowe selber. Aber er verließ die Insel wieder, ohne auch nur eine Sylbe über seine Fahrt zu äußern oder selbst Mr. Osborne aufzusuchen, in dessen Hause er natürlich den, im vollen Besitz seines erstrebten Glückes gefunden hätte, der die Ursache seiner Schmach gewesen, und gegen den er jetzt einen, wenn auch heimlichen, doch so gewaltigeren Haß im Herzen trug. Ihm lag also nicht daran gerade jetzt mit ihm zusammenzutreffen.

Aber was schadete der Haß des finsteren Mannes den Liebenden? – In ihrem neuen Glück dachten sie kaum der Außenwelt, und René besonders, bei dem der Uebergang von wildester Verzweiflung zu höchster Seligkeit in dem Umfange weniger Stunden lag, schien sich im Anfang kaum fassen zu können in jubelnder, jauchzender Lust. Der alte Mr. Osborne hatte sogar alle Hände voll zu thun ihn selbst nur während der kirchlichen Feier im Zaum zu halten, und Mi-to-na-re Ezra trippelte fortwährend um ihn herum, und schien ihn um's Leben gern bald an einem Arm, bald an einem Beine fassen zu wollen, nur um den rastlosen beweglichen Wi – Wi ein einziges Mal fest und ruhig zu halten, wie es einem anständigen Christen, der er ja doch einmal werden wolle, gezieme.

In einem gleichen Taumel vergingen ihm selbst die nächsten Monate. Des Missionairs Rowe Rückkehr von seinem unfreiwilligen Kreuzzug lockte ihm kaum ein Lächeln auf die Lippen, so gleichgültig war ihm der Mann geworden, und mit dem Bau für seine eigene kleine Heimath beschäftigt, den er mit vollem fröhlichen Eifer betrieb, fühlte er, daß er jetzt ein neuer Mensch geworden, und die Brücke hinter sich abgebrochen habe, die ihn bis dahin noch mit der Außenwelt, zu der er nicht mehr gehörte, verbunden.

So verging fast ein volles Jahr und Mr. Osborne selber fing an zu glauben daß Bruder Rowe – der aber seit jenem Tag Atiu nicht wieder betreten, sondern stets einen anderen Geistlichen zur Revision gesandt hatte, seinen Groll gegen die ihm verhaßte Verbindung der jungen Leute – zu der er die Hand geboten – in dem regen ja unruhigen politischen Treiben der Hauptinsel, wie in den gefährdeten Interessen seines Standes vergessen, oder wenigstens vergeben habe, wie es dem Verbreiter christlichen Glaubens und Duldens auch gezieme, als ihn eines Tages ein großes versiegeltes Schreiben des »board of Missionaries« von England, aus seinem Traum und Glauben riß.

Es war seine Abberufung von Atiu und Versetzung nach Tahiti, gewissermaßen unter die Aufsicht der dort die obere Leitung der geistlichen ja auch politischen Angelegenheiten führenden Missionaire, unter denen Bruder Rowe eine sehr vorragende Stellung einnahm – und wie ein Blitz aus heiterem Himmel traf ihn die Botschaft.

Aber nicht ihn allein; es war die erste Trauerbotschaft für die ganze Insel, und wenn es Sadie'ens Herz mit Kummer und Sorge füllte, setzte sich der kleine Mi-to-na-re geradezu in seine Lieblingsecke im Haus auf den niederen Schemel, und fing an von Herzen weg zu weinen, daß er jetzt seinen alten Freund und Gönner, Bodder O-no-so-no verlieren und einen Anderen — vielleicht gar — es überlief ihn ordentlich wie mit Fieberfrost — vielleicht gar den »Bodder Aue« dafür herüber bekommen sollte.

Sadie hatte kurz vorher dem Gatten ein Mädchen geboren, und wenn es möglich gewesen wäre René's Glück zu erhöhen, so hätte es dies neue Gefühl der Vaterfreude thun müssen.

René war auch der Einzige vielleicht, der in einer Uebersiedelung nach Tahiti nicht das Schmerzliche sah wie Sadie und Mr. Osborne, denn daß sie den alten Mann nicht wollten allein nach der fernen Insel ziehen lassen verstand sich von selbst. Der Platz hier war ihm lieb und theuer geworden, und nur mit schwerem Herzen trennte er sich davon, aber mit seiner Sadie und seinem Kind wußte er auch, daß er sich die Nachbarinsel ebenso gut zum Paradiese schaffen konnte, und wenn er auch ungern von ihrem Lieblingsplätzchen am stillen Strande schied, das der Erinnerungen so viele und theuere für ihn hatte, entschädigte ihn der Wechsel seines Aufenthalts — wenn er sich darüber auch nicht gerne laut Recht geben mochte — doch in etwas für die liebgewonnenen Stellen.

Anders war es mit Sadie; — ihr ganzes Herz hing an dieser heimathlichen Küste, die ihr das Leben, die Liebe gegeben, und jedes Blatt, jede Blume die sie zurücklassen sollte that ihr weh. Auch eine heimliche, ihr fast unerklärliche Angst hatte sie vor Tahiti; sie war nur ein einziges Mal mit ihrem Pflegevater dort drüben gewesen, und zwar etwa ein Jahr vorher, ehe der Delaware an ihrer Insel landete; aber das Leben und Treiben der fremden bewaffneten Männer dort, das kecke Auftreten ihrer eigenen Landsmänninnen, die ewigen Streitigkeiten dort zwischen einzelnen ihres Stammes und den Missionairen selber, mit den Uebergriffen die sich die Franzosen, von den Kanonen ihrer Kriegsschiffe beschützt, in die Rechte ihrer Landsleute erlaubt, hatten das einfache Kind des Waldes tief verletzt, und sie war damals recht froh gewesen, als der kleine Missionscutter endlich wieder die Anker lichtete und dem heimischen Strand entgegenstrebte.

Das Land sollte jetzt ihre künftige Heimath werden, und wie nahender Schmerz lag der Gedanke auf ihrer Seele; sie konnte sich nicht daran gewöhnen, und mußte sich endlich gewaltsam losreißen von dem theueren Ort.

Ein gar trauriger Abschied war es aber besonders von ihrem Lieblingsplätzchen am Seestrand; sie stand lange, lange dort, das Kind am Herzen und das kleine, zum ersten Mal sorgenschwere Haupt an die Brust des Gatten gelehnt, der sie fest und liebend umschlungen hielt. Was für süße selige Erinnerungen knüpften sich an diesen engen Raum, und ihr Herz blutete, wenn sie daran dachte ihn auf immer verlassen zu sollen. Sie war so glücklich hier gewesen — war es noch, und was mehr konnte ihr die ferne Insel bieten?

Ach es war ein recht schmerzlicher Tag auch für den alten Missionair, und als der kleine Missionscutter endlich unter Segel ging, standen die Insulaner in weiten Schaaren am Strand, und winkten mit ihren Tüchern, und riefen den Scheidenden ihr Joranna, Joranna nach, über das blaue Wasser. Und Sadie saß an Deck, ihr Kind auf dem Schooß und sah die Wipfel ihrer Palmen langsam in das Meer tauchen und die Hügel sich senken, und in dem feuchten Abendhauch der über die Wasser strich, verschwimmen — und wie die Nacht einbrach saß sie noch, den thränenvollen Blick fest dorthin geheftet, wo ein Theil ihres Herzens zurückblieb in bitterem Schmerz, sie mochte sich selber Vorwürfe darüber machen soviel sie wollte. René aber störte sie nicht in ihrem Gram, und quälte sie nicht noch mehr mit nutzlosem Trost; nur still und schweigend setzte er sich neben sie und ruhte ihr Haupt an seiner Brust, daß sie sich dort still und ungehindert ausweinen, aber dann auch wieder neue Kraft finden konnte, an dem Herzen des geliebten Mannes.

Die Reise war kurz und glücklich, und Mr. Osborne schon in seinem neuen Wirkungskreis gekannt, und von den Insulanern geliebt, zu deren Herzen sein väterliches mildes Wesen weit eher sprach, als der starre finstere Ernst fast aller anderen Geistlichen. Auch von der Königin Aimata, mit dem Zunamen Pomare, wurde ihm ein freundliches Plätzchen mit Haus und Garten zu seinem künftigen Aufenthaltsort angewiesen, so daß er sich dort wohl hätte wieder recht wohl und glücklich fühlen können, wäre ihm nicht der unmittelbare Einfluß seines jetzigen und hier viel geltenden Gegners in seinem ganzen Wirkungskreis zu sichtbar und dadurch schmerzlich geworden.

Fast nur auf die Stadt Papetee selber dabei beschränkt, wo französischer Einfluß und der sich dem geistlichen Joch entringende Sinn der Eingeborenen die Bevölkerung, wenn auch noch nicht dem anderen Glauben gewonnen, doch schon dem ihren sehr entfremdet hatte, waren ihm all jene lieben Pflichten seines Berufs — mit den Eingeborenen in ihrer Einfachheit zu verkehren und sie in der besseren Lehre zu festigen — genommen worden, und er fand nur zu bald, daß er es hier mit einem ganz anderen Menschenschlag zu thun habe als auf Atiu. Nicht mehr allein die gutmüthigen Insulaner die, fast unberührt von der Außenwelt, sorglos in den Tag hinein lebten und, wenn sich Jemand die Mühe dazu gab, auch leicht einer etwas edleren Richtung gewonnen werden konnten, der sie ihre angeborene Gutmüthigkeit schon von selbst entgegentrieb, war es auf Tahiti ein Volk, das nicht mit den Sitten, sondern fast nur allein mit den Unsitten der fremden Eindringlinge bekannt geworden, und bei dem — während ihm die Möglichkeit genommen war allein und kräftig auf sie einzuwirken — Leichtsinn und Verführung weit stärker und mächtiger und mit viel gewaltigeren Waffen arbeitete, sie aus guten einfachen Menschen zu allein Möglichen zu machen was schlecht und traurig war.

Den Glauben an ihre alten Götter hatten die letzten Jahrzehnte, wenn auch noch nicht ganz zerstört, doch so erschüttert und untergraben, daß diese frühere Religion jeden Einfluß auf sie verloren, und während sie sich dem christlichen Cultus hingaben und sich in seinen Lehren zu festigen suchten, ja während die Geistlichen noch eifrig bemüht waren sie den »einzig wahren« Gott kennen zu lehren und sie besonders unkluger Weise in die Geheimnisse unserer Dogmen einzuweihen, kamen plötzlich andere, ebenfalls weiße Männer — Abkömmlinge desselben Stammes, mit einem anderen Gott, wenigstens mit einem anderen Namen desselben, aber unter Jehovas Panier, Jesus Christus als den Heiland erkennend, straften die erstgekommenen mit ihren Lehren Lügen, und verlangten von den Insulanern sie sollten zum zweiten Mal den Glauben ändern und jetzt den einzig und »wirklich wahren« Gott erkennen lernen.

Und hatten diese recht? ihre alten Missionaire donnerten Anathemas von den Kanzeln nieder, gegen sie, vertrieben die »neuen« Priester aus dem Land, solange sie noch Macht darüber hatten, und stellten sie ihren Gemeinden als Götzenanbeter und Ungläubige hin, bis die vertriebenen Priester mit einem französischen Kriegsschiff zurückgebracht, und unter den Mündungen der Kanonen ihnen das Recht erzwungen worden zu bleiben und den neuen Glauben zu lehren — und welchen Eindruck mußte das auf die Kinder dieser Inseln machen.

Die Masse nahm es leicht — ihr Glaube war bei den Meisten noch nicht so ernster Art gewesen, ihnen das Herz schwer zu machen, als ihnen andere Priester jetzt bewiesen daß die weißen Missionaire, die sie bis dahin nur mit Scheu und Ehrfurcht betrachtet, von einer anderen Sekte angefeindet und des Irrthums ja der Lüge beschuldigt wurden. Viele freuten sich sogar eines Zwanges wieder ledig zu werden, der anfing ihnen lästig zu sein. Andere aber auch, die sich dem Christlichen Glauben mit voller ungetheilter Kraft und Liebe hingegeben, hörten mit Entsetzen die neue Lehre, nach der sie ja nur eines anderen Unglaubens wegen ihre alten Götter verrathen. Und war der jetzige Glauben der rechte? — Hatte der erste gelogen, wer stand ihnen dann dafür, daß nicht vielleicht in Jahresfrist ein neues Schiff auch neue Priester bringen konnte, die wieder verwarfen was die jetzigen lehrten? — und wie dann wurden jene Versprechungen wahr, die ihnen von einem ewigen Leben gemacht, und derentwegen sie ihre eigenen Götter verlassen und verstoßen? — heiliger Gott, war das Alles ein Märchen gewesen, nur von dem weißen Mann erfunden, sich einzunisten in ihrem Land, und die Herrschaft an sich zu reißen, wie er es gethan?

Manche Thräne ist da im Stillen geweint, manches Auge hat da verzweifelnd aufgeblickt, zu den freundlichen Sternen, in deren freundlichen Blinken sie sonst nur Glück und Freude sahen, denn einer zürnenden Gottheit Hand lag auf ihrem Land und sie wußten nicht wohin sie sich wenden sollten, den Strahl abzulenken der ihr Haupt bedrohte. Vor den alten Göttern durften sie ja nicht wagen sich wieder niederzuwerfen; deren Bilder lagen entehrt — zerstreut umher — von den Kindern derer geschändet, die einst anbetend vor ihnen den Staub geküßt — und der neue Gott? — Zweifel waren in ihnen wach gerüttelt dem zu dienen, und in starrem Jammer sahen sie die einst so sonnige Welt sie öde und trostlos umlagern; oder sie warfen sich auch im tollen Uebermuth, Gott wie die Götter von sich stoßend, jenem chaotischen Nichts und mit ihm dem Taumel wilder, zerstörender Vergnügungen in die Arme, der ihnen von den Fremden im reichen vollen Maaß geboten wurde.

Solchen Boden mußte der alte Mann mit seinem stillen traulichen Atiu vertauschen, und nicht einmal in den ihm nächsten Amtsbrüdern fand er dabei die nöthige Unterstützung und Hülfe, während sein klarer Verstand, wie sein gutes Herz zu gleicher Zeit auch nur zu deutlich fühlten, wie gerade deren starrer und unduldsamer Fanatismus das Uebel das sie bekämpfen wollten — einer neuen für irrthümlich gehaltenen Lehre den Eingang zu verweigern – unterstützte, und dem Feind von den eigenen Truppen ganze Schaaren in's Lager jagte.

Der ehrwürdige Bruder Rowe machte ihm besonders das Leben schwer, und so sehr er das fühlte und den ihm feindlich gesinnten Mann zu einer offenen Erklärung zwingen wollte, so vorsichtig und geschmeidig wich dieser jeder Zeit ihm aus, und selbst der direkten Frage hielt er nicht Stand: Jene Zeit war vorbei, lange vorbei, wie er sagte, und geschehene Dinge, wenn man sie vielleicht auch wieder ungeschehen machen möchte, nicht mehr zu ändern – in seinem Herzen lebte kein Gefühl der Rache oder des Zornes – weshalb auch Rache? weshalb Zorn? – wenn sich Mr. Osborne Vorwürfe über irgend etwas Geschehenes zu machen hätte, so bedauere er das, aber er selber thue es nicht – Mr. Osborne müsse das mit sich selber ausmachen.

Mr. Osborne vertheidigte sich freilich mit Eifer auch selbst gegen eine solche Vermuthung, und sprach sich rein von jeder wissentlichen Sünde, aber Bruder Rowe antwortete ihm stets nur durch ein frommes Verdrehen der Augen und Achselzucken, und war freundlicher als je gegen ihn; aber nichtsdestoweniger schickte er im Geheimen Pfeil auf Pfeil ab gegen den alten Mann, und verkümmerte und trübte diesem das Leben dermaßen, daß er keiner einzigen Stunde mehr froh und sein Beruf, der ihm bis dahin eine Lust und Freude gewesen, ihm zur schweren traurigen Last wurde. Und dennoch gab er sich demselben jetzt mit um so größerem Eifer hin; er fühlte daß die gute Sache gerade jetzt am nöthigsten einer Hand bedürfe, die es wirklich gut mit ihr meine, und der es nicht blos um Sieg und Herrschaft der Einzelnen, sondern wirklich um das Glück der Eingeborenen zu thun wäre, Fleiß und Zeit daran zu opfern.

Die Art aber, wie er dabei seiner Ueberzeugung folgte, mußte ihm mehr und mehr Gegner unter den Missionairen in's Leben rufen, deren ganze Energie, mit nur wenigen Ausnahmen, einem anderen Systeme zustrebte. Diese wütheten förmlich gegen die »papistischen Gräuel« wie sie es nannten, und die »heidnische Wirthschaft« die plötzlich den Sieg auf diesen Inseln errungen, während sie selbst schon seit Jahren dagegen gepredigt und alle ihre Macht, wenn auch vergebens, aufgeboten hatten, die fremden Priester einer anderen Religion fern zu halten. Von den Kanzeln nieder donnerten sie mit allen nur möglichen und unmöglichen Bibelcitaten gegen die »Unterdrücker des Körpers und der Seele« die Franzosen an, die ihnen mit ihren Kriegsschiffen die fremde Sekte aufgezwungen; warnten vor dem Antichrist, der jetzt unter ihnen herumgehe wie ein brüllender Löwe, zu suchen welchen er verschlinge, und prophezeihten die Wiedereinführung der Götzen und Schlachtopfer, der Kindesmorde und Glaubenskriege. Starrer als je beharrten sie dabei auf ihren Dogmen und Artikeln; auch die kleinsten Vergehen gegen ihre eingeführten Gebräuche und Ceremonien ihrer Kirche, ja selbst die als heidnisch ausgeschrienen oft selbst unschuldigen Vergnügungen der Insulaner, wurden zum Verbrechen, und mit eiserner Hand wollten sie die Schaar der Gläubigen, die ihnen noch unverführt und treu anhing, von dem Abgrund zurückhalten, der gierig ihre Seelen zu verschlingen drohte.

Der alte ehrwürdige Mr. Osborne glaubte dem Ziel auf eine andere Art und Weise entgegenarbeiten zu müssen, und sein gutes Herz zwang ihn schon dazu. Er konnte, trotz allen Bemühungen ja Drohungen seiner Collegen, nicht dahin gebracht werden die andere Lehre zu verdammen, denn mit Recht behauptete er, daß gerade dadurch den Insulanern auch jede Möglichkeit benommen worden sei zwischen den beiden zu prüfen, wenn von beiden Seiten zu gleicher Zeit Fluch und Verdammung gegen sie ausgesprochen wurde. Er zeigte ihnen auch nicht den strengen ernsten und unversöhnlichen Gott, mit dessen Zorn und Strafgericht die Anderen drohten, sondern den milden, liebenden Vater, der auch dem irrenden Kinde gern und willig die Hand reiche und den Pfad zeige, mit gutem frommen Herzen darauf zu wandeln, und waren sie fröhlich dabei, sangen und tanzten sie und schmückten sie ihre Haare mit Blumen, so warnte er sie wohl vor dem Misbrauch solcher Freude, aber er schrie nicht gleich sein Anathema über sie, und sie hatten ihn deshalb lieb und glaubten seinen Worten, weil ihr Sinn einen Anklang in ihren Herzen fand.

Freilich konnte er aber, trotz alledem, dem tollen und unsittlichen Treiben nicht wehren, das die Inseln, und vor allen anderen Tahiti, erfaßt hatte. Durch die jetzt fortwährend hier anlegenden Kriegsschiffe und Wallfischfänger hatte sich die weibliche Bevölkerung, mit einer nur sehr geringen Ausnahme, dem Laster rücksichtslos in die Arme geworfen, und welchen verderblichen Einfluß mußte das nicht auf die ganze Bevölkerung der Insel ausüben. Nur die unendliche Gutmüthigkeit und Harmlosigkeit dieser Stämme hielt sie dabei vor einem zügellosen Ausbruch aller Leidenschaften zurück, wie es, unter gleichen Umständen, in jedem anderen Land der Welt nicht hätte ausbleiben können, und es läßt sich denken welche wunderliche und unnatürliche Stellung die Missionaire in solcher Umgebung oft einnehmen mußten.

Hierzu kam noch der, zu jener Zeit gerade so verwickelte politische Zustand der Inseln, der eben durch den übergroßen Eifer der Missionaire herbeigeführt worden, und mit dem ich den Leser, ehe ich meine Erzählung wieder aufnehme, jedenfalls erst vertrauter machen muß.

Innere Kämpfe, vorzüglich durch die Ankunft Europäischer Schiffe hervorgerufen und genährt, und mit den neu eingeführten Feuerwaffen tödtlich gemacht, hatten die Inseln schon vor der Einführung des Christenthums oder der Ankunft christlicher Missionaire erschüttert, und einen Partheienhaß in's Leben gerufen, der Jahrzehnde wohl unter der Asche glimmend lag, aber nur einen Anlaß suchte wieder hervorzubrechen und mit erneuter Kraft das wunderschöne Land zu verwüsten.

Otu der aus einer wunderlichen Ursache den Namen Pomare [H] annahm, wußte sich, nachdem der rechtmäßige Königsstamm vertrieben worden, zum obersten Häuptling, ja zum Arii rahi oder König der Inseln emporzuschwingen, und es gelang ihm auch, besonders durch die gerade damals landenden Europäischen Schiffe unterstützt, sich zu halten und seinem Geschlechte Rang und Würde erblich zu machen. Nichtsdestoweniger lebten aber noch Häuptlinge des anderen Stammes, und nicht mit Unrecht glaubte besonders der Sohn Otus, Pomare II. eine kräftige Stütze seiner Macht in den fremden weißen Männern zu erhalten, deren Religion er auch annahm, ohne sich jedoch in seinen Sitten viel nach ihnen zu richten — wie er denn auch in Folge seiner Ausschweifungen hauptsächlich starb. — Ja er ließ sich sogar in höchst unchristliche Kriege um sein Götzenbild Oro ein, in Folge dessen eine Revolution ausbrach und der König vertrieben, die Mission selber zersprengt wurde. Der Verlust seiner Macht wurmte aber den König, und vielleicht fühlend daß ihn seine anderen Götter nicht genug geschützt hatten, und von dem neuen Gotte größere Protection erhoffend, vielleicht niedergebeugt durch manche häusliche Leiden zu gleicher Zeit, denn seine Königin war ihm ebenfalls gestorben, warf er das alte Heidenthum jetzt von sich, bekehrte sich öffentlich zum Christenthum und führte dies, mit Hülfe des Oberpriesters Tati, der die ihm bis dahin anvertrauten Götterbilder öffentlich verbrannte, auch auf den übrigen Inseln ein.

Er starb am 30. Nov. 1821 und hinterließ nur einen Sohn von 18

Monaten etwa, den aber die Missionaire jetzt in ihrem Sinn und Geist zu erziehen hofften, indeß sie, während sie selber das Staatsruder in Händen führten, die Regentschaft seiner Tante übertrugen. Aber der junge Prinz starb schon 1827 — die fremde strenge Lebensweise in der ihn die Priester hielten, konnte seine überdies schwächliche Natur nicht vertragen, und das Volk rief jetzt, nicht ohne den Einfluß seiner Lehrer, die die Macht in diesem Königsgeschlechte wahren mußten wenn sie nicht fürchten wollten den kaum befestigten Einfluß wieder zu verlieren, Aimata die Tochter ihres vorigen Königs und Schwester des letztverstorbenen zu seiner Herrscherin aus.

Nur gezwungen fügten sich aber die alten, von dem anderen Königstamm abzweigenden Häuptlinge, Tati an ihrer Spitze, denn mit des jungen Fürsten Tode bot sich neue Hoffnung ihren noch nie aufgegebenen Ansprüchen auf den Thron des Reichs; aber das Christenthum war schon zu mächtig geworden im Land, die Missionaire besonders hatten zu großen Einfluß gewonnen über die Bewohner und ihre Frauen, und jeder andere Anspruch verschwand vor der Krone der jungen schönen Königin [I].

Die englischen Missionaire waren jetzt, so sehr sie sich auch Mühe gaben jeden politischen Einfluß, Europa gegenüber, von sich zu weisen, und schon seit der Krönung und Salbung des früheren jungen Herrschers, die eigentlich regierenden Herren des Landes; sie gaben Gesetze und verwalteten, indem sie über die Arbeitskräfte des Volkes geboten, die Kassen des Landes. In ihren Händen lag dabei der Haupt-Handel der Insel, denn ihre Unterstützung vom Mutterland wurde ihnen natürlich nicht in Geld sondern in englischen Waaren, die sie zu tüchtigen Preisen wieder verwertheten, übersandt, und es läßt sich denken daß sie eifersüchtig darüber wachten, solcher Vortheile nicht so rasch und leicht wieder beraubt zu werden.

Eine solche Gefahr drohte ihnen aber im Jahr 1836, wo zwei von den Gambier-Inseln abgesandte Katholische Priester, Laval und Caret ziemlich heimlich auf Tahiti landeten und dort festen Fuß zu fassen suchten. Aber die Protestantischen Missionaire waren auf ihrer Hut und beschlossen, der Kraft der von ihnen gepredigten Lehre und der einfachen Leichtgläubigkeit ihrer Beichtkinder doch nicht so recht trauend, die gefährlichen Fremden unter jeder Bedingung und so rasch als möglich wieder zu entfernen.

Die Priester machten indeß der Königin ihre Aufwartung die sie in Gegenwart ihrer Missionaire empfing, und ersuchten sie ihnen den

Aufenthalt zu gestatten, legten auch, als sie den Platz wieder verließen, Geschenke für Pomare nieder, die nach einigem Weigern angenommen wurden; nichtsdestoweniger wurde ihnen in einer nächsten
Versammlung, wobei einige der Häuptlinge gegenwärtig waren, und
die sie in Begleitung des Amerikanischen Consuls, Herrn Mörenhout
besuchten, die Eröffnung gemacht, daß ihnen der Aufenthalt auf diesen Inseln nicht gestattet werden könne. Die Katholischen Geistlichen
protestirten dagegen, aber am nächsten Morgen bekamen sie die ganz
unzweideutige Weisung der Königin die Insel ohne weiteres wieder
zu verlassen, und als auch hierauf eine direkte Bitte an die Königin,
sie ungehindert hier weilen zu lassen, Nichts half, schlossen sie sich in
das ihnen von Mörenhout gegebene Haus ein, und wichen nur erst
der förmlichen Gewalt, denn die von den Protestantischen Missionairen abgeschickte Polizei kletterte am Haus hinauf, stieg durch das
Dach, und trug die Priester, die nicht gutwillig gehen wollten, wieder
auf ihr Fahrzeug zurück.

Diese That sollte nicht ohne traurige Folgen für die Inseln bleiben, denn die religiöse Unduldsamkeit der Missionaire öffnete dem
schon darauf harrenden Feind die Thore, gab Frankreich einen er-
wünschten Vorwand seinen Handel wie seine Religion dort vor allen
Dingen zu befestigen, und dann die ganze Insel, als seiner Schiffahrt
günstig gelegen, zu besetzen. Caret reiste nach Frankreich, dort Genugthuung für die erlittene Behandlung zu erbitten, und dem Admiral Du Petit Thouars wurde es aufgetragen ein schwaches friedliches
Reich zu unterwerfen, das bis dahin noch keinem Fremden Uebles
gethan, sondern Alle, gleichviel von welchem Lande, von welcher
Religion in gastlicher Herzlichkeit bei sich aufgenommen hatte, bis
jene fremden Priester selber einander befehdeten und Leid und Unheil über jene schönen Küsten brachten, die Gottes Vaterhuld mit
Allem ausgeschmückt was groß und herrlich war.

Im August 1838 ankerte die Fregatte Venus auf der Rhede von
Papetee, und Du Petit Thouars erklärte der Königin Pomare in einem
Schreiben, daß er gekommen sei für die unwürdige Behandlung meh-
rer Französischer Unterthanen, vorzüglich aber der beiden von hier
exilirten Priester Caret und Laval Genugthuung zu fordern, und jetzt
vor allen Dingen eine schriftliche Entschuldigung der Königin, die
Summe von 2000 Spanischen Dollarn als Entschädigung für die erlittene Unbill der Priester, und die Begrüßung der Französischen Flagge
mit 21 Kanonenschüssen verlange. Widrigenfalls drohten die Mündungen der Geschütze Vernichtung über den offen und schutzlos

daliegenden Strand.

Die arme Pomare hatte keine Wahl; sie schrieb den Brief, erbat sich das Pulver selbst von der Französischen Fregatte zu den verlangten Schüssen, und die Missionaire, deren Eigenthum bei einer Kanonade auch am meisten bedroht gewesen wäre, collectirten das Geld theils unter sich, theils bei anderen Engländern und Amerikanern der Inseln, und befriedigten damit den Französischen Admiral.

Aber Du Petit Thouars ging weiter, und nicht bedenkend daß ein schwaches Volk dasselbe Recht, wenn auch nicht dieselbe Macht habe, ihm misliebige Personen von sich fern zu halten, und vielleicht von einem etwas rachsüchtigen Gefühl gegen die allerdings übermüthigen Protestantischen Priester geleitet, erzwang er noch außerdem einen Vertrag von den Eingeborenen, nach dem allen Franzosen: »was auch immer ihr Gewerbe sei« (also auch den Französischen Katholischen Missionairen) das Recht zustehen sollte, sich niederzulassen und Handel zu treiben auf allen Inseln.

Ein bald nach ihm kommendes Kriegsschiff, die Artemise, Capitain La Place ging noch weiter und verlangte und erhielt — denn wie hätten sich ihm die Tahitier widersetzen können — volle Religionsfreiheit für alle Katholiken und einen Bauplatz für eine Katholische Kirche.

Wenn aber auch die Protestantischen Missionaire diese Vorgänge mit stillem, freilich deshalb nicht minder heftigem Unmuth dulden mußten, gab es doch eine Parthei auf Tahiti, die mit Freuden einen Wechsel in den politischen Verhältnissen hereinbrechen sah, den sie bis dahin kaum für möglich gehalten. Es waren dies die von den Pomaren ihrer Macht beraubten Häuptlinge, die nur mit heimlichem Grimm die Oberherrschaft der fremden ihnen feindlich gesinnten Priester gefühlt, und vergebens gesucht hatten ihnen entgegen zu arbeiten. Nicht mit Unrecht hofften diese, daß die neuen, einer anderen Sekte zugehörigen Priester den Einfluß jener stolzen Männer schwächen müßten, und einmal dieser Stütze beraubt, und der Thron der Pomaren stand auch nicht so unerschütterlich mehr. Noch aber hatten die Englischen Missionaire die Zügel in den Händen, und als das Französische Kriegsschiff die Küste wieder verlassen, donnerten sie von den Kanzeln mit allem Ingrimm des hartnäckigsten Fanatismus gegen die neue Lehre, deren Symbole sie mit den früheren heidnischen Uebungen der Insulaner selber verglichen, und deren Lehren dem höllischen Abgrund gerade zuführten.

Die Katholische Religion machte nur geringe Fortschritte, die Protestantischen Missionaire behaupteten ihre Macht, und wenn auch schon des Zweifels Saamen war eingestreut worden in die Herzen der armen Insulaner, die mit Entsetzen Feinde ihres Glaubens in demselben Volk erstehen sahen, das ihnen den neuen Gott gebracht, dauerte das dem heißen ungeduldigen Blut der unruhigen Häuptlinge zu lang, und mit der schon fast erstorbenen Hoffnung einstigen Sieges frisch angefacht, harrten sie, nicht stark genug ihn selber zu führen, einem frischen Schlag wider die Macht ihrer Nebenbuhler sehnsüchtig entgegen.

Einen halben Bundesgenossen, Jemanden wenigstens, der der Französischen Sache eng ergeben und den Protestantischen Missionairen nicht besonders geneigt war, hatten sie in dem früheren Amerikanischen Consul Mörenhout, der dem Pietistischen Wesen der Protestanten theils abhold, anderseits auch seinen eigenen Nutzen durch die Oberherrschaft der Franzosen zu befördern glaubte, unter deren Schutz oder Protectorat er jetzt die Inseln zu bringen suchte.

Ob er seinen Freunden, den unzufriedenen Häuptlingen seine ganzen Pläne mittheilte, ist nicht bekannt, aber soviel gewiß, daß im September 1842, als die Französische Fregatte Reine Blanche unter dem, vorgeschobener Unbilden wegen neue enorme Forderungen stellenden Admiral Du Petit Thouars vor Papetee ankerte, die vier Häuptlinge Tati, Raiata, Utami und Hitoti mit Mörenhout an Bord gingen, und dort einen Vertrag unterzeichneten, in welchem sie den Admiral baten, da sie nicht im Stande wären ihr Land jetzt so zu regieren mit anderen mächtigeren Regierungen in Frieden zu leben, ihre Inseln unter den Schutz seines Königs zu nehmen, der ihnen jedoch, neben der Religionsfreiheit, alle übrigen Rechte unbekümmert ließ und garantirte.

Die Einwilligung der Königin, die jeden Augenblick ihrer Entbindung entgegensah, wurde unter der Drohung des Französischen Admirals von 10,000 Dollar Entschädigungssumme für allerdings nur imaginäre Unbill, oder volle Besitznahme der Inseln im Namen Sr. Majestät, des Königs von Frankreich erzwungen und, selbst die Clausel eingeschlossen, die den Protestantischen Missionairen, der neuen Macht gegenüber, völlig die Hände band, daß nämlich »irgend ein Mann, der das Tahitische Volk mit Wort oder That gegen die Französische Regierung einzunehmen suche, verbannt werden solle von den Inseln.«

In dieser Zeit aber war gerade der Mann abwesend von Tahiti, der bis dahin den meisten Einfluß als Protestantischer Geistlicher sowohl wie mehr irdischer Richter auf die Königin gehabt. Mr. Pritchard war nach England gegangen, die Englische Regierung für das kleine Insel-Reich zu interessiren und es gegen die wohl vorhergesehenen und gefürchteten Uebergriffe Katholischer Priester sowohl wie Französischer Kriegsschiffe zu schützen; aber die zurückgebliebenen Missionaire hofften destomehr auf diese Hülfe, zu der sie, wie sie glaubten, die neue Ungerechtigkeit des Französischen Befehlshabers jetzt nur noch mehr berechtigte, wenn nicht dem Englischen Volk auch der letzte Einfluß auf diese Inseln entzogen werden sollte.

Kaum hatte deshalb Du Petit Thouars die Inseln wieder verlassen als sie, jedes Vertrags ungeachtet, an den sie sich nicht gebunden erklärten, und die Königin selber, da er ihr abgezwungen worden, davon entbanden, frei und offen in ihren Kirchen das Entsetzliche der Gefahr schilderten, in der die Seelen ihrer Beichtkinder schwebten, von dem Antichrist an sich gezogen und zerstört zu werden. Der blinde Fanatismus Einzelner trieb schon zum Aeußersten, keine Folgen der rückkehrenden Kriegsschiffe berechnend, hätten Andere nicht den wilden Eifer gedämmt, einen günstigen Zeitpunkt wenigstens zu erwarten den »papistischen Gräueln« mit einem gewaltigen Schlag ein Ende zu machen.

So standen die Sachen im Herbst des Jahres 1843, und während die Bewohner Tahitis theils Parthei für ihre Missionaire ergriffen, theils in kalter Gleichgültigkeit den Streitigkeiten der »beiden weißen Gotte« zusahen und ihren Erfolg abwarteten, arbeiteten die Protestanten unverdrossen ihrem einen Ziel entgegen, und die unruhigen Häuptlinge suchten vergebens den Conflict zu ihren Gunsten auszubeuten. Die Franzosen hatten versprochen ihre Bundesgenossen zu werden, und sie in ihren gerechten Ansprüchen zu unterstützen, und jetzt befestigten sie nur die eigene Macht auf den Inseln und brachen der fremden Lehre Bahn — was kümmerte die trotzigen Herzen ein neuer Name Gottes.

Fußnoten:

[H] Der König schlug einst sein Lager zwischen den Bergen auf, und der Platz wo er lag war gerade dem Thau und einer scharfen Zugluft ausgesetzt. In der Nacht erkältete er sich und bekam einen Husten, wonach Einer seiner Höflinge diese Nacht eine Husten-Nacht (von po Nacht und mare Husten) nannte. Dem König gefiel der Klang des Worts vielleicht, vielleicht hatte er eine andere Ursache, kurz er beschloß sich von der Zeit an Po-mare zu nennen, und der Titel ist jetzt, als erblich, auf seine Nachkommen übergegangen.

[I]   Aimata oder Pomare IV. ist etwa 1812 geboren und war zuerst an einen jungen Häuptling von Tahaa verheirathet, von dem sie sich wieder schied und zu ihrem zweiten Gemahl einen anderen jungen Häuptling von Huaheine, einer Nachbarinsel, nahm.

Capitel 9

Die vier Häuptlinge

Ein sonniger Himmel spannte sich über die wildzerrissenen aber bis in ihre höchsten Kuppen bewaldeten Berge von Tahiti; aus den tiefen Thälern stiegen in festen, zusammengedrängten Massen die weißen schwankenden Schwaden auf, und wollten sich ausbreiten gegen den mächtigen Feind, aber die sengenden Strahlen trieben sie zurück, hinein wieder in Schlucht und Bergeshang, und hie und da niedergepreßt auf eine Halde, oder hingetrieben von dem neckischen Seewind über den saftigen Anwuchs breitblättriger Feis [J], mußten sie sich wohl dicht an den Boden schmiegen, unter Laub und Busch, dem einsamen Jäger das wunderliche Schauspiel einer Schneelandschaft in den Tropen bietend, so weiß und weich lagen sie unter Busch und Strauch und füllten die Thäler aus, Inseln bildend aus Kuppe und Kraterhang.

Und die Palmen im Thal unten schüttelten den Thau aus ihren wehenden Kronen, und rauschten und flüsterten dem Morgenwind ihren Gruß entgegen; aus dem Schatten eines mächtigen Wibaums [K] flötete der Omaomao [L], die Tahitische Drossel und der gellende Schrei der Möve, die über dem spiegelglatten, crystallhellen Binnenwasser der Riffe nach Beute strich, mischte sich darein. Von fern herüber aber donnerte klar und gewaltig das Brausen der ewigen Brandung über die Corallenwälle, die in einem weiten, nur an sehr wenigen Stellen kaum unterbrochenen Kreis all diese Inseln umgeben, als ob sie das freundliche Land schützen wollten gegen den wilden ungestümen Andrang der Wogen und ihre zerstörende Macht — die Elemente waren freundlicher gegen dies Paradies als die Menschen.

Weit aus nach allen Seiten breitete dabei das blaue Meer, hie und da über die Fläche blitzte der Schein eines hellen Segels, und aus der Ferne herüber ragten die schroffen pittoresken Kuppen Imeos oder Moreas, mit dem Palmengürtel, der den Fuß ihrer Berge umschloß, eben sichtbar über dem Meeresspiegel. Massen von kleinen schlanken Canoes, den Luvbaum [M] an der Seite, der das schwanke Fahrzeug vor dem Umschlagen wahren sollte, glitten über das blitzende Binnenwasser, aus den Corallen herauf, mit Harpune oder Netz ihr Mahl zu holen, und oft unter der stürzenden Brandung hin, der kochenden Woge wie im Sprung entgehend, schoß der schwanke Bau wie ein dunkler Streif durch den schneeigen Schaum, und das braune trotzige

Gesicht warf sich den Gischt aus dem lockigen Haar mit fröhlichem Lachen.

Wie lauschig und versteckt lagen die Hütten der Eingeborenen in jenen schattigen Hainen, die das Ufer mit ihrem schwellenden Grün überzogen, und aus dem heraus sich die prachtvollen Cocospalmen noch weit über den Meeresspiegel beugten, als ob sie ihr Bild wiederfinden wollten in dem Crystall da unten. Wie dufteten die Orangen und Citronen, die schneeigen Sternblumen und die Mangablüthe so süß; das Bananenblatt zitterte und raschelte in dem Zephyr, der sich durch Blum und Blüthe stahl, seine Bahn zu suchen, den Klüften der Berge zu, und der stattliche Brodfruchtbaum drängte sich mit seinen gefingerten einzelnen Blättern in das stattliche Laub der Mape; die Papaya schüttelte ihre Kelche aus auf Ananas und Tappo-Tappo [N], die köstlichen Früchte dieser Zone, und tief im schattigen Laub versteckt glühten duftende Blüthen, und hoben ihre Kelche dem sonnigen Licht entgegen.

Es war ein Paradies das Gottes milde Vaterhand erschaffen, ein Paradies von seinem Athem durchweht, und Seiner Werke Herrlichkeit kündend zu jeder Stunde — ein Paradies das nur die Leidenschaft und das trotzige Herz des Menschen oft, ach wie oft, so muth- und böswillig verdarb und zerstörte und Haß und Schmerz säete, selbst zwischen diese Palmen, und den Frieden verjagte, der auf den stillen Matten in heiterer Ruhe lagerte. Ehrgeiz und Fanatismus, Sinnlichkeit, Geldgier und sorgloser Leichtsinn reichten sich einander die Hand und der Indianer, der gastliche Herr dieses Aufenthalts in dem Engel hätten schwelgen können, sah in kurzsichtiger Lust wie die fremden Männer Spiel nach Spiel in sein Canoe häuften, es schmückten und verzierten und beluden — bis es sank.

Sorglose Kinder des Augenblicks, denen Palme und Brodfrucht jeden Tag gaben was der Tag begehrte, was kümmerte sie die Zukunft? Der bunte Flittertand freute sie, jeder goldenen, blitzenden Masche jubelten sie entgegen, und ahneten das Netz nicht, das sich langsam aber sicher daraus wob, sie niederzuziehen aus ihrem Himmel.

Aber nicht Alle theilten diese Apathie an den Ereignissen des Tages, denen das Volk kaum das Ohr lieh wenn sie geschehen; wie die Protestantischen Missionaire um den erschütterten Stamm die Wurzeln wieder tiefer senkten und gruben, ihm mehr Festigkeit zu geben bei dem nächsten Sturm, so nagte der Ehrgeiz, und andere Leidenschaften vielleicht, an den Herzen jener stolzen Häuptlinge, die Königsblut in ihren Adern fühlten, und der stille Frieden selbst der sie umgab reizte den schlafenden Grimm in ihrer Brust, und wandelte ihnen ihr Paradies zu einem Aufenthalt der Qual.

In Papara, dem südwestlichen Theil von Tahiti stand, von mächtigen Mapebäumen beschattet, dicht am Uferrand eines kleinen klaren Bergbachs, der sprudelnd und silberrein aus den Bergen niedersprang, eine jener breitovalen, aus Bambus errichteten und mit den Blättern der Pandanus dicht gedeckten Hütten, um die sich der weiche Rasen schloß und der Brodfruchtbäume und wehende Palmen das Dach bildeten, den sengenden Sonnenstrahl abzuhalten von dem stillen Platz. Ein lauschiges Halbdunkel lagerte auf dem nur leise rauschenden, flüsternden Hain, dem die von der Brise kaum bewegten Wasser tausend und tausend kleine funkelnde Lichter entgegenblitzten.

Aber keine fröhliche Kinderschaar spielte und sprang hier am Muschelstrand, oder schaukelte sich an langem, in die Wipfel der Palmen geknüpften Bastseil weit und keck hinaus über den korallendrohenden Wasserspiegel; kein schlankes Weib mit blumengeschmücktem Haar sammelte die Frucht von dem nahen Baum und breitete das reinliche Hibiscusblatt zum frischen Mahl. Nur an den Stamm einer Palme gelehnt, die Lenden mit dem pareu, noch aus der auf der Insel selbst gefertigten Tapa [O] umwunden, deren gelbbraune Falten ihm fast bis zum Knie niederfielen, während Bein, Schultern und Leib die zierlichen blauen Linien der alten, und durch die Missionaire sonst fast überall verpönten Tättowirungen zeigten, lehnte ein Insulaner und schaute still und schweigend, wie in tiefem Nachdenken versenkt, auf das weite sonnige tiefblaue Meer hinaus, das seinen Strand bespühlte.

Es war eine edle, kräftige Gestalt wie sie da stand unter der Königin des Waldes, und das weiche rabenschwarze lockige Haar fiel ihr, ungleich der frommen von den Protestantischen Geistlichen eingeführten Sitte es kurz abzuschneiden, voll und lang um die Schläfe, bis auf die Schultern nieder. Aber keine Blume stak darin oder hinter dem Ohr, noch glänzte sonst ein Schmuck an Arm, Hals oder Handgelenk, und die kühnen Züge und Arabesken des Tättowirers, alte heidnische Zeichen mit Haifischzähnen in unvergehbaren Punkten der Haut eingegraben, lagen fast drohend auf den vollgespannten Muskeln und Sehnen der nervigen Glieder.

Da wurden leise aber regelmäßige Schritte im Laube laut — näher und näher kamen sie heran, und eine andere Gestalt erschien unter den schattigen Blüthe und Frucht bedeckten Orangen; aber der Sinnende hörte die Schritte nicht, seinem Träumen willenlos hingegeben, und der Neugekommene stand mit verschränkten Armen wohl mehrere Minuten lang schweigend neben ihm, indeß sein Blick in tiefem Ernst und Sinnen auf ihm haftete.

Dem Aeußeren nach aber war es eine andere Gestalt, als die des ernsten Träumers an der Palme, seine Lenden umschloß, wie bei dem Ersten nur ein etwas bunterer Pareu, der Oberkörper stak aber in einem noch bunteren Oberhemd, und unter den, mit wohlriechendem Oel gesalbten Locken vor leuchteten die eben aufgebrochenen Knospen des Cap-Jasmin, jener reizenden lilienartigen Gardenia mit dem vollen Narcissenduft. Die Beine waren nackt, und die alten Tättowirungen auch auf ihnen sichtbar, aber der Pareu ging tief hinab und verhüllte das meiste davon, bis auf die zierlich gezeichneten Palmen, deren Wurzeln auf den Hacken saßen während der Stamm am hinteren Theil des Beines schlank und zierlich hinauf lief, sich über den Waden mit seinen breiten, federartigen Blattkronen auszubreiten. In der Hand trug er einen schlanken langen Bogen und einige buntbefiederte Pfeile mit Eisenspitzen (keine Waffen in jener Zeit, wo die inneren Kriege aufgehört hatten, und die Insulaner recht gut die Nichtigkeit solcher Wehr gegen Feuerwaffen erkannten, sondern mehr ein Spielzeug oder besser gesagt ein Uebungsspiel der Vornehmen, das besonders der Lieblingszeitvertreib des vorigen Königs gewesen) und um den Scheitel zog sich ihm ein wunderlich geflochtener Kranz von Gardenien mit den silberweißen Fasern der Arrowroot und kleinen rothen Blüthen bunt durchwebt.

»Joranna Tati!« rief er endlich lachend, als er wohl glaubte den Sinnenden seinen Betrachtungen lange genug überlassen zu haben, und während ein leichtes Lächeln seine schönen Züge überflog — »Joranna Mann, und was hängst Du den Kopf und schaust so still und brütend vor Dich hin, als ob Du« — es zuckte spöttisch um seinen Mund — »plötzlich ein Missionair geworden wärest? Wollen Dich die frommen Väter vielleicht nach den Gambier-Inseln senden, ihren »Brüdern in Christo« dort Gleiches mit Gleichem zu vergelten, und bereitest Du Dich vor den Neubekehrten da drüben zu beweisen, daß man nur des Himmels Seligkeit erndten könne, wenn man die Mundwinkel an beiden Seiten herunterhängen lasse, und das Weiße der Augen zeige in brünstigem Gebet?«

Tati, denn der Häuptling war es, schaute rasch und finster auf bei dem Gruß, und seine Züge heiterten sich nicht auf, als er den bunten Schmuck und Tant erkannte, mit dem sich der Freund behangen.

»Du siehst aus als ob Du zum Tanze gingst mit den Areoïs [P], Paofai,« sagte er ernst, ohne den Gruß zu erwiedern, »ein Richter des Landes sollte sich das Schicksal desselben zu Herzen nehmen, in so schwerer Zeit!«

»Das Schicksal?« lachte Paofai, die Locken schüttelnd, daß die Blüthen auf seine Schultern niederfielen, »das Schicksal liegt in der Hand jedes Einzelnen für sich selbst, und die ihre Nacken dem Joch gutwillig neigen, dürfen nachher nicht klagen wenn es sie drückt. Wer, beim Oro, heißt die fröhlichen Kinder unserer schönen Inseln sich den Fremden beugen und die Knie wund reiben vor einem Gott, der uns bis jetzt nur Arbeit und Krankheiten, nur Haß und Feindschaft geschickt hat aus fernem Land? – Ich für mein Theil bin es müde die helle Schattirung einer Haut, und Kenntnisse die dem Träger hier, wo er sie nicht gebrauchen kann, nur zur Last sind, höher geschätzt zu sehn als das, was unsere Väter ehrten. – Gleisnerische Worte – Oros Zorn über sie, daß sie zu Gift würden in dem Mund ihrer Träger.«

»Und wer ist Schuld als wir selber, daß wir's so lange zu tragen haben?« rief Tati sich hoch und stolz emporrichtend, »ruht nicht der Fluch unserer Götter auf diesem Lande, seit jene knechtischen Pomare's den Scepter führen, ja liegt nicht selbst die junge Königin in der Gewalt dieser schleichenden Priester, die sich nur immer die Diener des Herrn nennen, und dabei den Fuß selber auf die Nacken der Arii Rahi's [Q] dieses Landes zu setzen wagen?«

»Und weißt Du daß sie das Volk wieder zusammenrufen wollen zu neuem Unheil?« frug Paofai lauernd.

»Sie wagen es nicht,« sagte Tati verächtlich mit dem Kopfe schüttelnd, »sie wagen es nicht, denn ihre Häuser stehn breit und bequem gleich vorn am Strand, und die eisernen Kugeln des nächsten Französischen Schiffes mähten sie nieder.«

»Aber sie hoffen auf Englands Schutz!« rief Paofai, »und Piritati [R] ist dorthin gegangen Hülfe zu holen für sich und die Seinen.«

»Bah, der Weg ist lang,« sagte Tati verächtlich, »und die Engländer haben einen großen Mund; sie sind kalt und ohne Herz wie ihr

Gott, und so geizig, daß sie dem nicht einmal opfern lassen, sondern Cocosöl und Perlmutterschalen fortführen auf ihren Schiffen und die Schweine selber essen — Piritati wird kommen und Versprechungen bringen.«

»Aber sie warten nicht bis er kommt!« entgegnete Paofai — »der tolle Uebermuth der Priester, mit dem sie sich so lange eine wirkliche Macht vorgelogen haben, bis sie sie selber glauben, läßt sie jede Vorsicht vergessen, und um den Augenblick als Heilige und Halbgötter vor dem Volk zu stehn, wagen sie ihre Existenz.«

»Sie hätten recht — die Feranis werden uns auch nimmer den Segen bringen,« sagte Tati finster — »mich reut schon die Hand die ich dabei im Spiel gehabt, denn der gierige Wi—Wi scheint Lust an der Beute zu bekommen, nach der er schon zweimal die Krallen ausgestreckt. So lange noch ein Fremder auf dieser Insel lebt, blüht uns kein Friede und wir warfen uns selbst hinaus, als wir den Gleisnern einst den Aufenthalt gestatteten, und den Bambus schlugen zu ihren Hütten — wir hätten ihr Grab graben sollen.«

»Ha dort kommt Botschaft von Papetee!« rief Paofai plötzlich, und deutete mit dem Arm hinaus in das Binnenwasser der Riffe, über das hin ein leichtes Canoe, von zwei Indianern gerudert, mit zwei Anderen im Hintertheil desselben, rasch über die klare Fluth herbeischoß. Schon von weitem erkannten sie die beiden Häuptlinge Paraita und Utami und Tati sagte finster:

»Deren Eile kündet schon vorher des Kommens Grund, und der Feind ist uns ins Lager gerückt — o daß er die Streitaxt mit sich brächte und den Speer, und nicht ewig das todte Wort mit Singen und Beten.«

Die beiden Männer erwarteten jetzt schweigend die Ankunft des Canoes, das draußen um eine etwas weit auszweigende Corallenspitze bog, und dann im geraden Strich auf den Platz zuschnitt auf dem die beiden Häuptlinge standen, und dessen helleres Dach sich schon von weitem, als treffliche Landmarke, erkennen ließ.

»Ha sieh nur Utamis Gesicht!« rief da Paofai, als beide Führer endlich landeten und an's Ufer sprangen — »der dunkle Zug über der Stirn deutet bei ihm nichts Gutes — es ist wie ich gesagt!«

»Gruß Euch und Frieden — Joranna, Joranna boy!« riefen die beiden Männer, als sie den Schattenrand betraten, den die Frucht-

141

bäume und Palmen der senkrecht stehenden Sonne abgezwungen.

»Joranna Utami — Joranna Paraita, und was führt Euch über das Wasser im Aoatea, wenn die Sonne über Euerem Scheitel brennt?« frug Paofai, während Tati ihnen die Hand entgegenstreckte sie zu begrüßen.

»Fröhliche Botschaft,« lachte Paraita, aber die fest zusammengebissenen Zähne und der lauernde Blick mit dem er die Züge seiner Freunde beobachtete straften sein Lachen Lügen — »ein neues Englisches Kriegsschiff ist eingelaufen und die Mi-to-na-res schwimmen oben auf; der Englische Capitain will ihren Gott schützen, daß ihn der andere nicht über den Haufen wirft, wie sie bei uns Taaroa und Oro bei Seite geworfen haben, und der morgende Tag schon soll ihren Triumph beleuchten. Auf Tati, auf Paofai, ich glaube die Richter sollen vor Gericht, denn wir sind Alle aufgefordert zu erscheinen.«

»Und gilt es wirklich dem Vertrag, den wir mit dem Ferani abgeschlossen?« frug Tati finster.

»Kein Zweifel,« lautete die Antwort — »der Königin Boten fliegen heute durchs ganze Land — gestern schon gingen die Canoes nach Morea hinüber und uns Beiden wurde selber aufgetragen Euch mit zur Stelle zu bringen, genügt Euch das?«

»Und wißt Ihr genau was berathen werden soll?« frug Paofai.

Paraita lachte.

»Es ist ein öffentliches Geheimniß, und das Volk in Papetee spricht von nichts Anderem — sie wollen unseren Vertrag verwerfen und das Protectorat Frankreichs von sich weisen.«

»Das Französische Schiff im Hafen wird's nicht leiden,« rief Tati.

»Es liegt ein stärkeres daneben s'ihm zu wehren,« sagte achselzuckend Paraita.

»Und was spricht Utami?« frug Tati, dessen Hand ergreifend, »auf welcher Seite siehst Du den Segen unseres Landes?«

»Auf keiner,« entgegnete kopfschüttelnd der greise Richter, »auf keiner von diesen Beiden. — Ich hatte gehofft durch einen solchen Schritt, der gewissermaßen nur zum Schein unsere Rechte beschränkte und mehr ein Freundschaftsbündniß war mit einer stärkeren Macht, jenen ehrgeizigen Priestern ein Ziel zu stecken, aber die Feranis schauen mit gierigem Auge auf dies Land, und wer weiß ob wir nachher bei dem Tausch gewönnen. Jedenfalls liegt das noch Alles in der Zukunft Schooß, und ich habe keine Lust einen Arm aufzuheben für Franke oder Missionair – laß sie sich unter einander schlagen.«

»Und Du gehst?«

»Gewiß – sie sollen nicht sagen können daß Utami ihren Ruf gefürchtet habe.«

»Gefürchtet,« wiederholte Paofai verächtlich und spannte wie im Spiel den Bogen von dessen Sehne der Pfeil schwirrend abschnellte, und etwa vierzig Schritt davon entfernt den schlanken Stamm einer Papaya durchbohrte, in deren Holz er zitternd stecken blieb – »gefürchtet,« wiederholte er noch einmal, den Bogen auf die Schulter werfend – »aber es führt uns nicht zum Ziel dieses Kinderspiel – dem Volk wird wieder Sand in die Augen gestreut und so lange gesungen und gebetet, bis es ermüdet auseinandergeht, und Alles bleibt beim Alten. Da doch noch lieber dem Franzosen unterthan, dessen Sitte und Denkungsart besser zu uns paßt, als den schleichenden Frömmlern.«

»Unterthan? – keinem!« rief da Tati trotzig, der indeß mit verschränkten Armen und in tiefem Brüten dem Gespräch der Freunde gelauscht – »aber wie dann, wenn wir den Augenblick benutzten, wo die Bewohner Tahitis das eine Joch abgeschüttelt und auch das andere von uns würfen? – Was sagst Du, Utami, wenn wir die Fremden stürzten mit dem einen Schlag und, wie die Missionaire jene fremden Priester, auf das Schiff packten das sie gebracht und sie fortschickten, gleichviel wohin, so sie jetzt dem Engländer gäben, sie heimzuführen in ihre Heimath? Jetzt, jetzt noch ist es Zeit wieder ein Reich, ein glückliches Reich zu gründen in unserem Inselland – jetzt wo das Volk gesehen welchen Fluch ihnen die Fremden gebracht in jeder Art, wird es zu uns stehn mit Kraft und Gewalt, und dem einigen Volke können auch selbst die Feuerschlünde des Feindes nicht mehr fürchterlich sein.«

Utami schüttelte ernst mit dem Kopf und sagte finster:

»Zu spät – zu spät! – ein großer Theil der Unseren hängt dem neuen Gotte an, und die Missionaire haben dafür gesorgt daß ihr Wohl von der Anbetung jenes nicht getrennt werden konnte – sie stehen zu fest, während die Englischen Schiffe unsere Küsten verwüsten und unsere Fruchtbäume niederschmettern würden, ihrem Gotte

Seelen zu gewinnen, wie sie dann sagten. — Ich fürchte wir haben uns selber Schaden gethan, als wir dem Ferani die Hand boten und bei ihm Hülfe zu finden hofften gegen den geistlichen Stolz.«

»Gewalt thut hier Nichts,« stimmte auch Paraita bei — »wir sind zu schwach etwas derartiges zu unternehmen, und wenn wir auch Hand zu Hand mit den geschorenen Köpfen [S] fertig würden, ist uns die Europäische Macht zu stark. Wir müßten jedenfalls warten bis sich ihre Kriegsschiffe entfernt hätten, ein plötzlicher Schlag dann und es würde den Feinden schwer werden das zu rächen, was sie jetzt mit leichter Mühe verhindern können. Aber noch haben wir den Vertreter jener fremden Macht unter uns, die uns Schutz und Freiheit versprochen für Glauben und Recht; wird der Französische Consul, denn zu solchem ist Mörenhout ernannt als ihn die Amerikaner nicht länger anerkannten, wird er es dulden, daß man den doch nun einmal von der Königin unterzeichneten Contrakt mit Füßen tritt?«

»Wie kann er's hindern?« sagte achselzuckend Paofai. — »Mit ein paar Redensarten ist nichts abgemacht, wenn der Fanatismus erst einmal in Schuß, bergab gekommen. Die Missionaire haben da ihre Leute, Aonui, Potowai, Terate und wie sie heißen; mit Jehovah auf den Lippen werfen die Narren sich blind in's Feuer selbst der Schiffe, und wenn das Volk nur schreien und von Freiheit hört, dann brüllt es auch seinen Chor hinein, möge die Folge sein wie sie wolle. Ich habe große Lust der Versammlung gar nicht beizuwohnen; was kanns helfen?«

»Das sie nachher sagen wir hätten uns gescheut ihnen unter die Augen zu treten?« rief Tati rasch. »Nein, keiner darf fehlen von uns, wenn wir nicht selber unsere Sache aufgeben wollen in Schimpf und Spott — keiner, und dort wird sich uns auch ein Ausweg zeigen das Schwerste abzuwenden.«

»Dem stimme ich bei,« sagte Utami ernst — »unsere Aufgabe ist dem Land die Freiheit zu erhalten, die der Fanatismus der einen wie die Gier der anderen Seite gleich schwer bedroht, und gebe Gott daß uns das gelingt; einer späteren Zeit mag es dann vorbehalten bleiben unsere inneren Einrichtungen zu ordnen, von denen Franzosen wie Missionaire nichts verstehn. Unser Glück liegt in unserer eigenen Hand — wir wollen es aus keiner fremden. — So zögern wir denn nun auch nicht länger, kommt mit zu meinem Haus, daß wir uns dort mit Speiß und Trank stärken zu der Fahrt, und die morgende Sonne grüße uns die ersten auf dem Kampfplatz.«

»Kampf?« lachte Paofai, während er seinen fortgeschossenen Pfeil wiederholte, den anderen zu folgen – »ein schöner Kampf wird es werden, der mit Singen anfängt und mit Beten aufhört. – Ich kenne meine Landsleute nicht mehr, daß sie aus dem fröhlichen glücklichen Volk solche Kriecher und Heuchler geworden sind. Aber zum Henker mit den Grillen – unsere Palmen müssen sie uns lassen und das stille Wasser unserer Riffe, unsere Blumen und Blüthen und unsere Weiber, und den Schwarzröcken zum Trotz will ich das Leben jetzt genießen. Himmel und Hölle? – Die Leute können vortreffliche Geschichten erzählen und man lacht darüber wenn man sie hört – tödten sie doch die Zeit« – und den Pfeil aus dem Holz reißend schob er ihn lachend in seinen Köcher zurück, und trat, die Locken aus seiner Stirn werfend, zu den Uebrigen in das Haus.

Fußnoten:

[J] Wilde Pisang.

[K] Der Wibaum oder die Brasilianische Pflaume (spondias dulcis) hat mit den stärksten Stamm auf den Inseln – oft bis 4 und 5 Fuß im Durchmesser. Die Rinde ist grau und glatt und er trägt eine förmliche Masse großer pflaumenartiger saftiger Früchte von angenehmen Geschmak.

[L] Der Omaomao, die Tahitische Drossel, und der einzige wirkliche Singvogel, wenigstens der bedeutendste, der Inseln. Er ist gelb und braun gefleckt, und von der Größe einer Drossel, mit der sein Gesang auch etwas Aehnliches hat. Von Gestalt ist er etwas schlanker.

[M] Ein, an der einen Seite des Canoes, durch Queerhölzer etwa drei oder vier Fuß vom Fahrzeug selber ausgehaltener Baum, eine Art Kufe von leichtem Holz, die auf dem Wasser liegt und mitschwimmt, und nur dazu dient das leichte schwanke Fahrzeug vor dem Umschlagen zu bewahren.

[N] Mape, Tahitische Kastanie. Die Papaya eine von Brasilien herüber gekommene, der Melone ähnliche aber auf einem Baum wachsende Frucht. Der Tappo-Tappo der Englische Crêmeapfel.

[O] Das eigenthümliche Gewebe dieser Inseln, das die Frauen aus der gegohrenen Rinde verschiedener Bäume, die sie vorher zu fester Masse kneten so lange ausschlagen, bis ein dünnes, ziemlich dauerhaftes Zeug daraus wird.

[P] Areoïs, die früheren heidnischen Tänzer auf den Inseln, die eine gewisse, sogar religiöse aber wüste Sekte bildeten und von Insel zu Insel zogen ihre Orgien zu feiern.

[Q] Die ersten und obersten, aus fürstlichem Blut entsprossenen Häuptlinge.

[R] In ihrer Aussprache Pritchard.

[S] Die eifrigsten der Missionaire hatten ihren Gläubigen empfohlen die Haare kurz am Kopfe abzuschneiden, wahrscheinlich um nicht den sündigen Blumenschmuck darin tragen zu können.

Capitel 10

Die Versammlung

Weißer Rauch quoll aus den Schießluken der Englischen Fregatte »Talbot« und der rasch folgende donnernde Schlag des Geschützes, der das Echo grollend weckte in den Bergen, grüßte das goldene Taggestirn, das eben seinen rothglühenden Schein über die östliche, palmenbedeckte Spitze der Bai warf, und seine Strahlen sandte über das weite Meer.

Es war ein reizendes Bild das sich dem Blick entrollte, und Athem und Leben gewann mit dem ersten Licht; im Hintergrund die wildzerrissenen Kuppen des Gebirgs mit der dunkeln kühn eingerissenen Schlucht — auseinandergebrochen als die Grundvesten der Berge einst in ihrem inneren Mark erbebten, und rechts und links das niedere palmenbedeckte Land ausschießend, als ob es die sonnige spiegelglatte Bai umspannen wolle mit liebendem Arm, während an dem Ufer hin die weißen niederen Gebäude dicht hineingeschmiegt standen in Palmen- und Orangenhain, mit hie und da einem alten mächtigen Banianbaum, der die dunkel glänzenden Zweige niederschüttelte, neue Wurzeln dem Erdreich um sich her abzugewinnen. Vorn schäumte und spielte die Fluth an dem hellen Corallensand, und den vorderen, von Banane und Palme eingeschlossenen Rand, in dem die stillen Wohnungen der Menschen so dicht versteckt wie Perlen in einer halbgeöffneten Muschel lagen, bildete ein dichter Wald von Brodfrucht und Orangen und buntblüthigen Akazien und breitblättrigen Hibiscus Tiliaceus mit den großen malvenähnlichen Blumen.

Und nicht öde und weit lag das Meer, dem wunderschönen Lande gegenüber; nein, hinter dem licht funkelnden Wasserspiegel, den nur hie und da ein ruhig vor seinem Anker reitendes Schiff, oder das rasche Canoe mit dem blitzenden Streifen hinter sich unterbrach, dehnten sich die weiten schäumenden Riffe mit ihren Schneekronen und rollendem Donner, und umspannten selbst die kleine Königinsel Motuuta, die wie ein Smaragd, von silbernem Band umfaßt, in dem herrlichen Rahmen palmenwiegend lag, während hinter ihr, noch neben dem weiten Horizont des Oceans, die zackigen kühn gerissenen Kuppen und Spitzen Imeos, wie Nadeln emporstarrend oder riesige Kegel, in blauer Ferne lagen, bei klarer Luft selbst den Palmengürtel zeigend der sie umschloß.

Still und regungslos lag dabei der Strand, bis zu dem Schuß, mit dem zugleich fast sich die Sonne über den Palmenstreifen hob — nur hie und da zeigte sich ein einzelner Indianer der, vielleicht nach seinem Canoe schauend, langsam am Ufer auf- und niederging; aber wie mit einem Zauberschlag nach dem Schuß, und während das Echo noch in den fernen Schluchten dröhnte und grollte, quoll und drängte es sich ordentlich aus den Häusern und Hütten vor, in bunter glänzender Tracht, und fröhliches Leben brach sich die Bahn in's Freie mit einem Mal.

Es war Tag geworden in Papetee, und ein bedeutungsvoller wichtiger Morgen angebrochen für den kleinen Staat; ob zum Heil, ob zum Leid, was kümmerte das das fröhliche Inselvolk mit seinem leichten, glücklichen Sinn. Wie die sonnige Welle ihrer Binnenwasser trieben sie leicht über des Lebens Meer — ein Sturm rüttelte sie auf, wild und gewaltig, es ist wahr, aber mit der Ursache die sie gehoben, mit dem Sturm, legte sich auch leicht beruhigt das Element, und ließ in derselben Stunde fast schon den Schiffer niederschauen in die cristallreine Tiefe, die offen wie ihr Herz da vor ihm lag.

Wie ein Bienenschwarm zog es und drängte es dort eine Weile am Ufer herum, beide Geschlechter bunt gemischt durcheinander, und oft klang der fröhliche Laut lachender Mädchenstimmen silberrein über das Wasser selbst bis zu der Stelle, wo etwas einsam in der Bai, und in der That so weit abseits als er eben ankern durfte, ein großer weitbäuchiger, entsetzlich schmutziger und wettermitgenommener Wallfischfänger lag. Auf seinem Heck stand, etwas geschmacklos, aber vielleicht nicht ohne Grund, mit grellrothen Buchstaben im grünen Felde, der Name desselben, Kitty Clover, und von der Gaffel seines Besahnsegels wehte die Englische Flagge.

Auf dem Quarterdeck desselben standen zwei Männer, beide in die gewöhnliche Seemannstracht, in blaue Jacken und weiße Hosen gekleidet, einen breiträndigen Strohhut mit langem schwarzen Band gerad auf den Kopf gesetzt. Der eine von ihnen, der ältere, war der Capitain der Kitty Clover, der so wenig den Schotten in seinem ganzen Wesen und Aussehn verleugnen konnte, wie der Andere den Iren.

Dieser hatte das fast unvermeidliche rothe Haar seiner Landsleute, aber in merkwürdig kleine feste Locken mehr geknotet als gedreht, und auch um Kinn und Oberlippe zog sich ihm ein ungeheuer starker, aber eben so fest verworrener ineinandergedrehter Bart bis hoch unter die kleinen, lichtblauen Augen hinauf, die manchmal, wenn er seinen

Kopf dem neben ihm Stehenden zuwandte, mit einem eigenen drollen Humor daraus vorblitzten.

Noch acht oder zehn Matrosen etwa waren außer den beiden an Deck, und zwar mit Waschen desselben beschäftigt, wozu sie die vollen Eimer aus der klaren Fluth heraufschwangen, und mit raschgezieltem Wurf den breiten Strahl unter die oben befestigten Fässer und langs Deck hin sandten.

Der Capitain oder Master des Wallfischfängers, Mac Rally, galt für einen vortrefflichen Seemann, aber noch besseren Händler, und das hagere scharfgeschnittene Gesicht, die hellblauen unstäten Augen, die eisernen Lippen zeigten zugleich Entschlossenheit wie List und Ausdauer.

Die Kitty Clover war erst gestern hierher, angeblich vom Wallfischfang, eigentlich aber direkt von Valparaiso kommend, eingelaufen, und hatte den Iren gewissermaßen als Passagier, der übrigens auch einen ziemlichen Theil spirituöser Getränke als Fracht bei sich führte, mitgebracht. Theilweise gehörte von demselben Artikel, außer einer Anzahl von Fässern, von denen nicht einmal die Matrosen wußten was sie enthielten, auch eine ziemliche Parthie dem Capitain selber, und er zog es deshalb vor, den letztverlassenen Hafen nicht als direkt von dort gekommen anzugeben, einer vielleicht unangenehmen und zu ängstlichen Aufmerksamkeit der Steuerbehörden zu entgehen. Nichtsdestoweniger haben diese auf Wallfischfänger ebenfalls ein sehr scharfes und wachsames Auge, denn sie wissen recht gut daß solche Fahrzeuge, wenn sie auch gerade kein wirkliches Geschäft daraus machen, doch stets eine oft nicht unbedeutende Quantität gestatteter oder auch verbotener Waare bei sich führen, und was sie eben schmuggeln können, nicht gern versteuern.

Die verbotene Landung spirituöser Getränke war übrigens mit ungemeinen Schwierigkeiten verbunden, denn auf alle den Inseln hatten die Missionaire schon gegen die Einführung des Branntweins die heilsamsten Gesetze erlassen, die sie mit großer Strenge aufrecht hielten und bewachten; anderseits waren die Indianischen Behörden selber mit solcher Maßregel sehr zufrieden, denn die Einführung des bösen Getränks hatte nur Elend und Unfrieden, Zank und Blutvergießen in die Stämme gebracht, so daß sie gern und willig, was nicht immer der Fall war, ihre weißen Lehrer und Gesetzgeber in der Ausführung unterstützten.

Die Franzosen nahmen es noch am leichtesten mit der Einführung von Spirituosen, aber nur wenn sie von ihren eigenen Schiffen gelandet wurden, denen sie dadurch gewissermaßen ein Monopol zu sichern wünschten, aber auch hartnäckig von den Behörden überwacht wurden und nicht, ohne öffentlich die einmal bestehenden Gesetze umzustoßen, dawiderhandeln durften.

»Und Ihr seid hier bekannt, O'Flannagan,« sagte der Capitain endlich, nachdem er wohl eine Viertelstunde lang, ohne ein Wort zu sprechen, das Ufer durch sein langes Schiffsglas scharf beobachtet hatte, »und glaubt fest daß Ihr die ganze Ladung nach und nach sicher und ohne einen Penny Steuer zu zahlen an Land würdet schmuggeln können?«

»Von glauben ist da gar keine Rede, Captain dear,« lachte der Ire, »meiner Mutter Sohn kennt hier jeden Zollbreit Boden am Ufer, und was mehr ist, jeden Zollbreits Sohn und Tochter, und die Mädchen besonders, hahaha liebe Dinger, sind rein auf mich versessen. Die führen nun schon einmal in der ganzen Welt das Regiment und die zu Freunden, das andere ist Alles Kleinigkeit und Kinderspiel.«

»Aber wenn uns da nur die jetzigen politischen Verhältnisse keinen Strich durch die Rechnung machen,« sagte kopfschüttelnd der Schotte. »Wie uns der alte Indianer gestern Abend erzählte, so waren die Englischen Missionaire wieder die Herren da drüben, so gut wie früher, und das will mir nicht so recht einleuchten.«

»Wir wären verloren mit unserem Geschäft wenns anders aussähe;« lachte Jim, »zum Teufel wenn die Franzosen das Heft in Händen hätten, dürften wir unseren Brandy nur getrost selber trinken, denn die würden eine solche Masse ihres eigenen Fabrikats hinüber an Land geworfen haben, daß sie die Stadt damit ersäufen könnten. Die Missionaire dagegen können höchstens die Strafe auf Einfuhr noch erhöhen, die Einfuhr selber noch schwieriger machen; das Alles muß uns aber die Preise nur gerade in die Höhe treiben, und — was wollen wir mehr?«

»Weiter nichts,« schmunzelte der Schotte, das Fernrohr niederlegend und sich mit einem höchst vergnügten Gesicht die Hände reibend — »weiter nichts, Jimmy — höchstens noch etwas baar Geld — gutes Silber für unsere flüssige Waare.«

»Ich fürchte nur Ihr habt mit dem anderen Artikel ein schlechtes Geschäft gemacht,« sagte Jim kopfschüttelnd — »ich glaube wirklich nicht, daß es hier je zu einem solchen Ausbruch von Feindseligkeiten kommen kann, die Eingeborenen zu veranlassen wirklich Geld für einen solchen Artikel auszulegen; — ja wenn es Brandy wäre.«

»Nun, ich gehe da ziemlich sicher,« schmunzelte der Schotte, »denn ein Theil der Waffen ist feste Bestellung — von Jemandem aber den ich nicht nennen darf — und verkauf ich das andere nicht hier, so weiß ich daß ich auf den Fidschi- und Navigators-Inseln einen vortrefflichen Markt dafür finde.«

»Ja, aber, das ist ein kitzliches Geschäft,« meinte Jim, sich mit dem Zeigefinger der rechten Hand durch das Halstuch fahrend — »die Engländer und Franzosen haben über derartigen Handel ihre eigenen Ansichten, und es geht bei einer solchen Geschichte immer gleich an die Raanocke [T]. Interessant ist so ein Geschäft wohl schon, aber — verdammt gefährlich, und der Nutzen doch eigentlich nicht im Verhältniß zum Risiko.«

»Nun, das käme auf die Person an,« sagte, mit einem etwas zweideutigen Seitenblick auf den Iren, der jetzt aufmerksam durch das Glas nach der Insel hinüberschaute, der Capitain. Jim verstand aber die etwas malitiöse Anspielung und sagte lachend, ohne jedoch aufzusehen:

»Ich bin gerade so kitzlich am Halse wie der beste Priester, Capitain, und jeder paßt auf sein Bischen Leben so gut er kann, ob's nun eben der Mühe werth ist, oder nicht.«

»Nein, Jimmy, so war's gar nicht gemeint,« rief Mac Rally rasch und etwas verlegen.

»Bitte, geniren Sie sich nicht,« lachte Jim, »thun Sie als ob Sie zu Hause wären, Captain dear — »aber dahinten kommen die Canoes,« unterbrach er sich plötzlich, den rechten Arm, ohne das Auge vom Glas zu nehmen, gegen Point Venus hinüberstreckend. Dorthin wurde auch eben, gerade die Spitze passirend, eine kleine Flotte Indianischer Fahrzeuge sichtbar. »Bei Jäsus, Mr. Mac,« fuhr er aber lebendiger werdend fort, als er sich den Inhalt der kleinen schlanken Fahrzeuge etwas genauer betrachtet — »heute geht die Geschichte los da drüben, heute bekommen wir was zu sehen, und je eher wir hinüberfahren, denk' ich, desto besser ist's, denn einen besseren Abend unser Ausschiffen zu beginnen, werden wir auch nicht so leicht finden. Kein Teufel paßt heut' auf die aus- und eingehenden Boote, und solche Zeit muß man benutzen.«

Der Capitain hatte das Glas wieder genommen und einen Augenblick durchgesehen, dann aber sich wieder aufrichtend und es zusammenschiebend sagte er, mit einem halbversteckten Lächeln in den selten aus ihrer Lage gebrachten fast wie ehernen Zügen:

»Ihr habt recht Jim, da hinten schwimmen die Haupt-Schauspieler der heutigen Komödie — drei Canoes voll Schwarzröcke, Gott weiß wo sie alle herkommen. Die Feierlichkeit wird nun wohl auch bald ihren Anfang nehmen, und ich glaube je eher wir hinübergehn, desto besser. Ha, bei Gott,« unterbrach er sich plötzlich, als er sich zufällig nach den Kriegsschiffen hingewandt hatte und deutete mit dem Arm hinüber — »dort geht die Tahitische Nationalflagge!« Und in der That stieg in diesem Augenblick die rothe Flagge mit dem weißen Stern auf der Englischen Fregatte an der Gaffel des Besahnsegels auf. »Was die Leute doch für Streiche machen,« brummte der Alte dabei — »aber meiner Mutter Sohn müßte sich sehr irren, wenn sie nicht heute da drüben Unheil anrichten.«

»Desto besser, Captain dear,« rief Jim, sich vergnügt die Hände reibend, »desto besser; s'wär mir ein wahres Gaudium, wenn ich erleben könnte daß sich die beiden Erbfeinde, Franzosen und Engländer, wieder einmal beim Koller kriegten; s'ist überdies lange genug Frieden gewesen. Aber enges Fahrwasser zum Maneuvriren hätten sie hier, und die Corvette hielts auch mit der Fregatte nicht lange genug aus, den Spaß interessant zu machen.«

»So weit treiben sie's nicht,« sagte kopfschüttelnd der Capitain — »der Franzose ist zu klug sich hier mit einer solchen Fregatte in einen wahrhaft verzweifelten Kampf einzulassen. Nein, es kommt jetzt Alles darauf an wie das Schiff heißt, das zuerst in den Hafen einsegelt, und die guten Leute hier spielen wirklich nur eine Art Paar oder Unpaar, mit ihrem ganzen Land zum Einsatz.«

»Bah, der Spaß ist der,« lachte der Ire, »daß die, die den Einsatz stellen, nicht einmal mitspielen — die aber die Nichts zu verlieren haben, die Missionaire, trumpfen aus.«

»S'ist Zeit daß wir hinüberfahren,« sagte Mac Rally — »he da vorn — damn it Ihr Burschen, Ihr schwemmt ja heute das Deck, als ob Ihr die Nägel herausweichen wolltet; mein Boot nieder, und viere von Euch hinein. Und Du Bob,« wandte er sich an einen der Leute, den Zimmermann, der eine gewisse Autorität an Bord ausübte wenn die Officiere an Land waren, »passe mir ein Bischen auf, und wenn es am

Ufer Skandal geben und Einer von unseren bärbeißigen Nachbarn vielleicht geneigt sein sollte die Zähne zu zeigen — Du kennst ja das Zeichen — so auf mit Euerem Anker, und seht zu daß Ihr außer Schußlinie kommt, denn wir brauchen unsere Hölzer nothwendiger. — Aber bis dahin bin ich auch auf jeden Fall wieder zurück.«

»Und soll die Flagge wehen bleiben, Capitain?« frug der mit Bob angeredete.

Mac Rally stand schon auf der Schanzkleidung, und war eben im Begriff in das Boot hinabzusteigen. Er blieb stehn, und schaute einen Augenblick wie unschlüssig nach dem bunten, flatternden Tuch hinauf.

»S'wär patriotischer,« sagte er endlich, die Augenbrauen hoch hinaufgezogen, »aber politisch ist's nicht. — Sie können Einem freilich Nichts anhaben — Ach was,« setzte er dann laut hinzu — »der Wind schlägt das Tuch doch nur zu Schanden — wenn wir an Land sind nimm den Lappen herunter!« und mit dieser höchst unehrerbietigen Bemerkung der eigenen Nationalflagge sprang er, von dem Iren gefolgt, in sein Boot, das sie bald mit kräftigen Ruderschlägen blitzesschnell über das Wasser dem gar nicht so fernen Ufer zuführten.

Hier aber wimmelte und schwärmte es indeß von Menschen und den Strand hinunter schien der Hauptzug zu gehn, wo auch wirklich an dem sogenannten Paré, jenem Theil der Küste wo der Königin Haus stand, der für heute bestimmte Versammlungsort des Festes lag, wenn hier überhaupt ein Fest gefeiert wurde.

Eine bunte Mädchenschaar drängte sich am Ufer hin und an der Kirche vorüber, deren Glocke in einem, oben ausgeschnittenen stämmigen Orangenbusch hing. Es waren blühende, liebliche Gestalten, mit tief dunklen und doch so schwärmerischen Augen, und zartgeschnittenen, rosigen Lippen, oft mit kaum gebräuntem Teint, unter dem das feine liebliche Erröthen, wenn es Wangen und Nacken übergoß, so klar wie bei der weißen Haut fast hervortrat, und den üppigen Formen einen unendlichen Reiz verliehen hätte, wäre der nicht eben durch das sonst so lockige jetzt kurz abgeschnittene Haar und das entsetzlichste Modell eines Frauenhutes, das je die freie Stirn eines schönen Kindes mishandelte, entstellt worden. Es war die fromme Schaar der Tahitierinnen, die sich zur Protestantischen Kirche bekannten, und mit den alten Vorurtheilen auch ihr Lockenhaar wegwerfen mußten, als falsch und sündig. Und weshalb? — es hatte Blumen getragen einst im heidnischen Tanz, und die freundlichen Kinder jenes herrlichen Himmelsstriches schmückten es jetzt selbst noch gern mit den knospenden Blüthen. Aber fort mit dem irdischen Tant! wer Gott dienen wollte, durfte sein Herz nicht an die Erde und ihren Schmuck hängen — fort mit dem Haar das sündige Eitelkeit erweckte und der Verführung den Weg nur bahnte zum wankenden Herzen — fort mit dem duftigen Kranz darin und den wehenden Silberfasern der Arrowroot — einen anständigen christlichen Hut mit christlicher Form auf dem Kopf, und diesen geschoren darunter, und das sündige Herz mußte dann schon selber dem Schopfe folgen.

Wie sie so ehrbar dahin schreiten, die sonst so wilden Mädchen, das Auge züchtig gesenkt, die schwere Bibel im Arm und gegen die volle Brust gepreßt, in der das Herz so ängstlich klopfend schlägt — der Hut verbirgt die Züge, und das lange faltige Gewand umhüllt fast vollkommen die zarten Gestalten, nur den Fuß — nicht das Schönste an ihnen — frei zur Schau tragend.

»Waihine — naha — naha Maïre!« rief da eine neckische Stimme dicht neben dem Zug, und ein reizendes Mädchengesicht, aber ohne den entstellenden Hut, und die vollen blumendurchflochtenen Locken wild um die hohe edle Stirn flatternd, bog sich halb über, dem ihm nächsten Mädchen unter den schrecklichen Hut zu sehen, und die Züge zu erkennen — »naha Maïre.«

Aber die also Angeredete, ob sie es war oder nicht, bog den Kopf nur mehr zur Seite. Sie schämte sich doch nicht ihrer frommen Tracht? — »naha Maïre,« klang wieder und wieder der neckische Ruf — »bist Du's aiu [U] oder nicht? — sieh her Maïre, sieh her und wende Dein Köpfchen.«

»Ah — da nimm das!« rief da plötzlich die fromme Maid, und den Kopf herumwerfend nach der Quälerin, deren lachende Augen über zwei Reihen prachtvoller Perlzähne blitzten und funkelten, schlug sie mit der linken flachen Hand (in der anderen hielt sie die Bibel), ein Zeichen gründlicher Verachtung, ihre Lende — »da nimm das Du böse Ate-ate und laß mich zufrieden — bah über die Schwätzerin.«

»Hahahaha!« klangs aber wie Silberton von den Lippen der Anderen, »hahahaha, Maïre, Maïre, armes Kind, armes Kind.«

»Laß sie gehn,« stieß da Maïre eine Nachbarin an, »laß sie gehn es sind wilde Dinger und taugen nicht zu uns — wenn's der Mitonare sieht daß wir mit ihnen gesprochen ist er bös.«

»Maïre, Maïre, armes Mädchen!« riefen die Ersteren wieder.

»Bah!« lachte aber die Schöne jetzt, den Hut zurückwerfend, daß die funkelnden Augen voll die Gegner trafen — »albernes Zeug hier, könnt Ihr mich nicht zufrieden lassen beim Kirchgang oder beim vollen Zug — oder glaubt Ihr daß Ihr's nachher wohl toller treibt als ich?«

»Ah maitai maitai Maïre,« jubelte da Ate-ate laut auf — »so lebst Du noch unter dem Hut und Dein Herz liegt nicht bei den Locken daheim im Bananenblatt?«

»Wenn sie nur so schnell wieder wüchsen wie man sie abschneiden kann,« zürnte das schöne Mädchen und warf einen mürrischen mistrauischen Blick nach ihrem Schatten hinunter, aber sie sah nur den Hut und schüttelte ärgerlich mit dem Kopf.

»Wenn mir die Haare wachsen schneid' ich sie nicht wieder ab,« sagte ein anderes Mädchen das neben Maïren ging — »so lange sie kurz sind bin ich fromm, und dann kann einmal eine Andere an die Reihe kommen.«

Drrrrrrrrum — drum, drum, drum klang der Wirbel und Ton; heller fröhlicher Trommelschlag, das National- und Lieblingsinstrument der Insulaner, im Takt und Schlag ihres wildesten, aber auch deshalb geliebtesten Tanzes.

»Hab' Acht, Maïre,« rief Ate-ate an ihrer Seite hintanzend — »der Upepehe:

Horch!

Horch wie der Trommel Klang

Hell durch die Palmen drang,

Horch!

Zuckt mir's durch Fuß und Knie,

Zuckt mir's im Herzen hie

Horch!«

»Horch!« rief aber Maïre und ihre Augen blitzten und funkelten in einem wilden, fröhlichen Feuer, zu dem das dicke Buch unter dem

Arm gar nicht so recht passen wollte.

»Horch!

Laut wie die Brandung jägt,

Gegen die Riffe schlägt,

Horch!

Wirbelt der Trommel Ton

Herzchen ich komme schon

Horch!«

Und in den Chor fiel die übrige fromme Schaar jubelnd ein, und mit den Büchern im Arm, während die großen Hüte den Wind fingen und auf- und niederschlugen, warfen sich die tollen Mädchen, denen die bekannten und so leidenschaftlich geliebten Töne viel zu verführerisch in die Ohren geklungen hatten ihnen widerstehn zu können, von beiden Seiten in den wilden Upepehe-Tanz und sprangen, von den nicht so feierlich geputzten jubelnden Schwestern redlich dabei unterstützt, auf und ab in der rasch gebildeten Bahn den üppigsten ihrer Tänze aufzuführen, so lange wenigstens die verführerische Trommel schlug.

Wie von der Tarantel gestochen schien dabei die Schaar, und selbst die Ernstesten unter ihnen, die mit finsterem Blick den ersten Uebergriff geschaut und mit scharfem Wort ihn gerügt, schwiegen, sahen sich um nach rechts und links — zögerten noch und — sprangen mitten hinein in den jubelnden Chor.

»Mi-to-na-re!«

Wie dem Schwimmenden das Wort ein Hai mit Bleies Schwere in die Glieder schlägt, und ihn oft zu seinem Verderben für den ersten Augenblick jeder eigenen Willenskraft beraubt, so schlug das Wort in die Reihen der Tanzenden.

»Mitonare!«

Einen Moment standen sie wie in Stein gehauen, die fröhlichen jubelnden Gruppen, nur von den Zügen hatte der Schreck die Fröhlichkeit verwischt, und nicht hinaus suchte das Auge wo die Gefahr lag, sondern nur bei dem Nachbar wollte es Scherz oder Ernst der Warnung finden; der nächste Moment aber schon entschied den Sieg gegen die Trommel — »Mitonare!« und aus dem Tanz heraus zuckte die Schaar der Frommen wieder in den früheren stillen und ehrbaren Gang hinein, die Hüte fielen nieder — jetzt ein trefflicher Schutz die erregten glühenden Gesichter zu bergen vor irgend einem prüfenden Blick, die verschobenen Röcke wurden gerad gezupft, und wieder ernst und feierlich wanderte die junge Schaar, unschuldige Heuchler mit dem fröhlichen Muth im Herzen und den unnatürlichen Ernst starr und kalt draußen herumgelegt, die breite Straße entlang dem Paré zu.

Aber nicht nur ein Scherz, den sich irgend ein neckisches Mädchenbild vielleicht erdacht die Schwestern fürchten zu machen, war das Wort gewesen — dort oben vor dem Hause des jetzt allerdings verreisten früheren Missionairs und jetzigen Englischen Consuls Pritchard (ein weites Gebäude mit bequemer luftiger Verandah, Europäischen Thüren, Glasfenstern und wohnlicher selbst eleganter innerer Einrichtung) stand die fromme Schaar der Missionaire versammelt — sie Alle, nicht ein einziger fehlte von Tahiti selber, wie von Imeo, in schwarzem Frack und Hosen, weißer Halsbinde und Weste und das unpraktischste Fabrikat das je ein Mensch in kaltem oder heißem Klima, in Sonne oder Schnee, in Staub oder Regen, bei Wind oder Stille, beim Gehen, Reiten oder Fahren getragen, den schwarzen Cylinderhut auf dem Kopf.

»Er hat uns gesehn!« flüsterte Eines der Mädchen dem anderen zu — »er trägt ein kleines langes Stück Metall, das wie perú [V] aussieht, in der Tasche, damit kann er von einer Insel nach der anderen hinübersehn.«

»Bah' heute sagt er Nichts,« flüsterte die Andere zurück — »und zankt er mich aus,« setzte sie trotzig hinzu — »geh ich zu dem anderen Priester mit Kreuz und Licht, dort darf ich mir so die Haare wachsen lassen und Blumen hineinflechten, und komme doch in den Himmel der Weißen.«

»Die breite Pforte bleibt Dir verschlossen, wenn Dir die Mitonares nicht den Eingang zeigen,« warnte die Erste wieder.

»Ei was,« lachte die Zweite leise, »dann biegen mir die anderen Mitonares den Bambus auseinander — wenn ich nur hineinkomme.«

Die Mädchen kicherten zusammen unter ihren vorgebeugten Hüten, aber ganz leise, und der Zug schritt langsam vorwärts, denn er wuchs mit jedem Fußbreit Boden den er gewann, und an dem letzten

»Bethaus« hatten sich ihm alle »Glieder der Kirche« (Church members) in feierlicher Procession und von dem Ehrwürdigen Mr. Rowe geführt, angeschlossen.

Ehrwürdige Gestalten selbst, mit ihren braunen Gesichtern und weißen Jacken, manche in Hosen, einzelne sogar im Frack und Lendentuch, mit Weste und heftig gestärktem Vorhemd, die Beine tättowirt mit allen möglichen heidnischen Zeichen, und den Kopf geschoren in christlicher Demuth.

Viele davon, ja die meisten, trugen Bücher unter dem Arm, und der stille Ernst der in ihren Reihen herrschte, mit der Schaar von schwarzgekleideten Männern die jetzt zu ihnen niederstieg und ihrem Zug voranging, machte einen eigenen wunderlichen Eindruck auf den Zuschauer.

»Wer wird denn hier eigentlich begraben, Jim?« sagte Mac Rally, als sie am Strande hin, in etwa funfzig Stritt Entfernung vom Ufer, den Zug in ihrem Boot begleiteten — »das geht ja merkwürdig feierlich zu bei den Leuten — wenn ich nicht wüßte daß ich in Tahiti wäre, glaubte ich wahrhaftig, ich sei aus Versehen irgendwo in Neu-England angelaufen.«

»Hätt' ich die Mädchen mit den schauerlichen Hüten da eben nicht tanzen sehn,« lachte der Ire, »so glaubt' ich's auch — schwarz genug sieht der Kopf davorn aus, und dunkel gesprenkelt gehts durch den ganzen Zug; aber so ernsthaft werden sie's wohl nicht meinen, und das Ganze läuft doch am Ende wieder darauf hinaus, daß sie den Höchsten ersuchen sich der Sache, die sie jetzt in die Dinte geritten haben, anzunehmen, und nachher eine Collekte für Missionszwecke sammeln.«

Mac Rally schüttelte mit dem Kopf.

»Und ich glaub's nicht — wäre das Englische Kriegsschiff nicht da, ja, aber der Capitain hält zu ihnen, oder will wenigstens nicht zu dem Franzmann halten, was ich ihm auch nicht verdenken kann, und da wird sie der Böse wohl plagen daß sie irgend einen gescheuten Streich aushecken, bei dem ihnen nachher die Insulaner die Kastanien aus der Asche holen müssen. Ich kenne meine Leute.«

»Wetter, jetzt wird's Ernst!« rief Jim da, über die Bai hinüberzeigend, nach der er den Kopf zufällig gewandt — »da kommen die Boote Ihrer Majestät, mit wehenden Flaggen, die Tahitische vorn am Bug, darüber wird sich unser Französischer Nachbar unendlich freuen.«

»So back water, Jim, dort hinein in die Bucht,« rief Mac Rally, »es wird Zeit daß wir landen, und uns den Spaß jetzt vom Ufer aus betrachten.«

»Ich habe ebenfalls Nichts zwischen den Booten zu suchen, Sirrah,« brummte der Ire, und dem Befehl gehorsam schoß das Boot gleich darauf einem der einfachen ausgebauten Landungsplätze zu, an dem es Einer der Leute befestigte, während sich die beiden Männer in dem Gedräng von Menschen verloren, Europäern wie Insulanern, die Alle dem oberen Theil der Bai, Paré genannt, wo die Königin ein großes Bambushaus stehen hatte, zuströmte.

Die Leute am Ufer konnten aber nur höchst langsam vorrücken, während die Boote rasch über die glatte Bai dahin schossen und ihre Bemannung schon ihre Plätze eingenommen hatte, ehe der größte Theil der Missionaire, der sich dem vollen Zug bei dem letzten Bethaus angeschlossen, mit demselben eintraf.

Die Königin Pomare, oder Pomare Waihine saß, von ihren Frauen umstanden, auf der Verandah ihres Hauses, ihren königlichen Gemahl zur Seite. Zur Rechten und Linken befanden sich die Englischen Officiere des Talbot mit den verschiedenen auf Tahiti anwesenden Consuln Englands, Frankreichs und Amerikas und manchen dort ansässigen Fremden, ebenso die Missionaire, und den Hof füllend in weitem Kreis standen die verschiedenen Häuptlinge des Landes mit der bunten wunderlichen Schaar der Eingeborenen, die sich von Civilisation wie Christenthum zum großen Theil gerade soviel zugeeignet hatte, als nöthig war ihnen ihre Nationalität zu nehmen, ohne ihnen viel anderes dafür zu bieten.

Es ist wahr, das gute Herz und der treue offene Sinn der Insulaner hatte Viele den Segnungen unserer schönen Religion leicht zugänglich gemacht, und sie mit Freuden die Irrthümer von sich werfen lassen, denen sie überdies nicht aus Neigung sondern nur deshalb angehangen, weil es ihnen eben so von ihren Vätern überliefert worden; so entsagten sie dem, früher zu einem förmlichen Gebrauch gewordenen Kindesmord [W], ehe sie selbst begriffen was das Christenthum eigentlich sei, und nahmen dieses besonders deshalb an, weil es ihnen als eine Religion der Liebe wie des Friedens geschildert wurde, und sie ihrer Kriege und Streitigkeiten schon selber herzlich satt waren. Ja, die Priester entsagten sogar auf manchen Inseln zuerst dem Heidenthum, wie der hohe Priester Tati, der selber seine Götzen verbrannte, weil er einsah daß die Religion der Bleichgesichter in ihren Lehren eine gute sei, und das Volk glücklicher machen würde, wenn es ihr folge und seinen Misbräuchen, seinen Kämpfen entsage.

Wären die Missionaire dabei stehen geblieben, hätten sie diesen noch uncivilisirten, aber jedem Guten empfänglichen Stämmen unser Christenthum gebracht wie es Christus lehrte, sie wären ein Segen dem Lande geworden und in ihrer Hand lag damals das Glück von Millionen, denn kein Stamm der Erde trug den Saamen des Edlen und Guten mehr und kräftiger in sich als gerade die Bewohner dieser schönen Inseln, aber statt dem wirklichen Kern unseres Glaubens brachten sie ihre Dogmen und Streitigkeiten, nichtssagende Formeln und Gebräuche, und die nächste Zeit schon sollte lehren wie sehr falsch sie gehandelt und wie ihr Ehrgeiz und Stolz der eigenen Gemeinde nur, nicht dem wirklichen Christenthum Anhänger zu gewinnen, das arme Volk das hier zum Opfer ausersehen worden, ehe es nur begreifen konnte um was es sich überhaupt handele, in die Gräuel eines Religionskrieges verwickelte.

Hätten die Evangelischen Lehrer sich eben an den reinen und herrlichen Kern unserer Lehre gehalten, so konnten ihnen eintreffende Sekten keine Bekehrte mehr abtrünnig machen; sie brauchten sie nur auf das Eigentliche jedes wahren Glaubens zurückzuführen und der Insulaner hätte gewußt weshalb er seine Götzen verbrannte. So aber machten sie die Formen zur Hauptsache; ein südliches unserer nordischen Kälte, unseren starren Fanatismus nicht gewohntes Volk, das schon durch Klima wie Boden von Gott selber angewiesen worden ganz anders zu leben und zu denken, sollte nicht allein seine Religion ändern (das war möglich und die besser Gesinnten bewiesen bald wie leicht es ihnen wurde guten Lehren ihr Ohr zu öffnen), nein auch ein anderes Leben beginnen; sie sollten vollkommen andere Menschen werden, Worte singen die sie nicht verstanden, Tage lang, statt ihrer Tänze und Spiele, ihr Antlitz in den Staub werfen und beten, und wo sie bis dahin dem Himmel frisch und fröhlich in's Auge geblickt, Allem entsagen fast, was ihnen die Natur in ihrem reichsten Uebermaß geboten; mit einem Wort jenen dunklen Schwärmern und Kopfhängern gleich werden, die selbst in ihrem nordischen Vaterland nur theilweis Anhänger finden konnten, und in Streit und Hader leben mit anderen Sekten.

Aber noch waren sie selbst darin nicht fest geworden, ja in Vielen sogar schon Zweifel aufgestiegen, ob ihre alten Götter nicht mit ihnen zürnten, und der neue keine Macht habe sie zu schützen, denn ansteckende Krankheiten wütheten unter ihnen und religiöse wie politische Streitigkeiten hatten Familien und Stämme entzweit, bei denen nur der harmlose gute Charakter der Insulaner selber oft blutiges Ende verhinderte. Da warfen die Franzosen ihre Missionaire herüber, die einen anderen Gott, einen anderen Glauben brachten, und während die Evangelischen Priester die Neugekommenen als Kinder des Satans und Götzenanbeter ausschrieen, verdächtigten die Letzteren ihre, ihnen allerdings nicht geneigten Vorgänger, und warnten die armen Eingeborenen, denen der Kopf wirbelte bei den neuen Dogmen und Gebräuchen, auf dem betretenen Wege fortzugehn − denn er führe genau zu dem Platz den sie bei Wegwerfung ihrer Götzen hätten vermeiden wollen − nämlich zur Hölle.

Doch fort mit all solchen traurigen Betrachtungen, soweit sie nicht zu nahe mit den Personen selber verknüpft sind, mit denen wir es hier zu thun haben − sie thun weh, und man möchte da manchmal mit Keulen drein schlagen, die Menschen doch nur − das wenigste was man von ihnen verlangen kann − vernünftig zu machen.

So vor denn, Du bunte Schaar, und grüße die Majestät, denn vor dem Hause flattert im frischen Morgenwind das Tahitische Banner, der einsame bleiche Stern im rothen Feld, und alle Fremden grüßen mit abgezogenen Hüten des Landes Königin.

Auch die Eingeborenen folgten, auf ein Zeichen ihres Missionairs, diesem Gebrauch, die wenigstens, die Hüte hatten − und begriffen vielleicht dabei heut' zum ersten Mal weshalb sie die wunderlichen Dinger eigentlich trugen.

Pomare erhob sich, dankte mit freundlichem Nicken und ließ den Blick lange und forschend über die Menschenwogen gleiten, die ihren einfachen Palast umlagert hielten. Kaum aber zeigte sie sich so dem Volk, das in Liebe und Ehrfurcht an ihr hing, da rief ein alter Mann, ein Häuptling von Taiarabu, der unfern der Verandah stand:

»Pomare! unsere Königin, ia ore na oe!« [X] und wie der Schlag des Geschützes, der das Echo weckte in den Bergen, faßte den Ruf die Menge und laut wie der Brandung Donnerton klang das liebende Wort: »ia ore na oe!«

Pomare wollte reden, sie hob die Hand und öffnete den Mund,

aber die Stimme versagte ihr — sie barg die Stirn in der linken Hand und wandte den Kopf, ihre Bewegung zu verbergen; da fiel ihr Blick auf die Fremden an ihrer Seite, auf die schwarzen Männer Gottes, auf die buntblitzenden Uniformen der Seeleute, und gewaltsam raffte sie sich zusammen, nicht schwach zu scheinen vor den Fremden.

Ein leiser Wink ihrer Hand rief Raiata, ihren »Sprecher« an ihre Seite und wie noch vor wenig Augenblicken ein wildes Meer von Köpfen herüber und hinüberwogend mit stürmischen Lauten die Luft erfüllt hatte, legte sich der Lärm im Augenblick und wechselte in Todtenstille, daß dumpf und dröhnend der fernen Brandung Rollen hörbar wurde über der Schaar, und wie ein Segen klang zu dem frommen Wort des Volks.

»Es ist der Königin Wunsch,« klang da die volle klare Stimme Raiatas, »daß die Verhandlungen dieses Tages mit Gebet beginnen.«

»Dazu geben wir unsere volle Beistimmung,« nahm da Einer der Missionaire rasch das Wort, »und wollen den ehrwürdigen Herren Rowe ersuchen das Gebet zu halten.«

Die Königin neigte ihr Haupt und während einer feierlichen Stille, in der das Athmen der Menge hörbar war, begann der fromme Mann sein lautes Gebet.

»Herr mein Gott, Deine Hand liegt schwer auf diesem Volk, Deines Zornes Wucht traf tief und schmerzlich das gebeugte Haupt, und unser Flehen steige jetzt auf zu Dir zu Ruhm und Preis, Jehovah, daß Du Dich erbarmen mögest unserer Noth.«

»Von über dem Meere her drohete dem friedlichen Strand Gefahr, Deiner Kinder frommer Sinn, wie Du ihn gnädig gelegt hast in unsere Hand, wird gefährdet durch der Papisten Wort und die eisernen Geschütze unserer Feinde, und Deine Hand nur kann uns retten vor Noth und Vernichtung, Jehovah!«

»Unsere Feinde sind stark — ihrer Waffen Macht trägt das Meer, und Nichts haben wir ihnen entgegenzusetzen als das fromme Wort — als Dein Wort o Herr, wie Du es uns gegeben in der heiligen Schrift — o Jehovah!«

»Hier Herr ist ein Volk, ein zahlreiches Volk, auf das kein Strahl göttlicher Gerechtigkeit gefallen war in seiner Nacht; das seinen mühseligen Weg seit ungekannten Generationen, vielleicht seit dem Beginn des Götzendienstes unter Noahs Abkömmlingen in all der

Finsterniß, in all dem Grausen schrecklichen Wahns seine dunkle Bahn gesucht — eines Wahnes der sich unter verschiedenen Verhältnissen aber sonst immer derselbe zeigte, und einen so gewaltigen Theil des menschlichen Geschlechts umfaßt, dessen vorragende Züge aber immer den Stempel des Fluchs getragen, in »Unreinigkeit und Blut.« — O Herr — hier — hier ist ein Volk, bei dem seit frühster ältester Zeit menschliche Opfer gebracht wurden — hier jener fremde Mummenschanz mit Götzenbild und Trug ist getrieben, Mummenschanz den die Betenden nicht einmal begriffen und nur gemacht den dunklen Geist der Seinen zu verwirren, ohne Trost zu bringen, ohne Ruh, und ohne nur das Herz im Entferntesten zu reinigen von der Sünde.«

»In dieser entsetzlichen Zeit ein Schiff, weit weit am Horizont kommt in Sicht — dreitausend Meilen fuhr es über eine Wasserwüste und führt eine gewählte Schaar von Passagieren an Bord, die einem esten Ziel entgegenziehen — und was das Ziel? — Die Nachricht von Gottes Vaterhuld zu bringen einer verderbenden Welt, das Heil denen zu bringen, die bereuen und glauben und den mit Blindheit geschlagenen Heiden den Weg zu zeigen zu Gottes Paradies. Die Herolde, die fröhlichen Muthes ausgegangen diese göttliche Proclamation zu verkünden sind unsere Brüder — von der Thür jenes Heiligthums aus begannen sie ihren Weg der Gnade. Mit Liebe und Anhänglichkeit an ihr Vaterland, mit Aussicht auf Erwerb und Achtung daheim, mit Gesundheit und Freuden und Allem was dies Leben wünschenswerth machen konnte, entsagten sie ruhig dem Allen, rechneten Alles nur Verlust, wo sie des Vortheils theilhaftig werden konnten den Heiland zu predigen diesen, dem Untergang geweihten Inseln.«

»Sie waren auf Gefahr gefaßt, auf Noth und Hunger, auf stürmische See und blutgierigen Feind, auf Verfolgung der Götzenpriester und ihren Haß, auf blinden Wahn und alle Schrecken blinderen Aberglaubens; und Alles Alles haben sie besiegt, mit der Hülfe des Herren Zebaoth da droben und seiner Macht, und Jesus Christus seinem eingeborenen Sohn, und dem heiligen Geist in all seiner Herrlichkeit und unerschöpflichen Gnade. Aber — nicht gefaßt waren sie auf den Feind im Lager unter den eignen Brüdern — nicht gefaßt darauf daß ein anderes Christliches Reich seine Boten des Hasses und Aberglaubens senden würde in dies Inselland, das fromme Werk zu stören, zu verderben. Aber sieh, des Herren Hand ist stark auch in dem Schwachen, und wie der Widerstand den Gegendruck erhöht und stärker macht, so hat sich jetzt das ganze Volk erhoben wie ein Mann, zu zeigen daß es Gott verehrt in Seiner Herrlichkeit — aber auch nur in Seinem Wort, und von sich werfen will, was seinem Lande wie seinem Geiste Fesseln legen möchte zu Schmerz und Schmach.«

Pomare wandte den Kopf nach dem Redner, und das Blut schoß ihr in vollen Strömen in Stirn und Schläfe — es war als ob sie reden wollte, aber nach wenigen Secunden senkte sie wieder die Augen zu Boden und der Ehrwürdige Mann fuhr fort.

»Der Antichrist hat sich erhoben unter uns — nicht frei und offen aber trat er auf, dem ehrlichen Feind gegenüber der ehrliche Feind; nein schlau und heimlich schlich er herbei mit gleisnerischem Wort und Blick, fromme Worte auf den Lippen und Trug im Herzen. Wehe! Wehe über ihn, wehe wehe über Euch wenn Ihr ihm lauschtet was er Euch vorerzählt mit der Doppelzunge — der Fluch bliebe nicht aus, und was durch Gottes Hand gesäet in den langen Jahren der Trübsal und des Leides, das mähte des Teufels Hand nieder in einer schwarzen Stunde.«

»Das Gebet!« flüsterte einer seiner Amtsbrüder, denn die Königin hob wieder den Kopf und seufzte auf, wie von innerer Angst beklemmt.

»Ich bin der Herr Dein Gott, Du sollst nicht andere Götter haben neben mir« — fuhr aber der Geistliche in vollem Eifer und hingerissen von dem Thema fort — »nicht buntes Schnitzwerk, bunten Kleides Zier, nicht leere Formeln und hohles Wort sind des Christen Schmuck, ein demüthiges Herz nur und einfacher Sinn — «

»Das Gebet,« mahnte dringender die Stimme, denn unter dem Volke auch wurde jetzt manche Stimme laut, und selbst unter den gegenwärtigen Fremden, von denen mehrere der Römischen Kirche angehörten, erhob sich ein leises Murren und nur wohl die Gegenwart der Königin hielt eine förmliche Einrede zurück. Der ehrwürdige Mr. Rowe hielt einen Augenblick ein und schaute mit einem verklärten Blick zum Himmel, dann aber, wie von seinen Gefühlen übermannt, sagte er mit gedämpfter, anfangs kaum verständlicher, doch wieder wachsender, anschwellender Stimme:

»Dein sei der Preis und die Ehre in der Höhe, Jehovah, Dein sei die Herrlichkeit — schütze unsere Brüder in dieser Inselwelt, schütze das ganze Christenthum vor den Versuchen des Pabstthums.«

»Gieße Deinen Heiligen Geist aus von da droben auf alle Evangelische Kirchen, und vereinige sie zu Einem lebendigen Glauben.«

»Gieb allen Christen, vorzüglich aber den Pastoren und Evangelisten Kraft und Muth Rom zu widerstreben und das glorreiche Reich Jesus Christus unseres Herren und Gottes aufzurichten.«

»Zerstöre rasch, bei dem Geist Deines Mundes (2. Thess. 11, 8.) die tödtlichen Irrthümer des Pabstthums; brich das Joch, das es auf die Nacken so vielen Volkes gedrückt, und führe durch Deinen Rath die Seelen, die es von Christus sonst entfernen möchte und die uns werth und theuer sein müssen, zur glorreichen Freiheit ein der Kinder Gottes — aber —«

»Amen!« fielen in diesem Augenblick die ihm nächsten Brüder laut und rasch ein — und Amen riefen die Umstehenden, Amen hallte es, wie dumpfen Donners Ton leise und scheu von den Lippen der Tausende, die das kleine Haus umdrängt hielten, und deren Blicke an dem ernsten Mann hingen wie er zu seinem Gott sprach für ein fremdes Volk. Die Fremden aber, denen die fanatische Predigt schon viel zu lange gedauert, holten tief Athem, räusperten sich und flüsterten mit einander — der Geistliche konnte nicht weiter beten.

Pomare bog sich jetzt leise zu ihrem Sprecher über, und Raiata den Arm ausstreckend über das Volk, sagte mit seiner lauten, auch zu den Entferntesten klar und deutlich dringenden Stimme:

»Ihr Männer von Tahiti und Imeo, Häuptlinge und Volk, und Ihr Fremden die Ihr gegenwärtig seid an diesem Tag, und Theil nehmt an unserem Schicksal; die Königin Pomare, Aimata, wird zu Euch sprechen und mit Euch sprechen über das Eingreifen einer fremden Macht in ihre Rechte, das sie, wenn sie es duldete, nicht mehr Königin sein ließ auf dem Thron Otu's. — Erwäget wohl was heute verhandelt wird, es ist eine wichtige Sache und kein blinder Eifer dafür oder dagegen sollte die Entscheidung lenken, aber redet auch in Frieden und betet zu Gott daß wenn heute doch zornige Worte gesprochen werden sollten, sie mild und weich werden, wenn sie in Euer Herz eingehn, und dort nicht Aerger und bösen Geist erzeugen.«

»Segne meine Seele Jim, was die da erst kreuz und queer um den Compaß gehn, ehe sie den richtigen Cours kriegen,« sagte unser alter Bekannter, Mac Rally, zu seinem Begleiter, mit dem er sich ziemlich dicht zur Verandah, an der Seite aber an welcher die Missionaire standen, vorgedrängt hatte. Hier befanden sich die beiden auch fast hinter dem ganzen weiblichen Theil der Versammlung, der sich ohne frühere Verabredung, und eigentlich nur der ersten frommen Abtheilung der Mädchen folgend, da zusammengefunden und seinen Platz behauptet hatte.

»Die Sache wird langweilig,« meinte Jim gähnend — »jetzt werden sie gleich an zu singen fangen, und wenn wir nicht hier die hübsche Nachbarschaft hätten — «

»Ruhe da! — Still! — gebt Frieden!« tönte es von mehren Seiten, und Aller Köpfe wandten sich den beiden Seeleuten zu, die dadurch die Aufmerksamkeit der Menge weit mehr auf sich gezogen sahen, als sie wohl vermuthet. Raiata begann aber in demselben Augenblick wieder, und jetzt zwar mit Vorlesen einer langen Rede Pomares in Tahitischer Sprache, in der er zuerst ihre Gefühle bei dem jetzigen politischen Stand der Dinge beschrieb, bei welchem sie sich selber als verbannt von ihrem Königreich betrachten müsse, und das Volk dann aufforderte diesem Zustand durch energisches, aber auch einiges Handeln ein Ende zu machen.

Dann wurde ein Brief des Englischen Admirals verlesen, der die Theilnahme der Königin von England für die Königin von Tahiti ausdrückte [Y] und auf das beifällige Murren der Versammlung wandte sich Raiata nun zu den verschiedenen Häuptlingen der nächsten Distrikte, ihre Meinung zu hören.

»Fanue sprich Du was Du denkst von der Gestaltung der Dinge im Reich. Der Aelteste bist Du, Pomare frägt Dich, willst Du die Flagge beibehalten wie sie ist, oder Dich der neuen Herrschaft beugen?«

Fanue, ein Greis, tättowirt noch aus der Heidenzeit und mit einem Tapa-Mantel statt des bunten Kattuns, wie ihn fast alle Anderen trugen, stand, auf seinen Stab gestützt, und schien die Anrede, als etwas Selbstverständliches schon lange erwartet zu haben. Aber der Ton seiner Stimme klang rauh, rauh wie das Wort das er sprach, und das lange weiße Haar, das er nicht abgeschnitten hatte wie viele der »gläubigen Christen«, zurückwerfend aus der Stirn sagte er finster:

»Raiata hätte sich die Frage sparen können, er weiß wie Fanue denkt und gedacht hat seit sie Oros Bildniß auf den Inseln stürzten. Der Fremden sind hier zu viel gewesen von vorn herein, und es ist nicht wahrscheinlich daß ich ihnen jetzt das Wort reden sollte. Was der Ferani dabei für ein Recht hat uns regieren zu wollen? — dasselbe Recht das sich der Hai nimmt, wenn er in unsere Binnenriffe kommt — nur daß sich der Haifisch schämt, wenn er von Menschen dabei erwischt wird, und wieder zurückgeht — und der Ferani nicht. Aber es giebt viele Arten von Hai's,« setzte er langsamer hinzu und sein Blick schweifte düster über alle Weiße — »eine vorsichtiger — feiger wie die andere. Fanue möchte einen Corallenblock nehmen und die Einfahrt verstopfen — nachher ließe sich leicht reine Bahn machen.«

»Aber Du stehst der Frage keine Rede Fanue,« sagte Raiata ungeduldig, »willst Du die Fahne beibehalten?«

»Ich wußte nicht daß das bunte Spielzeug bei Euch die Hauptsache ist,« sagte der Greis mürrisch — »wenn's denn einmal eine sein muß, ist die so gut wie jede andere — weshalb wechseln? aber Otu wußte Nichts von solchem Tant.«

»Fanue stimmt also für Beibehaltung der Englischen Flagge,« fiel hier Mr. Dennis, Einer der Missionaire von Imeo in das Wort — »von solchem würdigen Mann war das nicht anders zu erwarten.«

»Und Du Aonui?« fuhr Raiata fort.

»Halt ein, Pomare!« rief aber in diesem Augenblick Mr. Mörenhout der Französische Consul, der der Verhandlung bis dahin schweigend aber mit krauser Stirn gelauscht — »das überschreitet Euere Macht. Der Vertrag, den Du sowohl, wie vier Deiner ersten Häuptlinge unterschrieben, giebt Dir nicht mehr das Recht hier zu entscheiden, was schon entschieden ist. Du bist die Königin dieser Inseln und wirst es bleiben, kannst es aber nur unter Frankreichs Schutz, das Dir ein besseres Bündniß bot als Deine Priester — gieb Dich nicht wieder ganz in ihre Macht, Du würdest es sicherlich zu spät bereuen.«

»Dir ziemt keine Drohung hier, Consul Mörenhout,« sagte aber Pomare sich von ihrem Sitz erhebend — »ich war freundlich gegen Dein Land gesinnt — es ist ein mächtiges Land und ich streckte dem Könige Deiner Insel die Hand entgegen, weil ich glaubte daß er mich sicher führen würde in vielem Wirrsal und Leid, das Gott über mich verhängt hat. Aber die Hand die mich führen sollte faßte mich so fest an, daß ich laut aufschrie — sie that mir weh und ich will allein gehn jetzt auf meiner Bahn.«

»Die Königin hat freie Wahl hier, zu thun und zu lassen was ihr gefällt,« nahm jetzt, als der Französische Consul erwiedern wollte, der Englische Capitain das Wort — »gezwungene Versprechen binden nicht, und ihrer eigenen Aussage nach ist sie dazu gezwungen, und zwar in einem Zustand gezwungen worden [Z], in dem die Frau schon sicher sein sollte vor jeder Belästigung von außen her. Die Verhandlung hier übrigens, steht unter meinem besonderen Schutz.«

»In dem Fall,« entgegnete der Französische Consul finster, »kann ich Nichts thun als gegen Alles feierlich protestiren, was die geschlossenen Verträge des Landes, das ich hier zu repräsentiren die Ehre habe, verletzt; thun Sie was Sie verantworten können.«

Eine kalte Verbeugung des Engländers antwortete ihm, und Raiata, über dessen Züge ein triumphirendes Lächeln flog, wiederholte seine Frage an Aonui, einen Häuptling aus Matavai-Bai.

Aonui war ein frommer Christ — den geschorenen Kopf entblößt, trug er seinen Strohhut in den gefalteten Händen, und hatte schon seit der ersten Ansprache, und ohne auch nur den Blick auf einen Moment den Rednern zuzuwenden, zum Himmel aufgeschaut, dessen klare Bläue nur hie und da durch einzelne leichte Wolken unterbrochen und kaum gestört wurde. Er trug weiße Hosen und eine weiße Jacke, über die ersteren aber nichtsdestoweniger den Pareu und ein buntes roth und gelb gestreiftes Hemd, um den Hals eine feste schwarze Binde und kleine steife Stehkragen dort hinein geknüpft — er hatte das bei seinen Lehrern gesehn und Freude daran gefunden sich ebenso zu tragen. Bei der zweiten Anrede neigte er leise den Kopf, dann aber rief er plötzlich mit lauter und freudiger Stimme:

»Jehovah sei Preis in der Höhe, sein die Ehre — aber Pomare ist unsere Königin ia ore na oe, und die Britische Flagge die natürlichste unseren Herzen, unserem Glauben.«

»Setz unseren Interessen hinzu Aonui!« unterbrach ihn da Tati, der mit Ungeduld die Zeit erwartet zu haben schien, selber reden zu dürfen — »setz unseren Interessen hinzu, aber laß das Herz fort. Die natürlichste unseren Herzen muß und wird die Landesflagge sein, die rothe Fahne mit dem weißen Stern, oder besser noch die weiße Kriegesfahne unserer Väter!«

»Aonui redet!« rief aber der Sprecher der Königin, seinen Stab erhebend, »Tati wird reden wenn die Königin befiehlt.«

»Tati wird« — rief der stolze Häuptling wild und trotzig emporzuckend, aber er bezwang sich selbst, sogar noch ehe Paraitas Hand warnend seine Schulter berührte, und die Arme fest auf der Brust gekreuzt, die Unterlippe zwischen die Zähne gebissen, daß das Blut daraus zurückwich, blieb er stehn und schaute finster vor sich nieder.

»Friede mein Bruder!« fuhr aber Aonui freundlich und mit ruhiger Stimme fort — »Friede sei zwischen uns immerdar, aber meiner Meinung bleib ich treu; die Britische Flagge muß unseren Herzen die theuerste sein, denn Groß-Britannien sandte uns die Bibel, und damit, glaub' ich, hab ich Alles wohl gesagt. — Die heilige Schrift ist unter uns, mehr brauchen wir nicht!«

»Nein, mehr brauchen wir nicht — wir haben unsere eigenen Gesetze und Lehrer und die Bibel — das genügt uns — fort mit der anderen Flagge!« fielen jetzt viele andere Stimmen ein, und »das sagt Terate, das sagt Avei — das sagt Nane ini!« rief es von drei verschiedenen Seiten in den Lärm.

Die Missionaire schwiegen, aber mit aufgehobenen Händen standen sie da und in Bruder Rowes Augen glänzte eine Thräne.

»Gut von Dir Nane ini! gut von Dir Avei und Terate. Ihr habt Eueren frommen christlichen Sinn bewährt!« rief aber Raiata und nickte da und dort hinüber; »Ihr seid Pomares Freunde, und der Sturm wird Euch nur fester in den Boden wurzeln. Jetzt aber spricht die Königin durch mich zu Dir, Tati, Häuptling und Richter von Papara, aber Vasall Pomares, der freien Königin von Tahiti und Imeo — und fragt Dich weshalb hast Du Hülfe gesucht bei den Feranis ohne Wissen Deiner Königin, ja ohne ihr zu künden was Du thatest?«

Tati wollte sprechen, und seine ganze Gestalt zitterte vor innerer Aufregung. Er war heute in einen weiten Zeugmantel gehüllt, der in malerischen Falten bis über seine Knie hinunterhing, in den Haaren aber trug er, wie zum Trotz der anderen Parthei, die alten Häuptlingsfedern stolz befestigt.

»Und Tati bleibt die Antwort schuldig?« frug höhnisch der Sprecher.

»Nein, nein, nein und abermals nein!« schrie aber jetzt der stolze Häuptling, dessen Zorn die Oberhand gewann — »nur nicht ich brauche zu antworten solcher Frage — dort die Männer an Deiner Seite, die schwarzen mit dem frommen Blick mögen Dir Rede stehn, wenn Du so neugierig bist.«

»Wir? — wer? — wir?« frugen die Missionaire allerdings erstaunt, und vielleicht auch bestürzt über den trotzigen Ton des einflußreichen und immer noch gefährlichen Mannes.

»Ihr — und noch einmal sag ich's, Ihr!« rief aber, uneingeschüchtert der Häuptling, jetzt vortretend und den rechten nackten tättowirten Arm gegen sie ausstreckend. »Das unnatürliche Verhältniß,« fuhr er dann etwas ruhiger, aber immer noch in aufgeregter Stimmung fort, »das dieses Land in seinen Banden hält, trägt jetzt die Schuld unseres Zwiespaltes, und wird, Gott sei es geklagt, noch später sogar blutige Früchte tragen. Euch verhüllt ein Mantel unter dem Ihr Euch versteckt oder vorkommt, wie es Euch paßt, und den Frieden Gottes auf den Lippen könntet Ihr mit Euerer Nichts vernichtenden Ruhe, einem Heiligen die Kriegskeule in die Hand pressen und den Wurfspeer. Ihr Prediger allein seid es gewesen, die unser Land regiert seit sie Pomare den Zweiten in sein kühles Grab gelegt. Ihr habt Gesetze aufgeschrieben und durch der Häuptlinge Mund wurden sie That; Ihr habt Strafen aufgeschrieben, und durch der Häuptlinge Hand wurden sie Wahrheit. Ihr waret es, die uns das Buch erklärten, das Ihr die heilige Schrift nennt — wir kannten es nicht, Gott hatte uns im Dunkel gelassen über sein Reich. — Ihr habt viel Gutes gethan, Ihr habt die Väter verhindert daß sie ihre Kinder erschlugen, Ihr habt manches Leben gerettet, denn Oros Priester sind von diesen Inseln verschwunden, und sie schlachten keine Opfer mehr; aber Ihr habt auch das Vertrauen des Volkes zu seinen Fürsten und Häuptlingen untergraben, und nennt die Bibel wenn man Euch fragt warum. Ihr habt unsere Gebräuche und Feste vernichtet, und die Bibel ist der Grund auf den Ihr fußt — Euere Gesetze und Strafen, fragt man Euch woher? aus der Bibel —«

»Aber Tati,« unterbrach ihn hier Aonui mit frommem Blick — »das ist ja —«

»Ruhe dort wenn Tati spricht!« donnerte ihm aber der Häuptling entgegen und sein Fuß stampfte den Boden; dann jedoch, nach kurzer Pause, in der das Volk athemlos seiner klangvollen Stimme lauschte, fuhr er fort — »Das ist gut — das Buch der Bücher ist ein fester Grund und Ihr versteht darauf zu bauen, aber laßt es nicht den Wall sein hinter den Ihr springt Euch zu verbergen. Als jene fremden Priester die in unser Land gekommen waren, durch Euch verbannt wurden von dieser Insel —«

»Das ist falsch,« unterbrach ihn der Missionair Rowe mit einem frommen Blick nach oben und tiefen Seufzer, »das ist falsch, denn Tahitis Gesetze sprachen allein ihr Urtheil.«

»Und wer gab die Gesetze, die sie damals trafen?« lachte mit bitterem Hohn und trotzigem Zornesblick der Häuptling — »Ihr! — Wer deutete sie der Königin gegenüber? Ihr! Wagt es und sagt die Königin ist frei — es ist nicht wahr; in Eueren Maschen liegt sie, in Euerem Netze liegt das fanatisirte Volk, das nur des Aufrufs bedarf und einen Bibelvers, sich blind dahin zu stürzen wohin Ihr es verlangt. Dreht Euere Augen zum Himmel — Gottes Tod — hier steh ich und der Herr da oben mag mich stürzen, wenn ich ein einzig falsches Wort nur spreche, ein einziges Wort, das mir nicht warm und wahr in der Seele glüht, und meinen Pulsen Fieberhitze giebt. — Die Gesetze? die Häuptlinge? nicht Ihr? — wagt es und sagt das Euerer Königin in's Gesicht — sagt das Fanue, Terate und Avei — nicht Ihr? die Häuptlinge, das Volk führen es aus, Ihr aber, mit der Bibel in der Hand steht Ihr dahinter, und Euer Ruf ist es — heimlich oder laut — der sie treibt.«

»Nicht als Ankläger, Tati von Papara, sondern als Vorgerufener sollst Du Rede stehn Deiner Fürstin!« rief aber jetzt Raiata, der mit einem leisen Anflug von Schadenfreude des Häuptlings Zorn auf Leute hatte ausströmen sehn, die ihm bis dahin viel zu mächtig geschienen es auch nur für möglich zu halten; aber die Königin winkte und er mußte gehorchen.

»Ei wenn Pomare denn mit Willen blind ist,« rief der Häuptling trotzig, »mags drum sein; was kümmerts mich! So nimm denn Deine Antwort: Weil wir die Lösung unserer Wirren mit den Feranis denen überlassen wollten die sie herbeigeführt — den Missionairen; von denen aber im Stich gelassen, denn sie leugneten bei dem Fortschicken der Römischen Priester auch nur im mindesten betheiligt gewesen zu sein, und von dem Franken bedrängt, ja in ihm selber vielleicht einst eine Stütze sehend in schwererer Zeit gegen solche heimliche Feinde, schrieb ich meinen Namen unter das Papier — bist Du zufrieden nun?«

»Und Du Utami?«

»Tati hat den Grund genannt,« entgegnete der allgemein geliebte Richter, und einzelne Stimmen des Beifalls wurden schüchtern laut.

Und Paraita? und Hitoti?

»Utami und Tati hatten unterschrieben,« nahm hier der vorsichtige Paraita das Wort, »wir hielten's nicht der Mühe werth da lang darüber nachzudenken; Utami denkt allein für Viele.«

»Und billigt Hitoti ebenfalls diesen Grund?« frug noch einmal der Sprecher.

»Ich habe nicht nöthig Andere vorzuschieben,« brummte der Häuptling, »weil ich es für das Beste des Landes hielt that ich's, und weil mir das Volk mehr am Herzen liegt als die Kirche — es mag ein Fehler sein, aber 's ist wahr.«

Da erhob sich Pomare selber, ihr Antlitz von leisem Roth überhaucht, der den lieben Zügen einen noch viel höheren Reiz verlieh, und mit der Rechten sich auf den Stuhl stützend auf dem sie gesessen, sagte sie leise, und doch mit den weichen Tönen bis zu den entferntesten dringend, die in laut- und athemloser Spannung ihren Worten horchten.

»Und wünscht Ihr, Häuptlinge meines Landes, die Hülfe, den Schutz der Feranis?«

»Nein, nein, beim ewigen Gott! nein!« riefen die Häuptlinge, Tati und Hitoti an der Spitze, durcheinander.

»Was brauchen wir den Fremden?« fuhr Tati fort, den weiten Mantel von seinem Arm zurückschleudernd, »unsere Bäume sind fruchtreich, unsere Quellen süß, und kamen wir zu ihm zuerst, Nahrung zu holen auf der Reise, oder er zu uns? Trenne Tatis Hand vom Rumpf wenn sie sich je ausstrecken sollte einen Fremden um Hülfe anzurufen — so lange er sich im eignen Lande helfen darf.«

»Nein, wir wollen keine Hülfe von Fremden« wiederholte nochmals Hitoti, »aber laß dann auch Deine Priester zu dem stehn was sie sind — die Lehrer unserer Kinder, unseres Volkes. Als Richter aber brauchen wir sie nicht — sie kennen unser Land nicht, nicht unsere Sitten, unsere Bedürfnisse — sie kennen nur Gottes Wort — laß sie das lehren, und wir wollen ihnen folgen und sie ehren.«

Die junge Königin winkte, leicht dankend mit der Hand, und Raiata, wieder das Wort ergreifend, fuhr fort:

»So melde ich Euch denn, Ihr Häuptlinge und Eingeborene der Insel, Euch Fremden und Geistlichen die Ihr Antheil an uns und unserem Lande nehmt, daß es der Königin Wunsch und Wille ist mit allen fremden Nationen und Fürsten auf freundschaftlichem Fuß zu stehen und zu bleiben; sollte sie aber je die Hülfe irgend einer Nation verlangen müssen — was Gott verhüten möge — so sei das Land kein anderes als Groß-Britannien, und stürbe sie, von diesem Lande sollte ihr

Erbe und ihres Erben Erbe Schutz erbitten, zur spätesten fernsten Generation hinab. Ihr großer Bundesgenosse ist England; von dort hat sie ihre Lehrer, ihre Civilisation, ihre Gesetze und Religion erhalten, und sie will keinen anderen Bundesgenossen als den Briten.«

»England hat uns die Bibel gebracht!« rief ein Theil der Häuptlinge durcheinander – »es hat uns den Heiland kennen gelehrt.«

»Und Krankheiten, die uns das Fleisch von den Knochen faulen machen,« knirrschte Tati zwischen den Zähnen – »meinetwegen verschreibt Euch dem Teufel.«

»England ist unser Heil, unser Stolz – England ist unser Anker in der Noth und im Sturm!« rief wieder ein Theil der Oberen, und der Englische Capitain neigte sich dankend dem bunten Chor, in Anerkennung dieser Freundlichkeit; Tati aber nahm Utamis Arm und wollte ihn fort aus dem Gedränge ziehen.

»Warte noch,« sagte Utami, »erst kommt noch ein Gebet von Einem der frommen Männer,« und dem schon gegebenen Zeichen gehorchend, beruhigte sich wieder das wachsende Toben der Menge, aber Tati schüttelte ärgerlich mit dem Kopf und sagte, den Freund mit sich fortziehend:

»So laß sie beten und singen, und meinetwegen – aber ich will mich nicht ärgern über das schwarze Volk; fort, fort mit den albernen und quälenden Gedanken, die mir nicht Ruhe noch Frieden lassen. Das Volk ist blind, und in tollem Aberglauben, mit dem es sich jetzt gerade so auf die ihm unverständlichen Sagen stürzt, wie es früher von den Wundern Oros und der anderen Götter träumte, läßt es sich von Jedem die Hände binden, der im Stande ist ihm den Schleier über die Augen zu werfen. Fort, wieder hinaus in's Freie; die Komödie ist aus und die schwarzen Areois haben ihre Sache gut gemacht.«

Und ärgerlich den Mantel um sich her ziehend, ohne den Blick zurückzuwerfen, schritt er die Straße entlang die hinein in die Stadt führt.

Fußnoten:

[T] Die Raanocke an Bord eines Schiffes ist das äußerste Ende der Raaen genannten Queerhölzer, an welchen die Segel befestigt sind. Bei Executionen an Bord werden die zum Strang Verurtheilten an der Raanocke aufgezogen.

[U] Mein Herzchen.

[V] Die Indianer der Südsee nennen das Gold perú.

[W] Das Wort Kindesmord klingt aber hier auch schlimmer wie es in
Wirklichkeit war, wenigstens fand Alles dabei statt, was sich nur
irgend zur Milderung eines so entsetzlichen Verbrechens denken
läßt. Die Inseln waren übervölkert (ein Uebelstand dem die Civilisation jetzt vollkommen abgeholfen hat) und die Frauen wurden als den Männern in jeder Hinsicht untergeordnete Geschöpfe
betrachtet, hatten also auch keine Stimme bei dem Tödten der
Kinder. Alle Berichte, selbst die der Missionaire stimmen übrigens darin überein, daß Kinder nur gleich nach der Geburt, entweder von dem Vater selber oder einem Anderen, fortgenommen, in eine schon dazu bereitete Grube geworfen und mit Erde
bedeckt wurden, ein nur eine halbe Stunde altes Kind war vollkommen sicher und wurde nie getödtet.

[X] Mögest Du gerettet werden.

[Y] Das war im Februar, im März wurde aber erst die Besitznahme
der Inseln durch die Franzosen in England bekannt.

[Z] Pomare erwartete gerade in jener Zeit, als sie Du Petit Thouars
um ihre Unterschrift bedrängte, jede Stunde ihre Entbindung.

2. Band

Capitel 1

Die Mädchen von Tahiti und die alten Bekannten

Das Gebet war aus, das laute feierliche Amen schwoll durch die Wipfel der Palmen nach See zu, sich draußen mit der Brandung Rollen zu mischen. Mit dem Amen aber schien es auch, als ob der Zauber gebrochen wäre, der den leichten fröhlichen Sinn der Insulaner bis dahin so merkwürdig und außergewöhnlich fest im Zaum gehalten, und wie denn auch der Eingeborne nie so recht tief den Ernst einer feierlichen Stunde fühlt, sprang er im Nu zurück in sein alltäglich Leben.

»Hierher Maïre, hierher und fort mit uns« klang der fröhliche Laut, »komm hinunter zum Guiavenbach; tief versteckt da in Busch und Laub tanzen wir. Heute sehens die Mitonares nicht, denn großes Essen ist immer wenn sie eine Zeitlang gebetet.«

»Aber die anderen schwatzen« sagte Maïre unschlüssig zur Schwester aufsehend, »und nachher arme Maïre; Vater Au-e hat mir so schon die Hölle versprochen, und er schickte mich g'rad hinein, fänd er mich.«

»Bah — bah — bah« lachte die Andere und schüttelte mit dem Kopf — »da, hier und hier« — auf Mund und Herz zeigend — »das ist fromm, das hat Religion und das ist genug — Alles andere aber ist frei, Maïre; und rasch nun Mädchen, denn wir versäumen den Spaß.« — Und wie ein paar aufgescheuchte Rehe flohen die beiden, von vielen Anderen jetzt gefolgt, erst seitwärts in den Orangenhain, um dann hinter den Gärten weg nicht dem Blick mancher »Kirchgänger« ausgesetzt zu sein, die Aergerniß nehmen und die Fröhlichen verrathen könnten. — Und wie das klang und sang und summte und schwirrte unter den Bäumen und Palmen — fröhliches Leben herrschte in den duftenden Schatten von Orange und Guiava und der Klang der Flöte mischte sich in lachende Mädchenstimmen, die sich neckten und jagten auf dem Plan, die Predigt nachäfften und die Reden des heutigen Tages und dann wieder plötzlich einfielen in die oft sehr graziösen aber noch öfter fast unanständiger Stellungen ihrer Tänze Upepehe, oris und mamua.

Dort drüben der breite, halboffene Platz vor dem lang-ovalen

Vogelkäfig ähnlichen Bambusgebäude scheint der Mittelpunkt zu sein des ganzen Viertels; hier wenigstens herrscht das regste ungebundenste Leben, und die dunklen blumendurchflochtenen Locken, ja oft die glatt geschorenen, aber mit bunten Kränzen fast bedeckten Köpfe der eingebornen Mädchen mischen sich bunt und geschäftig durch die bänderflatternden Strohhüte der Seeleute, an deren meisten die breite schwarze Seide mit goldenen Buchstaben den Namen ihres Schiffes trug, und sie als Leute von einem Kriegsschiff bekundete, hätte das nicht schon außerdem der breite weiße Hemdkragen mit dem schmalen blauen Streifen darum gethan.

»Hallo Georg, das ist ein Hauptplatz hier für einen »Geh zu Ufer Tag,« rief da ein alter, wettergebräunter Seemann einem jungen Burschen zu, der Eines der Mädchen mit seinem linken Arm umschlungen und eine halbgeleerte Flasche in der rechten Hand hielt, und das Mädchen lachend zwingen wollte zu trinken — »nütz deine Zeit mein Junge, wer weiß wie bald uns wieder so wohl wird.«

»Wettermädchen das!« rief aber der junge Bursch, »sie ist wie Quecksilber unter den Händen, man kann sie nicht festhalten — wirst Du trinken?«

»Aita, aita!« schrie aber die trotzige Schöne, und wehrte ihn entschlossen ab; »pfui über das Gift, das Ihr in Euch hinein schüttet, bis Ihr wie das Vieh daliegt und die stieren Augen nicht mehr schließen könnt — fort mit dem Zeug!« und ihm die Flasche aus der Hand reißend, schleuderte sie dieselbe, ehe er's hindern konnte, mit keckem Wurf weit ab von sich in ein Dickicht von jungen Brodfruchtbäumen und Bananen.

»Den Teufel, Mädchen!« schrie der Matrose, der von den letzten Worten des braunen Kindes keine Sylbe verstanden hatte und jetzt überrascht seiner Flasche nachwollte, »der Stoff ist theuer hier in Papetee und nicht einmal so leicht zu bekommen.«

»Hahahaha« lachte aber die Dirne und hielt ihn fest — »hol sie wenn Du kannst, hol sie.«

»Halt ihn, halt ihn,« lachten Andere und sprangen hinzu, sich der Beute zu bemächtigen und den auslaufenden Brandy zu retten, aber zu spät, und fluchend hoben sie die leere Flasche gegen das Licht.

»Damn it!« schrie der Eine, der sie erbeutet hatte, und der zuerst die traurige Entdeckung machte — »auch nicht ein Tropfen übrig

geblieben!« und als ob er nicht einmal seinen eigenen Augen bei einer
so wichtigen Sache traue, hob er die leere Flasche dennoch an die
Lippen, den Zug zu prüfen, schleuderte sie dann aber mit einem richtigen Kernfluch so hart er konnte gegen den nächsten Brodfruchtbaum, daß sie in Scherben schmetternd umherspritzte. Das aber sollte
ihm übel bekommen.

»Tam you,« schrie da eine alte, wohlbeleibte Insulanerin, die ein
brennend rothes Stück Kattun um die Hüften und ein anderes um die
Schultern trug und schon lange genug mit Matrosen verkehrt haben
mochte, ihren Lieblingsausruf oder Fluch zu verstehen — »tam you,
Ihr schmutzigen Weißen — weil Ihr zehnfache Haut unter den Füßen
tragt, werft Ihr das Glas umher, daß es wie Dorn und Muschelbruch
in unsere Sohlen schneidet — tam you, sag' ich noch einmal, und der
Tag sei verflucht, der Euch zuerst an diese Küste brachte!«

Die Alte blieb aber hierbei nicht ununterstützt, denn von allen
Seiten kamen die Mädchen herbei, schimpften und schmähten in ihrer
Sprache und begannen dabei die gefährlichen Glasscherben, die ihnen
schon manche böse Wunde geschnitten, vom Boden aufzusuchen.
Vergebens riefen sie die Matrosen zurück und fügten sich endlich, da
Bitten wie Drohungen nutzlos blieben, lachend dem Unvermeidli-
chen, selber der muntern, lebendigen Schaar zu helfen und beizustehn
und das Uebel so viel wie möglich zu heben — all die drohenden
Spitzen nämlich aufzusuchen oder zu entfernen, und kein Blatt blieb
dabei ungewandt, unter dem sich noch hätte die tückische Spitze bergen können.

»Hurrah, meine Jungen! wer von Euch hat sein Prisengeld da im
Laub verloren? — halbpart wenn ich's finde,« schrie in diesem Augenblick eine rauhe Stimme zwischen das Lachen und Toben der
munteren Schaar hinein, und Einer der Seeleute richtete sich rasch
empor, zu sehen wer der Neuangekommene sei, und ob nicht vielleicht ein alter Bekannter und Schiffskamerad hier zwischen ihnen
auftauche.

»Hallo Kamerad,« brummte aber der, als er ein völlig fremdes
Gesicht vor sich sah, das ihm jedoch trotzdem ganz freundlich entge-
gennickte, und dessen Eigenthümer sich so bequem und ohne weitere
Einladung zu ihnen in's Gras warf, als ob er zu ihrem »Volke« gehörte
— »where do you hail from?« [A]

Der Sprecher war der Bootsmann der »Jeanne d'Arc,« der draußen in der Bai vor ihrem Anker ritt und dessen Mannschaft heute Feiertag bekommen hatte, der großen Volksversammlung wegen. Er schien sich auch hier gewissermaßen als eine Art Obrigkeit zu betrachten zwischen den übrigen Matrosen, und überdieß rechtfertigte das ganze Aeußere des Neuangekommenen, unseres alten Bekannten Jim des Iren, allerdings eine solche Frage, denn dem alten Matrosen überkam es, ihm gegenüber, fast unwillkürlich, als ob er es mit keinem rechten Seemann zu thun habe, und gleichwohl ließ doch auch wieder das Einzelne seines Anzugs nichts erkennen, was einen solchen Verdacht rechtfertigen mochte. Die blaue Jacke wie die weißleinene Hose hatte den richtigen Schnitt, der mit Wachsleinwand überzogene Strohhut saß ihm hinten auf dem krausen Haar und ein paar breite Streifen schwarzseiden Band fielen ihm nach richtiger Art vorn über das linke Auge nieder und doch lag ein gewisses Etwas in dem ganzen Betragen des Fremden, das den alten Burschen, der sich manch langes, langes Jahr auf der See und aller Länder Schiffe herumgeschlagen, wie eine Art Instinkt überkam, er hätte hier keinen geborenen Seemann vor sich, und der Bursche segele am Ende gar unter falscher Flagge.

Der wirkliche Matrose — nicht der, der die See einmal zeitweilig zu seinem Beruf wählt, ein paar Reisen macht vielleicht, und dann wieder Jahre lang am festen Lande bleibt — hat auch etwas in seinem ganzen Wesen, das unmöglich ist sich anzueignen, wenn es eben nicht natürlich aus dem ganzen System unsers Körpers herauskommt und mit ihm eins bildet. Die Hauptsache hierbei ist der fast schlenkernde und doch auch wieder feste und elastische Gang von der steten Bewegung des Schiffes her, der er natürlich fortwährend begegnen muß, und die ihn dann auch zwingt, die Beine etwas weiter, wenn auch fast unmerklich, aus einander zu setzen, als das auf dem festen Lande nöthig wäre; die Arme hängen dabei, wie durch ihr eigenes Gewicht gezogen, grad am Körper nieder, ohne ihn aber, weder rechts noch links in drei Zoll zu berühren, und die halboffene harte Hand sieht gerade so aus, als ob sie jeden Augenblick an Segel oder Tau zufassen wolle. Der Landmann kann alles Andere nachahmen, dieses Tragen des Körpers wird ihm nie gelingen, und nur eine jahrelange Uebung ist im Stande, ihn zuzurichten, oder, wie die Matrosen sagen, ihn »ship shape« zu machen.

»Nun Sirrah!« rief der Irländer endlich lachend, nachdem er den forschenden Blick des Bootsmanns, wenn auch nicht ohne ein leichtes kaum erkennbares Erröthen, eine ganze Weile ertragen hatte, — »Ihr werdet mich nun wohl kennen wenn Ihr mich wiederseht; — wie gefall ich Euch?«

»Ganz und gar nicht, Kamerad,« sagte der aber trocken, und während er sein Primchen Kautabak im Munde aus einer Backe in die andere wechselte, »ganz und gar nicht, wenn Du die Wahrheit hören willst.«

»Hahaha,« lachte aber der Ire, ohne sich im mindesten darüber beleidigt zu fühlen, »verdamme mich wenn das nicht ehrlich von der Leber weggesprochen ist; leid thut mir's nur bei der Sache, daß ich das nämliche — nicht von Euch auch sagen kann.«

»Dann werd' ich mein Möglichstes thun, das für mich so unglückliche Vorurtheil bei Euch zu zerstören,« antwortete der Seemann ruhig.

»Donnerwetter Ihr seid grob!« rief aber der Ire, der nun einmal entschlossen schien jetzt Nichts übel zu nehmen, obgleich der ganze kräftige Bau seines Körpers wie ein ziemlich entschlossener Zug um den Mund, wohl glauben ließ daß er sonst eben eine wirkliche Beleidigung nicht so leicht einstecken würde, »aber das schadet Nichts, Kamerad, wir werden schon noch näher mit einander bekannt werden und ich bin wie der Wein — ich gewinne durchs Liegen. Und nun Ihr da, Ihr Mädchen,« wandte er sich zu diesen in ihrer eigenen Sprache, »laßt das verdammte Suchen sein und kommt her — morgen wird sichs schon finden was ihr verloren habt — beim Auskehren vielleicht — und wo ist Amiomio heute? hol der Henker die kleine Wetterhexe, sie geht immer fort und kommt niemals wieder.«

»Naha-hio!« riefen da einige der Mädchen, die sich auf den Anruf umgedreht, erstaunt und untereinander aus — »O-fa-na-ga wieder hier? — und wo hat Dich Oro's Zorn so lange umhergetrieben?«

»O-fa-na-ga« spottete ihnen aber der Ire nach, »bei Jäsus, meine Herzchen, Ihr habt den Namen noch immer nicht aussprechen lernen und übersetzt meiner Mutter Sohn auf eine merkwürdige Weise ins Tahitische. Was würde ould father O'Flannagan sagen, wenn sie ihn so zu Tische gerufen hätten — ha, meine namataruas, Ihr beiden unzertrennlichen Sterne, seid Ihr auch hier? und wo ist ipo Anoënoë, mein schlankes Mädchen von Bola-Bola, die tollste in Eurer tollen Schaar?«

»Anoënoë ist fromm geworden« lachte eines der Mädchen, die er

179

namataruas nach einem Zwillingsgestirn jener Zone genannt — »sie lacht nicht mehr und trägt keine Blumen mehr im Haar und hinter den Ohren.«

»Hahahaha« lachte der Ire, »Anoënoë fromm geworden das ist gut, das ist vortrefflich, das ist — hahahaha — das ist beim Teufel zum Todtschießen komisch!«

Der Bootsmann — eine schlanke, kräftige, ja selbst edle Gestalt, mit ächt französischen Zügen, krausem dunkelen Barte und dunkelen Augen, jeder Zoll ein Seemann, der englischen Sprache übrigens vollkommen mächtig, hatte den Begrüßungen des Fremden mit den Mädchen und Frauen des Platzes, die er alle kannte und bei Namen nannte, schweigend und etwas erstaunt mit zugesehen, aber weiter kein Wort hineingeredet und schien nur etwas ungeduldig und mit untergeschlagenen Armen das Ende dieser Erkennungsscene zu erwarten. Er trug, trotz dem warmen Wetter, seine blautuchene dicht mit kleinen blanken Knöpfen besetzte Jacke, mit weißen Strümpfen und sauber gewichsten Schuhen und schneereinen segeltuchenen selbstgemachten weiten Hosen, die nur dicht über den Hüften fest anschlossen und auflagen; das weiße Hemd hielt ein schwarzseidenes Halstuch mit einem Seemannsknoten locker zusammen, und der leichte feine Panama Strohhut saß ihm fest und trotzig mehr nach vorn in der Stirn, als ihn sonst Matrosen gewöhnlich zu tragen pflegen.

Endlich mochte ihm aber die Zeit doch zu lang währen und er unterbrach die weiteren freundschaftlichen Erkundigungen des Fremden mit einem nicht eben da einstimmenden:

»I say stranger! — Ihr scheint früher schon einmal auf Korallenboden geankert zu haben — Euerer Physionomie verdankt Ihr die Vertraulichkeit doch nicht.«

»Der Geschmack ist verschieden, Kamerad!« lachte der Ire dagegen, »und Einer liebt Bier, der Andere Milchsuppe; aber Ihr habt Recht, ich bin hier zu Hause, und wenn ich auch nicht gerade hier wohne, führt mich meine Straße oft genug vorbei — was Wunder da, daß ich Nachbars Töchter kenne.«

»Ei so laßt Euer In-ge-le-se-Schwatzen doch nun endlich einmal!« rief da eines der Mädchen, zwischen die beiden Männer springend und des Iren Arm ergreifend — »Her zu mir O-fa-na-ga — und dreh deine Taschen um, denn Du hast doch den Boden hier nicht wieder betreten, ohne deiner Maïre Schmuck und Ringe mitgebracht zu haben; wo ist der Ring von perú, den Du mir so lange versprochen?«

»Maïre!« rief der Ire erstaunt sie betrachtend — »das ist Maïre? was zum Wetter ist denn mit Dir vorgegangen Mädchen, ich kenne Dich ja gar nicht mehr, wo sind deine Locken?«

»Die hat der Mitonare abgeschnitten,« sagte die Schöne, halb beschämt, halb unzufrieden.

»Der Mitonare — und was zum Henker hat der Mitonare in deinen Haaren zu suchen, Sirrah?«

»Sie sollte fromm werden und keine tollen Streiche mehr treiben,« lachte Ate-Ate, ihr das Kinn emporhebend und zum Lichte drehend.

»Unsinn!« rief aber das Mädchen, — »das ist blos oben, O-fa-na-ga — kehr Dich nicht daran — wo ist der Ring? her damit!«

»Und mir auch — mir auch!« riefen Andere, auf ihn eindrängend, »mir hat er Ohrgehänge versprochen — und mir bunte Federn aus dem Osten — und mir Kattun zu einem neuen Kleid!«

»Zurück Mädchen, zurück!« rief aber der Ire lachend, der sich nur mit Mühe der auf ihn Einstürmenden erwehren konnte — »Ihr hattet recht, Kamerad, die Physionomie thuts bei den Dirnen hier allerdings nicht allein, und sie reißen Einem — Wettermädchen Ihr, wollt Ihr Ruhe geben — die Lumpen vom Leibe; würden sich auch verdammt wenig Gewissen daraus machen, einen armen Teufel von Matrosen gleich bei seinem ersten Ansprung an Land rein auszuplündern und nachher allein sitzen zu lassen und auszulachen. Die braune Haut versteht sich so gut darauf wie die weiße.«

»Von welchem Schiff seid Ihr, Kamerad?« frug jetzt der Bootsmann, »Ihr segelt wohl unter eigener Flagge?«

Der Ire lächelte leise vor sich hin, schüttelte aber mit dem Kopf und erwiederte schmunzelnd:

»Dießmal habt Ihr vorbeigeschossen, so schmeichelhaft die Anspielung auch sein mochte; alt England für immer, ich möchte keine anderen Farben an meiner Gaffel wehen haben, — selbst nicht die rothe;« setzte er mit einem halb spöttischen, halb verschmitzten Seitenblick auf den Bootsmann hinzu — »Um Euch übrigens zu beruhigen kann ich Euch sagen daß ich Harpunier an Bord des Englischen Wallfischfängers, der Kitty Clover bin, die hier zu ihrer Erholung in

Papetee liegt, und auch da wohl noch eine Weile zu ihrer Erholung liegen bleiben wird, wenn ihr die sehr verehrte Französische Regierung nichts in den Weg zu legen für nöthig findet und den Aufenthalt noch länger gestattet.«

Der Bootsmann unterdrückte nur mit Mühe einen Fluch auf die ironische Anspielung daß seine Corvette, die früher den Insulanern imponirt, gegenwärtig, durch die ihr überlegenen Engländer im Schach gehalten, Nichts mehr zu sagen und zu befehlen hatte, aber er besann sich eines Besseren und die Lippen nur zusammenpressend sagte er finster:

»Ihr thätet wohl Euch mit der Französischen Regierung auf gutem Fuß zu halten — die guten Leute in Papetee wissen heute noch gar nicht was für Farben morgen Mode sein könnten.«

»Jedenfalls die schwarze,« schmunzelte der Ire, sich die Hände reibend, »jedenfalls die schwarze. Jetzt bestimmen die Missionaire die Moden und das sind liebe, liebe Menschen; haben uns Matrosen auch so gern, als ob wir ihre Brüder wären — was wir ja doch auch eigentlich sind. Es klingt ordentlich erbaulich »Bruder Jim oder Bruder O'Flannagan.«

»Daß sie uns nicht grün sind kann ich ihnen nicht verdenken,« brummte der Bootsmann, »sie haben alle Ursache dazu, denn unsere beiden Interessen laufen einander gerade schnurstracks entgegen. Also Ihr gehört zu dem schmutzigen Wallfischfänger da draußen — habt Ihr Fische bekommen?«

»Ja Mister.«

»Und welchen Port seid Ihr zuletzt angelaufen?«

»Genirt's Euch, wenn Ihr's nicht wißt?« frug der Ire spöttisch.

»Geht zum Teufel!« brummte der Franzose zwischen den Zähnen durch — ärgerlich sich mit dem Burschen so weit eingelassen zu haben und wandte ihm den Rücken.

»Rrrrrrrrrr!« dröhnte in diesem Augenblick ein rascher Wirbel so dicht vor ihren Ohren, daß sich der Bootsmann überrascht danach umsah; lachende Mädchengesichter schauten ihm aber entgegen, wohin er blickte, und Eine von diesen hatte eine richtige französische Trommel umgehängt, und schlug darauf jetzt mit fertiger Hand den Takt ihres Inseltanzes.

»Alle Wetter, Ate-Ate!« rief der vorgebliche Harpunier des Kitty Clover, und suchte das Mädchen zu fassen, das aber rasch zur Seite sprang und ihn mit den Trommelschlägeln abwehrte — »Du bist ja wohl gar gut französisch geworden, Mädchen, und dienst gegen deine früheren Geliebten — ein eigenthümliches Mittel sich an den Treulosen zu rächen!«

»Zurück O-fa-na-ga, zurück!« rief aber diese — »ich will die Zahl der Falschen nicht vermehren, und es wäre schon jetzt Wahnsinn gegen sie in den Kampf zu ziehen — sie sind wie die Guiaven im Wald, und drücken alles Andere zu Boden — zurück weißer Mann! — Aber lasse das Schwatzen hier, wir wollen tanzen, und Ihr stört uns nur mit Euerem Zungen klappernden Volk. Da A-da!« wie sie den Bootsmann der Jeanne d'Arc nach seinem nicht auszusprechenden Schiffe nannte — »da stell Dich her, und nun paß auf, wir wollen den Tanz versuchen den Du uns gelehrt und sieh ob wir's können.« Und zurückspringend begann sie mit ziemlicher Genauigkeit Lord Howe's hornpipe, den allbekannten Matrosentanz auf der Trommel zu schlagen, indeß sie die Melodie dazu mit klarer, ja glockenreiner Stimme sang, und die Mädchen flogen herbei zum Tanz. Den Klängen konnten aber auch die Matrosen nicht widerstehen, und gegen sie antanzend stampften sie nach den raschen Takten den Rasen und schwenkten und warfen die Hüte in jubelnder Lust.

Aber die Europäer ermüden bald; so schattig der Brodfruchtbaum auch seine breitfingerigen Blätter und über ihm die Palme ihre Krone streckt — die Luft ist zu heiß für solche Lust, und keuchend warfen sie sich auf den Boden nieder, indeß sie die eingeborenen Mädchen lachend umsprangen und mit Blumen und Bananenschaalen warfen.

Aber lauter und wilder tönt die Trommel, in deren Schlagen Ate-Ate Eine der Eingeborenen abgelößt und zu der sich noch eine zweite gefunden hat; der Takt wechselt, lachende Männer und Mädchenstimmen fallen ein in jubelndem Chor, und die erhitzten Tänzerinnen haben schon Hut und Schultertuch abgestreift der wogenden Brust und brennenden Stirn Luft und Kühlung zu geben. Dicht geschaart drängen die Zuschauer herbei aus der Nachbarschaft, und hochgeschürzte halbnackte Mädchen werfen sich immer aufs Neue hinein in den wilden Reigen. Hei wie sie fliegen herüber und hinüber in toller Lust, mit Armen und Knieen einfallend in den wüthenden Takt, schneller und schneller, mit funkelnden Augen und wogender Brust, wieder und wieder, auf und ab vor der Trommel und dem Jauchzen der bewundernden Schaar, bis sie erschöpft zusammenbrechen, und andere – wildere ihren Platz ausfüllen auf dem zerstampften mißhandelten Rasen.

Bunt sind die Tänzer, bunter aber fast die Zuschauer die sie jetzt umstehn, und die sich, durch den Ton des Instruments gelockt, eingefunden haben. Neben dem noch bis an die Zähne tättowirten alten Indianer, der mit grimmer Lust und leuchtenden Augen schon in seinem Geist die alte Zeit wieder aufleben sieht mit ihren Festen und Tänzen – die schöne fröhliche Zeit, ehe die schwarzgekleideten Männer mit den finstern Gesichtern kamen und ihren sonnigen Boden betraten, steht die würdige Matrone, der jetzt Blume und Blüthe im Haar schon ein Gräuel und dem Herrn mißfällig dünkt, und sieht mit Seufzen und oft und oft zum Himmel geschlagenen Blick, das Entsetzliche wieder vor ihren Augen geschehen, dem folgend ihre Priester Pestilenz und Krieg und die Racheblitze ihres Gottes prophezeiht. Aber sie sieht doch den Tanz, sie steht und zögert, und während sie seufzt und stöhnt, taucht die Erinnerung in ihr auf, an frühere Zeit, wo sie selber im wilden Sprung die Reihen der Mädchen geführt, die Fröhlichste unter den Fröhlichen, bei denselben entsetzlichen Klängen, – wo sie mit fliegender Brust und funkelndem Auge die Tapa von Schultern und Hüfte, die Blumen aus den flatternden Locken riß, den Tänzer damit zu werfen und – Jehovah stehe ihr bei, sie faltet erschrocken die Hände und flieht den Platz, denn unter dem bunten wehenden Kattun zuckt' es und zittert' es ihr in den Knieen und Füßen, und der Teufel war stark, und lockte sie zu dem Entsetzlichen.

Mitten hinein aber zwischen die Reihen und Gruppen der außen Stehenden drängen jetzt wieder lachend und schwatzend und mit den Tänzerinnen scherzend Französische Seeleute und Marinesoldaten, ihren Arm um die nächste geschlungen, und den Takt des Tanzes mit Gesang oder stampfendem Fuß unterstützend, und im Taumel von Lust und Freude treibt sich die sorglose Schaar hier mitten zwischen dem Volk umher, indeß die Mündungen seiner Kanonen schon auf die armen Bambushütten gerichtet liegen und ein Zufall den blutigen Kampf entzünden kann.

Aber was kümmerts die jungen Burschen; der Tag ist noch der ihre, im duftenden Wald, die wilde reizende Mädchenschaar an ihrer Seite, was sorgen sie da um den nächsten. – Und wenn jetzt, in diesem Augenblick die Alarmtrommel tönte? – So unmöglich ist das nicht, denn der Bootsmann horchte einmal schon rasch und erschrocken auf — aber bah, es ist die neue Aufforderung zum Wiederbeginnen der Lust, und toller und rasender als je werfen sich die Unermüdlichen hinein in den Tanz.

Der Bootsmann oder contremaître der Jeanne d'Arc und Jim der Ire hatten sich zurückgezogen vom Tanz und der Franzose stand allein, an den Stamm eines Brodfruchtbaums gelehnt und schaute mit verschränkten Armen dem wilden Spiele zu.

Jim war in seiner Nähe und eben im Begriff auf ihn zuzugehen, aufs Neue ein Gespräch mit ihm anzuknüpfen, als er sich am Arme gezupft fühlte und rasch umschauend einen fremden Matrosen bemerkte, der ihm vorsichtig winkte ihm zu folgen, und dann langsam, und scheinbar absichtslos einem kleinen Guiavendickicht zuschlenderte, das hier den nicht weit von da vorbeiströmenden Bach begrenzte. Jim schaute sich vorsichtig um, ob er von keiner Seite beobachtet würde, blieb wohl noch eine Viertelstunde ruhig und regungslos in seiner Stellung, dem Tanze zuschauend, und folgte dann, die Hände in den Taschen und mit den ihm nächsten Mädchen lachend und scherzend, dem Vorangegangenen. Etwa zwanzig Schritt im Dickicht hörte er einen leisen Pfiff, antwortete ebenso vorsichtig und befand sich wenige Minuten später dem fremden Seemann gegenüber, der ihn ohne weiteres am Arm nahm und noch tiefer in den Wald von Mape und Lichtnußbäumen und Guiaven hineinführte.

»Alle Wetter Kamerad,« sagte endlich Jim stehen bleibend und seinen schweigsamen Führer betrachtend, »was zum Henker schleppt Ihr mich denn hier in den dicksten Busch, wo man sich die Augen in den Zacken ausrennen kann. Was wollt Ihr von mir und wer seid Ihr selber?«

»Wer ich bin, Dick Mulligan« sagte aber der Andere, »kann Dir ziemlich egal sein, wenn nur — «

»Dick Mulligan« wiederholte Jim und so sehr er sich auch Mühe gab seine Bewegung zu verbergen, war es doch leicht zu sehen, wie er über den Namen erschrak, »wen zum Teufel nennt Ihr Dick Mulligan?«

»Pst Dick, nicht so laut,« sagte aber der Andere vorsichtig, »Du brauchst Dich nicht zu geniren, wir Beide kennen einander, denn so hab' ich mich doch Gott straf mich nicht verändert, daß Du nicht unter der, vielleicht ein Bischen braun gewordenen Haut deinen alten Gefährten Jack herausfinden solltest.«

»Jack, bei Allem was da schwimmt!« rief Jim, »aber Mensch wo kommst Du her, und in die Jacke; Matrose an Bord eines französischen Kriegsschiffs.«

»Das wäre eine langweilige Geschichte, Dir das Alles auseinanderzusetzen, genug daß ich da bin und vielleicht Dir zum Glück,« entgegnete aber der Andere — »Mensch Du hast Dich nicht im Geringsten verändert, siehst noch aus wie vor fünf Jahren und läufst hier so unbekümmert und gottvergnügt mit dem Bart und den Haaren in der Welt herum, als ob Du nicht den Strick um den Hals trügst, und jeden Augenblick gefaßt und vor Gericht geschleppt werden könntest — und wer Dich einmal gesehen, vergißt Dich im ganzen Leben nicht wieder.«

»Laß die alte Geschichte,« knurrte aber der Ire — »kein Mensch hier hat eine Ahnung davon als wir Beide — weshalb das Aufheben!«

»Kein Mensch, so?« — sagte Jack, »und weißt Du, wer auf der Jeanne d'Arc drüben zweiter Lieutenant ist?«

»Wie soll ich's wissen,« erwiederte Jim unruhig, »Du kannst Dir denken daß ich mit den Offizieren irgend einer Majestät so wenig wie möglich in Berührung komme — wer wird's sein?«

»Niemand Anderes als derselbe junge Bursch, der uns damals, in der Pomatu Gruppe unsern schon sicher geglaubten Fang, den kleinen Perlencutter abjagte und Dich dabei erwischte. Du entkamst ihm nachher noch, aber er hat Dich doch beinah acht Tage festgehabt und kennt Dich genau, ich habe ihn wenigstens die Geschichte selber zweimal an Bord erzählen hören und er schwört darauf daß er Dich hängen sehn will, wenn er Dir jemals im Leben wieder begegnet.«

»Unsinn, was kann er mir thun,« brummte aber Jim (denn wir wollen den Namen beibehalten), »wir wurden eben von unserer Beute vertrieben, aber das war doch auch weiter kein Beweis gegen mich.«

»Sie haben die beiden Leichen in dem Pandanusdickicht gefunden,« sagte Jack leise.

»Den Teufel,« knirschte Jim zwischen den Zähnen durch — »das wäre allerdings fatal — aber er hat keine Zeugen.«

»Mehr wie er braucht,« entgegnete Jack — »drei von den Jungen die uns damals den Spaß verdarben, sind auf der Jeanne d'Arc — und

Du kannst Dir denken wie mir zwischen dem Gesindel zu Muthe sein muß — ein Glück daß sie keine Ahnung haben wie nahe wir schon einmal mit einander in Geschäftsverbindung gestanden haben.«

»Aber wie zum Henker bist Du auf das Französische Kriegsschiff gekommen?« frug Jim nochmals erstaunt und vielleicht selbst mißtrauisch.

»Lieber Gott,« lachte Jack achselzuckend, »wie man bald das bald das einmal in der Welt versucht, ehrlich durchzukommen. — Ich machte in Marseille, an Bord eines Dampfers eine Speculation in silbernen Löffeln — «

»Pfui!« sagte Jim.

»Pfui?« wiederholte Jack beleidigt — »das ist mir nun einmal angeboren, daß ich nicht müßig gehen kann; doch um kurz zu sein entstand da ein Mißverständniß dem ich, als der Schwächere zum Opfer fiel. Sie steckten mich erst ein und schickten mich dann, zu meiner weiteren Ausbildung auf ein Kriegsschiff.«

»Und jetzt?«

»Und jetzt? — bin ich an Bord und sehe mich nach einer passenden Gelegenheit um meine Situation zu verbessern.«

»Warum desertirst Du nicht?« frug ihn Jim.

»Das ist eine böse Sache,« sagte Jack kopfschüttelnd, »das kann gut, aber auch schlecht gehen — ja wenns hier einmal zum Ausbruch käme, ließ ich mir's gefallen; jetzt wird aber Alles ausgeliefert was sich fremd am Ufer blicken läßt. Du aber kannst mir am Ende dazu helfen.«

»Ich Dir? — wie mir's jetzt scheint habe ich alle Hände voll zu thun meine eigene Haut in Sicherheit zu bringen — ist unser alter Bekannter an Land?«

»Gewiß, und stöbert hier gerade in der Nachbarschaft herum, ich habe Dich deshalb abgerufen daß Du ihm nicht etwa in die Hände läufst — «

»Nur meinethalben?« frug Jim den Gefährten mit einem etwas zweifelhaften Blick.

»Nur deinethalben? — nein« sagte der aufrichtige Jack — »ich sehe nicht ein warum ich das Kind nicht beim rechten Namen nennen soll; mir war es selber nicht ganz einerlei, die alte Geschichte wieder aufgewärmt zu sehn, noch dazu da ich ein unfreiwilliger Zeuge des Ganzen hätte sein müssen. Aber wirklich Jim, wie ich da erst von unserem Bootsmann gehört habe, der sich gerade nicht in Dich scheint verliebt zu haben, gehörst Du zu dem Wallfischfänger, der unten in der Bai liegt — sind die Leute an Bord gut?«

Jim zögerte einen Augenblick mit der Antwort und schielte seitwärts nach seinem frühern Kameraden hinüber.

»Du überlegst ob ich Dir da nicht etwa im Wege wäre?« sagte dieser lachend.

»Nein, nein,« erwiederte der Ire rasch und vielleicht etwas beschämt seine Gedanken so schnell errathen und ausgesprochen zu sehn — »ich wußte nur nicht gleich was Du damit meintest — ja, der Capitain ist gut genug — Mac Rally, Du mußt ihn ja noch von früher her kennen.«

»Mac Rally, Mac Rally? — nein, unter dem Namen nicht; wie hieß er sonst — Du kannst mir trauen alter Junge,« setzte er lachend hinzu, als er sah das Jim mit der Antwort zögerte — »mir liegt Alles daran sicher vom Bord der Franzosen zu kommen und wenn ich selbst — «

»Aber warum schwimmst Du nicht zu dem Engländer hinüber, der nähme Dich mit Vergnügen auf,« sagte Jim.

»Weil ich dafür meine sehr guten Gründe habe,« brummte Jack verdrießlich; »ich fühle eine gerade so große Abneigung gegen englische Offiziere wie Du, und — habe vielleicht eben so viel Ursache — also Mac Rally — «

»Erinnerst Du Dich noch auf Bill Kooney?« frug Jim.

Jack pfiff leise vor sich hin und lachte verschmitzt.

»Bill Kooney,« sagte er dann nach einer kurzen Pause — »Bill Kooney — aber wie zum Teufel ist der zu dem Wallfischfänger gekommen?«

»Das ist eine naive Frage,« sagte Jim, »aber mein Junge, wenn dem so ist daß der Gesell — wie heißt er doch gleich dein Lieutenant?«

»Bertrand.«

»Daß also der Monsieur hier herumschwimmt, da ist's für mich Zeit aus dem Cours zu gehn — bis ich ihm vielleicht einmal richtig hinein kommen kann; ich muß so an Bord.«

»Aber wo treffen wir uns wieder? ich möchte vorher genau wissen wann Ihr segelt und Bill Kooney doch auch gern einmal sehn, mit ihm meinen Plan zu bereden.«

»Ich gehöre gar nicht mehr an Bord,« sagte Jim — »daß ich Harpunier wäre hab' ich deinem neugierigen Bootsmann nur aufgebunden.«

»Du gehörst nicht mehr an Bord?« frug Jack erstaunt — »den Teufel auch, da hast Du wohl dein »Geschäftsbüreau« jetzt an Land?«

»Zu Zeiten,« sagte Jim ausweichend.

»Und gehn die Geschäfte gut? — na hab' keine Angst,« setzte er aber rasch hinzu, als er sah daß den neugefundenen Kameraden die Frage etwas in Verlegenheit zu setzen schien, wenigstens nicht gleich und unbedingt von ihm beantwortet wurde — »ich komme Dir dabei nicht in's Gehege, bleibe aber, aufrichtig gesagt auch lieber einmal eine Zeitlang auf festem Grund und Boden und in der angenehmen Gesellschaft hier, mich von den überstandenen Strapatzen erst ein wenig auszuruhn. Donnerwetter, man lebt doch nur einmal auf der Welt, und wozu sich in einem fort schinden und placken, wie ein Hund!«

»Ich weiß gerade nicht ob es Dir hier gefallen würde,« sagte Jim.

»Daß laß meine Sorge sein,« lachte der Matrose, »wenn ich nur erst glücklich aufgehoben wäre, eine Desertion in meinen Verhältnissen ist nur zu verdammt gefährlich, denn kriegten sie mich wieder, möcht' ich in jeder anderen, nur nicht in meiner eigenen Haut stecken. Ich könnte Dir vielleicht hier auch in Manchem von Nutzen sein.«

»Das bezweifle ich nicht im Mindesten,« entgegnete Jim ruhig, »aber überleg's Dir wohl; wird eine große Belohnung auf den Einfang gesetzt, so ist keinem von den Indianischen Schuften zu trauen. Am besten wär's doch wohl Du sprächst einmal mit Mac Rally.«

»Hm — ja — vielleicht — nun ich werde ja sehen,« sagte Jack wie überlegend sich das Kinn streichend und dabei verstohlen auf Jim hinüber schauend. — »Und wenn man Dich einmal hier am Ufer finden wollte, wo bist Du da am besten zu erfragen?«

»Kennst Du einen Platz hier auf der Insel, den sie »Mütterchen Tot's Hotel« nennen?«

»Nein – ich bin noch nie funfzig Schritt vom Strand fortgewesen.«

»Du wirst ihn erfragen können – jeder Matrose kennt ihn.«

»Wohnst Du dort?«

»Nein, aber es ist der einzige Platz, den ich regelmäßig besuche.«

»Gut, werd' ihn mir merken, und nun good bye, Dick, unser Bootsmann könnte mich sonst vermissen.«

»Nenne mich nur nicht Dick,« warf der Ire ein, »der Name war mir unbehaglich, und ich möchte nicht gern immer wieder an jene unglückselige Zeit erinnert werden.«

»Hast Du Gewissensbisse?« lachte Jack.

»Bah Gewissensbisse – Unsinn – aber keine Lust eine Raanocke zu zieren, alter vergessener Geschichten wegen.«

»Gut, gut; also Du, Jim, wenn Dir das sicherer klingt, könntest Dich unter der Zeit doch immer einmal nach einem Quartier oder Schlupfwinkel für mich umsehen – wenn's auch nur für den Nothfall wäre; je weiter im Inneren, desto lieber ist mir's. So gute Nacht und – hab gut Acht auf deinen Hals!« – Und leise vor sich hinlachend verließ er den Freund und ging zurück, wo er die Trommeln der Insulaner noch hören konnte, die unermüdlich neue und frische Tänzer herbeilockte.

»Hm,« sagte Jim leise und nachdenkend vor sich hin, als der alte Kamerad aus früheren Tagen in den Büschen verschwunden war, und seine Schritte weiter und weiter im dürren Laub verklangen – »schön Dank für die Warnung; ich weiß aber eben noch nicht, ob mir mein Hals in Deiner Gesellschaft sicher oder unsicher ist, mein alter Bursche, und fataler Weise ist der Versuch gerade so gefährlich. Nun, jedenfalls bin ich auf meiner Huth und vor Dir ziemlich sicher daß Du nicht selber aus der Schule schwatzest; Vielleicht kommt mir aber der französische Grünschnabel einmal gelegentlich unter die Finger und dann können wir ja unsere Rechnungen mitsammen ausgleichen. Jetzt übrigens, so lange es noch Tag ist, werde ich nicht an Bord zurückgehn, sondern meine Geschäfte hier am Land besorgen; ich traue den Insulanern nur nicht viel zu; sie sind zu gleichgültig bei Allem was sie nicht unmittelbar in die Höhe schüttelt, und müßten sich sehr geändert haben, wenn sie überhaupt noch einmal zu einem entscheidenden Schlag zu bringen wären — sei der nun hingerichtet, wohin er wolle. — Hm — ist mir aber auch wieder ungemein lieb erfahren zu haben daß der Gesell in einer französischen Uniform steckt und hier herumläuft — werde doch zusehn daß er mir zuerst vorgestellt wird, und nicht ich ihm.« — Und mit einem vorsichtigen Blick umher, denn Jack's Warnung hatte seine Wirkung keineswegs verfehlt, schlug er sich, mit der Gegend in der er sich hier befand vollkommen gut bekannt, seitwärts in das Dickicht, die Stadt auf einem anderen Pfade zu erreichen und verschwand bald darauf in den dichten, hinter ihm sich wieder schließenden Guiavenbüschen.

Fußnoten:

[A] Ein Schiffsausdruck »wo kommt Ihr her — von woher seid Ihr gesegelt?«

Capitel 2

Sadie und René

Ah — die Brust hebt sich ordentlich frei, wie wir dem wilden wüsten Treiben von Haß und Sünde, Leichtsinn und roher Sinnlichkeit den Rücken kehren, dem Wald, dem unentweihten Walde zuzustreben. Noch haben wir aber nicht all die bunten wilden Gruppen hinter uns, die zerstreut bei all den verschiedenen Hütten, in all den kleinen Hainen ihre Orgien feiern. Horch, von da drüben herüber lauter und munterer Trommelschlag unter den Palmen vor — lachende Männer und Mädchenstimmen und jubelnder Chor; und von dort? tönt der scharfe Klang einer kleinen, in den Zweigen eines Orangenbaumes aufgehangenen Glocke, und der monotone Sang frommer Hymnen in Tahitischer Sprache, von den Ehrwürdigen Männern selbst an einem Wochentag gesungen, weil heute die Inseln ja dem rechten, dem »allein selig machenden Protestantischen Glauben« gerettet wurden.

Dahinein aber kreischt der laute fröhliche Sang halbtrunkener Matrosen, die am Strand nieder neuen Vergnügungen zuziehen. Hier eine Frauengestalt in wehdurchschauerter Angst niedergeworfen vor dem zürnenden Gott, den Blick angstvoll nach oben gerichtet, als ob sie fürchte daß der rächende Strahl den Zornesworten folgen müsse, die der weiße fromme Mann eben niedergedonnert hatte von dem einfach hölzernen Kanzelstand, auf die Häupter der kleinen »auserwählten Schaar« — dort ein wildes braunes halbnacktes Mädchen, den Arm leichtfertig um die Schulter eines französischen Soldaten gelegt, der mit ihr plaudert und koßt, während sie den lachenden Blick frei und ruhig zu dem blauen freundlichen Himmel emporhebt, und dabei mit halbem Ohr vielleicht den fernen wohlbekannten Glockentönen lauscht.

Widersprüche wohin das Auge fällt, und nur die Natur selber ist sich treu geblieben in dem tollen wilden Gewirr — nur die Natur allein, die Gottes Größe und Güte predigt in jeder Zeit, und ihre Gaben liebend ausstreut über die Kinder des Allmächtigen, gleichviel welcher Sekte sie angehören, welchen Namen die Lippe flüstert, wenn das Herz, in stiller Anbetung versunken, emporstaunt zu seinen Wundern, und gleichgültig dabei, ob sie ihre Stirnen nach Westen oder Osten zum Gebet neigen — beten sie doch Alle zu Ihm.

So, je weiter wir das wirre tolle Treiben Papetee's hinter uns lassen, verschwimmen die Dissonnancen von Hymne und Trommel in dem gewaltigen Donner der ewigen Brandung, und dem leisen flüsternden Rauschen der Blätter und Palmenkronen, und dort draußen, weit draußen am wunderschönen Strand, wohinaus kaum der donnernde Schall des Geschützes drang, das den Aufgang und Niedergang der Sonne kündete, hatte René seine Hütte gebaut. Ein wohl nicht großes aber doch geräumiges Haus, dicht in den Schatten von Frucht- und Blüthenbäumen hineingeschmiegt, diente ihm mit seiner kleinen Familie, wie dem alten ehrwürdigen Mr. Osborne, von dem sie sich nicht hätten trennen mögen, zum Aufenthalt; ja wurde ihm zur Heimath, und selbst Sadie fühlte sich hier wieder wohl und glücklich, so heimisch so freundlich war der kleine liebe Platz — so lieb fast wie Atiu — nur daß ihm die Erinnerungen fehlten.

— Nur daß ihm die Erinnerungen fehlten — es ist ein kleines, unbedeutendes Wort; die Erinnerung, und sie umfaßt doch, wenn wir erst einmal wirklich ins Leben traten, Alles fast, was das Herz je theuer gehalten und lieb, und dessen Klängen es mit freudigem Klopfen, o wie gern doch, lauscht. Was anderes giebt unserer Heimath jenen unendlichen Reiz, der uns nicht weilen läßt im fremden Land und uns zurückzieht mit festen, kaum zerreißbaren Banden? — was anderes zaubert uns mit einem Schlag alle die lieben, nie vergessenen, aber wohl so oft und heiß ersehnten Bilder wieder herauf, die unserem Leben damals Licht und Farbe, unserem Blut die Wärme, unserer Brust die heitere Ruhe gaben? Verleih einem Platz diese Erinnerungen, und laß es dann die ärmlichste dürftigste Hütte in einer Wildniß sein, und jede Stütze ist uns theuer die noch den morschen Bau zusammenhält. Wir kennen da jeden Baum, jeden Stein und an jedes, das noch so unbedeutendste, an den schmalen Pfad der hinausführt zu dem stillen, Linden umlaubten Friedhof, an das Gartenpförtchen, an den Apfelbaum neben der Thür, an die Steinbank oder den murmelnden Bach, oder den moosbewachsenen Eimer des Brunnens, selbst an die lieben Sterne die nur so, wie alte liebe Bekannte über der Hütte standen, knüpft sich eine Liebe, eine selige Erinnerung, und je älter wir dabei werden, je weiter uns das Schicksal und je länger es uns fortgetrieben aus dem Heiligthum, desto theurern Platz wahrt es sich in unserm Herzen.

Und ohne diese Erinnerungen? ja die Welt ist schön, und überall gründet der unstete Mensch seinen Heerd, überall deckt Gottes unendliche Güte den Boden für ihn mit Speise und Trank, und das Geschlecht treibt und gedeiht — aber es treibt und gedeiht auch nur eben, und wie in der Fremde beginnt es seine Hütte zu bauen, wie in der Fremde siedelt es sich an und — denkt zurück an frühere glücklichere Zeiten, liebere Plätze — an die Stelle wo seine Wiege gestanden.

Aber Sadie und René waren glücklich — über ihnen wölbten, wie auf Atiu wehende Cocospalmen ihre Häupter und schüttelten den Thau nieder auf die duftenden Blüthen der Orangen, die ihren Fuß umwuchsen; vor ihnen aus breiteten sich die Corallendurchzogenen Binnenwasser der Riffe, klar und silberrein wie an der Schwesterinsel, und Abends ruderte der junge Mann das Canoe hinaus, und vor ihm saß dann die glückliche Mutter mit dem Kind am Herzen, dem Liebesblick seines Auges in unendlicher Seligkeit begegnend; — es waren das so frohe, so glückliche Stunden.

Oh daß sie schwinden müssen, daß Alles nur auf Erden eine Spanne Zeit umfaßt, und während uns die Sonne fröhlich scheint, daß da schon düstre Wolkenschleier unterm Horizonte lagern müssen, die langsam aber sicher höher steigen. Es giebt kein ungetrübtes Glück auf dieser Welt, es kann's nicht geben, denn das Bewußtsein schon, wie nah der Wechsel unserm Leben liegt, wie oft an einer Faser nur das Alles hängt, was uns in diesem Augenblick entzückt, wirft einen trüben Schein selbst auf die frohste Stunde, und das, was uns gerade im Unglück stärkt, was den Blick vertrauend, hoffend dem Lichte zukehrt, wie trüb und traurig uns auch im Herzen sei, und wie die Verzweiflung an ihm nagt und zehrt, die Gewißheit irgend des einstigen Wechsels solcher Leidenszeit, die klopft dann ebenfalls als Mahner an des Glückes Thor, mit leisem Finger, aber still und unverdrossen fort.

Nicht bei René; er war ein Kind im Glück und nahm das Alles mit so frohem leichten Herzen an, wie Kinder Spielzeug nehmen, lachen und springen damit und nicht d'ran denken daß es zerbrechen kann, sich nicht d'rum kümmern. Nach langer schwerer Zeit, wo er viel dulden mußte und ertragen, erschien das Alles hier ihm wie gehörig, wie gerechter Lohn nur für Bestandenes; Sorge hatte er nie gekannt, der Augenblick war ihm des Lebens Trieb gewesen, dem er folgte, dem Augenblick gehörte er auch an, und wie er ebenso im Unglück wenig nur gehofft, sich stets vom Schicksal ausersehn gedacht und kecken trotzigen Muthes darin gerade Freude fand ihm zu begegnen, es zu überwinden, so dachte er auch im Glück nicht oft hinaus wie's einst wohl werden solle, wenn der Tod vielleicht hier oder da die Stützen wegriß, oder and'res Leid mit kalter starrer Hand eingreifen könne in sein junges Glück. Er lebte, liebte, das war ihm genug.

Nicht so Sadie; auf jener stillen Insel still herangewachsen, hatte sie kaum von einem höheren Lebensziel gewußt; der Schwestern sorglose Freuden sorglos theilend, war ihr auch nie ein anderer Gedanke gekommen, hatte sie nie einen andern Fall für möglich gehalten, als mit der Palme am Strand zu blühen, zu gedeihen und unter ihrem Schatten einst in leichter Erde, leicht und hoffend einem neuen, besseren Leben entgegen zu träumen. Da kam René — mit ihm erschloß sich eine neue Welt für sie, mit ihm gewann sie etwas was sie nie geahnt — ein geistiges Leben, neben ihrer Palmenwelt, und Alles das was ihr die Brust von da mit solcher Seligkeit erfüllte, fand in dem einem Herzen nur Ursprung und Ziel — und wenn das eine Herz ihr wieder schwand dann — nein, sie dachte den Gedanken nie aus, und wenn er aufsteigen wollte in ihr, floh sie vor sich selbst, und das Gefühl gewann erst wirklich festen Grund in ihr, bekam erst Farbe und Gestalt, als ihr ein anderer Schmerz durchs Leben zog — das erste schwere herbe Leid der jungen Brust.

Der alte ehrwürdige Mr. Osborne, ein Missionair im wahren Sinn des Worts, der Gottes Liebe voll und wahr im Herzen trug, und Tausenden schon damit Trost gebracht, fand gerade da, wo er Achtung und Anerkennung hätte fordern dürfen, mit seinem treuen ehrlichen Herzen, kalten dürren Grund, und wenn nicht offenen Kampf, weit Schlimmeres — heimlicher Bosheit Pfeil, der oft weit tödtlicher trifft als Blei und Stahl. Herüber und hinüber geschickt auf der Insel, wo er kaum des einen Stammes Herzen sich gewonnen, und wohlthätigen Einfluß auf sie auszuüben begann, gekränkt und angefeindet, geärgert und betrübt, erkrankte er endlich, und ehe René sowohl wie Sadie sich auf den schmerzlichen Verlust der ihnen drohte, vorbereiten konnten, ja ehe selbst nur die Befürchtung solcher Gefahr in ihnen aufgestiegen war, machte ein Nervenschlag seinem Leben ein sanftes und nur zu rasches Ende.

Der Schmerz traf tief in ihr junges, bis dahin ungetrübtes Glück, und Sadie besonders hatte viel, unendlich viel durch ihn verloren. Auch René schmerzte der Verlust des alten wackern Mannes, der ihm ein zweiter Vater geworden, und ja auch eigentlich viel mit seinetwegen ertragen und geduldet.

Viele Monate vergingen denn auch, ehe sich Beide von dem Verlust erholen, an die Trennung von ihm gewöhnen konnten, und selbst dann noch wollte das Gefühl der Leere nicht ganz weichen — es fehlte ihnen ein Theil ihrer selbst, und der Alles lindernden Zeit mußte es vorbehalten bleiben sie vollständig dafür zu trösten.

Dieser Todesfall war aber auch für René zum Trieb geworden, sich irgend nach einer Thätigkeit umzuschauen, nach der auch, besonders jetzt allein auf sich selbst angewiesen und in der lebendigeren Ansiedlung mit neuen Bedürfnissen erwachsend, sein lebenskräftiger Geist sich sehnte und drängte. Eine solche Beschäftigung wurde ihm aber auch zuletzt zur Nothwendigkeit, wenn er nicht untergehen sollte in dem müßigen, dem Insulaner wohl zusagenden, dem gebildeten Europäer aber auf die Länge der Zeit nicht genügenden Leben.

Kurz vor Mr. Osbornes Tode war ein Theil des Capitals, das René in Frankreich stehen hatte, für ihn auf Tahiti eingetroffen, und er beschloß jetzt dasselbe in kaufmännischen Speculationen anzulegen, und sich außerdem mit dem Handel und Betrieb dieser Inseln bekannt zu machen. Er bedurfte dessen allerdings nicht seine Lage zu verbessern oder seine Existenz zu sichern, denn wenig genügte hier seinem einfachen Leben, aber er wollte einen Antrieb haben, der ihn irgend einem gestellten Ziel entgegen führte, und das zog ihn dann nicht allein nicht von seinem häuslichen Leben ab, sondern mußte diesem sogar einen noch höheren Reiz verleihen.

Seine kleine freundliche Wohnung lag vielleicht eine halbe Meile unterhalb Papetee, dicht am Meeresstrand, von hohen Wi- und Mapebäumen umgeben, und die freie Aussicht nach dem reizenden Imeo hinüber gewährend. Dort, schon mit mancher Europäischen Bequemlichkeit ausgestattet, hatte er sich sein Nest gebaut, und zog ihn auch über Tag dann und wann theils die Anknüpfung seiner Geschäfte, theils das rege politische Treiben dieser lebendigen Zeit für Tahiti, nach der Stadt, so fand ihn der Abend doch stets mit raschen Schritten heimwärts, in die Arme seines trauten Weibes eilend, und schmiegte sich dann das liebe holde Kind, dem die Mutterwürde einen fast noch höheren Reiz verliehen, kosend an seine Seite, dann segnete er wohl oft, in der Fülle seines Glücks, das Schiff, das ihn an diese gastliche Küste geführt, und mehr noch den Entschluß Freiheit und Leben daran gesetzt zu haben den Boden zu betreten, zu dem es ihn, wie mit einer höheren inneren Stimme unaufhaltsam getrieben.

Wie es dabei oft jungen Leuten geht, denen das Schicksal, und wie häufig ihnen zum Heil, in ihrer ersten Liebe, bei ihren ersten ehrgeizigen Plänen, den schon zum Genuß gehobenen Becher von den Lippen reißt, und die dann plötzlich ihre Rechnung mit der Welt abgeschlossen, ihre Ansprüche an das Leben und sein Glück vernichtet glauben und gar nicht einsehen wollen, daß ihnen die Welt erst jetzt so voll und weit die Arme öffnet, fand er Alles, Alles gerade in dem Augenblick erfüllt, wo er sich schon an Abgrunds Rande wähnte, und den Schritt für unvermeidlich, für unabwendbar hielt, der ihn zerschmettert in die Tiefe senden mußte.

Und wenn er dann wieder im Anfang, von einem Extrem zum andern überspringend, jeder Gefahr entrissen, mit jedem Wunsch erfüllt, in einem förmlichen Taumel von Wonne und Seligkeit der neu gefundenen Rettungsbahn, die ihn nun durch blumige Auen führte, wie im Traume folgte, verlor sich doch endlich dieses Gefühl, das ihn auch wirklich sein Glück nur halb empfinden ließ, und mit dem vollen Bewußtsein dessen was er sich hier, in dieser wunderherrlichen Welt gewonnen, kehrte auch unendliche Ruhe und Seligkeit ein in sein Herz — eine Ruhe die sein Weib unsagbar glücklich machte und ihrer Brust letzte, durch die anderen Protestantischen Geistlichen wachgerufenen Zweifel und Befürchtungen beschwichtigte und widerlegte, daß sich der unstete Geist des jungen Mannes so leicht und vollständig dem doch ganz neuen ungewohnten, und gewissermaßen abgeschlossenen Leben dieser Inseln fügen werde.

Wie aber der Wirkungskreis ein weiterer war, den er hier fand, so zeigte sich auch bald das Leben ein ganz anderes, als in dem stillen, abgeschlossenen Atiu. Tahiti, und auf ihm Papetee schien der Mittelpunkt des Handels und Verkehrs für die südlich vom Aequator gelegenen Inselgruppen werden zu wollen, und gerade in letzter Zeit hatten sich mehre Amerikanische wie Französische Familien hier niedergelassen, die den gesellschaftlichen Verhältnissen dieses kleinen Inselstaates einen neuen, bis dahin noch nicht gekannten Aufschwung zu geben versprachen. René dessen liebenswürdiges Benehmen ihm leicht die Herzen derer gewann, mit denen er in Berührung kam, trat bald darauf mit einem der Amerikaner sowohl wie den Franzosen in Geschäftsverbindung, und fand sich auf das Herzlichste bei ihnen eingeführt. Den Frauen besonders lag daran einen geselligen Verkehr auf diesem abgelegenen Punkt zu eröffnen und zu erhalten, und sie hörten kaum daß René verheirathet sei, als sie auch fest entschlossen waren ihn aufzusuchen und mehr an sich und ihr Haus zu fesseln.

René, der recht wohl fühlte daß er sich mit der stärkeren Bevölkerung der Insel, wenn sich besonders noch mehr Europäer herüber zogen, einem mehr geselligen Leben nicht ganz würde verschließen können, ja verschließen mochte, hatte schon seit einiger Zeit angefangen Sadie darauf vorzubereiten, und zum ersten Mal störte ihn hierin ihre ungezwungene Tracht, die dem Klima wie der freien Bewegung des Körpers doch so angemessen war. In den Kreisen in denen er sich aber in einem mehr geselligen Leben bewegen mußte, wäre dieselbe jedenfalls, wenn nicht geradezu ein Hinderniß, doch oft ein Stein des Anstoßes geworden. Allerdings fürchtete er im Anfang diesen Punkt bei Sadie zu berühren — es konnte sie kränken wenn sie glauben möchte sie gefiele ihm weniger jetzt in dem bunten flatternden Tuch, als früher in der ersten Liebe Zeit; aber Sadie war viel zu vernünftig nicht einzusehen, wie sie mit dem Gatten in einen anderen Wirkungskreis getreten wäre und sich dem anzuschmiegen hätte. Die liebe kleine Frau schüttelte wohl anfangs darüber lächelnd den Kopf, aber die neuen Kleider standen ihr vortrefflich, und mit dem, ihren Landsleuten eigenen Scharfblick fügte sie sich so leicht nicht allein in die Tracht, sondern auch in das ganze Neue und Fremde, das dieselbe mit sich brachte, als ob sie von Kindheit an darin aufgezogen gewesen wäre, und nicht erst hätte Alles abwerfen müssen was uns durch Gewohnheit und Sitte aus unserer Jugend noch fast zur andern Natur geworden, und mit unserm inneren Selbst verwachsen ist.

Störend allein griffen manchmal, wenn auch selten, die kirchlichen und dadurch wieder politischen Verhältnisse der Inseln in das Leben der Glücklichen ein, denen sich René selber am liebsten ganz entzogen hätte, wenn ihn eben die Geistlichen in Frieden gelassen. Die Protestantischen Missionaire hielten es aber für ihre Pflicht (ein entsetzliches Wort solcher Herren) die junge, im rechten Glauben erzogene und unglücklicherweise in die Hände eines Ungläubigen gerathene junge Frau, unaufhörlich vor dem Abgrund zu warnen an dem sie stehe, und ihr alle die Schrecknisse vor zu halten die sie erwarteten, wenn sie dem von ihrem Gatten betretenen Pfade folge. Auch das Kind mußte ja dem rechten Glauben erhalten werden, und so bereitwillig sich René, um nur Ruhe von Außen und Frieden im Hause zu haben, allen verlangten Ceremonien fügte, die für unumgänglich nöthig gehalten wurden dem kleinen unschuldigen Erdenbürger eine einstige Seligkeit zu sichern, so mußte er doch zuletzt entschieden gegen einen Theil dieser Menschen auftreten, die in seinem Haus anfingen wie in einem Taubenschlag aus und ein zu fliegen, und auf dem besten Weg waren der armen Frau den Kopf zu verdrehen, und sie melancholisch und unglücklich zu machen.

Von den Geistlichen war nur Einer, mit dem er sich gewissermaßen befreundete, und zwar eigenthümlicher Weise gerade Einer der
eifrigsten und entschiedensten der ganzen Gesellschaft. Bruder Nelson lebte und webte nur in seiner Mission und behandelte seinen Beruf mit einer Aufopferung, die ihn stets zuletzt an sich denken ließ,
und Belohnung nur wieder allein in dem Erfolg suchte und fand, den
er dem alleinigen Gott, seiner Meinung und Ueberzeugung nach, er-
rang. Ruhig und fest arbeitete er aber auch ohne Uebertreibung, ohne
jenen blinden Eifer an der Besserung und Bekehrung seiner Mitmen-
schen, und gehörte vor allen Dingen nicht zu jener tollen Schaar die
mit dem Wahlspruch »ein Tröpfchen Glaube sei besser wie ein ganzes
Meer voll Wissen« das Volk nur für ihre Worte und Formeln fanatisi-
ren wollen, und Sinn und Verstand dabei, mit einem verklärten Blick
nach oben, unter die Füße treten.

René unterhielt sich gern und oft mit ihm, selbst über religiöse
Punkte und noch mehr und gewaltigern Stoff zur Unterhaltung, aber
auch zugleich dabei zu einer neuen Besorgniß, die seinen Eifer ihr zu
begegnen nur noch mehr anstachelte, erhielt der ehrwürdige Mr. Nelson in einem neuen Gast des Hauses, der anfangs nur selten kam, sich
aber bald dort wohler fühlte und häufiger da gesehen wurde als den
übrigen Missionairen, die schon das Schlimmste fürchteten, lieb sein
mochte.

Es war dies Einer der Katholischen Priester, denen natürlich daran gelegen sein mußte vor allen Dingen unter ihren Landsleuten festen Fuß zu fassen, von denen aus sie ihre Lehre verbreiten und den
Ketzern den schon fast sicher geglaubten Sieg entreißen konnten. Vater Conet hatte den jungen Franzosen und Landsmann aufgesucht,
und trotzdem daß er von diesem, der nicht mit Unrecht dadurch den
religiösen Kampf über seine eigene Schwelle zu ziehen fürchtete, im
Anfang etwas kalt empfangen und aufgenommen wurde, sich so liebenswürdig betragen, und sich so fern auch selbst von jedem Schein
eines Bekehrungsversuches gehalten, daß René bald in ihm nur den
lieben, ihm herzlich willkommenen Landsmann sah. Selbst Bruder
Nelson, der mit ihm einige Male da zusammentraf und es zuletzt unmöglich fand im Gespräch das was ihnen beiden so nahe lag, die Religion ganz zu vermeiden, lernte ihn mit jedem Tage mehr als einen
durchaus gebildeten, anständigen Mann kennen, daß er nicht allein
Nichts mehr gegen seine Besuche des Hauses einzuwenden hatte,

sondern sie im Gegentheil anfing gern zu sehn und absichtlich ein und dieselbe Stunde mit dem katholischen Priester wählte, ihn dort zu treffen.

Unter den übrigen Geistlichen hatte aber, nichtsdestoweniger daß Bruder Nelson das Haus besuchte, der überhaupt lange nicht als entschieden und orthodox genug unter ihnen galt, mehr und mehr der Verdacht Wurzel geschlagen, daß der katholische Priester wirklich die heimliche Absicht habe, die junge Frau schon aus den Armen der rechtgläubigen Kirche herauszureißen und der seinigen zuzuführen, und der Ehrwürdige Bruder Dennis, der fanatischeste unter den Fanatikern, fühlte sich vor allen anderen dazu berufen, für die junge Christin wie ihr Kind als Kämpfer aufzutreten.

Mehrmals trafen sich hierauf die beiden Geistlichen, Bruder Dennis und Conet in René's Wohnung, selbst während dessen Abwesenheit; Bruder Conet fand aber bald welch ein anderer Geist diesen Mann beherrsche wie den ehrwürdigen Nelson, und vermied sorgfältig auch nur die mindeste Begegnung mit ihm auf geistlichen Gebiet unter dem, ihm befreundeten Dach. Artig aber entschieden wieß er den wieder und wieder gebotenen Kampf zurück. René erfuhr das auch, und gewann ihn dadurch um so lieber; vergebens bat er aber den frommen Mr. Dennis dagegen, von solchen Versuchen bei ihm abzustehn, da erstens nicht einmal die geringste Gefahr irgend eines Glaubenswechsels für Sadie vorhanden sei, ja die Frau sogar viel schwärmerischere Ideen bekam, als ihm schon lieb war, und er auch nicht gern sein häusliches Glück dem Zwiespalt opfern wollte, der die ganze Nation zu verschlingen drohte. Der fromme Geistliche hatte höhere Pflichten als gegen die Menschen und ihr häusliches Glück — er hatte Pflichten gegen Gott und denen mußte er folgen, gleichviel wohinaus sein Weg ihn führte. Der Allmächtige hatte ihn und seine Brüder jenem glorreichen Beruf erwählt, Sein Wort, Seine Lehre, den Heiland der Welt und den Heiligen Geist den Heiden dieser Seeen zu bringen und jubelnd in dem Gefühl — jubelnd in der Seligkeit der Ueberbringer so froher Botschaft für die Verlorenen zu sein, schritt er vorwärts, das Kreuz in der gehobenen Rechten. Wohl lauerte der Feind jetzt mit einem trügerischen Schatten desselben Kreuzes die schon fast Geretteten von der richtigen Bahn wieder abzulenken; schon streckte er die gierige Teufelsfaust aus, und Gefahr drohte der kleinen Schaar der Rechtgläubigen von allen Seiten; aber fest und unerschrocken wandelten sie, die von Gott Beauftragten, ihre Bahn. Ihr Loos war ein schweres, ihr Ausgang ein zweifelhafter, aber sie zögerten nicht in dem begonnenen guten Werk, und Gott, der die Herzen der Menschen sah und ihre innersten Thaten, würde sie einst richten, ob sie recht gehandelt hätten vor Seinem Angesicht.

Bruder Nelson fühlte und achtete den Grund, der den französischen Priester bewog mit dem fanatischen Geistlichen keinen religiösen Kampf zu beginnen, was nur in offener Feindseligkeit enden konnte, ja diesen Weg schon mehremal, selbst ohne Entgegnung, durch des frommen Mannes Heftigkeit zu nehmen gedroht hatte. Er machte auch seinem Collegen darüber mehrmals freundliche Vorstellungen, die dieser aber nur heftig erwiederte, und in René's Wohnung war es solcher Art schon mehrmals zwischen den beiden befreundeten Geistlichen selbst, was der Katholik stets vermieden hatte, zu, wenn nicht feindlichen, doch sehr lebhaften und jedenfalls für die Zuhörer unangenehmen Auftritten gekommen.

René hätte sich Sorgen machen können, des aufsteigenden Wetters wegen, aber sein leichter fröhlicher Sinn ließ das auch leicht an sich vorübergehn, und zog's ihm auch manchmal die Stirne kraus, ein Blick auf sein trautes Weib, glättete sie rasch wieder, und ein Lächeln ihres Mundes trieb ihm wie fröhlicher Sonnenschein durch's Herz.

Die ehrwürdigen Herren Nelson und Dennis hatten denn auch, nur wenige Tage nach der Versammlung, wieder einmal in René's Wohnung eine sehr ernste Debatte gehabt, in der der letztere, wie gewöhnlich, Sieger geblieben, das heißt das letzte Wort behalten, und Sadie war zum ersten Mal traurig geworden daß René über Beide lachte, und überhaupt die Sache, die doch auch seinen Gott betraf, so entsetzlich leicht nehmen wollte. Die Geistlichen hatten lange das Haus verlassen, der, schon vorher beschriebenen Versammlung beizuwohnen, und René und Sadie saßen jetzt, Hand in Hand, die junge Frau das wirklich sorgenschwere Haupt an des Gatten Schulter gelehnt, vor ihrem Haus, während die kleine Sadie in dem Schooß der Mutter lachte und strampelte, und des Himmels Blau in ihren klaren großen Augen wiederspiegelte.

»Und bist Du noch bös auf mich, Sadie?« flüsterte René nach einer langen langen Pause, in der er seine Lippen an ihre Stirn gepreßt gehalten.

»Bös, auf Dich, René?« sagte die Frau, und schüttelte wehmüthig lächelnd mit dem Kopf — »ich glaube nicht daß ich bös auf Dich werden könnte. — Das ist auch ein gar trauriges schmerzliches Wort; nur ein wenig — nur ein ganz klein wenig weh hast Du mir gethan — aber es gereut mich schon daß ich Dir Vorwürfe darüber gemacht. Du hattest es sicher nicht so gemeint, wie ich thörichtes Kind es aufgenommen; — ich muß Dir auch gestehen — «

»Und was, meine Sadie?«

»Schilt mich eine Thörin,« sagte Sadie, »ich hab' es verdient, aber — mir war es immer als ob Du auf Seiten der fremden Priester ständest, wie Du lachtest, und das, das gerade gab mir einen ordentlichen Stich durch das Herz, und das — das glaub' ich auch, war, was mir eigentlich weh dabei gethan.«

»Das sollte es wahrlich nicht, Du treues Herz,« sagte René gutmüthig, »aber komisch ist es doch wahrlich manchmal, daß Menschen, sonst ganz vernünftige mit ihren fünf Sinnen begabte Menschen wie unser Freund Dennis zum Beispiel, in mir unbegreiflicher Verblendung nicht allein behaupten können, nein auch fest davon überzeugt sind, daß nur sie allein den »schmalen dornenvollen Pfad« gefunden haben und wandeln, der direkt zu Gottes Seligkeit führt.«

»Und wenn sie recht hätten?«

»Liebes Herz!«

»Nein René, nein!« sagte Sadie rasch, sich fester an ihn schmiegend, »ich will nicht streiten mit Dir über den Weg des Heils, aber Du mußt auch nachsichtig mit mir sein, denn wenn ich mich ängstige und sorge ist es ja doch nur Deines, des Kindes wegen.«

»Sieh nun, Sadie,« sagte René nach einer kleinen Pause, in der er sie fest in seinen Arm geschlossen, »Ihr zürnt den fremden Priestern meiner, oder vielmehr der Römisch katholischen Religion, daß sie den Streit und Unfrieden auf Euere Insel gebracht hätten, und zum Theil hast Du recht; aber wäre es möglich gewesen die katholische Religion ganz fern von diesen Gruppen zu halten, wo mehr und mehr Fremde sich ansiedelten, deren Religion allein doch kein Grund sein konnte sie zurückzuweisen? ja hatten die Protestantischen Missionaire vor Gott ein Recht ihr Sektenthum allein als das wahre und richtige hinzustellen?«

»Vor Gott und den Menschen, ja!« sagte rasch und eifrig Sadie, »denn ihr Leben haben sie daran gesetzt diesen Inseln die wahre Religion zu bringen, und würden sie das gethan haben, wenn sie gerade ihre Religion nicht für die wahre, allein wahre hielten, ja wenn sie nicht fest überzeugt gewesen wären daß sie es sei? — Welchen bessern Beweis konnten jene Männer geben, als daß sie Gut und Blut für ihren Glauben einsetzten?«

»Gut und Blut,« sagte René achselzuckend, »das klingt wie viel und ist wenig, dasselbe thut der gewöhnlichste Matrose auf jeder Reise — wir wollen Alle leben. Aber wir haben darüber schon gesprochen meine Sadie, und gerathen da auf ein gefährliches, viel viel lieber zu vermeidendes Feld. Der Einzelne kann mir auch lieb und werth sein, ohne daß ich gerade das Princip des Ganzen anerkenne, wie Du ja selber auch den würdigen Vater Conet seines achtungswerthen Betragens, wie seiner gesellschaftlichen Tugenden wegen lieb gewonnen hast, während Du doch sonst gewiß in jeder Hinsicht seine Gegnerin bist.«

»Ich begreife das überhaupt nicht,« sagte Sadie leise — »er ist auch gar nicht wie ein katholischer Priester — «

»Weil Du Dir diese Klasse Menschen eben gedacht hast wie sie Dir von Bruder Rowe und Consorten geschildert wurde. Bei vielen trifft deren Bild, ich habe Nichts dagegen, aber nicht bei Allen, nicht bei der Mehrzahl, und — wir sollen nie von einem Menschen das Schlechteste denken, Sadie. Doch guter Gott, wohin verirren wir uns? — ist das ein Gespräch für Mann und Weib mit dieser Welt um uns her, und dem herzigen süßen Wesen da zwischen uns, daß Dich zupft und ruft und die Mutter schon lange ablenken will von den düsteren Gedanken, die ihr so nutzlos die Seele umlagern und — so nutzlos hineingepflanzt sind in den reinen treuen Boden? Wetter noch einmal Sadie, Bruder Dennis ist mir ein lieber seelensguter Mann, ein Mann den ich achte und verehre, weil ich fühle wie eben Alles bei ihm feste innige Ueberzeugung ist, was er spricht — selbst wenn er Unsinn — nein mein Lieb, ich meine es ja nicht so schlimm, er soll mir Dir nur nicht solche Grillen und Gedanken in's Herz pressen, und zwingt er Dir noch einmal die Thräne in's Auge, dann — dann — «

»Und dann?« frug Sadie, und unter Thränen vor schaute ihr Blick lächelnd zu ihm empor — »und dann?«

»Wettermädchen, Du machst mit mir doch was Du willst!« rief René, sie an sich ziehend und küssend — »ich verlange ja auch Nichts mehr auf der weiten Gottes Welt, als daß sie uns unsern Frieden lassen, ungestört und heilig, wie wir ihn — «

»Hahahahaha,« klang in diesem Augenblick eine silberreine

Stimme zu ihnen herüber, und als sie überrascht aufschauten, sprang eines der eingeborenen Mädchen, das sie hier auf Tahiti kennen gelernt, und trotz ihres wilden Wesens, in dem ein treues Herz verborgen lag, lieb gewonnen, über die niedere Umzäunung, die den Nachbargarten von ihnen trennte, und kam auf sie zu.

Es war ein junges Ding von siebzehn Jahren vielleicht, und ganz in die dünne luftige Tracht jener Mädchen gekleidet, mit kurzem pareu oder Lendentuch, und leichtem Kattun-Ueberwurf über die Schultern, gerade wie René Sadien zum ersten Mal gesehen. — Aber die dunklen, mit wohlriechendem Oel reich getränkten Locken schmückte ein künstlich geflochtener Kranz von rothen Blüthen, mit den schneeigen Fasern der Arrowroot durchwebt, und der Blick mit dem sie das junge Paar begrüßte ruhte keck, ja fast höhnisch auf der liebenden Gruppe.

Aia war schön, schön wie die Palme ihrer Wälder, die lichtbronzene Haut in ihrer Färbung eher eine Zierde zu nennen, und die Gestalt voll und üppig, und doch schlank und elastisch; aber die weiche schwärmerische Gluth fehlte ihr, die den Zügen ihrer Landsmänninnen einen so eigenthümlichen Reiz verleiht, und auch das Mädchenhafte, ohne die der Schmelz abgestreift ist von jeder weiblichen Schönheit. Keck und zuversichtlich blitzte ihr Auge umher, den begegnenden Blick ertragend und besiegend, und ein eigenes bitteres, fast verächtliches Lächeln, das ihre Lippen dabei umspielte, diente nicht dazu dessen Ausdruck zu mildern.

»Joranna Sadie — Joranna René,« lachte sie, mit verschränkten Armen vor der Gruppe stehen bleibend und sie betrachtend — »Joranna Ihr Beiden — hahaha — sitzt Ihr nicht da, als ob Dir René erst vor kaum einer Stunde seine tollen Liebeslügen in's Ohr geflüstert, und Ihr nun alle Beide die Ueberzeugung hättet, Ihr könntet nicht leben ohne einander? — bah, bah, wie lange wird's noch dauern? — Aber wundern soll's mich doch, und hätt' ich früher daran gedacht, Sadie, hättest Du mir auch von dem Pulver geben müssen, das Du ihm in die Cocosmilch geschüttet — vielleicht löge mir jener falsche Wi-wi jetzt auch noch vor, daß ich die Schönste sei auf den weiten Inseln, und er sterben müsse, wenn ich ihn nicht mehr lieben wolle. Hahahahaha, s'ist wahrhaftig zum toll werden wenn man an solche Zeit zurückdenkt, und sich das Alles dann immer und immer wieder vor den eigenen Augen erneuen sieht; ja und immer und immer wieder Thörinnen findet, denen der Hochmuthsteufel tief genug im Herzen steckt sich allein für unverlaßbar zu halten. — Aber Joranna; Ihr seid unverbesserlich, und wenn er erst fort ist, Sadie, will ich Dich auslachen, wie Du es verdienst.«

Sie warf die Locken von den Schläfen zurück, und wollte nach dem Strand hinunter eilen, als René's Entgegnung sie zurückhielt.

»Du hast unrecht, Aia,« rief er ihr nach, »doppelt Unrecht, hier gerade in beiden Nachbarhäusern. Sieh Lefevre an und Aumama, länger noch als wir sind sie verheirathet mitsammen, haben zwei liebe Kinder und denken gar nicht daran sich zu trennen.«

»Denken nicht daran sich zu trennen?« rief Aia, die bei den ersten Lauten schon stehen geblieben war, und den Kopf mit einem spöttischen, fast feindlichen Lächeln dem Redner zugewandt hatte — »denken nicht daran sich zu trennen? ja Du hast recht — wer weiß ob Du nicht noch früher dein Canoe wieder aus den Riffen steuerst als er — aber Le-fe-ve hat sich schon blind gesehen in ein paar andere Augen. Schüttle nicht mit dem Kopf, Wi-wi wenn Du mir nicht widersprechen kannst; reiß ihm das Kleid auf und lege dein Ohr an sein Herz — für wen schlägt's? — bah — so viel für Euch!« und sie schlug trotzig mit der flachen Hand ihre Lende.

»Aia — komm her zu mir und setze Dich zu mir,« sagte Sadie jetzt mit leiser, bittender Stimme. »Sei nicht so bös und ärgerlich, wir haben Dich lieb hier, und Du meinst es doch nicht so arg, wie Du es sprichst.«

»Mein ich nicht?« sagte das Mädchen noch immer halb trotzig und abgewandt, aber doch schon mit viel leiserer, milderer Stimme, als die sanften, bittenden Laute ihr Ohr trafen — »mein ich nicht? und woher weißt Du's, Sadie? — ich hasse Euch Alle miteinander, und wohl, oh entsetzlich wohl soll mir's thun, wenn Ihr Alle — Alle so unglücklich werdet — so — wie — « sie wandte rasch den Kopf ab von Sadie, aber es war nur ein Moment.

»Aia!« rief Sadie, so bittend, so herzlich — Aia stand zögernd, Trotz und Zorn und Schaam hielten noch die Oberhand in ihrem Herzen, aber nicht im Stand sich zu verstellen, gewann das bessere Gefühl, mit dem einmal aufgerüttelten Schmerz die Oberhand, und mit wenigen Schritten an ihrer Seite, kauerte sie neben ihr nieder, barg das Antlitz an ihrem Schooß und flüsterte leise unter ausbrechenden Thränen:

»Du bist gut, Sadie, gut wie — wie — ich habe keinen Vergleich mehr, denn unsere Götter haben sie uns auch genommen und die ihrigen sind falsch — falsch wie sie selber. Aber ich bin viel zu schlecht für Dich, viel zu schlecht; Aia darf Dir nicht mehr in's Auge sehen — und doch hatten Deine Lippen noch nie einen Vorwurf für sie.«

»Armes Mädchen,« sagte die junge Frau leise und theilnehmend, und suchte ihr Haupt zu sich aufzuheben, aber die Weinende wehrte sie ab, und schlang den Arm nur fester um ihren Leib, sich ihre Stellung zu wahren.

René hatte sie mitleidig eine Zeitlang betrachtet, dann legte er seine Hand auf ihre Schulter und sagte leise:

»Bleibe bei uns, Aia, gehe nicht wieder nach Papetee, sondern bleibe bei Sadie. Wir haben Brodfrucht und Fisch für Dich, und eine Matte darauf zu schlafen, und Dein Kleid soll nicht schlechter sein, als Du es bis jetzt getragen — Sadie braucht eine Hülfe« fuhr er freundlich fort, als er sah wie diese den Kopf der vor ihr Knieenden streichelte, und sie liebkosend an sich zog, »und Du wirst recht, recht willkommen sein, hier im Haus.«

»René hat recht,« unterstützte die Bitte sein Weib, »geh nicht wieder nach Papetee — deine Mutter ist todt und dein Vater weit auf den Inseln zu Leewärts drüben; meide die Stadt, die Dir nur Unheil bringt und Fluch und Leid, und bleibe bei mir. Es wird Dich nicht gereuen und Du wirst wieder froh und glücklich werden unter uns.«

»Und die Mi-to-na-res?« sagte das Mädchen leise.

»Werden die Reuige gern und liebend in ihren Schutz und Schirm nehmen und ihr die Sünden vergeben, wie Gott einst gnädig auf uns niederschauen möge,« sagte Sadie rasch und freudig, denn in der Frage schon lag eine Zusage ihrer Bitte. Aia lag noch lange an der Gespielin Schooß und ihre Thränen schienen rascher zu fließen, als eine laute Männerstimme fröhlichen Gruß durch die Hecke blühender Akazien rief, die den Garten von der Straße trennte.

»Ah Lefevre,« antwortete René, »wie geht es Euch, Nachbar, und kommt Ihr nicht herüber?«

»Gleich, gleich,« lautete die Antwort, und sie hörten wie der junge Franzose draußen noch mit Jemanden sprach und ihm Aufträge gab.

Aber auch Aia hatte sich rasch und wie erschreckt emporgerichtet, und die Locken aus der Stirn, die Thränen aus dem Auge werfend wandte sie sich, als ob sie den Platz fliehen wollte; Sadie aber ergriff rasch ihre Hand und sagte leise und bittend:

»Gehe nicht fort von hier, Aia, bleibe bei uns.«

»Nein nein,« rief aber das Mädchen und Sadie konnte sehen welchen Seelenkampf es ihr kostete die Bitte auszuschlagen, den stillen Frieden ihrer Wohnung zu verschmähn und allein und freundlos in dem wilden Leben fortzustürmen, »nein ich kann — ich darf nicht bei Dir bleiben — ich verdiene es nicht — ich bin bös und schlecht geworden, und deines Gottes Fluch würde mich von der Schwelle treiben, auf der jetzt noch Dein Glück und Frieden weilt — aber« setzte sie wilder hinzu, und ihr Auge blitzte in unheimlicher Gluth nach René hinüber, »wenn sie Dich Alle verlassen haben, und Du allein und freundlos in der Welt stehst — wie ich jetzt — dann wird Aia an deiner Seite sein, und Dir für das freundliche Wort danken, das Du heute zu ihr gesprochen. Dann wollen wir lachen und tanzen und zusammen in's Leben stürmen, aber nicht mehr klagen und weinen. — Den faï über die Thränen — sie waschen den Schaum von der Seele des Menschen, daß man hinunter sehen kann bis auf den Grund — und der Fischer lacht doch nur, der darüber hinfährt.«

»Du hast vielleicht Ursache Einem von uns zu zürnen, Aia,« sagte aber René, der wohl sah welchen schmerzlichen, ja peinlichen Eindruck die Worte auf seiner Sadie Seele machten, »und schmähst jetzt ungerecht das ganze Geschlecht. Du wirst uns in späteren Jahren Abbitte thun.«

»Werd' ich — ha? und Le-fe-ve auch, wie?« — lachte das Mädchen zornig und deutete mit dem ausgestreckten Arm nach dem, eben den Garten betretenden Franzosen.

»Hallo Aia!« rief ihr dieser zu, »summt die wilde Hummel auch wieder ihr Lied auf unserer Flur? — ha, Du hast Thränen im Auge Mädchen? — geh, Du bist ein schwarzer Vogel und prophezeihst nur Unheil.«

»Es bedarf keines Propheten,« sagte aber das Mädchen zürnend, indem sie sich abwandte und das Schultertuch fester um sich zog — »Jeder von uns kann leicht vorhersagen daß die Sonne morgen früh wieder über die Berge kommt, wenn sie am Abend hinter Morea [B] in die See gesunken. — Fort mit Euch, Ihr habt süße Worte auf der

Zunge, und Gift, tödtliches Gift im Herzen — fort, Aia kennt Euch — fort!« — und ohne Gruß noch Blick zurückzuwerfen, schritt sie den schmalen Pfad hinab, der nach dem unteren Pförtchen führte und war bald in der sogenannten broomroad, dem gebahnten Weg nach Papetee, verschwunden.

Sadie sah ihr seufzend nach und auch René konnte sich eines unheimlichen Gefühls nicht ganz erwehren.

»Joranna René, — ah bon jour Madame,« rief aber Lefevre der wohl den peinlichen Eindruck zu verwischen wünschte, den die Worte des wunderlichen Mädchens unverkennbar besonders auf Sadie gemacht, »hat Ihnen Aia den schönen Abend verderben wollen? — es ist ein albernes Ding, und darf mir gar nicht mehr über die Schwelle, denn Aumama weint jedes Mal, wenn sie nur den Fuß unter das Dach gesetzt.«

»Sie ist arm und unglücklich,« sagte Sadie.

»Ach — sie verstellt sich,« entgegnete mürrisch Lefevre — »und trägt wahrscheinlich selber mit die größte Schuld ihres Leid's. Wir armen Teufel sollen's dann immer allein verbrochen haben, nicht wahr René? — Doch, was ich gleich sagen wollte; gehen Sie mit nach Papetee? — die ehrwürdigen Protestantischen Herren haben da wieder eine Zusammenkunft, heut Nachmittag, und wie das Gerücht geht beabsichtigen sie den Beschluß ernster Maßregeln, jeden Französischen Einfluß, und mit ihm vielleicht auch gleich wieder die Französischen Priester, die ihnen ein Dorn im Auge sind, von sich abzuschütteln.«

»Die Missionaire« — sagte René rasch, fuhr aber gleich darauf langsamer fort, »sind wackere und brave, aber kurzsichtige Männer, sie glauben das Heft jetzt in Händen zu haben und spielen so lange damit bis es ihnen unter den Fingern wegschlüpft — sie sollten sich nicht in die Politik mischen.«

»Was sagt Mr. Nelson dazu?« frug Lefevre.

»Er hält die Ankunft der Katholiken auch für ein Unglück für die Inseln, ist aber mit den Gewaltsmaßregeln unzufrieden die man dagegen ergreifen will; doch was kann der Einzelne gegen die ganze Schaar ausrichten.«

»Und gehen Sie mit nach Papetee?«

»Was sollen wir dort? – herbe Reden hören, die uns vielleicht ärgern und zu Gegenreden treiben? – ich habe keine Freude an der Sache, und sehe das Leid und Elend schon vor Augen das daraus entspringen wird und muß.«

»Aber wir mögen vielleicht noch Manches mildern was geschehen könnte. Mörenhout ist ein vernünftiger Mann, und wird nicht zu weit gehn.«

»Was kann Mörenhout thun?« sagte René achselzuckend – »so wie die Missionaire unter dem Schutz eines Englischen Kriegsschiffes stehn, und so lange das im Hafen liegt, daß sie sich sicher fühlen, haben sie das Wort, und wir kennen sie doch dahin gut genug, zu wissen, wie sie das gebrauchen. – Aber ich gehe mit, wir haben dann wenigstens unsere Pflicht gethan, und uns selber nichts vorzuwerfen. Ich komme bald wieder zurück, Sadie,« sagte er sich niederbeugend und ihre Stirn küssend.

»Bleibe nicht so gar lange aus heut',« bat die junge Frau ihn, leise flüsternd, und die Kleine noch auf dem Knie haltend, die erst die Aermchen um den von ihr Abschied nehmenden Vater geschlungen, sah sie den Männern lange und schweigend nach.

Aber Aia's Worte hatten doch trübe und schmerzliche Gedanken in ihrer Seele wach gerufen. Nicht für das eigene Glück fürchtete sie dabei; so keck und leicht René auch immer in das Leben stürmte, so treu war er sich geblieben, was sie betraf, von erster Stunde an wo er sie gesehen, und das Kind, das er mit unendlicher Zärtlichkeit liebte, schlang die Bande des Herzens ja noch fester um sie. Aber das wilde Leben der Insel selber; die ihr feindlich dünkende Religion, die weiter und weiter um sich zu greifen drohte, und viel, so entsetzlich viel von dem verwarf, was ihr bis dahin der Seele Heiligstes gegolten; der Unfrieden dabei zwischen den eigenen Lehrern, die Vorwürfe, die von den Missionairen ihrem alten Vater o so ungerecht gemacht wurden, der Römischen Kirche mehr als mit seiner Stellung verträglich zugethan zu sein, wie er denn auch selbst das einzige Wesen das ihm näher stand, einem Katholiken zur Frau gegeben; ja selbst René's Gleichgültigkeit gegen einen Kampf, der doch die heiligsten Interessen ihrer einstigen Seligkeit betraf, das Alles zog ihr in trüben ängstigenden Bildern an der Seele vorüber. – Und dabei hatte ja die arme Aia recht mit so vielen Anderen; wohin sie dachte schrak sie vor dem wilden Treiben zurück, das lockere Bande schlang um Europäer und Insulanerinnen, und sie losließ, wie es dem Augenblick gefiel. Ob das

Herz darüber brach, oder die Verlassene in Schmerz und Trotz Entschädigung, Vergessen suchte in wilder lasterhafter Lust; die Welle des flüchtigen Tages schlug über ihr zusammen, und die nächste Sonne hatte vergessen was sie gestern beschien in Lieb und Treue.

»Mein schönes Atiu,« seufzte sie da leise vor sich hin — »Du lieber, lieber Platz an dem freundlichen Strand — Deine Palmen so grün, Deine Früchte so süß — Atiu. Und der alte kleine Mi-to-na-re da am Haus, der so oft hier herüberdenkt an seine kleine Pu-de-ni-a, die jetzt — aber nein, nein, nein, René fühlt sich wohl hier und glücklich in der, seine Thätigkeit fordernden Welt, und einst kommt denn doch wohl die Zeit, wo er sich wieder zurücksehnt nach jenem stillen Ort unseres ersten, seligsten Glücks — nach Atiu. — Und die Zeit wird wieder kommen,« setzte sie nach einer kleinen Pause zuversichtlich hinzu, »noch hab' ich nicht für immer Abschied genommen von all den liebgewonnenen Stellen, von den guten Menschen — ich weiß nur nicht ob ich mich so recht herzlich darauf freuen soll — oder davor fürchten. Ach es ist ein recht recht böses Ding um das arme Menschenherz!«

Fußnoten:

[B]   Die Indianer nennen die Insel Imeo meist Morea.

Capitel 3

Der Besuch — Aumama

Sadie saß noch lange träumend da, und ihrem regen Geist tauchten bunte und oft wunderliche Bilder auf, wie sie das Herz sich wohl ausmalt in müßigen Stunden, sinnend und grübelnd ihre Farben schaut, und sich vorspricht daß sie leben und sind — bis sie in Dunst zerfließen, anderen, bunteren vielleicht, Raum zu geben. Aber die Kleine scheuchte ihr bald die Wolken von der Stirn — wenn es wirklich Wolken gewesen, die ihrem sonst so heiteren Antlitz jenen ernsten Schatten gegeben — und mit dem Kinde kosend und spielend kehrte das Lächeln auf ihre Lippen zurück, und sie war bald wieder das heitere frohe Kind des Waldes, dem Gott in seiner unendlichen Vaterhuld alle Wünsche erfüllt, alle Tage gesegnet hatte, und das sich nun auch des heiteren Sonnenlichts freute, in Glück und Dankbarkeit.

»Hat mir das böse arme Mädchen doch selber fast das Herz schwer gemacht eine ganze Stunde lang,« sagte sie lachend, und das Kind dabei herzend, — »hat uns Steine in den klaren See geworfen, meine Sadie, und das Wasser getrübt, bis an den Rand hinauf. Aber nun wollen wir auch wieder lachen und singen und fröhlich sein, bis Papa zurückkommt und sich freut mit mir, an meinem kleinen lieben Töchterchen. Horch, was ist das? — hörst Du mein Kindchen, wie das trappelt und trappelt da draußen? — das buaa a fai tatatu [C] klappert vorbei und Sadie — aber was ist das?« unterbrach sie sich rasch und fast erschreckt, als näher und näher gekommenes Pferdegetrappel plötzlich an ihrer Pforte hielt, und sie Stimmen vernahm — »Fremde hier draußen bei uns? — Was für ein wildes reges Leben diese fremden Männer doch auf unsere stillen Inseln gebracht haben,« setzte sie dann langsamer und kopfschüttelnd hinzu, »und lärmend und lachend sprengen sie Wochentag wie Sabbath die Straßen entlang, sich nicht mehr um den heiligen Tag ihres eigenen Gottes kümmernd, als ob das Glockengeläute dem Oro oder Taua gälte. Auf Atiu war es doch stiller und friedlicher, und wenn wir dort — ha, ich glaube wahrhaftig die Leute wollen hier herein.«

»Dieß muß der Ort sein,« sagte jetzt plötzlich eine Frauenstimme draußen auf der Straße, in Französischer Sprache, die Sadie hatte, selbst in der kurzen Zeit, vollkommen gut und fließend von René sprechen lernen, »wären Sie meinem Rath vorhin gefolgt, Monsieur Belard, so hätten wir nicht ein paar Miles ins Blaue hinein zu galoppiren brauchen — steigen wir ab?«

»Jedenfalls, wenn es den Damen gefällig ist,« erwiederte eine Männerstimme, »er kann kaum irgend wo anders wohnen.«

Sadie die, ihr Kind auf dem Arm, auf einen kleinen Ausbau getreten war, von dem aus sie, durch einen dichten Busch des Cap-Jasmins verdeckt, die Straße vor der Thür gerade überschauen konnte, erkannte drei Damen und zwei Herren, alle zu Pferde, die an der Pforte hielten, jetzt abstiegen und den kleinen Hofraum, der zwischen der blühenden Akazienhecke und dem Hause lag, betraten.

Die Fremden suchten jedenfalls René, und Auskunft zu geben trat sie ihnen, das Kind nach dortiger Sitte auf ihrer linken Hüfte reitend, mit freundlichem Joranna entgegen.

»Ah, da ist ein Mädchen,« rief die eine Dame, die, das lange Reitkleid emporhaltend, nahe am Hause stehen geblieben war, und sich nach irgend einem lebenden Wesen, das ihr Rede zu stehen vermochte, schien umgesehen zu haben, »aber lieber Gott, Lucie, es ist eine Eingeborene, und mit meinem Tahitisch sieht es noch windig aus — ich kann noch weiter Nichts als Joranna und aita.«

»Ich spreche französisch, meine Damen,« unterbrach sie die junge Frau, leicht erröthend und die Kleine, die sich ängstlich an sie klammerte, der fremden Gesichter wegen, mit ein paar freundlichen Worten auf den Boden niedersetzend.

»Ah, Du sprichst in der That Französisch, Kind?« sagte die andere Dame, die von der ersten Lucie genannt war, erstaunt — »und noch dazu mit vortrefflicher Aussprache; sehr schön, dann kannst Du uns auch sagen ob Monsieur René Delavigne hier wohnt und Madame Delavigne zu sprechen ist.«

Sadie lächelte, denn sie fühlte recht gut wie sie die Fremden in ihrem einfachen Gewand für irgend ein Mädchen des Hauses hielten, und sagte mit einer leisen Neigung des Kopfes, während aber ein höheres Roth ihre Wangen und Schläfe bis auf den Nacken färbte und das liebe Antlitz noch reizender machte:

»Monsieur Delavigne wohnt hier allerdings, und Madame, oder Sadie Delavigne — «

»Ah, dann ist dieß wohl seine Tochter? — ein reizendes Kind!« unterbrach sie Madame Belard und kniete bei der Kleinen nieder.

»Und Madame Delavigne?« frug Mad. Brouard.

»Bin ich selber,« flüsterte Sadie mehr als sie sprach.

»Ah — mon Dieu — est il possible? — bless me!« waren die ersten erstaunten Ausrufe der Damen und Herren, denn so unerwartet kam ihnen die Entdeckung, daß René eine Eingeborene »zur Frau hielt,« selbst jeden schuldigen Anstand in diesen Ausrufungen zu vergessen, und Sadie fühlte das mehr, als sie es verstand, denn das Blut drohte ihr in diesem Augenblick die Adern der Schläfe zu zersprengen, und sie bog sich zu dem Kind nieder ihre Verlegenheit — wenigstens ihr Erröthen zu verbergen.

Die beiden Französinnen faßten sich aber rasch wieder, und wohl einsehend, welchen Verstoß gegen jede gute Sitte sie hier, allerdings nur in der ersten Ueberraschung, gemacht, traten sie auf Sadie zu, und begrüßten sie, ihr die Hände entgegenstreckend, in fast herzlicher Weise.

»Ah, da hat uns Freund Delavigne eine Ueberraschung aufgespart,« rief die erste Sprecherin, Madame Belard, lachend — »wir haben natürlich nicht vermuthen können, daß er schon so heimisch auf den Inseln geworden wäre. — So sein Sie uns herzlich gegrüßt, Madame und versichert dabei, daß wir trotzdem keine Unbekannte in Ihnen aufsuchten. Ihr Herr Gemahl hat uns schon so viel Liebes und Gutes von Ihnen erzählt — nur Ihrer Abstammung erwähnte er nicht, wahrscheinlich nur uns Ihre Liebenswürdigkeit so viel lebhafter empfinden zu lassen.«

Sadie athmete leichter auf; die freundlichen Worte, wenn sie ihren Sinn auch nicht gleich vollkommen faßte, thaten ihr wohl. Sie hatte sich vor einem ersten Zusammenkommen mit jenen fremden Frauen, von denen ihr René schon erzählt, und in deren Haus sie einzuführen er gewünscht hatte, schon lange gefürchtet; deren erstes Betragen hatte dann ebenfalls nicht dazu gedient sie zu beruhigen, und um so wohlthuender kam ihr jetzt die herzliche Anrede. Ihr einfach treues Herz kannte auch weder Falsch noch Verstellung, und die Worte nehmend wie sie ihr geboten wurden sagte sie, den Frauen beide Hände entgegenstreckend, und ihnen offen und freundlich dabei in's Auge schauend:

»René wird es recht recht leid thun daß Sie ihn nicht hier gefunden haben, aber sein Sie mir herzlich willkommen und ruhen Sie sich ein wenig aus bei mir, von Ihrem Ritt. Ich will die Kleine nur indessen

213

unter Aufsicht geben, und bin dann rasch wieder bei Ihnen.«

Die Damen wollten erst höfliche Einreden machen, und sprachen von »stören« und »beunruhigen«, Sadie führte sie aber lächelnd zu dem freundlichen Sitz am Strand, und bat sie dort niederzusitzen, während sie rasch mit dem Kind in das Haus eilte.

»Ein reizendes Frauchen,« sagte Monsieur Belard schmunzelnd, als sie in der Thür verschwunden war, und die Damen einiges zusammen flüsterten; »Delavigne hat wahrhaftig keinen schlechten Geschmack; und spricht vortrefflich Französisch — vortrefflich.«

»Mr. Delavigne hätte uns aber doch auch wohl vorher einen Wink über seine Familienverhältnisse geben können,« meinte Mrs. Noughton, eine Amerikanerin, die bis jetzt noch kein Wort mit Sadie gesprochen hatte, »er würde dadurch beiden Theilen eine Verlegenheit erspart haben.«

»Lieber Gott, Verehrteste,« vertheidigte diesen die lebendige Madame Belard, »die Verhältnisse auf den Inseln hier sind von den unsrigen so sehr verschieden, daß man schon wirklich bei Manchem ein Auge zudrücken muß, und nicht gar so entsetzlich streng sein darf. Es bestehen übrigens auch wirkliche Verbindungen zwischen Europäern und Insulanerinnen, und Monsieur Delavigne hat nur von seiner Frau gesprochen.«

»Liebe Kinder, was zerbrecht Ihr Euch darüber den Kopf,« fiel ihnen hier der andere, ältere Herr, ein Monsieur Brouard und der Gemahl der viel jüngeren Lucie Brouard, in die Rede, »wenn Ihr in Rom seid müßt Ihr leben wie die Römer,« sagt ein altes gutes Sprichwort. Madame Delavigne ist ein reizendes junges Frauchen, und wohl im Stande einen Mann zu fesseln.«

»Und auf wie lange?« unterbrach ihn, mit einem fast boshaften Lächeln, Madame Belard.

»Auf wie lange, Madame?« wiederholte mit einem etwas frivolen Achselzucken der Gefragte — »ich bin kein Prophet oder Sterndeuter; aber das sind Familienverhältnisse, und mancher Indianer hätte vielleicht eben so gut ein Recht dieselbe Frage an uns Europäer zu richten — auf wie lange? mon Dieu, wir sollten diesen wichtigen Punkt überhaupt etwas genauer in unserem Trauungs-Ceremoniell berücksichtigen; auf wie lange? — wir müssen uns damit begnügen zu wissen, daß wir sind, und eine Frage was wir einst werden, geschieht wohl immer nur in's Blaue hinein.«

»Es ist aber doch nur eine Indianerin,« bemerkte, mit einem keineswegs zufrieden gestellten Blick, Mrs. Noughton, die aus den Vereinigten Staaten von Nord-Amerika ein nicht leicht zu besiegendes Vorurtheil gegen jede farbige Race, sie mochte einen Namen oder Stamm haben welchen sie wollte, mitgebracht hatte, und sich immer des Gedankens nicht erwehren konnte, daß solche Leute am Ende gar schwarzes Blut in ihren Adern haben könnten, oder mit anderen Worten in zweiter oder dritter Generation von Negern abstammten, mit denen natürlich jeder vertrauliche, selbst freundschaftliche Verkehr außer Frage gewesen wäre — »und hätte ich das früher gewußt, würde ich ihr wenigstens nicht zuerst meine Visite gemacht haben.«

»Sie müssen aber bedenken, Mrs. Noughton,« sagte etwas eifrig Madame Belard dagegen, »daß uns Monsieur Delavigne gar nicht zu sich eingeladen, also auch keine Schuld hat an dem Besuch. Wir sind aus freien Stücken hergekommen, und wenn ich auch gestehen muß daß ein derartiges Verhältniß immer sein Unangenehmes, Störendes hat und uns bei größeren Gesellschaften vielleicht auch dann und wann in Verlegenheit bringen könnte, so — «

»Attention meine Damen,« unterbrach sie hier Mr. Brouard, mit etwas gedämpfter Stimme, denn Sadie erschien in diesem Augenblick wieder auf der Schwelle des Hauses, und hinter ihr ein Knabe, der einen großen Präsentirteller mit Wein und Früchten trug.

»So Mataoti,« rief sie diesem in seiner Sprache zu, »bediene die Frauen und sei ein flinker Bursch,« sich dann aber zu ihren Gästen wendend fügte sie herzlich hinzu: »aber Sie haben sich ja noch nicht einmal gesetzt, in der ganzen langen Zeit — bitte geben Sie mir Ihre Hüte und machen Sie es sich bequem, René dürfen Sie doch nicht so bald zurück erwarten, denn er und Monsieur Lefevre sind der politischen Verhältnisse wegen nach Papetee gegangen, dort noch Manches vielleicht mit ihren Freunden zu besprechen.«

»Hahaha, das ist vortrefflich!« lachte Mr. Belard, »und denen zu entgehen sind wir gerade ausgeritten; es wird förmlich Comödie gespielt heute in der Residenz, und da die Missionaire Hauptrollen dabei haben, fürchteten wir die Sache möchte doch am Ende zu langweilig werden.«

»So essen und trinken Sie nur wenigstens,« bat Sadie, die nicht ohne Grund fürchtete das Gespräch könnte sich hier auf religiöse

Bahn lenken und das unter jeder Bedingung zu vermeiden wünschte — »René würde sich herzlich freuen wenn er hörte, daß es Ihnen bei uns gefallen hat.«

Die Damen zögerten noch unschlüssig was zu thun — sie schienen sich eine vor der andern zu geniren; Sadie bewegte sich aber mit solcher Leichtigkeit in dem, ihr doch fremden Kreis, und ihre Bitte kam so frisch und unverstellt aus dem Herzen, daß sie in ihrer Natürlichkeit jede leere Höflichkeitsformel schon von vornherein unmöglich machte, und selbst Mrs. Noughton mußte sich zuletzt gestehen, daß diese Insulanerin ein ungewöhnlich liebenswürdiges Wesen sei, dem man wohl gewogen sein könne — wenn sie eben nicht die fatale broncefarbene Haut gehabt hätte.

Die Frauen hatten sich denn auch bald um den runden, mit einem reinlichen Tuch bedeckten Tisch gesetzt, Monsieur Belard wurde hinaus nach den Pferden geschickt, zu sehen ob diese ruhig stünden und Mataoti von jetzt beordert bei ihnen zu bleiben, und wenige Minuten später saß die Gesellschaft ganz traulich beisammen, und Madame Belard und Brouard hatten — sie wußten gar nicht wie sie dazu gekommen, der kleinen Insulanerin, die mit ihrem reinen Französisch die Eingeborene vollkommen vergessen machte, so viel vorzuplaudern und zu erzählen, als ob sie sich schon seit langen Monaten gekannt, und nicht eben erst heute, vor Minuten fast, zusammengekommen wären. Die Männer blieben darin natürlich nicht zurück, besonders Mr. Brouard, der seinen Sitz neben Sadie genommen, thaute ordentlich auf, und war von einer Aufmerksamkeit gegen die kleine Insulanerin, daß er seine Nachbarin zur Linken, Mrs. Noughton, total darüber vernachlässigte, die denn auch der ganzen Unterhaltung — der Französischen Sprache ohnedieß nur oberflächlich mächtig — mehr beobachtend als theilnehmend, und ziemlich kalt und ernsthaft folgte.

Eine volle Stunde hatten sie so gesessen und geplaudert, und Früchte gegessen und Französischen Claret dazu getrunken, und Mataoti war draußen bei den Pferden schon ganz ungeduldig geworden, als Madame Brouard, die zuletzt ebenfalls stiller und einsylbiger wurde, und die Unterhaltung ihrer Freundin und den Herren fast allein überließ, endlich zum Aufbruch mahnte. Monsieur Brouard wollte noch gar nicht fort, so vortrefflich hatte er sich amüsirt, und die Damen begannen jetzt Abschied zu nehmen von ihrer neuen Bekanntschaft.

Sadie sagte ihnen mit einfachen Worten wie es sie freue daß es ihnen bei ihr gefallen hätte, und wie glücklich es René machen würde, wenn er höre daß sie hier gewesen und gegessen und getrunken hätten — »wir können recht gute Nachbarschaft halten, hier auf Tahiti,« setzte sie hinzu, und mit freundlichem Händedruck und Joranna, von Madame Belard und Brouard ebenfalls eingeladen sie wieder zu besuchen, verließ die kleine Gesellschaft den Garten, bestieg draußen die scharrenden tanzenden Pferde wieder, und galoppirte wenige Minuten später mit klappernden Hufen die Straße entlang nach Papetee nieder.

»Sadie!« flüsterte da eine leise Stimme, als der Schall der Hufe auf der harten Straße noch nicht verklungen war, und die junge Frau, die noch lauschend stand, und in tiefem Nachdenken den mehr und mehr verschwimmenden Tönen zu horchen schien, wandte sich rasch, und fast wie erschreckt dem Rufe zu, der von der Nachbarhecke kam.

»Aumama? — und warum kommst Du nicht herüber?«

»Ist die Luft rein?« frug eine klare, lachende Stimme.

»Meinst Du die Fremden? — sie sind fort; aber ich glaubte Du wärest mit Lefevre nach Papetee gegangen?«

Die junge Frau an der Hecke schüttelte mit dem Kopf und sagte lachend:

»Ich wollte erst, wie aber René mitging blieb ich daheim; denen schließen sich dann mehr und mehr Männer an und — das Treiben in ihrer Gesellschaft gefällt mir nicht; auch mit der Sprache kann ich nicht so gut fertig werden wie Du. Aber ich komme hinüber — « und ein kleines Pförtchen öffnend, das zwischen einer blühenden und Frucht tragenden Orangenhecke hindurchführte, trat Aumama, Sadiens freundliche Nachbarin, in den Garten und küßte sie, ihren Arm um sie schlagend auf die Lippen.

Sie war in die einfache indianische Tracht gekleidet, mit dem langen losen, bis auf die Knöchel niederfallenden Oberrock, der nur vorn am Handgelenk zugeknöpft wird, ohne Schuh und Strümpfe, den Kopf mit einem leichten Panama Männerstrohhut bedeckt, unter dem nur ein paar große tiefdunkelrothe Blüthen der rosa sinensis hervorschauten, und von dem vollen, mit wohlriechendem Oel getränkten rabenschwarzen Lockenhaar fast wieder versteckt wurden.

Ihre Gestalt war schlank und üppig, aber mit dem, den dortigen

Insulanern eigenen Bau breiter Schultern, auch die sonst kleinen und zierlichen Füße nach unseren Begriffen von Schönheit ein wenig zu sehr einwärts gebogen; die Form des Gesichts jedoch dabei voll und edel und die Augen mit einem eigenen Feuer unter den feingeschnittenen Brauen hervorglühend. Aumama war überhaupt der vollkommene Typus eines Tahitischen Weibes, dem trotz den lebendigen Augen selbst das sinnlich Weiche in den Zügen nicht fehlte, und als die beiden jungen Frauen so freundlich umschlungen, und von den wehenden Palmen überragt und beschattet, zwischen den Blüthenbüschen standen, hätte man sich kaum etwas Lieblicheres denken können auf der Welt.

»Du hast vornehmen Besuch gehabt,« sagte Aumama endlich lächelnd, nachdem die erste Begrüßung vorüber war.

»Ja,« erwiederte Sadie, leicht erröthend, »und zwar unerwarteten; aber warum kamst Du nicht herüber?«

Aumama schüttelte, etwas ernsteren Ausdruck in den Zügen mit dem Kopf.

»Nein,« sagte sie, »ich passe nicht zu den Leuten — wir überhaupt nicht — und sie nicht zu uns — es ist besser wir bleiben aus einander.«

»Aber Du närrisches Kind,« rief Sadie, »hast Du Dich denn nicht, so wie ich gerade, mit Einem von ihnen für das ganze Leben verbunden, und willst Du denn auch von ihm sagen, daß Ihr nicht zu einander paßt?«

Aumama seufzte tief auf, und wandte das Köpfchen leicht zur Seite; sie war jetzt recht ernst geworden, und der ganze frühere Frohsinn schien verschwunden.

»Ich hoffe daß wir zu einander passen — für das ganze Leben;« sagte sie endlich leise, »es wäre wenigstens recht traurig, wenn wir es je anders finden sollten. Aber« setzte sie rascher, und wieder in den leichteren Ton übergehend hinzu, »in unseren Familien ist das auch etwas anderes; mit dem Mann den wir lieben, stehn wir in einem Rang; er versteht uns, wir verstehen ihn und in unserem Vaterland schmiegt er sich leichter unseren Sitten an, oder lehrt uns allmählich die seinen, beider Eigenthümlichkeiten in einander verschmelzend. Mit den Gesellschaften jedoch ist das etwas anderes, besonders mit fremden Frauen, und glaube mir, Sadie — ich habe darin Erfahrung.

Die Weißen« fügte sie leiser hinzu, »halten uns für einen untergeordneten Stamm, weil wir früher zu Götzen gebetet haben vielleicht – «

»Aber das haben sie auch gethan, ihre Vorväter wenigstens,« unterbrach sie Sadie rasch, »Vater Osborne hat mir das selbst erzählt.«

»Haben sie?« sagte Aumama erstaunt, »das ist das erste Mal, daß ich davon höre; aber auch vielleicht noch weil wir nicht so klug sind wie sie, und so geschickt im Lesen und Schreiben. Auch unsere dunkle Hautfarbe kommt ihnen nicht so schön vor – den Frauen wenigstens, und Eifersucht mag oft gleichfalls, und gar nicht selten, die Ursache sein, daß sie uns zurücksetzen und – kränken. Ausnahmen mag es dabei unter uns geben; so glaub' ich, Sadie, daß Du Dich vielleicht wohl unter ihnen fühlen wirst, weil ich einsehe, daß Du uns eingeborenen und wild aufgewachsenen Mädchen in vielen vielen Stücken überlegen und den weißen Frauen fast gleichstehend bist; aber für mich paßt es nicht – mir schnürt es die Brust zusammen, wenn ich bei ihnen bin, und die kalten vornehmen Blicke sehen muß, die sie auf mich werfen, als ob es blos eine Gnade von ihnen wäre, daß sie mich zwischen sich dulden. Da ist es mir weit weit wohler bei meinen Kindern am freundlichen Strand, im Rauschen meiner Bäume, und vor mir die weite, herrliche See – ich halte es auch für gar kein Glück für uns, etwa« setzte sie langsam und wie in recht ernstem Sinnen hinzu, »daß die weißen Frauen in den letzten Monaten zu uns gekommen sind. Das Leben auf Tahiti ist seitdem ein anderes geworden, und ich selbst fühle mich nicht so wohl mehr in der neuen Umgebung – habe mich auch selber vielleicht geändert, oder – Andere haben.«

»Aia hat Dich traurig und ernst gemacht,« sagte Sadie, freundlich ihre Hand ergreifend, »sie war auch hier bei mir, und ich – «

»Aia!« unterbrach sie rasch und heftig Aumama, aber mit weicherer Stimme fuhr sie fort, »Aia ist ein armes, armes Mädchen und sie kann mich nicht böse machen, aber« – und ihre Augen funkelten in einem eigenen wilden, fast unheimlichen Feuer – »nicht erträg ich es auch wie sie, und was sie ertragen hat. Bei jenem weißen Gott, der Oro's Bilder zertrümmerte und unsere Tempel niederbrach, bei jenen Tempeln selbst – « Aumama schwieg, aber die Hand noch, wie zum Schwur emporgereckt, die Locken, von denen der Strohhut abgefallen war, wild ihre Stirn umflatternd, das Auge glühend in einem eigenen Licht, stand sie wohl eine halbe Minute schweigend da, selber ein Bild der zürnenden Gottheit ihres Landes. Da, wie unwillig mit sich selber, schüttelte sie plötzlich den Kopf, strich sich die Locken aus der Stirn und sagte, jeden unmuthigen Gedanken gewaltsam bannend. »Ich bin ein Kind, Sadie, ein launisches Kind, und seit einigen Wochen komme ich mir selber manchmal wie umgetauscht vor, so tolle Träume und Bilder zwing' ich mir ordentlich selbst herauf, mich zu quälen und — ärgern auch. — Aber fort fort mit ihnen, fröhlich wollen wir sein und uns des Lebens freuen, denn der Himmel lacht noch rein und blau über uns und die Götter, die in früheren Zeiten den Tisch unserer Väter mit ihren Speisen deckten, haben uns auch jetzt noch ihre Gaben nicht entzogen.«

»Aumama,« sagte da Sadie, mehr herzlich als vorwurfsvoll, »Du sprichst noch immer von den Göttern, und bist doch lange, lange schon eine Christin, ja wie ich hoffen will eine gute Christin geworden. Sündige nicht, denn der Gott der Gnade ist auch ein Gott der Rache und der Strafe, und Vater Osborne würde es unendlich weh gethan haben, wenn er Dich hätte je so reden hören.«

»Und nicht um Alles in der Welt hätte ich ihn kränken mögen,« rief Aumama rasch, »er war der Einzige auch, der mich an Gott gehalten, der Einzige, der mich die Möglichkeit eines solchen Wesens ahnen und begreifen ließ, an das uns ja sonst die Uneinigkeit und der Haß der anderen Priester zwingen mußte zu verzweifeln. Er war ein guter Mann und die Feranis hatten ihn auch lieb, trotzdem daß er auf andere Weise zu seinem Gott betete, als sie es thun; aber — Sadie« — fuhr sie langsam und wie zögernd fort, »bist Du dennoch so — so fest überzeugt — daß er recht hatte?«

»Aumama?« rief Sadie erschreckt, und sah staunend die Freundin an.

»Hast Du von dem alten Mann gehört?« sagte aber diese mit leiser Stimme sich zu ihr überbeugend, und den Blick fragend auf sie geheftet, »der drüben auf Bola Bola lebt, lange lange Jahre schon, und der so wunderliche Sachen von dem Gott der Christen erzählt?«

»Von dem Gott der Christen? — ist er denn nicht selbst ein Christ?«

»Nein,« sagte Aumama rasch — »nein — er selber hat es versichert — er ist von dem Stamm die den Christengott gekreuzigt haben, und soll behaupten Jener sei gar nicht der Messias gewesen.«

»Das waren die Juden,« rief Sadie überrascht, »aber ich wußte gar nicht, daß von jenem Stamm noch Leute lebten?«

»Viele, viele sollen noch davon in dem fernen Lande der Weißen sein und der alte Mann behauptet jener Gekreuzigte sei nicht Gottes Sohn gewesen, und habe nicht die rechte Lehre gebracht, denn die Christen unter einander wüßten es nicht einmal und stritten und kämpften deshalb gegen einander, und hätten schon viele viele Tausend unter sich erschlagen, zu beweisen wer recht und den rechten Gott und Erlöser habe.«

»Und wenn der Mann nun nicht die Wahrheit sagt?«

»Nicht die Wahrheit? – es soll ein alter alter Mann sein, und graue Haare und grauen Bart haben; und streiten sie sich hier nicht etwa auch um ihren Gott? – Wer hat recht? und wie jener Mann von Bola Bola sagt giebt es in seinem Vaterland unter den Christen noch viele andere Sekten, die alle einander hassen und gegen einander predigen. Ist das ihre Religion des Friedens?«

»Aumama, Du sprichst entsetzlich,« sagte Sadie schaudernd, »wer um des Himmels Willen hat Dein Herz mit solchem Trug erfüllt?«

»Trug?« wiederholte die Indianerin, und ihr Blick haftete fest auf Sadie, »gebe Gott daß es Trug wäre und Lüge, aber wer giebt uns Wahrheit?«

»Gott selber,« sagte da Sadie mit jenem kindlichen Vertrauen, das in dem Schöpfer wirklich seinen Vater sieht, und in reiner, ungeheuchelter Frömmigkeit am Throne des Höchsten sein Gebet, seinen Dank niederlegt – »Gott selber, Aumama; er hat uns die Wahrheit in das Herz gelegt, und seine Boten schon vor langen Jahren gesandt, sie uns hier zu lehren. Bete, bete mit voller Inbrunst und das Herz wird Dir aufgehen, wenn Du Dich zu Gott wendest.«

»Aber Le-fe-ve betet gar nicht,« warf das Mädchen wieder ein, dem Gedanken folgend daß die Europäer selber, in verschiedene Religionen getrennt, kein Vertrauen auf den Gott hätten, den sie den Inseln gebracht, »er ist ein guter Mann, aber er lacht, wenn man ihn an seine Pflicht als Christ will mahnen; thut das René nicht auch?«

»Nein,« rief Sadie schnell, aber doch nicht im Stand eine gewisse Verlegenheit zu verbergen – »er lacht mich niemals aus.«

»Aber er betet auch nicht.«

»Gott wird ihn schon erleuchten,« sagte die junge Frau, und barg ihre Stirn einen Augenblick in den Händen, »ach es ist wahr,« fuhr sie dann leiser fort, »und hat mir schon manche bittere Stunde, manche schlaflose Nacht gemacht, wie wenig er an seinen Gott denkt, und wie viel gerade Gott für ihn doch eigentlich gethan.«

»Und Mr. Osborne? hat er Dir nie an's Herz gelegt ihn deiner Kirche zuzuführen? — mir ist das oft und oft zur Pflicht gemacht, aber — wie bald hab' ich den Versuch aufgegeben.«

»René geht seinen eigenen Weg,« seufzte Sadie, »und Vater Osborne sah das wohl und fühlte es, aber er hat mir nie ein Wort davon gesagt, ja er warnte mich sogar vor religiösen Streitigkeiten mit dem Gatten. Auf Atiu war auch Alles gut, aber hier in Tahiti, wo die Priester selber einander feindlich gegenüber stehen, und seit Vater Osbornes Tod hat sich René ganz von jeder Andacht abgewandt.«

»Weißt Du wie Du jetzt aussiehst, Sadie?« rief da Aumama plötzlich, den Ton wechselnd, und der Freundin Hand ergreifend.

Sadie schaute überrascht empor, Aumama aber fuhr lächelnd fort, »scheuche die trüben Gedanken fort von der Stirn, sie passen nicht für uns. Was kümmern uns die Streitigkeiten jener Priester, noch ist die Banane so süß, die Cocosnuß so saftig als je und der Himmel lacht blau und heiter auf uns nieder und unser schönes Land. Sieh da kommt deine Sadie,« unterbrach sie sich plötzlich als das Kind, von einem jungen vierzehnjährigen Mädchen getragen, in der Thür erschien — »her zu mir Herz, her zu mir mein süßes Kind, und Du sollst mir helfen der Mama Züge wieder aufzuheitern. Und nun sollen auch Scha-lie und Ro-sy herüber und mit Dir spielen, mein Herz, und froh und munter wollen wir sein, und tanzen und springen.«

Die Kleine aufgreifend, die ihr schon von Weitem lachend die Aermchen entgegenstreckte, sprang sie mit ihr, wieder ganz das fröhliche ausgelassene Kind dieser Inseln, singend und trällernd am Strand umher, und rief die eigenen Kinder herüber mit ihr zu spielen und zu tollen. Und selbst Sadie, wenn auch nicht im Stande so rasch die quälenden Gedanken abzuschütteln vom Herzen, vergaß doch ebenfalls bald bei dem Lachen und Jauchzen der Kleinen Alles, was sie noch vorher mit Angst vielleicht und Sorge erfüllte, und das Herz ging ihr wieder auf voll Lust und Glück in dem einen reinen und seligen Gefühl der Mutter Lust.

Fußnoten:

[C] »Das Schwein das Menschen trägt« wie die Insulaner zuerst das Pferd nannten, für das sie keinen Namen hatten.

Capitel 4

Die Missionaire

Ueber die See brauste es daher, wild und stürmisch in furchtbar entsetzlicher Wuth; an den Riffen schäumte und kochte die Brandung in milchweißem Gischt, und warf ihre Wogen selbst in die sonst stillen Binnenwasser, weiter und weiter wallend, bis zu dem weißen Corallensand des Strandes und den freigespühlten Wurzeln der Cocospalmen, die ihre Wipfel über dem Meere schaukelten und jetzt, wie entsetzt über die Entweihung, die weiten, armartigen Blätter emporwarfen und sich zurückbogen vor der anstürmenden Bö. Hei wie der Sturmvogel so scharf und gellend pfeift wenn er über die aufgewühlte See streicht, und seine langen elastischen Flügelspitzen auf die glatte Woge preßt, von der die Windsbraut schon den schäumenden Kamm geraubt und als Perlen hinausgestreut hat weit weit über das Meer; hei wie die Brandung da kracht und tobt, und sich bäumt und reckt und mit den weißen Armen hinüberlangt über den Korallendamm, und doch wieder und immer wieder zurückgeworfen wird von dem gewaltigen Bollwerk, das Jahrtausende gebaut. Und der Sturm, der machtlos seine Kraft brechen sieht an diesem Damm, und seine Wellen, die er sich aufgerüttelt hat, nicht hinüber bringen kann, so viel er auch hebt und drängt, und die Schulter stemmt gegen die gewaltigen, wirft sich endlich selbst mit dem flatternden Bart an das grüne Land, und die Palmen fassend in tollem Spiel biegt und schaukelt er sie, wie er das Spiel sonst vielleicht mit Halm oder Blüthe getrieben, im weit und straff gespannten Bogen nieder, nieder bis ihre Kronen das Laubdach berühren das sie stützt und hemmt und mit wildem eifrigen Rascheln die auszweigenden Arme fest fest zusammenstreckt und sich hält und gegenseitig hilft gegen den wilden ungestümen Feind.

Gewaltig und furchtbar ist ein Sturm auf offener See, wo er die Wogen aufwühlt und gräbt, und die bergwichtigen Massen wie spielend und in entsetzlicher Schnelle vor sich her jagt; aber frei und ungehindert rast er dort sich aus, keine Grenze hemmt ihn und selbst das schwanke Schiff das er trifft auf seiner Bahn wirft er herum, taucht es und schleudert es empor, reißt und splittert was er daran gerade fassen und halten kann und — jagt vorüber, müde solch unwürdigen Spiels. Anders aber und grauenhaft furchtbarer ist er dort wo die bergige Küste den Anprall hemmt, und dem Rasenden die Stirn bietet in kräftigem Trotz.

Nicht nur den neuen Grimm hat der Wüthende da auszulassen an der starren hartnäckigen Wand, die sich ihm eisern entgegenstellt, nein auch alte Unbill zu rächen, seit Jahrhunderten her, und seit manchem furchtbaren Strauß, bei dem er sich wieder und wieder vergebens in die Schluchten wühlte und bohrte, und die Grundfesten seines Feindes zu untergraben suchte. Von der See führt er die Wogen heran zum gemeinsamen Kampf, und sich selber wirft er wild und toll gegen die Brustwehr von Baum und Gebüsch, das sich ihm zäh und unverdrossen entgegenlegt; was hilft es ihm daß er die starren hartnäckigen Stämme faßt und bricht und die schweren Kronen zu Boden schmettert, oder als Widder braucht, gegen andere anzustürmen — die elastische Palme biegt und legt sich der Uebermacht, folgt aber dem Feind auf dem Fuß bei jedem Zollbreit Weichen, und schüttelt ihm die Federkronen zornig in's Angesicht. Wild heult und braust sie da auf, die tobende tolle Windsbraut; bis hoch in die Lüfte hinauf pfeift es und zieht's und dröhnt's, und wieder und wieder prasselt's an gegen Halde und Hang, wieder und wieder reißt es und bricht und schmettert und stöhnt, ein Opfer suchend in unsagbarem Grimm, bis die Kraft auf's Neue erschöpft ist wie seit Jahrhunderten, und der Orkan jetzt weichend, seine Wuth mit neuer Hoffnung beschwichtigen muß für den nächsten Tanz, sich dennoch immer auf's Neue getäuscht zu sehn. Grollend und innerlich gährend und kochend zieht er sich dann zurück, weit weit über die See, in der Ferne dröhnt es und braust es noch, wie schwer athmend aus der Tiefe auf — bläulich schwarz liegt die See, einzelne Sturzwellen in sich selbst zusammenbrechend und weiße weite Flächen, förmliche Thäler bildend von milchigem Schaum, der zischend zerfließt, neu aufquellender Woge zum Mantel zu dienen mit dem sie sich schmückt und tanzt und ihn abwirft, der Schwester zu. Hu, wie das hohl geht da unten und braust und murmelt — aber die Sturmmöve zieht jetzt mit klappendem Flügelschlag, nicht mehr regungslos kreisend, über das stillere Wasser, das im wilden Unmuth noch nicht einmal den Strahl der vorbrechenden Sonne wiedergeben mag, und faden matten Bleiglanz über seine Fläche deckt.

Auf dem Land aber, dem natürlichen Feind des Orkans, der ihm so starr die Faust entgegenstreckt, wie die Fluth ihm jeder Zeit willige Hülfe bietet und mit ihm tobt und rast, entfaltet der siegende Sonnenschein schon wieder sein Panier, während die grollende See noch gegen die Riffe pocht, und jeder niedergeschleuderte Tropfen wird zur Perle, die blitzend und jubelnd im Lichte funkelt. Noch erzürnt, aber doch schon wieder den warmen Strahl auf den Wangen fühlend, schütteln die Bäume ihr Laub, und rauschen und rascheln, Blatt und Zweiglein wieder in die alte Form zu bringen, aus der sie der ungestüme Störenfried herausgerissen, und der warme Duft der aus den Thälern steigt wird zum Nebelschleier, den sich der Berg wie Silberfäden durch die Krone flicht, und dem das sinkende Tagsgestirn noch seinen schönsten herrlichsten Farbenschmelz verleiht.

Es war zur Zeit solcher Stürme, die sich besonders im Herbst und Frühjahr zeigen unter dieser Breite, und der Orkan brauste noch in all seiner furchtbaren Kraft über die Wasser, und schien die Riffe hinein drängen zu wollen gegen das Land, solche berghohe Wogen thürmte er auf, und schleuderte sie von Westen herbei, der Passat Strömung gerad in die Zähne. Nur der fluthende Regen hatte nachgelassen und der Wind fegte nur noch das Firmament rein, von widerspenstischen Wolken und Schwaden, die wieder und wieder, jetzt aber machtlos und zu spät, zum neuen Kampfe herbei wollten.

In der Hauptstraße von Papetee, auf dem breiten Strand der die erste Häuser- und Gartenreihe vom Meere trennte, und von den lebenslustigen Tahitiern besonders Abends zum Sammelplatz benutzt wurde, blieben jetzt Einzelne stehen und schauten auf das Meer hinaus, denen bald Andere folgten; die Thüren der nächsten Häuser wurden geöffnet, die Eigenthümer standen darin mit Telescopen und um diese wogte und preßte bald das Volk in mächtiger Schaar, bald die Gläser, bald das weite Meer betrachtend, und dem Wort der Ausschauenden wie einem Orakel lauschend.

Der Gegenstand aber um den es sich hier handelte war ein Schiff — ein großes Schiff das von Point Venus aus schon vor einer halben Stunde etwa und noch im vollen Sturm, der Königin gemeldet worden, wo es, weit draußen in Sicht, versucht hatte beizulegen und von den Inseln abzukommen, der Wind war aber zu heftig gewesen solches Maneuver zu gestatten. Die Fregatte — denn daß jenes fremde Segel ein großes Kriegsschiff sei unterlag schon gar keinem Zweifel mehr — mußte vor dem Wind abfallen, und kam jetzt unter dicht gereeftem Vormars- und Vorstengenstagsegel um die Spitze herum jedenfalls bestimmt nach Papetee einzulaufen, was aber jetzt, bei dem gewaltigen Seegang und der schmalen Einfahrt durch die schäumenden Riffe nicht möglich war, und nur bemüht nun, so wenig Fortgang als möglich zu machen um erst einmal von den nächsten Riffen frei, wieder aufzubrassen und das Beruhigen der Wasser abwartend, gegen den Wind anzukreuzen.

Es war eine Fregatte, aber von welchem Land? Diese Frage beschäftigte jetzt Alle in ängstlicher Spannung, und wie die meisten der Eingeborenen gerade jetzt, nach ihrer vorhergegangenen Demonstration das Erscheinen des ihnen nur zu gut bekannten Du Petit Thouars mit seinem Fahrzeug fürchteten, so ängstlich waren sie, sich zu früh der freudigen Hoffnung hinzugeben daß es noch ein Englisches Kriegsschiff sein könne, ihre erstrebte Unabhängigkeit zu bestätigen.

Die Meinungen über das Aussehen des Schiffes waren dabei getheilt, während es Einzelne der Europäer nach dem Bau der Masten, denn von den Segeln war gar Nichts zu erkennen, für einen Franzosen hielten, behaupteten Andere den Amerikanischen Zuschnitt daran zu erkennen und nur ein kleiner Theil beharrte auf seinem Ausspruch England sei nicht zu verkennen und die Englische Flagge würde sich zeigen, so bald die Fregatte den Eingang passire.

Selbst die gerade in Papetee anwesenden, und gerade heute zu einer vertraulichen Sitzung berufenen Missionaire standen auf der Verandah des, in Papetee ansässigen Bruder Dennis versammelt, und blickten mit etwas ängstlicher Spannung der Entfaltung der Flagge entgegen, die besonders auf ihre Wirksamkeit einen entschiedenen Einfluß ausüben mußte.

Noch vor dem Sturm hatte ihre Sitzung begonnen, und während die Windsbraut heulend an den Pfosten des Hauses rüttelte, die Palmen wie Weidenruthen niederbog, und die reifen Früchte von den Bäumen riß, den Boden zu streuen mit Orange und Brodfrucht, die saftigen Stiele der Banane umknickte und duftige Blüthen weit und hoch hinaus in die Berge führte, lagen die schwarz gekleideten Männer in dem langen luftigen Gebäude auf den Knieen; und mischten ihre Hymnen und Sänge mit dem Gebrüll des Orkans, ein Preislied dem Herrn der Stärke und Barmherzigkeit.

Es waren die Brüder Rowe, Dennis und Nelson, Mc. Kean, Smith und Brower, zusammengekommen zu vertraulicher Berathung in so schwerer Zeit, und die eigentlichen Vertreter auch, wenigstens die wichtigsten, die sich gegenwärtig in der Südsee befanden, der Evangelischen Lehre nicht mehr nur Bahn zu brechen unter den Heiden, obgleich auch jetzt noch ganze Gruppen von Inseln ihren Göttern treu geblieben waren und den neuen Glauben mistrauisch von sich wiesen, sondern sich zu wahren und schützen gegen den Katholicismus, der ihren Fußtapfen gefolgt war und die Flügel jetzt ausbreitete, ihr eigenes Licht zu verdunkeln.

Bruder Dennis war unter diesen, und besonders in seinem Charakter als Missionair, jedenfalls der bedeutenste, und wenn auch nicht einer der ältesten, doch jedenfalls der eifrigsten Lehrer der Inseln, wo es nur galt dem einen heiligen Ziel entgegenzustreben, den Heiland zu verkünden und seiner Wunden Blut zu predigen in der Wüste. Er auch war Einer der Wenigen, die mit Hintansetzung jedes Gedankens an sich selbst in die Fremde zogen, die Bibel im Arm, das gehobene Kreuz, ja das Schwert in der rechten, wenn gereizt seinen Schatz zu vertheidigen, und rücksichtslos weiter schreitend dabei, welchen Glauben, welche Familienverhältnisse er unter die Füße trat, wenn er nur die Seelen der Verdammten rettete, und ihnen das Heil kündete, das ihnen Gott geboten, und das den Weg um die ganze Erde genommen, zu ihnen zu gelangen.

Eigennutz, Ehrgeiz war ihm fremd, keine Familienbande fesselten ihn, nicht Freundschaft, nicht Liebe hatten sein Herz auch nur für eine Stunde dem einen hohen Zweck seines Lebens abwendig machen können, und er hielt den Tag für verloren, an dem er nicht wenigstens einen, seinem Verderben entgegengehenden Sünder wach gerüttelt, und ihm den Abgrund gezeigt an dem er wandele, oder geduldet und gelitten hatte in der Verbreitung jenes Glaubens, der ihm Licht und Seligkeit und Luft und Liebe war.

Von schmächtigem aber nicht schwächlichem Körperbau, zäh bis zum äußersten und an Entbehrungen und Strapatzen gewohnt, die er eher aufsuchte als vermied, hatte er schon den größten Theil der Inseln durchstreift, den feindlichsten Stämmen dort mit »christlicher Demuth«, wie er's nannte, getrotzt, und ihren Hohen Priestern in den Bart die Machtlosigkeit und Nichtigkeit ihrer Götzen verkündet. Die Indianer achten den Muthigen, wo sie ihn auch finden, und muthig wahrlich mußte der sein, der allein und unbewaffnet in einem feindlichen Gebiet wahrhaft tollkühn das angriff, was der Gegner am theuersten hielt, und wofür er sein Leben eingesetzt hätte es zu bewahren; ja unter den Opferkeulen selbst hatte ihn schon dieser starre fanatische Trotz gerettet, und ihm die Achtung seiner bisherigen Feinde, ja oft den späteren Sieg über sie, gesichert.

Hier nun schon den Sieg in Händen, läßt es sich denken, mit welchem Schmerz und Zorn der »Diener des Herren« fremde Priester eindringen sah in sein Heiligthum, und den Bau untergraben, an dem seine Kirche schon Jahrzehende gebaut, und der ein Tempel Zions zu werden versprach in Pracht und Herrlichkeit. Mit zagender Hoffnung wohl, aber auch mit Furcht und Mißtrauen sah er deshalb dem Entfalten jener Flagge entgegen, die ihnen entweder die frohe Hülfe vom Mutterlande brachte, nach der sie sogar schon einen der Ihrigen, den ehrwürdigen Mr. Pritchard, zugleich Consul Ihrer Britannischen Majestät abgesandt hatten, oder neue Schwierigkeiten und Verlegenheiten bereiten konnte, den gierigen Forderungen Französischer Capitaine gegenüber.

Die Brüder Rowe und Nelson in ihrem so verschiedenartigen Charakter kennen wir schon.

Zwei Andere, Mc. Kean und Brower waren einfache Leute, Menschen, die ihre Lebenszeit in der Bibel gegraben, das edle Metall mit dem tauben Gestein mühsam und unverdrossen heraufgeschafft, ohne im Stande zu sein es zu schmelzen und zu scheiden, und es nun Bergehoch um sich aufgeschichtet hatten, eine treffliche Wehr wenigstens, nach Jedem zu schleudern, der ihnen nahe kommen und ihre Stellung ihnen streitig machen oder bekritisiren wollte.

Bruder Smith zeigte sich als eine von diesen ganz verschiedene Persönlichkeit; klein und geschmeidig hatte er sich dem Missionswesen gewidmet, wie er sich irgend einem andern Stand oder Geschäft gewidmet haben würde. Von Enthusiasmus war bei ihm keine Rede, von Schwärmerei noch weniger. Er betrachtete das ganze innere Sein der Mission auf eine ächt irdische und praktische Art als ein Geschäft, das ihm durch die Missionsgesellschaft vom lieben Gott übertragen worden, und auf diesem entlegenen Winkel schien er nun vollkommen bereit alle solche Pflichten, die ihm vorgeschriebener Weise oblagen, auch getreulich zu erfüllen, vorausgesetzt jedoch, daß ihm dann der liebe Gott, neben anderen Kleinigkeiten, auch noch die Bitte des täglichen Brodes mit seinen verschiedenen Variationen erfülle. Ein ausgezeichneter Geschäftsmann außerdem, war eine seiner Hauptbeschäftigungen die, von England zur Unterstützung der Mission eingegangenen Waaren, die natürlich einen größeren Werth hatten als Geld selber, gegen Roh-Produkte oder Fabrikate der Indianer, soweit sie deren herstellten, ja gegen Arbeitskraft selbst und geleistete Dienste anzubringen, und einen besseren Mann hierzu hätte sich die Gesellschaft nicht wählen können. Schicklicher wäre es jedenfalls gewesen hierzu einen besonderen Mann engagirt zu haben, der dann weiter Nichts mit dem geistlichen Theil des »Geschäfts« hätte zu thun haben dürfen; das Lehrergeschäft leidet, wo der Lehrer zu gleicher Zeit neben seinen geistigen Ausgaben seine weltlichen Einnahmen berechnen muß. Bruder Smith wußte aber Beides auf so geschickte Art zu vereinigen, und die Waare mit solcher Salbung, die Lehre mit solcher berechnenden Klugheit auszugeben, daß die Insulaner zuletzt nicht selten beides Empfangene gar nicht mehr von einander zu unterscheiden vermochten und in Zweifel waren, für was von den beiden Sachen sie ihr Cocosnußöl und ihre Perlen und Muschelschalen eigentlich zu Markt gebracht, und ob sie ein gutes oder schlechtes Geschäft dabei gemacht.

Bruder Smith hatte auch lange nicht das Schroffe, Abstoßende des finsteren Rowe, ja selbst des schwärmerischen Dennis. Bei dem Gebet stand besonders der Letztere wie ein zürnender Geist, bereit Gottes Zorn auf Jeden niederzudonnern, der anders dachte oder sprach als er, während Bruder Smith mit ruhiger Ueberlegung die praktische Seite des Christlichen Glaubens nicht allein nicht versäumte, sondern sogar nach außen drehte. Der Eine gewann, der Zweite erhielt die Heiden dem Christenthum.

Brower und Mc. Kean waren ein Mittelding der Beiden, mehr an der Form wie dem Sinne des Ganzen hängend; Smith wand sich zwischen Allen durch. Mit einem anerkennungswerthen Scharfblick der Charaktere, zwischen denen er sich befand, war er Schwärmer oder Enthusiast, Mann der Form oder des einfachen Glaubens, der in dem Glauben gerade den Formen blindlings folgt, aber diese nur eben vom Glauben abhängig macht, nicht diesen ihnen unterwirft. Nie jedoch verlor er den Nutzen irgend einer Stunde aus dem Auge und unermüdlich im Sammeln für seinen heiligen Zweck, wuchsen ihm die Bedürfnisse aus dem Boden, und wurden zu Bäumen, die ihre Früchte im reichen vollen Maaß auf ihn zurück und nieder schüttelten.

Auch er war der gedrohten Oberherrschaft Frankreichs in innerster Seele abgeneigt, aber nicht ganz allein mit jener geistigen Ueberzeugung, mit der Bruder Dennis den Untergang der Gerechten vorher kündete, wenn sie sich durch die Irrlehren verführen ließen vom rechten Pfade abzuweichen, sondern mehr fast im merkantilischen Interesse. Die Franzosen hatten nämlich unter dem Schutz ihrer Kanonen angefangen, eine Quantität der verschiedensten, bis jetzt von ihm mit Vortheil abgesetzten Waaren, auf die Insel geworfen, deren Preise er früher allein bestimmen konnte, während sich ihm jetzt dadurch eine in der That nicht unbedeutende Concurrenz eröffnete. Bunt und ordinär gedruckte Kattune, für die er bis jetzt mit Leichtigkeit einen halben Dollar per Yard erhalten, verschleuderten leichtsinnig junge Franzosen um die Hälfte, und das Volk hätte von einem Heiden gekauft, wenn es die Waare billiger bekommen, wie viel mehr nicht von den »neuen Christen«. Die Eindringlinge bezahlten außerdem für die Produkte der Indianer weit mehr, als sie vernünftiger Weise hätten zahlen sollen, wenn sie sich nicht den Markt für spätere Zeiten verderben wollten. Es war keine Ordnung in der Sache, und der Kaufmann ging mit dem Christen Hand in Hand, der Evangelischen Kirche den Sieg zu erflehen über die »Baalspriester« wie sie gewöhnlich von den Kanzeln genannt wurden.

Doch zurück zu unserem Schiff, das die Aufmerksamkeit der am Strand Stehenden auf das Peinlichste spannte, und immer noch mit den kahlen Masten gesonnen schien vorbei zu streichen, ohne auch nur einmal die Farbe seiner Flagge zu zeigen.

»Segne meine Seele!« rief ein dicht am Strand stehender Neger, der früher einmal von einem Wallfischfänger auf irgend einer Insel entsprungen war und seinen Weg nach Tahiti gefunden hatte, wo er jetzt bei den Eingeborenen, theils seiner außerordentlich glänzenden schwarzen Farbe, theils seiner Wohlbeleibtheit wegen als eine Art Autorität in Seemännischen Fällen galt – »segne meine Seele, wenn ich nicht glaube der Bursche will einlaufen. Wenn er das bei der See versucht kann er sich darauf verlassen daß er heute in Davys locker (Seeausdruck für Unterwelt) zu Nacht speist, denn kein Dampfschiff könnte sich frei von den Leeriffen halten.«

»Und was für ein Segel glaubst Du daß es ist, Pompey?« frug ihn Tati, der Häuptling, der unfern von ihm stand und das Fahrzeug mit finsterem Blick betrachtet hatte.

»Englisch, by God Massa,« rief der Neger rasch, der den Häuptling kannte – »englisch, jeder Zoll von ihr [D] – und ein Dorn wahrscheinlich in Massa Gumbo's [E] Augen da drüben, der jetzt zwischen zwei Feuer kommt, wenn er den Schwarz-Röcken einheizen und Land pachten will von Königin Pomare, haw, haw, haw. Nun sollte noch ein Franzmann dazu kommen, dann giebt's Spaß; aber dies Kind ging in die Berge, Massa, denn wenn sie hier mit den eisernen Bällen an zu spielen fingen, würd' es Manchem zu warm in seinem Rocke werden.«

»Die Reine blanche ist's,« lautete aber eine andere Meinung, die bald wie ein Lauffeuer durch die Menschenmasse lief, denn der gefürchtete Admiral Du Petit Thouars war schon lange wieder im Hafen erwartet worden, und trotz den zuversichtlichen Behauptungen der Missionaire daß England ihnen jedenfalls Schutz und Hülfe senden werde, gegen den Römischen Feind, traute man doch den Kanonen des Letzteren nicht, der die Stadt jetzt schon zwei Mal mit seinen eisernen Flanken bedroht und sie gezwungen hatte, seine Bedingungen anzunehmen.

Der Französische Consul hatte gegen die letzte Verhandlung protestirt und war zornig fortgegangen; welchen Bericht würde er dem Französischen Admiral machen? — und die Königin mußte es dann wieder entgelten, wie schon früher.

»Da — dort geht die Flagge vom Talbot!« rief da Pompey plötzlich — »und da die Privatsignale — er wird den Andern vorm Einlaufen warnen wollen.«

»Dort kommt was Buntes an Bord draußen!« schrie ein Eingeborener, der trotz dem noch heftigen Wehen und Schaukeln des Baumes auf eine Palme geklettert war, einen bessern Ueberblick zu gewinnen — »gleich wird's heraus sein!«

»Da kommt die Flagge — alt England für immer!« jubelte ein junger Bursch, ein Seecadet des Talbot der auf Urlaub an Land gewesen war, wie der Sturm begonnen — »dort weht der Union Jack und Monsiehr Crapo hat sich zu früh gefreut wenn er glaubte es käme ein Landsmann.«

»Englische Flagge — Englische Fregatte!« schrie und wogte es aber auch jetzt am Land durcheinander, die Missionaire auf der Verandah drückten einander die Hand, und ein großer Theil der Insulaner jubelte allerdings dem fremden Schiffe entgegen, Manche aber auch von Tati's Anhang schauten gar zornig drein, und sahen die Parthei schon wieder Sieger, die ihnen bis dahin immer störend und hemmend im Weg gestanden.

Die beiden Englischen Kriegsschiffe hatten indessen rasch verschiedene, nur ihnen bekannte Signale gewechselt, und die fremde Fregatte hielt noch fortwährend auf die Mündung des Hafens zu, als ob sie die Einfahrt, trotz Wind, Wogen und Coralle, erzwingen wolle; wenn aber auch der wirkliche Sturm nachgelassen hatte, wehte der Westwind doch noch viel zu stark das Einlaufen in den Hafen, wären selbst die furchtbaren Brandungswellen nicht gewesen, wagen zu

dürfen und die Fregatte, die auch vielleicht nur diese Stellung angenommen ihre Signale ordentlich und deutlich auswehen zu lassen, fiel
wieder vor dem Winde ab, braßte ihre Marssegel vierkant und flog,
fast vor Top und Takel nur, aus dem Bereich der gefährlichen Klippen, draußen vielleicht wieder beizudrehen und das Rückwechseln
des Windes in den gewöhnlichen Passat, der gar nicht lange mehr
ausbleiben konnte, abzuwarten.

So lange die Signale noch dauerten, hatten sich die Eingeborenen
ziemlich ruhig gehalten; nur einige der der Königin und den Missionairen ergebenen Häuptlinge, besonders Aonui und Potowai waren
hinauf in das Haus gegangen, wo sie die frommen Männer versammelt sahen, deren Meinung über das Englische Kriegsschiff, das jedenfalls einzukommen beabsichtigte, zu hören. Die Missionaire hatten
nur eine Stimme darüber; sie hofften daß es ihnen günstig lautende
Nachrichten von England bringen würde, ja daß vielleicht Bruder
Pritchard selber an Bord sei, die Rechte der Insulaner zu bestätigen
und mit der gesandten Macht zu beschützen.

Das war genug, wie ein Lauffeuer zog sich die frohe Botschaft
durch die einzeln am Strand zerstreuten Gruppen: »Das Kriegsschiff
ist für uns gekommen; die Franzosen haben Nichts mehr auf den Inseln zu befehlen — der Vertrag den sie abgeschlossen haben, und der
nur dahin berechnet war uns zu ihren Sclaven zu machen und das
Götzenthum wieder einzuführen, ist vernichtet und keine Flagge soll
hier mehr wehen als die Tahitische und Englische!«

Aonui war der Wildeste zwischen ihnen.

»Brüder, der Tag der Vergeltung ist erschienen!« schrie er, auf einen Haufen dort aufgefahrenen und zum Ausarbeiten von Canoes
bestimmten Holzes springend, von dem aus er die unter ihm Stehenden leicht übersehen konnte, »die Beretanis kommen — die uns die
Bibel gebracht haben, bringen uns jetzt auch Kanonen unsere Bibel zu
vertheidigen — die Beretanis sind gut — wir wollen Nichts weiter —
wir haben die Bibel und die Feranis können gehen, wir halten sie nicht
— wir wollen ihnen Freude wünschen — aber nicht hier, irgend wo
anders. — Wir haben die Feranis lieb — sehr lieb — es sind auch unsere Brüder — aber nicht so Brüder wie die Beretanis; andere Art. Die
Beretanis haben uns die Bibel gebracht, die Feranis wollen sie wieder
nehmen. — Feranis haben viel Platz wo anders, wir wollen ihnen
Freude wünschen.«

Das etwa war der Sinn der Rede, die der Häuptling, die einzelnen Sätze immer auf's Neue wiederholend, seinen Landsleuten vorschrie, denn der um ihn wogende Tumult dauerte indessen fort und er konnte ihn mit seiner Stimme nicht beschwichtigen, er mußte ihn selbst übertönen; aber den Sinn verstanden sie doch, den ungefähren Sinn des Ganzen wenigstens, und von Mund zu Mund lief der Ruf: »Fort mit den Feranis, fort mit der Flagge, wieder an Bord mit den Priestern die uns die neuen Götzen auf die Berge gestellt haben, den alten zum Trotz, und uns unseren Glauben nehmen wollen und unser Land und die Bibel. Wir haben die Bibel wir verlangen nicht mehr!«

»Bin nur neugierig« sagte Pompey, der Neger, zu einem zufällig neben ihm stehenden Seemann, unserm alten Bekannten, dem Iren Jim — »was sie heute wieder für Dummheiten anrichten werden, Mister — seht nur einmal wie die schwarz gekleideten Gentlemen da hinten so eifrig gegen einander die Hände und Arme werfen, und streiten — sie hacken Alle auf den Einen ein mit den weißen Haaren, der wird wohl der einzige Vernünftige unter ihnen sein.«

»Und wie so, mein Bursche?« frug Jim O'Flannagan der mit den Augen der Richtung gefolgt war, die ihm der Neger angab, und den Blick jetzt forschend auf den allerdings sehr heftig mit einander gesticulirenden Missionairen weilen ließ — »es geht ja Alles so hübsch und trefflich wie es nur gehen kann.«

»Hübsch und trefflich? — hm, ja, — Manchem gefällt's so,« sagte der Neger und betrachtete sich den Fremden etwas genauer, ohne daß Jim etwa darauf geachtet hätte — »aber hallo Mister,« setzte er plötzlich hinzu, »haben wir nicht einander schon einmal da drüben bei Mütterchen Tot getroffen?« Der Ire lachte.

»Ich bin überall zu finden wo es gute Gesellschaft giebt,« sagte er mit einem etwas zweideutigen Blick auf seinen schwarzen Gefährten, »aber Freund, habt Ihr eine Idee wo die Geschichte hier hinaus will? — wie mir scheint wollen die guten Leute alle Franzosen ohne weitere Säumniß aufpacken, und an Bord der Jeanne d'Arc schicken?«

»Toll genug wären sie dazu,« brummte der Schwarze, »und das hier wär' auch nicht der erste derartige dumme Streich, den sie machten; wenn's Jemand gut mit ihnen meinte, sollt' er's verhindern.«

»Wen geht's denn 'was an?« lachte der Ire, »dafür haben sie auch ihre Seelsorger ihnen den richtigen Weg zu zeigen — hallo, kennt Ihr die Beiden da, die scheinen's eilig zu haben.«

»Das sind die beiden ersten Häuptlinge der Insel, Tati und Utami,« sagte der Neger schnell, »wenn die ihren Weg hätten, wüßt' ich
wen sie vor allen Dingen auf das erste beste Schiff packten und nach
Leewärts schickten.«

»Kann mir's denken,« sagte der Ire trocken, »'s kommt nur darauf
an jetzt, wer zuerst ein Schiff frei hat, Engländer oder Franzose, und
dem lieben Gott bleibt jetzt die Wahl vollkommen offen, wen er hier
behalten will, Katholiken oder Protestanten.«

»Wenn sie den Feranis hier was zu Leid thun, schießt ihnen der
Franzose den ganzen Bettel zusammen – und ich habe da drüben
auch ein kleines Häuschen stehn,« meinte der Neger.

»Wenn's hinter dem Berge läge könnt' er aber anfangen wann er
wollte?« frug Jim, mit einem Seitenblick auf den Neger, den dieser mit
einem breiten Grinsen, das zwei Reihen prachtvoller Zähne aufdeckte,
beantwortete.

Die Aufmerksamkeit der Beiden wurde aber bald für das Haus in
Anspruch genommen, in dem sich die Missionaire befanden, denn
dorthin drängte das Volk und schien von diesen eine bestimmte Leitung ihres Unmuths, dem sie selber eigentlich noch nicht recht Ausdruck zu geben wußten, zu verlangen.

»Nieder mit der Flagge der Feranis!« tönte der Schrei – »fort mit
den Priestern – England hat seine Schiffe zu uns geschickt uns zu
beschützen, wir wollen nichts weiter mit den Wi-Wis zu thun haben
– fort mit ihnen – fort!«

»Das thut kein Gut,« sagte da, in der Sprache der Insel, ein
schlanker Mann mit starkem Backen- und Schnurrbart, der an dem
Iren und Neger mit den, schon vorher von ihnen bemerkten Häuptlingen rasch vorbeischritt – »das thut wahrlich kein gut, und sie
werden sich die Folgen ihres thörichten Handelns später selber zuzu-
schreiben haben.«

»Die Missionaire treiben's zum Aeußersten in ihrem stolzen
Wahn,« sagte Tati.

»Und ihre kurzsichtige Politik wird ihnen das geistliche wie ihrer
armen Königin das weltliche Regiment rauben,« sagte der erste Sprecher; »die einzige Rettung die dem Lande noch blieb, war eine vernünftige Mäßigung, die Missionair wie Franzose zugleich im Zaum
gehalten hätte.«

»Sagt das den Priestern, Consul Mörenhout, und sie zucken die Achseln und bedauern bei der Sache nichts thun zu können, da sie sich nie in die Politik dieses Landes mischten.«

»Heuchler!« zischte der Consul zwischen den Zähnen durch und schritt jetzt, die Häuptlinge verlassend, rasch der Verandah zu, an deren Treppe er eben den beiden Missionairen Dennis und Rowe begegnete, die, von Nelson und Smith gefolgt, gerade niederstiegen. Als Mr. Rowe den Französischen Consul auf sich zukommen sah, blieb er stehen und sagte, noch ein paar Stufen höher als dieser, mit unendlicher Milde und Freundlichkeit auf ihn niederblickend:

»Und was führt unseren sehr ehrenwerthen Freund in solcher Aufregung zu uns?«

»Mr. Rowe,« erwiederte aber der Consul, ohne auf Ton oder Bemerkung der Frage einzugehen, und rasch die Stufen, selbst an dem Geistlichen vorbei, hinaufsteigend – »ich möchte ein paar Worte mit Ihnen und den übrigen Herren sprechen; aber augenblicklich sprechen« – setzte er rasch und ungeduldig hinzu, als er sah wie die geistlichen Herren noch unschlüssig zögerten. »Es gilt auch jetzt nicht die Privat-Interessen eines Protestantischen oder Katholischen Priesters,« fuhr er gereizt und heftig fort, »es gilt die Interessen, das Wohl dieses Landes, dessen Entscheidung Sie nun einmal – mit welchem Rechte soll hier unerörtert bleiben – in die Hand genommen. Ihnen allein ist es jetzt überlassen Alles noch friedlich zu Ende zu führen, oder auch einen Krieg heraufzubeschwören, der die traurigsten furchtbarsten Folgen haben müßte.«

Die Missionaire blieben erst stehn und drehten dann mit dem aufgeregten und gereizten Mann um, blieben aber oben auf der Verandah, wo sich die übrigen bald um Mr. Rowe und den Französischen Consul sammelten, und der Erstere sagte freundlich:

»Sie scheinen sich in der Person zu irren, verehrter Herr; wir Alle sind Männer des Friedens, denen es wahrlich nicht einfallen wird muthwillig, wie Sie meinen, einen Krieg heraufzubeschwören. Greift das Volk zu den Waffen, ein ihm unerträglich werdendes Joch abzuschütteln, oder selbst erst der Gefahr auszuweichen, seinen Nacken darunter gebeugt zu bekommen, was können wir, einzelne und unbewaffnete Männer dafür oder dawider thun? ja dürften wir das Volk zurückhalten, selbst wenn wir könnten, wo wir es auf der einen Seite von einer Religion bedroht sehen, die unserer schwachen Meinung nach zu ihrem jetzigen und späteren Verderben führen müßte, während wir es in Händen haben, sie wenigstens auf ein einstiges Heil vorzubereiten.«

Der Consul schritt rasch und ärgerlich auf der Verandah auf und ab, erwiederte aber kein Wort — er fühlte daß ihm bei der ersten Sylbe die er laut spräche, die Galle überlaufen müsse, und wollte jetzt in diesem, vielleicht für spätere Zeiten höchst wichtigen Augenblick Alles vermeiden, was ihm später vielleicht als Uebereilung oder Hitze hätte können zur Last gelegt werden.

»Und weigern Sie sich wirklich?« sagte er endlich nach einer längeren Pause, und in der That erst, als der Ehrwürdige Mr. Rowe schon wieder Miene machte die Verandah zu verlassen — »das blinde, mit allen Europäischen Verhältnissen unbekannte Volk von einem übereilten Schritt, wie das Niederreißen der Französischen Flagge zurückzuhalten? — bedenken Sie nicht, daß sich dieselben traurigen Scenen der Französischen Fregatte in Monaten vielleicht schon wiederholen, und Sie selbst dann in die mißlichste Lage der Welt bringen können?«

Der Ehrwürdige Mr. Rowe warf den Kopf stolz empor, und sagte mit vielleicht absichtlich sehr lauter Stimme:

»Weder Ihre Ueberredung Herr Consul, noch Ihre Drohungen können uns zu einem Schritt bewegen, den wir für unverträglich mit unserem Amte halten. Nicht die Politik, sondern die Religion dieses Landes brachte uns an diese Küste, und Frankreich hatte vielleicht einmal die Absicht den Protestantismus, da es ihm nicht durch die Lehre seiner Priester gelang, mit Feuer und Schwert auszurotten; aber die Zeit ist Gott sei Dank vorbei. Der Englische Consul ist, wie Sie wissen schon vor längerer Zeit nach Großbritannien gegangen, dort den Schutz unserer Confession, die Erhaltung unserer schwer erworbenen und verdienten Rechte zu sichern, und Sie sehen da draußen in See in jenem hellblinkenden Segel die Antwort unserer Nation. Monsieur Du Petit Thouars wird sich einen andern Wirkungskreis für seine Heldenthaten suchen müssen, denn nicht mehr blos mit wehrlosen Indianern und ihren friedlichen Lehrern und Fürsten hat er es von jetzt an hier zu thun.«

Mörenhout biß sich auf die Lippen, blieb einen Augenblick, wie noch etwas überdenkend, stehen, und wollte dann, ohne weiteres Wort, die Treppe wieder niedersteigen, als der alte ehrwürdige Mr. Nelson seinen Arm ergriff und freundlich sagte:

»Gehen Sie noch nicht, Consul Mörenhout; ein gutes Werk darf nicht so leicht aufgegeben werden, und ich halte die Absicht dafür, in der Sie hergekommen.«

»Mr. Nelson spricht als ob dieses sogenannte »gute Werk« in unseren Händen läge,« sagte Mr. Rowe gereizt.

»Und das ist wahr!« rief aber der alte Mann in edlem Eifer erglühend, und die Hand ausstreckend gegen die unten tobende Schaar. »Sündlich wäre es von uns behaupten zu wollen, daß wir die Macht nicht haben das Volk zum Guten zu leiten und in den Schranken der Mäßigung zu halten; ebenso wie es, in der jetzt überdieß gereizten Stimmung, einem leichtsinnigen unglückseligen Schritt entgegen zu treiben. Wir als die Lehrer des Volkes dürfen nicht entscheiden ob Englische ob Französische Flagge das Recht habe hier zu wehen — unser Ziel ist, die Eingeborenen zu Christen, nicht zu Engländern oder Franzosen zu machen, und ihren Häuptlingen, von unseren Consuln aber nicht von unseren Kanzeln unterstützt, bleibt es dann überlassen, sich die Unabhängigkeit ihres Landes zu wahren.«

»Es giebt Verhältnisse,« fiel ihm hier Bruder Rowe in's Wort, der den aufsteigenden Grimm nicht länger bemeistern konnte, »bei denen ein solches Zaudern in der guten Sache, das die Eingeborenen ihrem bösen Geschick und den Gräueln des Pabstthums überließe, Verrath genannt werden könnte.«

»Wir haben den fremden Priestern vorgeworfen« entgegnete Nelson ruhig, »daß sie uns geschimpft und unsere Religion geschmäht haben; machen wir es besser, wenn wir von Gräueln des Pabstthums reden? Ich bedaure das Eindringen jener fremden Lehre, die unsere Beichtkinder irre machen, und Zweifel bei ihnen erwecken muß, aber ich möchte sie nicht mit dem Schwert bekämpft, möchte das Schwert nicht in unserer eigenen Mitte geschliffen sehen.«

»Daß Bruder Nelson die neue Lehre nicht mit dem Schwert bekämpft sehen möchte, hat er allerdings schon bewiesen,« sagte Mr. Rowe.

»In dem was ich gethan, steh' ich vor meinem Gott gerechtfertigt,« erwiederte Nelson, ohne ein Zeichen von Bitterkeit, »der Menschen Urtheil muß ich mich unterwerfen.«

»Wehe über Israel!« seufzte da der ehrwürdige Mr. Brower und schüttelte trauernd mit dem Kopf, »das ist die kalte Gluth, die fremde

Herzen erwärmen will, und nicht einmal im Stande ist, das eigene Feuer hell und lohend anzufachen. Wehe über die Säumigen, die da zögern und die Stunden zählen zum Tag, und nicht wirken wollen so lang es noch Nacht ist; wehe über die Zaghaften am Tage des Gerichts, und wie Gottes Donner noch mahnend an der Erde Vesten rüttelt, wird er ihnen ein Zornesruf in den Ohren sein!«

Mr. Mörenhout der das Gespräch, oder vielmehr den Streit der Geistlichen mit kaum zu zähmender Ungeduld bis jetzt angehört, und sich gewaltsam hatte zurückhalten müssen, seinem Unwillen nicht Luft zu machen, dabei aber noch immer hoffte eine vernünftigere Ueberlegung doch Raum gewinnen zu sehen, mußte nach den letzten Worten des fanatischen Priesters jeden solchen Glauben schwinden lassen, und nur noch einen letzten Versuch zu machen sagte er mit gezwungener Ruhe, der man aber das Gewaltsame wohl anmerken konnte:

»Und so weigern Sie sich denn, meine Herren, den Frieden mit Frankreich aufrecht zu erhalten? – weigern sich dem Volk das Gefährliche, ja das Wahnsinnige solcher Handlung vorzustellen?«

»Weigern, Herr Consul,« unterbrach ihn Rowe entrüstet, »wir haben Nichts mit der Politik dieses Landes zu thun – mit jedem derartigen Antrag muß ich Sie an die Königin selber weisen.«

Mörenhout wollte noch etwas erwiedern – er öffnete schon den Mund und that einen Schritt auf den Missionair zu, der sich dem gereizten Blick des Mannes mißtrauisch aber doch muthig entgegenstellte; dann aber, wie sich eines Besseren besinnend, drehte er sich scharf auf seinem Absatz herum, blieb einen Moment, den vorn ausdehnenden Platz mit den Blicken überfliegend stehen, winkte nach einer Stelle hinüber, wo Tati und Utami mit dem jetzt zu ihnen gekommenen Paofai standen, und schritt dann, während sich ihm die drei Häuptlinge anschlossen, rasch und heftig mit ihnen gesticulirend, am Strand hinauf.

Fußnoten:

[D] Die Engländer und Amerikaner nennen alle Arten von Fahrzeugen weiblich und wie der Matrose behauptet aus einem allerdings nicht gerade schmeichelhaften Grund für das schöne Geschlecht: weil die Takelage, Segel etc. mehr koste als alles Uebrige.

[E] Gumbo's, der Spottname der Franzosen in Louisiana, nach einem dort bereiteten Lieblingsgericht derselben.

Capitel 5

Die Königin Pomare

Der Sturm hatte nachgelassen, aber noch schleuderte der West den Wellenschaum gegen das Leeufer [F] der Insel, und die schweren Palmenwipfel, die den Palast Aimatas, der vierten der Pomaren, umgaben, schwankten herüber und hinüber und schüttelten die schweren Tropfen aus der Fruchtgeschmückten Krone.

Der Palast der Pomaren — ein Zauber lag sonst auf dem Heiligthum, das ein frohes gutmüthiges und deshalb auch leichtgläubiges Volk mit allem ausgeschmückt, was seine Phantasie nur Großes und Erhabenes zu erfinden vermochte.

Was lag daran ob nur Bambusstäbe das leichte Dach von Pandanusblättern stützten, nur feingeflochtene Matten und selbstgewebte Tapa den inneren Raum zierten und verhingen — was lag daran ob die Häuptlinge aus einfachen Calebassen ihren Brodfruchtpoe verzehrten und den Saft der Cocosnuß dazu tranken, sie waren die von Oro beschützten Fürsten, und der Grund schon heilig, den ihr Fuß betrat.

Und jetzt? — Der Verkehr mit den Europäern hatte die alten einfachen Sitten der Insulaner verdrängt — die Missionaire, anstatt sich ihrem einfachen Leben anzupassen, lenkten die Gier dieser sonst so anspruchslosen bescheidenen Wesen auf die fremden Sachen die sie in Masse mitgebracht; der Schutz der Könige selber ward durch Geschenke — tolles Zeug das nur bunt drein schaute und zu weiter Nichts diente als den Platz ungemüthlich, unheimlich zu machen auf dem es stand — zu erhalten gesucht, und wie sich die Fürsten mehr den Fremden hingaben, deren eigenthümliche Geschenke sie gewannen, wie sie von ihrer Höhe niederstiegen und ihre Götter selbst zuletzt gegen Glasperlen und andere bunte Sachen eintauschten, einen anderen Gott anzuerkennen, den ihnen jene schwarzen finsteren Männer brachten, da war die königliche Macht dahin, wenn auch der äußerliche Prunk noch blieb, ja für den Augenblick, wie das letzte Aufflackern einer Lampe, vielleicht noch auf kurze Zeit erhöht und verstärkt wurde.

Was die Königliche Majestät auf den Sandwichs Inseln, wo Republikanische Missionaire zuerst Gottes Wort hinüberbrachten, erhob, daß nämlich die Glieder der Königlichen Familie, besonders die Frauen [G] der Christlichen Religion anhingen, und sie mit dieser Macht auch das Volk dahin brachten sich zuletzt, wenigstens äußerlich, dem neuen Cultus zu unterwerfen, das hatte auf den Gesellschaftsinseln, wo die Priester einer Monarchie zuerst mit dem Kreuz und der Bibel landeten, die entgegengesetzte Wirkung in dem starren Trotz den die Pomaren, in ihren Herzen wenigstens, von je der Christlichen Religion entgegensetzten, bis in späteren Jahren, und auch eigentlich erst durch Krankheit geknickt und in der Hoffnung mit Hülfe der Weißen die Zügel seiner Regierung wieder fester in die Hand nehmen zu können, der zweite Pomare zur christlichen Religion übertrat, sonst aber seine Sitten, und sehr wahrscheinlich auch im Inneren seinen alten Glauben, ziemlich beibehielt.

Die Fürsten, die man bis dahin für übernatürliche Wesen gehalten, wurden Menschen, die Götter, die bis dahin die Schicksale der Völker regiert und die Hand gehalten hatten über Land und See, wurden zu Stücken Cocosholz, — der Glaube, die Furcht, ja das Schlimmste von Allem, die Liebe des Volkes war ein Wahn, ein schöner Traum gewesen, und daß eben das Volk dann zu Extremen übersprang, läßt sich denken.

Das schlichte Bambushaus, zu dem der Tahitier sonst als dem Herrschersitz seiner Könige mit scheuer Ehrfurcht aber auch mit Liebe aufgeblickt, war verschwunden, und an dessen Statt stand ein Europäisches Gebäude mit Schindeln gedeckt, mit Verandah und Treppe, mit Thüren und Glasfenstern da, die Wände dicht und der kühlen Seebrise undurchdringlich, das Dach fremd und unnatürlich in die schlanken Palmen hineinstarrend — das Innere dabei wild und geschmacklos mit bunt und toll durch einander geworfenen Geschenken verschiedener Schiffe und Länder ausgeschmückt oder eher verstellt, mit Porcellan und Glas, mit Bronze und Messing, versilberten Leuchtern, vergoldetem Schmuck, mit Servicen und Geschirren, so geschmacklos als verwirrt geordnet oder besser gesagt aus dem Weg gestellt.

Die natürliche Majestät des Ganzen war gewichen und eine gezwungen gekünstelte jetzt nicht mehr im Stande selbst in den Augen des Eingeborenen zu imponiren. Die Ehrfurcht deshalb, die er dem schlichten Bambus und der einfachen Tapa gezollt, und die sich selbst auf die Pandanus-Matte erstreckte die der Fuß berührte, weigerte er dem kostbaren Teppich und all jenen tausend und tausend »Kostbarkeiten,« die er staunend anstarrte, an denen er aber kalt, ja nicht selten mit einem Lächeln auf den Lippen, vorüberging. Er kannte die Quelle aus der es floß, Pomare ging nicht mehr mit Oro Hand in Hand und vor dem neuen Gott, wie ihnen die fremden Lehrer oft und oft gesagt, waren ja alle Menschen gleich — das Bischen Staat dabei hatten die Fremden mitgebracht, als Geschenke festen Fuß auf den Inseln zu fassen, es war Nichts darunter, vor dem man hätte Ehrfurcht haben können.

Und rücksichtslos wie der Menschen Hand an dem Hermelin der Majestät gerissen, und nach der Krone schon die Faust ausgestreckt, die Aimatas Stirn umzog, so hatte der Sturm in seiner tobenden Lust auch seinen Muth an dem geweihten Platz gekühlt und hineingegriffen in das Heiligthum.

Wo eine Anzahl dichter herrlicher Palmen auf etwas offener Stelle wachsend, früher das Bambushaus der Königin überschattet, und einander dabei zugleich Schutz und Schirm bieten konnten gegen die tollen Windgeister, die zu Zeiten über die Berge rasten, da hatten die meisten dieser stattlichen Bäume, dem größeren Gebäude Raum zu geben, weggeschlagen werden müssen, und die einzelnen, zurückgebliebenen, waren nicht mehr im Stande dem wilden West zu trotzen, wenn er den rasenden Ansprung nahm gegen sie, die wehenden Blätter ihrer Krone faßte und die Wipfel niederbog, scharf und gewaltig, bis fast zum Boden hin. Hei wie sie da oft zurückschnellten, in Grimm und Unmuth, dem tobenden Sturm gerad' in die Zähne, und die wehende Krone schüttelnd in zornigem Trotz; vergebens — wieder und wieder sauste die Windsbraut heran, faßte die mächtigen Bäume und drückte sie in ihrem tollen Spiel zur Erde nieder bis sie die herrlichste geknickt und mit schwerem Fall zu Boden geschmettert, weit und zerstörend hinein in Banane und Brodfruchtgarten. Und dann, wie ein unartig Kind, das sein Spielzeug zerbrochen und bei dem Fall schon die Strafe fürchtet, brauste der Sturm und tobte dahin, über die mächtigen Waldeswipfel, daß sein Rauschen und Donnern weit hinein drang in Berges Schlucht und Hang; aber am Boden lag die Palme zerknickt und todt, der starre aufgespaltene Stamm kahl und vorwurfsvoll zum Himmel deutend, und der Wipfel selbst ein traurig Bild zertrümmerter, königlicher Kraft — so viel sprechender hier, an der Schwelle der Pomaren.

Und wie der Sturm schwieg, wogte und drängte draußen das Volk in wilderem unaufhaltsamerem Schwarm, zum ersten Mal wieder eine Macht fühlend, die ihm bis jetzt genommen, zum ersten Mal wieder von denen aufgefordert selbstständig zu handeln, die bis jetzt mit ängstlicher Sorgfalt jeden ihrer Schritte überwacht, und die Bibel drohend entgegengehalten jedem freieren, kraftbewußten Wort.

Das Volk sprach, und der Palast lag verödet; die Thüren standen offen, oder schlugen im Zug hin und wieder, die im Inneren angebrachten Europäischen Vorhänge und Gardinen flatterten und wehten unordentlich aus, und die Eïnanas Pomares, die dienstthuenden Hoffräulein der Fürstin selber hatten sich in Furcht und Neugierde theils mit hinaus an den Strand gedrängt, das fremde Schiff und das erregte Volk zu sehen, theils standen sie mit flatternden Locken und Gewändern über die Verandah zerstreut, ihrer Pflichten nicht weiter achtend, sich ihre Hoffnungen und Befürchtungen mitzutheilen.

Pomare war in ihrem Gemach allein und die Königin stand, an ein Fenster gelehnt, die linke Hand auf eine geöffnete Bibel, die neben ihr auf einem kleinen Tischchen lag, die Stirn sinnend in die rechte Hand gestützt, regungslos und schaute in tiefem Brüten hinaus über die zerschüttelten Baumwipfel, die ihre Zweige noch nicht wieder zurechtgefunden aus dem kaum vorübergebrausten Sturm, und wie ängstlich die weiten grünen Arme ineinander rankten, einem noch immer mißtrauisch befürchteten neuen Anprall zu begegnen.

Es war eine schlanke edle Gestalt, mit nicht gerade schönen aber doch wohlthuenden Zügen, und besonders feurigem lebendigem Auge, dessen Brauen sich nur jetzt, in Sinnen und Unmuth vielleicht, fester und härter zusammengezogen wie es sich sonst mit den voll und freundlich geschnittenen Lippen vertrug. Sie ging ganz in die Landestracht gekleidet, nur daß kostbarere Stoffe ihre Gestalt umschlossen, — der pareu war von feinem gelb und roth gestreiften und mit kleinen Silberblumen durchzogenem Gewebe, und der obere, erst nach der Bekanntschaft mit den Europäern angenommene weite und vorn bis zum Gürtel offene Rock, der nur am Handgelenk durch zwei Perlmutterknöpfe zusammengehalten wurde, war von schwerer blaßrother Seide, um die Hüften durch eine goldene emaillirte Spange zusammengehalten. Die Haare trug sie in natürlichen Locken, durch die aber, vielleicht ein wenig kokett auf die Krone anspielend, ein schmaler goldener Reif gezogen war, vortrefflich gegen die rabenschwarze Fülle der Locken abstechend, die ihre Stirn umspielten. An den Fingern blitzten zwei etwas starke, goldene Ringe, der den Eingeborenen überhaupt liebste und ehrenvollste Schmuck; ihre Füße aber waren nackt.

Viele Minuten lang blieb sie in der beschriebenen Stellung, starr und regungslos und nur manchmal war es, als ob sie ungeduldig hinaushorche nach dem dumpf selbst bis zu ihr herüberwogenden Lärm, indeß die Finger der linken Hand bewußtlos in dem heiligen Buche blätterten.

»Sie kommen, Pomare, sie kommen,« rief da plötzlich Eines der Mädchen, den Kopf eben nur zur Thür hereinsteckend und dann wieder, gerad so rasch verschwindend.

»Aramai, Eina!« rief aber die Königin, sich zornig nach der Thür herumdrehend, in der jetzt, etwas beschämt, das junge schöne Mädchen wieder erschien und schüchtern stehen blieb — »ist das jetzt Sitte hier bei mir geworden, daß Ihr draußen herumlauft, Ihr Tollen, und eben zu mir hereinstürmt und mir Euere Botschaft unter das Dach ruft, als ob ich herübergeweht wäre von den Inseln zu windwärts? — wer kommt? waihine und wo sind Deine Gefährtinnen?«

»Tati, der Häuptling, Pomare, mit dem weißen bösen Ferani,« sagte das Mädchen etwas ängstlich — »und noch viele viele andere Tanatas.«

»Und die Eïnanas?«

»Stehen draußen und sehen hinaus.«

»Was will Tati von mir?« frug die Königin finster, mehr mit sich selbst redend als zu dem Mädchen gewandt.

»Böse Ferani ist bei Mitonares gewesen,« sagte da das Mädchen leise und schnell — »hat sich gezankt mit Mitonares und kommt jetzt zornig und bös zu Pomare.«

Ein verächtliches Lächeln zuckte um Pomares Lippen, daß die Eïnana den Ferani fürchtete, aber die Botschaft selber beunruhigte sie doch. Der Französische Consul verkehrte nie mit den Protestantischen Geistlichen, die ihn, wie er recht gut wußte, haßten und verabscheuten — was hatte er dort zu thun, wenn nicht jene etwas gegen ihn, gegen seine Nation unternommen, und warum wußte sie noch Nichts davon?

»Die Mitonares haben das Englische Schiff gesehen und glauben sich nun Herren dieses Landes,« murmelte sie leise vor sich hin — »aber noch nicht — noch nicht — und das Alles sagt die Bibel, Alles, Alles was sie wollen.«

Lautes Sprechen auf der Verandah drang von dort herein, und die Eïnanas, die bis jetzt draußen herum gestanden, schlichen leise in's Zimmer, während Eine von ihnen die Ankunft des »Ferani Me-re-hu« mit Tati dem Häuptling meldete. Noch ehe aber Pomare nur die Erlaubniß seiner Einführung geben konnte, wurde die Thür wieder, mehr aufgerissen als geöffnet, und der Consul betrat rasch von Tati langsam und wie scheu gefolgt, das Gemach.

»Habt Ihr die Sitte verlernt, Consul Me-re-hu!« rief ihm aber Pomare gereizt entgegen, noch ehe er den Mund öffnen konnte zu seiner Vertheidigung, »daß Ihr zu einer Frau — daß Ihr zu Pomaren in das Haus dringt, als ob Ihr daheim wäret in Eurer eigenen Hütte? — noch haben Euere Kriegsschiffe meinen armen Thron nicht umgeworfen, und Euere Soldaten mein Volk erschlagen, oder Euere Priester es bethört — geht fort von hier, Ihr seid ein unruhiger böser Mann — und was will Tati von seiner Königin, daß er mit dem Fremden über ihre Schwelle bricht, wie ein Dieb bei Nacht?«

»Nicht meinetwegen komme ich, kommt Tati hier zu Dir, Pomare!« unterbrach sie hier Mörenhout, ohne Tati Zeit zu geben, sich selber zu vertheidigen — »Deinet-, Deines Reiches wegen sind wir hier, das Deine tollen Priester im Begriff sind zu verderben.«

»Consul Me-re-hu!« rief Pomare entrüstet.

»Ja Pomare!« fuhr aber der Franzose in zornigem Eifer fort, »und wiederholen muß ich's Dir, daß Deine Priester in diesem Augenblick selbst daran arbeiten den Bruch unheilbar zu machen, den sie zwischen diesem Land und Frankreich reißen. Auf die Bibel gestützt, der sie in blindem Eifer, nicht rechts nicht links sehend, anhängen, predigen und schreien sie daß sie dieser folgen, während es im Grund nur ihre eigene starrköpfige Meinung ist, der sie das Banner vorantragen. Gottes Zorn wollen sie dabei in ihrer Macht haben, während in ihrem eigenen Lager Unfriede, Streit und Feindschaft, Neid und Habsucht herrschen.«

»Und seid Ihr nur hier hergekommen meine Prediger und Gottes Wort zu lästern, Consul?« frug die Königin kalt.

»Hierher gekommen Dich zu bitten ihren Uebermuth zu steuern!« rief Mörenhout, »Dich zu warnen ihrem Einfluß, der der Französischen Nation ein durchaus feindlicher ist, gerade jetzt, wo sie in kurzsichtigem Triumph den Sieg in Händen zu haben glauben, nicht zu viel Raum zu geben.«

»Warnen,« wiederholte Pomare verächtlich, und drehte dem Consul halb den Rücken — »und was sagt Tati? hat der erste Häuptling Tahitis dem Fremden das Wort überlassen?« fuhr sie aber rascher fort als sie diesen mit verschränkten Armen und finsterem Blick still zur Seite stehen sah.

»So lang er das rechte spricht, warum nicht?« sagte der Häuptling ernst, »es ist dasselbe um das ich Pomare bitten wollte — er hat es Dir kund gethan.«

»Und was wollt Ihr von mir?« rief die Königin, jetzt wirklich beunruhigt durch das ernste Aussehen der Männer, »was ist geschehen, was haben die Mi-to-na-res gethan?«

»Die Mi-to-na-res thun nie etwas,« sagte der Consul, aber jetzt weit ruhiger als vorher, »sie stecken sich nur hinter die Masse, reizen mit ihren Reden das Volk auf, und sind dann unschuldig wie die Kinder, wenn der Saame aufgeht, den sie erst selbst gepflanzt.«

Die Königin machte eine ungeduldige Bewegung und Tati, der wohl sah daß der Consul, in seinem Zorn über die Missionaire gar nicht zum Hauptpunkt kam, fiel da ein:

»Sie sind unklug genug das Volk dazu zu treiben, daß es die Französische Flagge niederreißt.«

»Und welches Recht hat sie, hier zu wehen?« frug Pomare rasch.

»Dem mit Dir selbst geschlossenen Vertrage nach!« rief der Consul.

Tati biß sich auf die Lippen und entgegnete nur trocken:

»Das Recht des Stärkeren, ich weiß von keinem anderen.«

»Von keinem anderen?« frug der Consul erstaunt, und drehte sich rasch nach dem Häuptling um — »habt Ihr nicht selber mit den Vertrag unterschrieben, der ihm es sichert?«

»Eben weil Ihr die Stärkeren seid habt Ihr das Recht,« sagte der Häuptling finster, »denn der Vertrag war in anderem Sinne, als Ihr ihn auszubeuten wünscht, und wäret Ihr ein kleines Reich wie wir, würde die Frage gar nicht sein um ja und nein, die Kriegskeule möchte dann entscheiden welches Landes Flagge in der Brise flattern dürfte. So aber, und weil mir ahnt was Ihr begehrt, nicht etwa weil ich ein Freund des Königs der Feranis bin, komme ich hierher und verlange von Dir, Pomare, das Volk zurückzuhalten, daß es nicht muthwillig wieder fremden Schiffen die willkommene Gelegenheit bietet die Hand nach diesem Reiche auszustrecken. Die Priester tanzen um ihr Heiligthum und sehen in die Flamme – bis sie eben nichts weiter sehen und für alles Andere, was außer ihnen vorgeht, blind sind; was kümmert sie Pomare oder Tahiti, wenn sie Leute finden die in ihrem großen Buch lesen und ihnen Früchte und Cocosöl bringen. Kaufleute von dem Lande der Feranis sind gekommen und sie haben Nichts gesagt – Priester kommen jetzt von dort, und sie schreien daß Gott das Land mit Feuer und Schwefel ausrotten würde; warum? weil die anderen Priester auch Ferkel haben wollen zum Backen, und Brodfrucht zum Rösten – weil sie auch Worte eintauschen wollen gegen Körbe voll Früchte und Hühner und Schweine.«

»Aber wie kann ich's hindern?« sagte Pomare unschlüssig – »Ihr wilden Männer selber habt mich in ihre Hände gegeben, mit Euerem Zorn und Ehrgeiz, und ich will mich dem Ferani nicht beugen.«

»Und wer sagt daß Du es sollst?« rief Tati schnell – »aber eben so wenig der Flagge der Beretanier.«

»Die frommen Männer künden das Wort Gottes, nicht Beretaniens,« entgegnete Pomare.

»Ei beim Donner, laß sie das denen sagen die es glauben!« trotzte der Häuptling – »ihr eigener Bauch ist ihr Gott, und die Bibel halten sie vor, ihn zu verstecken. Waren die Häuptlinge in alten Zeiten den Göttern oder den Priestern unterthan? und wäre der neue Gott so wenig mächtig, daß wir vor seinen Dienern nur allein die Furcht und Ehrfurcht haben sollten?«

Die Königin wollte reden, aber das Wort gebrach ihr in dem Augenblick, dem zu erwiedern, und der Häuptling fuhr mit ruhiger, ja fast bewegter Stimme fort:

»Ich weiß daß sie alle Deine guten Eigenschaften, aber auch all Deine Schwächen in das Feld gerufen haben, ihnen zu dienen; Dein gutes Herz gewann Dich ihrem Gott, Dein Stolz, das Erbtheil Deines Stammes unterstützte sie in dem Kampf mit Deinen Feinden. – Sieh mich nicht so an, Pomare, ich gehörte nie dazu, und wenn auch das Blut meiner Väter, der alten und rechtmäßigen Fürsten dieser Inseln in meinen Adern rollt, und mich Deinem Stamm gegenüberstellte, hab ich Dich selber stets geachtet und – verehrt; aber weh, tief im Herzen weh thut es mir den Häuptlingsstab aus unserer Faust gerissen zu sehen, nicht eine andere würdige Hand zu schmücken, sondern einer Schaar Fremder zum Stock zu dienen, mit dem sie ihre Heerde zusammentreiben. Mit Zorn und Schmerz füllt mich der Gedanke jene finsteren Priester in unserem schönen Lande herrschen zu sehen, weil wir selber nicht einmal den Muth hatten, uns nur einander die Hand zu reichen.«

»Aber ihre Religion ist die des Friedens,« sagte Pomare.

»Und ihre Worte, ihre Lehre die des Kriegs!« rief der Häuptling mit wieder zusammengezogenen Brauen — »was auch stehen sie zwischen uns, wer gab ihnen das Recht zu entscheiden und zu richten in diesem Land? — die Bibel? — wir haben sie jetzt selber, nicht ihr Verdienst ist es daß sie hier hergekommen, wenn sie selber überhaupt Wahrheit ist, denn die Priester beweisen aus ihr, daß sie Gott selbst gesandt. So nimm die Zügel wieder in die Hand, Pomare, wähle die, so es gut und redlich mit dem Lande meinen, die aber auch an dieser Küste geboren sind, zu seinen Richtern, und hier mein Wort, meine Hand, daß Tati nie ein Korn von Eifersucht mehr in seinem Herzen nähren und Dir treu und ehrlich zur Seite stehen wird mit besten Kräften.«

»Sag es ihm zu, Pomare, er meint es gut mit Dir,« bestätigte hier der Franzose des Häuptlings Worte, die Königin aber, die schon halb unschlüssig gestanden, und den Blick, wie im inneren Kampf an den Boden geheftet hielt, sah plötzlich zu dem Fremden auf und sagte finster:

»Dein Rath, Me-re-hu, hat noch nie diesem Lande gut gethan; Du sprichst nicht mit Tati, indem Du für ihn sprichst.«

»Ich verstehe Euere Wortspiele nicht,« sagte der Consul unwillig, den die Zurückweisung der Indianerin verdrossen — »aber ich weiß daß es Tati gut mit Dir meint, und daß ich selber in diesem Augenblick weniger im Interesse Frankreichs als dem Deinigen spreche — willst Du Nichts wissen davon, so thue meinetwegen was Du nicht lassen kannst, schreib Dir dann aber auch selber die Folgen zu.«

»Ich habe bei dem was ich je beschloß noch nie die Folgen gefürchtet,« sagte Pomare ruhig — »aber was wollt Ihr daß ich thue, was ich verhindern soll? — Ihr sprecht Beide wild auf mich ein und macht mich irre, anstatt mich aufzuklären.«

»Verhindern sollst Du,« rief der Consul da, »daß Deine Leute, in

Deinem Namen die Flagge Frankreichs niederreißen und die Deinige dafür wehen lassen.«

»Und wessen Flagge hat das meiste Recht dazu?« frug Pomare, dem Französischen Consul fest in's Auge sehend.

»Das meiste Recht die Deine, allerdings,« fiel aber hier Tati ein, ehe Mörenhout etwas darauf erwiedern konnte, »aber nicht die meiste Gewalt, Pomare, und nicht muthwillig sollst Du Dir einen Feind schaffen, wo Du Dir keinen Freund dafür gewinnst, Dir beizustehen.«

»Habt Ihr das Englische Schiff gesehen?« frug Pomare rasch und mit triumphirendem Lächeln — »habt Ihr gesehen, wie es hier einlaufen wollte und nur durch den Westwind und die Brandung daran verhindert wurde? — wißt Ihr was es bringt?«

»Nein, so wenig wie die Mitonares,« sagte Tati unwirsch, »die Schwarzröcke behaupten freilich es brächte mit seinen Kanonen Frieden für diese Inseln, aber ihre Köpfe reichen auch nicht höher als die unseren, und sie können nicht sehen was im Bauch des Schiffes liegt, ob Frieden, ob Krieg, oder wahrscheinlicher noch volle Gleichgültigkeit wie wir es treiben hier auf den Inseln. Was wissen die Capitaine solcher Schiffe von der Politik unseres oder ihres Landes, wenn sie nicht ganz besonders abgeschickt werden? so wenig wie unsere Fischercanoes wissen, was Pomare denkt oder thut.«

»Aber wenn die Mitonares nun doch recht hätten?« sagte Pomare, mit einem halb triumphirenden Seitenblick auf den Französischen Consul.

»Du zögerst hier mit solchen Vermuthungen,« rief aber dieser jetzt ungeduldig, »bis draußen geschehen ist, was wir hier verhindern wollen; hörst Du den Lärm, das Toben Deiner frommen christlichen Unterthanen? — wenn die französischen Kugeln hier herüberschmettern, wirst Du zu spät bereuen unsere Bitten nicht erhört zu haben.«

»Nennt Ihr das bitten, wenn Ihr mit Kanonen droht?« rief unwillig Pomare.

»Und weisest Du uns ab?« frug Tati leise.

»Nein Tati, nein,« sagte Pomare schnell, sich zu ihm wendend und seine Hand ergreifend, »gehe Du nicht fort im Unmuth von hier, denn ich fühle wie schwer es Dir geworden zu mir zu kommen. Ach wenn wir selber unter einander einig wären, wenn nicht Neid, Haß und Eifersucht uns entzweite, wir könnten ein festes Reich bilden, selbst gegen den stärksten Feind. Unsere Berge sind hoch, unsere Schluchten steil, und daß unsere jungen Leute kämpfen können haben sie in früheren Schlachten bewiesen; aber wie die Religion unsere Familien entzweite, und den Bruder gegen den Bruder in den Kampf rief, so hat ein Mißverständniß jetzt vielleicht auch die Stämme selber einander entfremdet, und Pomare wird nimmer die Hand zurückstoßen, die sich ihr freundlich entgegenstreckt — nur der Drohung kann ich nicht weichen, vielleicht weil ich eine Frau bin, und mache Du mir denn Vorschläge, wie wir am Besten einig und friedlich zusammen stehen, ohne aber auch dem Ferani einen Rang zu gönnen der ihm nicht gebührt, den ich nicht von ihm gefordert habe — unser Beschützer zu sein.«

»Der da oben im Himmel wohnt, wie auch sein Name sein mag,« sagte Tati ernst, »weiß daß ich dem Ferani nicht seiner selbst wegen die Hand geboten, die stolzen Mitonares trieben mich dazu; aber willst Du mit Deinem Volk Hand in Hand gehen, so laß jetzt kein eigenmächtig tolles Handeln den Fremden beleidigen, bis wir uns friedlich mit ihm verstanden. Was unsere Eifersucht hier gefehlt, kann jetzt noch die Eifersucht der beiden fremden Nationen, der Beretanis und Feranis, wieder ausgleichen, wir haben beider Gierde gleich zu fürchten.«

»Die Beretanis haben uns noch nie gedroht,« sagte Pomare.

»Ich will nicht urtheilen über sie — ich kenne sie nicht,« sagte der Häuptling finster, »aber je mächtiger sie sind, desto mehr entfernt haben wir uns von ihnen zu halten — der Hai theilt keine Beute mit dem Delphin.«

»Ich habe nicht befohlen der Fremden Flagge niederzureißen,« sagte Pomare nach kurzem Sinnen — »sprich mit den Mitonares, Tati, sie werden es nicht dulden.«

»Die Mitonares,« sagte der Häuptling höhnisch, »und zu ihnen schickst Du mich, Dein Reich zu regieren, vielleicht bei ihnen anzufragen, was sie für gut finden zu thun, ob Pomare herrschen soll oder ein Priester auf Tahiti? eher möge die Zunge hier verdorren.«

Wilder tobender Lärm und lautes Jauchzen scholl in diesem Augenblick zu ihnen herein, und ein Läufer der Königin, der oben über Papetee postirt gewesen, den Lauf des fremden Schiffes zu bewachen, kam, unterwegs schon die frohe Nachricht verbreitend, jetzt zurück,

Pomaren zu melden daß das fremde Kriegsschiff, von den Riffen frei, gewendet habe, und nun Segel setze den Hafen, so wie der Westwind nachlasse, zu erreichen. Zugleich aber wurden auch draußen Stimmen laut und der ehrwürdige Mr. Rowe, von dem Bruder Brower gefolgt, öffnete, ohne vorher eine Meldung für nöthig zu halten, rasch die Thür, auf deren Schwelle er jedoch überrascht stehen blieb als er die beiden, seinen Interessen so feindlichen Männer hier erblickte.

»Pomare mag der freudigen Botschaft verzeihen,« sagte rasch gefaßt und mit einem freundlich demüthigen Ausdruck in den Zügen, trotzdem aber auch mit einem rasch vorübergehenden, aber doch scharfen und etwas boshaften Seitenblick auf den Consul Frankreichs, der ehrwürdige Mr. Rowe, indem er nach den vorn hinausführenden und jetzt verhangenen Fenstern zeigte, »da draußen wogt und drängt ein fröhliches, glückliches Volk, ein Volk dem heute sein bedrängter Glaube wiedergegeben.«

»Was giebts, was ist es?« frug die Königin schnell.

»Einzelne wollen auf dem Englischen Kriegsschiff das wieder gewendet hat und hier her zu steht,« fiel Bruder Brower in die Rede, »neben der Englischen die Tahitische Flagge erkannt haben.«

Der Königin Augen glänzten in befriedigter Eitelkeit, und ihr Blick flog rasch von Tati auf den Consul Frankreichs hinüber, der aber nur den Missionair scharf beobachtete und aus dessen Zügen die Wahrheit oder versteckte List herauszulesen suchte – es war ihm unwahrscheinlich daß ein Englisches Kriegsschiff, noch Meilen weit vom Hafen entfernt, die Landesflagge eines so kleinen Inselstaates neben der eigenen Flagge hissen sollte, – und was dann war der Zweck einer solchen Erfindung?

»Einzelne?« wiederholte er fragend, das Wort scharf betont, »und darüber erheben die Kanakas draußen einen solchen Lärm, daß Einzelne irgend ein Privatsignal des Kriegsschiffes für die Tahitische Flagge genommen haben?«

»Das Volk begrüßt den Freund und Beschützer seines Glaubens,« erwiederte der Geistliche, halb abgewendet von dem Consul, dem eigentlich die Erwiederung galt – »es weiß sich jetzt frei von jeder Angst und Besorgniß, und hat keinen Feind weiter zu fürchten.«

»Gott schütze es vor seinen Freunden!« sagte Mörenhout finster.

»Wir können gehen, Me-re-hu!« sagte Tati, der indessen an die verhangenen Fenster getreten war, und den Vorhang zurückgeschoben hatte, während er nach außen deutete, »da seht.«

Alle wandten sich dorthin, wo am Strand ein bunter Zug von Männern und Mädchen, hie und da mit englischen Matrosen gemischt, niederwogte, voran dem Zuge aber sprang ein halbnackter Bursche, jubelnd und jauchzend die zerrissene Französische Flagge tragend, die er um den Kopf schwenkte und mit wilden Gesticulationen, denen das Beifallsgetobe der Menge nicht fehlte, eine ihrer gewöhnlichen Hymnen, die natürlich zu Volksmelodieen geworden waren, sang, und sich nur dazu seine eigenen Worte extemporirte.

»Ich glaube fast daß die Leute Herrn Mörenhout suchen,« sagte der ehrwürdige Bruder Rowe mit einem nichts weniger als ehrwürdigen Lächeln, »ihm die Reste seines Reiches zuzustellen.«

»Alles Blut das dieser Handlung folgt komme über Sie und Ihre Genossen!« rief aber der Consul mit zornblitzenden Augen, und verließ rasch das Gemach.

Tati zögerte noch, er sah nach der Königin hinüber, aber Pomare hielt, in Schaam und Unmuth, den Blick an den Boden geheftet, und sah nicht zu ihm auf: da seufzte der Häuptling tief tief auf, und verließ, ohne den Priester auch nur eines Blickes zu würdigen, langsam das Haus. Der Prediger aber faltete die Hände, und die Augen zur Decke erhebend begann er, ohne die Gegenwart Pomares weiter zu beachten, mit lauter und brünstiger Stimme ein Dankgebet, des Inhalts, daß Gott die Götzenbilder nun zerstöret hätte mit mächtiger Hand, den Feind ausgetrieben, der seinen Namen verleugnet, und Hülfe gesandt habe seinem Volke in der Noth, es zu erlösen von der Gefahr und frei und glücklich zu machen in Seinem Glauben.

Pomare unterbrach ihn mit keiner Sylbe, und während sich die mit den Missionairen hereingekommenen Eïnanas leise und geräuschlos der Thür zuschoben und durch dieselbe verschwanden, den lärmenden Zug draußen mit anzusehen, der ihnen interessanter war, als das Gebet des finsteren Mannes, stand Pomare still und regungslos und nur ihr Blick hob sich endlich langsam und scheu zu dem Antlitz des fanatischen trotzigen Priesters, der hier Demuth gegen Gott heuchelte, dessen eigene Gebote der Liebe und des Friedens er eben mit Füßen getreten.

»Wer gab den Befehl, die fremde Flagge niederzureißen?« sagte sie endlich mit leiser, vor innerer Bewegung zitternder Stimme, als der Betende schwieg und die Blicke nur noch wie in Verzückung an der Decke haften ließ.

»Der Herr,« antwortete der Geistliche mit vertrauungsvoller Stimme, ohne den Blick zu der Fragenden niederzusenken — »Deine Feinde sind geworfen, Pomare, denn der Herr ist mit Dir!«

Pomare biß sich auf die Lippen, sie rang mit sich dem Priester gegenüber als Königin aufzutreten, den Fremden fühlen zu lassen daß er mit der Fürstin dieses Landes spräche, in deren Zimmer er sich gedrängt und deren Reich er nicht der Bibel, nein sich selber und seinen Genossen unterworfen hatte; aber die alte Scheu vor dem Uebernatürlichen, als dessen Vertreter sie die finsteren Fremden sah, war auch selbst jetzt zu stark, und sich abwendend sagte sie nur mit zitternder, tief erregter Stimme:

»Gott gebe es; aber ich fürchte Ihr habt nicht gut gethan. Mein Volk ist entzweit, mein Reich bedroht, und was bin ich selber schon, wenn erst fremde Kriegsschiffe sich um die Oberherrschaft dieser Insel streiten? — Nein, nein,« rief sie rasch, als der Geistliche schon die Hand zu neuer Rede hob, »sprich mir nicht jetzt wieder all Deine schon so oft gehörten Klagen und Drohungen — sage mir jetzt nicht die Verse Deines Buchs, das Du bis auf den letzten Buchstaben auswendig kannst; ich begreife Dich doch nicht und mein Herz ist jetzt recht voll und schwer — ich fürchte mir ist heute ein großes Leid geschehen, und hättest Du mich mit Tati versöhnen lassen, es wäre besser für Tahiti gewesen. Geh jetzt, da draußen seh' ich Deine Brüder — ich glaube sie wollen zu mir, aber ich will sie jetzt nicht sprechen, die Zeit muß entscheiden ob Ihr bös gethan habt oder übel, aber mir ist recht traurig zu Sinn. — Geh' jetzt, sag' ich,« rief sie entschiedener, als der geistliche Herr sich noch immer nicht abweisen lassen wollte, und ihr Fuß stampfte zornig den Boden — das Blut der Pomaren gewann die Oberhand.

»So möge Dich der Herr erleuchten,« sagte der fromme Mann, »möge Dir seinen Frieden geben und Seine Sanftmuth und Dich erkennen lassen was er an Dir gethan in Seiner Liebe und Herrlichkeit — Amen.« Und mit gefalteten Händen und vorwärts geneigtem Haupt verließ er langsam das Gemach. Pomare aber schloß die Thür, stützte die Stirn in ihren Arm und weinte bitterlich.

* * * * *

Draußen indessen hatte ein wilderes Spiel stattgefunden, als selbst Mörenhout vermuthet; von den Missionairen war nämlich der ehrwürdige Bruder Smith mit nach der über Papetee ausstreckenden Landzunge gegangen, dort die Bewegungen des fremden Kriegsschiffes rascher und deutlicher übersehen zu können. Mit einem guten Glas bewaffnet erkannte er denn auch bald daß das Schiff plötzlich wieder beidrehte und trotz des noch hohen Seegangs, und nur erst einmal von den Klippen frei, wieder Segel auf Segel setzte, nicht einen Fußbreit mehr aufzugeben, als es gezwungen war. Jedenfalls schien es nach Papetee bestimmt, dem es auch wieder zuhielt, und neben der noch wehenden Flagge stiegen jetzt mehre Signale auf, von denen eines allerdings der Tahitischen Flagge glich, auf die Entfernung hier aber kaum genau bestimmt werden konnte.

Die Missionaire sind von je her nicht ihrer nautischen Kenntnisse wegen berühmt gewesen, wie sie denn auch, um das Kap der guten Hoffnung die Inseln erreichend, den Tag nicht zählten den sie auf dem 180sten Grad von Greenwich aus gen Osten segelnd, gewannen, und den Insulanern den Sonnabend für den Sabbath brachten, wodurch später eine heillose Confusion entstand. Ob nun Bruder Smith auch hier die Tahitische Flagge wirklich zu erkennen glaubte, oder ob er seine sonstigen Absichten dabei hatte den ihn umstehenden Insulanern eine, wie er sich wohl denken konnte, freudige Nachricht mitzutheilen, kurz von ihm zuerst ging das Gerücht aus, das Englische Kriegsschiff das wieder auf den Hafen zu halte, zeige die Tahitischen Farben, und das genügte natürlich, dem jauchzenden Volk die frohe Kunde zu bringen daß die Schiffe der Beretanier ihnen beistehen würden gegen den jetzt gebrochenen Uebermuth der Wi-Wis — wie sie nun wieder trotzig und lachend genannt wurden.

Von Mund zu Mund lief die Mähr, und wie das mit allen derartigen Gerüchten ist, wurde bald übertrieben in's Unmögliche. Nicht mehr blos ihre Flagge, ihre Religion zu schützen gegen die Uebergriffe der Papisten, nein auch frühere Unbilden sollte sie rächen. Die Wi-Wis mußten jetzt das Geld wieder herausgeben, daß sie erpreßt, und Pomare bekam von den Beretanis, als Schadenersatz, das Französische Kriegsschiff, die Jeanne d'Arc geschenkt, die gerade im Hafen vor Anker lag. Wie Kinder lachten und schwatzten die Insulaner durcheinander, träumten sich ihre Lieblingsbilder herauf, am hellen Tag und bauten sich Schlösser so bunt und farbenreich in die Luft, daß sie die Zukunft darüber vergaßen und Vergangenheit und, überhaupt nur gewohnt den Augenblick zu benutzen, dem nach auch handelten.

Während ein Theil anfing eine alte Tahitische Hymne nach dem Takte eines weit älteren Englischen Liedes »old hundred« abzusingen, sprang eine andere Gruppe, in ihrer Herzensfreude selbst die Gefahr nicht achtend von den Missionairen dabei überrascht zu werden, zu ihrem Nationaltanz an, und der Klang der Trommel mischte sich mit dem frommen Lied der Singenden in wunderlicher, eigenthümlicher Weise.

Anders aber und wilder gestaltete sich die Versammlung am unteren Theil von Papetee; etwa zweihundert Schritt von da entfernt, wo die Französische Flagge, vor dem Hause des Consul Mörenhout, zwischen einer kleinen Gruppe hochstämmiger Cocospalmen und über ein Dickicht dunkelgrüner Brodfruchtbäume auswehte, hatten sich Einzelne der Missionaire, unter ihnen Dennis und Brower, gesammelt, und sprachen auf dem offenen Platz in lautem Gebet ihren Jubel aus über den Sieg der Bibel gegen das Pabstthum. Viele der angesehensten Häuptlinge standen in ihrer Nähe, unter ihnen Aonui und Teraitane, wie der noch immer halb wilde und trotzige Fanue, und wenn Einzelne auch gern in ihren Jubel mit einstimmten, fraß es Andere wieder am Herzen daß eben fremde Schiffe bei ihnen den Ausschlag geben sollten, und nicht mit Unrecht sahen sie die Priester als die gerade an, die fremden Einfluß herbeigezogen hatten ihre Privatangelegenheiten zu regeln, ihre Gesetze zu bestimmen, und mit einem Wort, ihr Land zu regieren.

»Auf's Neue!« rief da der ehrwürdige Bruder Dennis in seinem glühenden Eifer für das Wohl seiner Kirche, »auf's Neue hat der Herr der Heerschaaren seine Hand ausgestreckt über die Häupter der Gläubigen, und er wird die zum zweiten Mal in diesen Bergen aufgerichteten Götzen zu Boden schleudern, wie er sie das erste Mal seine Macht und Allgewalt hat fühlen lassen. Noch weht da drüben die dreifarbige Fahne der Papisten, noch flattern die feindlichen Farben in der scharfen Brise, aber wie der stürmische West in kurzen Stunden dem stillen herrschenden Passat weichen wird und muß, so wird auch jenes Schiff da, dessen weiße Segel unserer gastlichen Küste jetzt entgegenblähen, unser Land von dem Schimpf reinigen, einer anderen Macht zu gehorchen als der Bibel, einer andern Gewalt unterthan zu sein, als dem Lamm Gottes und dessen unendlicher Huld.«

»Wenn denn das Wehen jener Flagge Euch so entsetzlich härmt,« rief da Fanue, der jetzt bis dicht hinan zu dem Betenden getreten war und mit untergeschlagenen Armen und fest auf einander gebissenen

Zähnen den Gesticulationen des frommen begeisterten Redners zuge-
schaut hatte, »ei zum Wetter, warum faßt Ihr sie nicht und werft sie
zu Boden?«

»Das ist unsere Pflicht!« rief aber da, dazwischentretend, der den
Missionairen ganz ergebene Aonui — »nur eine Pflicht der Dankbarkeit war es, an die uns die Rede des würdigen Mannes mahnt, England nicht durch das stolze Wehen jener Flagge länger beschimpft zu
sehen.«

»England?« rief Fanue laut und trotzig, den Häuptling mit zür-
nendem Staunen betrachtend.

»Ja England!« wiederholte aber dieser, unbekümmert um den
Zorn seines Landsmannes, »England, das uns zu Menschen gemacht,
das unsere Seelen ewiger Qual entriß, und uns die Bibel sandte, die
heilige Schrift, das Buch Gottes, Freunde, das Wort von Seinem eigenen Mund diktirt. Wir haben Alles damit erlangt was wir brauchen,
und in uns selber zurückgezogen, kann die feindliche Macht unsere
Körper tödten, aber unsere Seelen sind unsterblich, und liegen außer
ihrem Bereich. Deshalb aber schon wäre es schlecht, wäre es undank-
bar von uns, das Land, was uns so reich, so glorreich beschenkt, auf
unserem Grund und Boden, vor unserer Thüre beleidigt zu sehen,
und im Vertrauen auf Jehovas Schutz bin ich bereit, die stolze Flagge,
die über Baals Götzendienste weht in den Staub zu werfen.«

»Halt Aonui!« fiel ihm hier, seinen Arm ergreifend, der schon
dem Worte die That wollte folgen lassen, der bedächtigere Teraitane
in die Rede, »das wäre voreilig und — unvorsichtig gehandelt. Ich
schütze den Freund, wenn er abwesend ist und sich nicht selber
schützen kann, weshalb jetzt? — England hat seinen Vertreter hier —
eine eigene Flagge und zwei große Schiffe, und wenn es sich beleidigt
glaubt, mag es selbst die fremde Flagge niederwerfen.«

»Und seine eigene dafür aufpflanzen, nicht wahr?« rief rasch Fanue.

»Die Englische Flagge ist noch stets eine Flagge der Liebe und
des Friedens gewesen,« fiel hier freundlich, den Streit der Insulaner
zu beschwichtigen, der ruhigere Missionair Brower in die Rede.

»Aber dieß ist Tahitischer Grund und Boden,« zürnte Fanue,
»was würde die Königin der Beretanis sagen, wenn wir hinüberkom-
men wollten in ihr Land, und Pomares Flagge aufpflanzen, auf ihren

257

Wällen? – Sie würde sagen: was wollen die fremden Männer hier in meinem Land? schickt sie fort denn ich habe selber eine Flagge.«

»England hat uns die Bibel gebracht,« sagte aber auch Potowai, ein anderer Häuptling, der hinzutrat, »und wenn ich je ein anderes Land als über uns stehend anerkennen werde, so kann und soll das immer nur England sein.«

»Aber Brüder, liebe Brüder,« rief da Dennis in frommer Begeisterung, »wohin verirren wir uns? – und glaubt Ihr daß wir, Euere Lehrer, etwas anderes wollen können als Euer Wohl? – Handelt es sich denn hier darum, der Englischen Flagge Euch unterthan zu machen, oder Euere eigene von Schmach und Knechtschaft zu retten? – wollen wir Euch denn England unterwerfen, und nicht vielmehr Euch frei machen, im Geist und in der Wahrheit, und keinen Zwang dulden, weder auf Euerer Seele, noch auf Euern Körpern, als den, den Euch Gottes Liebe selber auferlegt, »denn mein Joch ist leicht,« sagt der Herr. Mit der Einführung aber der fremden Baalsdiener, mit ihren Rauchpfannen und ihrem Bilderdienst, der sich nicht halten konnte hier auf den Inseln, zwischen den frommen Bewohnern, die ihren Gott erst einmal erkannt, ist jene feindliche Flagge aufgerichtet, und nur erst wieder mit ihrer Wegnahme können wir, Euere Lehrer, je wieder hoffen Euern Geist all jenen feindlichen Eindrücken fern zu halten, der sich jetzt in so gewaltiger Kraft geltend macht.«

»Nun dann werft sie selber nieder!« brummte Fanue trotzig – »weshalb uns dazu brauchen wollen?«

»Das ist kein Amt der Diener Gottes!« sagte da Bruder Brower schnell, »wir haben es stets vermieden uns in die politischen Verhältnisse dieses Reiches einzumischen, und werden jetzt nicht – «

»Das lügst Du stolzer Priester,« schrie ihm aber da der Häuptling entgegen, mit glühenden Augen den trotzig emporfahrenden Missionair messend, während seine Freunde auf einer, die dem Geistlichen anhängenden Eingeborenen auf der anderen Seite dazwischen traten, Frieden zu halten unter den beiden Streitenden.

Der beleidigte Missionair wollte im Anfang, und vielleicht auch mit gereizter Rede etwas darauf erwiedern, Dennis aber ergriff seinen Arm und flüsterte ihm leise einige Worte zu, und selbst wohl das Unschickliche heftiger Worte einsehend, sagte er gleich darauf ruhig und mit milder Stimme:

»Herr vergieb ihm, denn er weiß nicht was er thut!«

Eben diese Ruhe aber reizte den alten greisen Häuptling, und Aonui und Potowai, die ihn zu besänftigen suchten, von sich werfend, rief er laut und trotzig:

»Rolle nur Deine Augen, und wirf Dich in den Staub vor Deinem Gott; mache das Volk dabei glauben daß Du vom Geist erleuchtet, und Dein Mund ein Orakel seines Willens sei — spiele Dein Spiel, wie es Dich freut, aber wolle nicht Männer kirren mit falschem Trug. Dein Gott hat gedonnert und geblitzt, wie es unsere Götter thaten vor ihm, aber er schleuderte seine Donnerkeile zwischen die feis in den Bergen, und die Du seine Feinde nennst, blieben unberührt — sollen wir unser Blut daran setzen, wo er selber seine Waffen nur im Scherze braucht? — wenn wir die Streitaxt aufgreifen, die begraben sein müßte für immer, wenigstens zwischen Euch, wäre Euere ganze Religion nicht eine Lüge, so geschieht es für unser Land, nicht für Eueren Glauben, und Gottes Zorn, ich mag über dem weder die Flagge Beretanis noch der Feranis wehen sehen! Ihr aber« — sich jetzt zu seinen Landsleuten wendend, von denen Einige im stummen Entsetzen und mit emporgehobenen Händen standen, zürnte er laut — »ruft mich, wenn Ihr mich braucht, nur nicht zum Singen und Beten, sondern wenn es gilt, das Vaterland wieder rein zu fegen, von Allem was fremd und feindlich ist, und Fanue ist Euer Mann; aber hierher taugt er nicht!« und mit den Worten, den Tapamantel fester um sich ziehend, verließ er rasch und zornigen Schrittes den Trupp.

»Ein wilder Geist, ein unbändiger Geist, den der Herr erleuchten, und auf ihn das Licht Seiner Gnade recht bald ausgießen möge,« sagte Brower mit einem frommen Blick nach oben, »ich will recht warm und brünstig für ihn beten.«

»So Dich Dein Auge ärgert, reiß es aus!« zürnte aber Dennis, mit dem linken Arm die Bibel, die er damit hielt, fester an sich ziehend, die Rechte dorthin gestreckt, wo der zornige Indianer eben verschwunden war, und die Zurückgebliebenen noch standen ihm nachzuschauen, »und wie der dürre Feigenbaum aus dem Boden gehoben, und in's Feuer geworfen werden muß, so sollen die Glieder dieser Kirche gerichtet werden, die abtrünnig und dürr am Stamm stehen.«

»Und glaubt Ihr, Brüder, daß wir Anderen eben so denken wie Fanue?« schrie Aonui jetzt in wilder Begeisterung — »glaubt Ihr, daß wir nicht sterben könnten für den Glauben, für den Jesus Christus vor uns gestorben ist? — Jene Flagge da weht feindlich auf uns herüber, feindlich auf die Bibel, die wir als Gottes Wort erkennen, und an uns ist es, nicht an den Beretanis, das zu entfernen, das uns störend hier in den Weg tritt. Wer nicht mit mir ist, der ist wider mich! sagt Christus — Aonui fürchtet keinen Gegner, so lange er für den Herrn streitet. So wer die Bibel liebt, der folge mir!« und mit den zuletzt wild gejubelten Worten durchbrach er die Menge, die ihm willig Raum gab, und sich ihm auch zum großen Theil anschloß, und eilte raschen Schrittes dem Hause des Französischen Consuls zu, in dessen Garten, auf einer dort aufgerichteten Stange die dreifarbige Fahne lustig in der scharfen Brise flatterte und schlug.

Der Consul war nicht im Haus, aber zwei Männer hatten kurz vorher den Platz von einer anderen Seite betreten, Mr. Mörenhout aufzusuchen — René Delavigne und der Häuptling Paofai, und standen noch an der verschlossenen Thür unweit des Flaggenstocks, als sie den herantosenden Lärm der Masse hörten.

»Hallo Paofai,« sagte René zu dem Häuptling, »der Specktakel kommt näher, und es sollte mich am Ende gar nicht wundern, wenn sie unserem Freund Mörenhout einen, vielleicht nichts weniger als freundschaftlichen Besuch abstatten wollten.«

»Sie sind zu Allem fähig,« sagte der Häuptling verächtlich; »ihre Bibel tragen sie voraus, wie wir Oro früher in die Schlacht trugen, und dann rennen sie blind und toll hinterdrein, und singen und beten und treiben, wer weiß was sonst noch für Unsinn — wenn Tahiti nicht mein Vaterland wäre, ich setzte mich noch heute in mein Canoe, und ließ mich nach leewärts treiben soweit es dem Wind gefiele — bin es fast müde hier das Spielwerk bald der Missionaire, bald der Franzosen oder Engländer zu sein.«

»Sie kommen wahrhaftig hierher zu!« rief René jetzt, der die Worte seines Gefährten wenig beachtet und nur dem rasch näher kommenden Lärm gelauscht hatte; »was können sie wollen?«

»Alles was toll und unklug ist,« sagte Paofai achselzuckend — »sie werden das Haus stürmen wollen und die Flagge niederreißen.«

»Die Französische Flagge?« rief René, mit rasch aufblitzendem Zorn, »das sollen sie beim Teufel lassen, so lange ich's hindern kann.«

»Wirst's eben nicht lange hindern können, Freund,« lachte der Insulaner, »aber — gern leid' ich's auch nicht.«

»Nieder mit der Flagge! nieder mit den drei Farben!« tobte jetzt der Haufen heran, »sie gehört auch mit zu den Götzenbildern und muß fallen!«

»Das wird Ernst,« rief René, »herbei Paofai!« und ohne weiter abzuwarten ob ihm der Häuptling folge, warf er sich mit dem ihm eigenen tollkühnen Muth allein und unbewaffnet dem jetzt gegen den Flaggenstock anstürmenden Haufen entgegen. Paofai zögerte dabei noch einen Augenblick — er sah das Hoffnungslose einer Vertheidigung, solcher Uebermacht gegenüber, und wenn er auch mit zu der Parthei seiner Landsleute gehörte, von der ein Theil jenen Vertrag mit den Franzosen unterschrieben, betrachtete er die Feranis eben nur als Mittel zum Zweck, seinen eigenen Rang wieder auf den Inseln zu erlangen, den er durch die Macht der Pomaren theilweis verloren, und nicht etwa dem Fremden Rechte einzuräumen, die seinem Stolz gerad' entgegenliefen. Das edle Gefühl aber, das noch in seiner Brust schlummerte, trieb ihn auch, dem Einzelnen gegen die Masse beizustehen, und langsamer zwar, als ihm der junge Franzose vorangegangen, und dabei lachend mit dem Kopf schüttelnd, als ob er wisse daß er jetzt einen unüberlegten Streich begehe, folgte er dem Fremden zur Fahnenstange, wo er eben zeitig genug ankam Zeuge zu sein wie René, ohne ein Wort weiter zu verlieren, den voranstürmenden Aonui aufgriff und mit solcher Kraft gegen den ihm nächst Folgenden warf, das Beide zurücktaumelten, und die Bibel des frommen Häuptlings Hand entfiel.

»Zurück!« donnerte des jungen Mannes Stimme zu gleicher Zeit — »das hier ist fremdes Eigenthum, und keinem von Euch ist das Recht gegeben es anzutasten!«

»Nieder mit dem Wi-Wi!« schrieen dagegen von hinten vor Andere, während sich Aonui, der hier keineswegs Widerstand zu finden erwartet, erschreckt vom Boden aufraffte, und seinem Gegner in's Auge sah. Er hatte gar nicht daran gedacht mit irgend einem Menschen hier in Berührung kommen zu können, und nur durch fanatischen Eifer dahin getrieben eine Holzstange umzuwerfen, und ein Stück Zeug herunterzuholen, wußte er noch gar nicht, ob er seinen eigenen Leib in eine vielleicht thörichte Gefahr dabei bringen solle oder nicht. — Wo kam der Wi-Wi auf einmal her?

Aber auch Paofai trat jetzt hinzu, und die Nächsten mit dem Arm langsam von der Stange zurückschiebend, sagte er mit seiner weichen melodischen und zugleich so klangvollen Stimme:

»Wißt Ihr was Ihr thun wollt, Ihr Männer von Tahiti? — Ihr wollt eine Nation beleidigen, mit der Ihr in diesem Augenblick auf freundschaftlichem Fuße steht; Ihr wollt Euch einen Feind machen, der mit seinen eisernen Kugeln Euere Hütten und Palmen und Brodfruchtbäume niederwerfen und Euch verderben kann. Seid Ihr von einem bösen Geist besessen daß Ihr so tobt?«

»Er hat meine Bibel niedergeworfen!« rief in diesem Augenblick Aonui mit zornfunkelnden Augen, erst jetzt das Entsetzliche bemerkend — »der Wi-Wi hat die Bibel in den Schmutz geworfen.«

»Nieder mit dem Wi-Wi, nieder mit der Flagge!« schrie und brüllte da die Schaar wild durcheinander — »sie haben die Bibel geschändet — nieder mit den Feranis und ihren Götzen — wir wollen keinen Vertrag, wir wollen keine Freundschaft mit ihnen!«

»Auch gut,« brummte René vor sich hin, und ein Stück Holz aufgreifend das dort zufällig lag, schlug er den Ersten der Hand an das Seil legen wollte die Flagge niederzuziehen, ohne weiter einen Ruf zu thun, damit zu Boden. Andere aber drängten nach und obgleich er, ohne Rücksicht auf sich selbst zu nehmen, blind und wild um sich herschlug, fand er sich doch bald von der Masse überwältigt, zu Boden geworfen, und aus dem Weg geschleppt, während Paofai selber, der sonst so geachtete und gefürchtete Häuptling, kaum glimpflicher behandelt wurde.

»Fort mit Dir Paofai!« schrie eine Stimme aus der Menge, und Hände streckten sich drohend nach ihm aus — »Du bist ein Freund der Wi-Wis — Du bist auch Einer von denen die uns an sie verrathen wollen — fort mit Dir. Dein Platz wäre neben der Bibel und nicht neben dem Hause von Me-re-hu, dem Feinde Tahitis — fort mit Dir!«

»Aonui — Du haftest mir für die Sicherheit dieser Flagge!« rief da Paofai, den Arm des Häuptlings ergreifend, als er fühlte wie er ebenfalls durch den andrängenden Schwarm unwiderstehlich zurückgepreßt wurde und dem Volk den Platz räumen mußte — »von Dir wird sie Frankreich wieder fordern.«

»Frankreich soll zu Grase gehen,« brummte da eine Stimme in breitem Irisch, dicht neben dem Häuptling, und die Flaggenlinie fassend zog unser alter Bekannter, Jim, die wehende Flagge unter dem Jubelruf und Jauchzen der Masse, von denen gleich zehn hinzusprangen ihm zu helfen, nieder, und im Triumph wurde die erbeutete jetzt durch die Stadt getragen.

Kaum senkte sich die Flagge, als ein Boot von der Jeanne d'Arc abstieß, an Land ruderte, die Ursache zu erfahren, und dort drohte die Corvette würde die Stadt beschießen, wenn die Flagge nicht augenblicklich wieder gehißt und mit der üblichen Ehrensalve von Tahitischer Seite begrüßt werde. Der Capitain des Talbot aber, dem die Drohung hinterbracht wurde, erklärte, in dem Augenblick wo der erste Schuß aus dem Französischen Kriegsschiff auf die Stadt fiel, seinerseits sein Feuer auf die Corvette zu eröffnen, und der Jubel Papetees bei dieser Erklärung überstieg alle Grenzen.

Die Missionaire sagten gleich, während der Talbot zum Gefecht trommelte, und Alles an Deck klar machte, Kirche an, die Indianer tanzten, ein kleiner Theil ausgenommen, dem diese Wendung der Dinge nicht behagte, und die Prophezeihungen der Missionaire, was Englands Beistand betraf, schienen allerdings Wahrheit werden zu wollen; Pomare stand nicht mehr allein, eine arme verlassene Frau, und die Geistlichen selber, als die jedenfalls indirekte, ja vielleicht sogar direkte Ursache dieser so zeitgemäßen Hülfe, stiegen bei dem Volk, das sich dem Mächtigen am liebsten unterwirft, bedeutend an Achtung.

Die angeborene Gutmüthigkeit der Insulaner ließ sie aber auch ihren Sieg nicht weiter treiben, und René wie Paofai blieben, nur erst aus dem Weg geschafft, vollkommen unbelästigt. Am anderen Morgen jedoch, mit dem wieder eingetroffenen Passatwind lief, unter dem Donner der Tahitischen, etwas mittelmäßigen Geschützstücke, und den Begrüßungsschüssen des Talbot, die Englische Fregatte der Vindictive ein, und der Jubel erreichte hier seinen höchsten Grad, als die freudige Botschaft von Mund zu Mund lief, der erwartete Geistliche Pi-ri-ta-ti (Pritchard) sei wieder mit zurückgekehrt, der ja nur deshalb nach England gegangen war, der Königin der Beretanis ihren Streit mit den Feranis vorzulegen und Hülfe von dort zu bringen. Und hatte er das nicht jetzt gethan?

Mit einem wahren Triumphgeschrei wurde er empfangen, und unter dem Jauchzen und Jubeln, ja unter den Segensrufen Tausender an Land geführt, so daß der Ehrwürdige Mann dadurch wirklich in nicht geringe Verlegenheit gerieth. Weder er noch das Kriegsschiff brachte nämlich direkt ausgesprochene Hülfe von England, sondern nur, als Geschenk, einen Wagen für die Königin Pomare, und Zeug zu einer rothen Uniform für ihren Gemahl, den jetzt eine Zeitlang auf Imeo gewesenen jungen Häuptling.

Graf Aberdeen hatte sich damit begnügt dem jungen Staat seine freundlichen Gesinnungen zu bekunden, und die Häuptlinge erschraken allerdings als ihnen dieß endlich begreiflich gemacht wurde. Pomare schloß sich einen ganzen Tag in ihr Haus ein, denn eine neue Besitzergreifung Tahitis durch die Franzosen war nun allerdings nicht unmöglich, und ihre Sicherheit ihnen keineswegs gewährleistet worden. Was aber kümmerte das das Volk, die fröhlichen, gutmüthigen Kinder dieser Inseln? Für den Augenblick waren sie jeder weiteren Unannehmlichkeit überhoben, für den Augenblick lagen die Englischen Kriegsschiffe drohend und ihnen Schutz gewährend in ihrer Bai, und ihre Königin konnte in dem wunderlichsten Ding spatzieren fahren, das ihre kühnste Phantasie sich je gedacht − das Uebrige brachte die Zeit − weshalb sich vorher grämen? und die Predigten ihrer Geistlichen bestärkten sie bald in der frohen Hoffnung daß kein Franzose es je wieder wagen würde ihre Rechte anzutasten, ihre Religion ihnen zu nehmen, oder sie mit seinen Kanonen zu zwingen seinem Willen Folge zu leisten; was wollten sie mehr.

Fußnoten:

[F] Das westliche Ufer dieser Inseln wird stets das Leeufer genannt, da der Wind, mit nur seltenen Ausnahmen, immer von Osten kommt.

[G] Missionair Bingham spricht mit besonderer Ehrfurcht von dem würdigen »Matriarchen« Kaahumanu, der Gattin Kamehamea des Ersten − eine Frau von beinah dreihundert Pfund Gewicht.

Capitel 6

Ein Ball in Papetee

Es läßt sich denken, in welche Aufregung die kleine Colonie durch die erst beschriebenen Vorfälle gebracht wurde, denn während die Insulaner, viel zu sehr dem Frieden geneigt, bei weitem in der Majorität den Engländern zuhielten, und eine neue Religion wie ein neues Regiment schon deshalb fürchteten, als es wieder auf's Neue eine Umwälzung in ihren kaum regulirten Sitten und Gebräuchen hervorrufen mußte, bestand der größte Theil der in Papetee selber angesiedelten Fremden aus Franzosen, und deren heißes Blut revoltirte in Feuer und Flamme gegen einen Zwang, der ihnen plötzlich aufgelegt werden sollte, und um so drückender war, da sie die Hoffnung nicht einen Augenblick aufgaben, durch das nächst einkommende Kriegsschiff — und die von den Insulanern so gefürchtete Reine blanche kreuzte in diesen Gewässern — das ganze, durch die Missionaire jetzt nur künstlich aufgebaute System wieder umgeworfen zu sehen.

Es versteht sich übrigens von selbst, daß während dieser Zeit der von Du Petit Thouars allerdings nicht ganz auf rechtlichem Wege hergestellte und von den Häuptlingen gezeichnete Vertrag, zu dessen Unterschrift man selbst Pomare zwang, nicht allein nicht mehr beachtet, sondern vollständig anullirt wurde. Frei und offen predigten die Protestanten gegen das Pabstthum und die beabsichtigte Occupation der Franzosen, und die Römischen Priester, die ihre Kapelle auf einem kleinen reizenden Hügel in Mativaibai errichtet hatten, konnten sich in dieser Zeit nur auf einen sehr kleinen Kreis ihnen ergebener oder doch wenigstens nicht feindlich gesinnter Insulaner verlassen. Im Allgemeinen fürchteten die Indianer den Platz, der in seinen Ceremonieen etwas Geheimnißvolles für sie hatte, und ihnen von ihren Geistlichen in solchen Farben geschildert war, daß sie sich scheuten ihn nach Dunkelwerden zu passiren. Ja sie würden ihn zerstört und jene Priester wieder gewaltsam von dort vertrieben haben, hätten nicht Mr. Nelson vorzüglich wie auch die Brüder Smith, Brower und Mc. Kean ihr Möglichstes gethan sie von einem so unüberlegten und bösen Schritt zurückzuhalten, zu dem sie der Feuereifer des frommen Dennis, wie der unersättliche Ehrgeiz Rowes unaufhaltsam trieben.

Der Französische Theil der Bewohner hielt sich indessen vollkommen ruhig, und wenn auch Consul Mörenhout, in dem Gefühl seiner beleidigten Würde, im Anfang René antreiben wollte der Gewaltthätigkeit wegen Klage auf Schadenersatz einzureichen, die er, bei Vertheidigung der Französischen Flagge gelitten, weigerte sich dieser auf das Bestimmteste dagegen.

»Ich bin von den Indianern freundlich aufgenommen,« sagte er, »und wäre der Letzte einer einfachen Schlägerei wegen, bei der ich eben so viel, vielleicht mehr, ausgetheilt habe als bekommen, neuen Grund zu Streitigkeiten und Ursache zu späteren Forderungen meiner Landsleute zu geben. Ich hätte gescheuter sein sollen als mich in Sachen zu mengen die mich Nichts angehen.«

Die Franzosen in Papetee waren damit nicht ganz einverstanden — sie wollten vor allen Dingen wieder neue Haltpunkte für unter Englischem Einfluß ausgeübten Uebergriffe, und auch die Eingeborenen schienen mißtrauisch gegen den Fremden geworden zu sein, den sie, als den Gatten einer ihrer eingeborenen Mädchen, und in dem früheren Hause des alten Mr. Osborne wohnend, schon gewissermaßen als einen der ihrigen, gar nicht mehr als einen Wi-Wi betrachtet hatten, und der doch jetzt feindlich und gewaltthätig gegen sie aufgetreten war. Das so sehr freundliche Verhältniß, in dem er bis dahin mit ihnen gestanden, schien jedenfalls gelockert, wenn auch nicht ganz gelöst.

René hatte aber viel zu guten und leichten Muth, sich etwas derartiges groß zu Herzen zu nehmen; wie er auf der einen Seite fest gegen seine Landsleute blieb, und sich auf der anderen nichts Böses gegen die Insulaner bewußt war, verkehrte er nach wie vor mit beiden Theilen, und wußte sie beide wieder für sich zu gewinnen. Solche kleine Neckereien und Mißverständnisse dienten aber keineswegs dazu, ihn manches Andere was ihm störend in den Weg trat, übersehen zu lassen, und nur die Heimath, seine Sadie, sein kleines herziges Mädchen konnten ihm manchmal ganz jenen frohen fast wilden Uebermuth wiedergeben, mit dem er sich einem drückenden Verhältniß damals entzogen, und einem neuen Leben förmlich in die Arme geworfen hatte.Nichts destoweniger blieb das gesellschaftliche Leben der Inseln unter den verschiedenen und so wenigen Franzosen, ein höchst freundschaftliches; eigene Interessen, ja eigene Gefahr verband die Leute auch schon fester mit einander, als es irgend etwas anderes im Stande gewesen wäre zu thun, und das leichte französische Blut schwamm überhaupt oben auf.

Besonders viel trug hierzu die Belardsche Familie bei, die sich wirklich unendliche und anerkennenswerthe Mühe gab in Papetee einen freundschaftlichen Ton zu erhalten, ja eigentlich erst zu schaffen, wo schon die Mischung der verschiedenen Racen etwas derartiges unendlich schwierig machte. Die Europäer hatten meistens all ihre alten Gewohnheiten, aber auch ihre Vorurtheile herübergebracht in eine ganz neue Welt, in die weder die einen, noch die anderen passen wollten, und konnten nur durch unermüdliche Ausdauer Einzelner, die sich der letzteren wenigstens entledigt hatten, dazu gebracht werden sich gemeinschaftlich zu amüsiren — man wollte weiter Nichts von ihnen.

Ein wirkliches Hinderniß aber für größere Gesellschaften blieb der Mangel an Europäischen oder vielmehr weißen Damen, von denen sich nur sehr wenige auf der Insel befanden, und zu einem wirklich gesellschaftlichen Leben doch unumgänglich nöthig, ja unentbehrlich waren. Mit den eingeborenen und mit Europäern fast durchschnittlich nur »oberflächlich getrauten« Frauen konnte man auch in solcher Art nicht gut verkehren; die Indianerinnen waren hübsch und lebendig, auch gutmüthig und liebenswürdig, paßten aber nirgends weniger hin als in Gesellschaft gebildeter Frauen, während mit der Protestantischen Bevölkerung, die in dieser Hinsicht fast nur aus den Familien der Missionaire bestand, ein näherer Verkehr ganz außer Frage blieb. Selbst den feindlichen Stand abgerechnet, den diese beiden Theile der Gesellschaft gegenwärtig einnahmen, hätten sie sich nie in dieser Beziehung vereinigen können, da die strengen orthodoxen Geistlichen jede Art von Spiel und Tanz schon als eine Sünde des Fleisches gegen den Geist ansahen, nur in ihrer zurückgezogen ernst gehaltenen Lebensart den Pfad zum Himmel zu finden glaubten, und von den, darin viel zuversichtlicheren Franzosen häufig verspottet, aber gewiß nie aufgesucht wurden.

Nun lag diesen aber auch daran den Eingeborenen sowohl, wie vorzüglich den Missionairen zu beweisen, daß sie keineswegs durch die im Englischen Interesse geschehenen Schritte eingeschüchtert, sondern im Gegentheil noch voll frischen Muthes wären, und noch mochten kaum vierzehn Tage nach den vorherbeschriebenen Vorfällen vergangen sein, als Mrs. Belard, von ihren Landsleuten dabei unterstützt, fest darauf bestand, allen politischen wie gesellschaftlichen Hindernissen zum Trotz, einen Ball zu geben, und allerdings blieb ihr dabei Nichts übrig, als sich über das, wogegen sie sich lange gesträubt, wegzusetzen und eingeborene Frauen, von denen man sich ja die geachtetsten aussuchen konnte, wirklich mit dazu zu ziehen; wenn auch der Ball dadurch einen etwas wilden Charakter bekam.

Aber die Missionaire traten ihnen selbst hierbei störend in den Weg, denn diese hatten zu großen Einfluß auf den wirklich anständigen Theil der weiblichen Bevölkerung Tahitis, auf die Frauen und Töchter der ersten Häuptlinge, denen der Tanz als etwas rein sündliches, von ihren finstern Lehrern streng verboten und mit strengeren Strafen, wo sie im Stande waren die in Kraft treten zu lassen, belegt war. Selbst Sadie fürchtete nicht allein den Unwillen der Geistlichen zu erregen, sondern ihr religiöser Sinn, vielleicht mit einer Art Scheu vor den fremden Menschen verbunden, hielt sie zurück selbst von dem Gedanken an solche Vergnügungen.

René wollte sich aber daran nicht binden, doch erst als Sadie sah und fühlte, daß sie ihm mit einer längeren Weigerung weh thun, ja vielleicht auch Unfrieden im Hause anstiften würde, fügte sie sich endlich seinem Wunsch; aber das Herz schlug ihr dabei, als sie ihm ihre Einwilligung gab, und es war, als ob sie eine unrechte Handlung begehen solle. Aengstlich suchte sie dabei nach Entschuldigungen für ihre Zusage, und ihr gutes Herz ließ sie deren bald genug finden. René war ja doch nun einmal Europäer und er mußte gewiß gern bei seinen Landsleuten sein — wußte Sadie doch selber wie glücklich es sie machte, manchmal einen Bewohner von Atiu bei sich zu sehen, und das lag doch nur solch kleine kleine Strecke von Tahiti entfernt, und die Feranis wohnten so entsetzlich weit, sollte sie da die Ursache sein, die ihn zurückhielt?

Bei Brouards war sie deshalb auch schon, und bei Belards einmal mit René gewesen; nur noch nicht bei Mrs. Noughton, der Amerikanerin, deren kalt abstoßendes Benehmen ihrem ganzen Wesen weh that; auch René fühlte kein Bedürfniß die Leute aufzusuchen, wenn ihn nicht gerade eine Geschäftssache in ihr Haus führte.

Trotz allen ihnen in den Weg gelegten Hindernissen wußten Belards jedoch jede Schwierigkeit zu überwinden — die Franzosen wollten tanzen, und es bedurfte stärkerer Sachen als der Predigt eines Missionairs, sie daran zu verhindern. Mr. Belard gab deshalb einen Ball, und alle Franzosen Papetees wie die Officiere der noch im Hafen liegenden Jeanne d'Arc waren eingeladen.

Sadie fürchtete sich vor dem Abend, sie wußte selbst nicht warum, aber sie durfte sich nicht weigern zu gehen, denn erstlich hatte selbst Mr. Nelson seine Einwilligung gegeben, daß sie wenigstens Theil an der Gesellschaft nehmen dürfe, und dann war sogar Lefevre mit Aumama eingeladen — Monsieur Belard mußte Damen zum Tanzen haben — sie konnte sich da nicht ausschließen, durfte René nicht so kränken.

Der Vorbereitungen bedurfte es dabei nicht viele — ihre Tracht, wenn auch nach Europäischem Schnitt, war so schlicht und einfach wie nur möglich, und frische Blumen im Haar schmückten das liebreizende Antlitz der jungen Frau schöner als es Diamanten und Perlen vermocht hätten — vielleicht wußte sie das auch.

Monsieur Belard wohnte in einem reizenden kleinen Gartenhaus in der Broomroad, der nächsten Querstraße vom Strand ab, tief versteckt zwischen breitblättrigen Brodfrucht und Papayas, von Palmen das Dach überrauscht, und den Vorhof dicht bepflanzt mit Orangen und Bananen, des Schattens wegen. Das Haus selber war leicht und luftig gebaut, hatte aber doch schon Glasfenster und grüne Jalousieen, mit breiter hoher Verandah und einen ziemlich großen bequemen Saal, der zu dem heutigen Feste mit Blumen und Palmzweigen ganz einfach, aber höchst geschmackvoll decorirt war. Wunderlich stachen dagegen freilich einzelne Stücken aus einer civilisirten Welt ab, die ihren Weg nach der Südsee gefunden, und zu den einfach hölzernen Wänden und der tropischen Vegetation nicht so recht passen wollten. Auch die Meublen waren zusammengewürfelt, wie Glück und Zufall einzelne Stücke nach diesem entlegenen Theil der Welt herübergeführt, oder auch schon des Tischlers Hand in neuerer Zeit sie aus einheimischem Holze gefertigt hatte. So stand auf einer gelbgebeizten Kommode eine Alabasteruhr zwischen Manila Perlmuttermuscheln und blank polirten Zähnen der Spermacetifische — einen kleinen Mahagoni-Eckschrank schmückten ein paar allerliebste französische Porcellanvasen voll duftender Orangenblüthen, und längs der einen Wand standen zwei vortrefflich gepolsterte und mit Damast überzogene Sophas, mit denen wieder ein schmaler und langer, von Tannenholz aufgeschlagener Tisch nicht harmoniren wollte, der die eine Ecke füllte, aber mit den kostbarsten Produkten dieses an Früchten erfüllten Landes bedeckt war.

Doch wunderlicher und bunter als die Geräthschaften war die Gesellschaft selbst gemischt.

Der wirklich gebildete Kreis von Bekannten reichte nämlich zu einem solchen Fest nicht aus, die Linie mußte weiter gezogen werden und in so engen Raum beschränkt auf der kleinen Insel, war man nicht einmal im Stande noch unter den Wenigen die sich hier befanden, auszuscheiden — es müßten denn sehr triftige Gründe dazu vorgelegen haben. Alles deshalb, was nur einigermaßen auf Bildung Anspruch machte und aus dem Mutterland oder überhaupt der civilisirten Welt stammte, die protestantische Geistlichkeit ausgenommen, war eingeladen, und die kleine Villa versammelte in den eigenthümlichsten Trachten dabei, ein so wunderlich gemischtes Völkchen wie sich wohl noch je, seit Papetee stand, auf einem so kleinen Raum zusammengefunden hatte.

Als René mit Sadie den Saal betrat, wo sie Mad. Belard in ihrer lebendigen aber doch herzlichen Weise empfing, waren eben die Officiere der Jeanne d'Arc eingetroffen. Das Vorstellen ging rasch und ungezwungen genug vorüber; René hatte schon einige von diesen vorher kennen gelernt und wurde auf das freundlichste von ihnen begrüßt.

Madame Brouard war noch nicht erschienen, und da Mad. Belard anderweitig und in der That überall in Anspruch genommen wurde, und René viel mit den Officieren zu sprechen hatte, blieb Sadie allein, und sah sich eben etwas verlegen nach irgend einem Bekannten um, nicht so ganz verlassen in dem fremden Zimmer zu stehen, als Mr. und Mrs. Noughton den Saal betraten, und nach der üblichen Einführung an Sadie vorüber gehen wollten.

Mrs. Noughton wandte den Kopf nach der andern Seite und sah Sadie nicht, und die arme kleine Frau stand einen Augenblick schüchtern und unschlüssig da, ob sie die, stets etwas kalt gegen sie gewesene Fremde anreden solle oder nicht; aber René ging gerade mit zweien der Officiere den Saal hinunter und ließ sie da ganz allein.

»Madame Noughton,« sagte sie leise, und berührte mit ihrer Fingerspitze den Arm der jetzt dicht an ihr Vorbeigehenden.

Mrs. Noughton drehte langsam den Kopf nach ihr um und sah sie an.

»Ich freue mich Sie auch hier zu treffen,« sagte Sadie.

Mrs. Noughton neigte höflich das Haupt gegen sie, Mr. Noughton machte eine etwas steife Verbeugung, und die beiden Gatten gingen, ohne weiter ein Wort mit ihr zu wechseln, vorbei, dem andern Ende des Saales zu.

Sadie stand wie in den Boden gewurzelt, und das Herz schlug ihr ängstlich und verlassen in der Brust.

»Sie haben Dich gar nicht erkannt in den fremden Kleidern,«
murmelte sie endlich leise und halb lächelnd vor sich hin — »sie haben geglaubt es wäre Jemand ganz Anderes, Fremdes — oder — « das
Blut stieg ihr in vollem Strome in die Schläfe und von da zum Herzen
zurück, und sie hätte in diesem Augenblick Gott weiß was darum
gegeben zu Hause, bei ihrer kleinen Sadie sein und die fremde kalte
Gesellschaft verlassen zu können. Aber das ging nicht, und als sie
sich, wieder etwas mehr gefaßt, nun im Saale umschaute, sah sie wie
Mr. und Mrs. Noughton ganz allein und steif auf zwei Stühlen saßen
und Jedes starr vor sich niedersahen. In diesem Augenblick begann
das in dem Nebenzimmer aufgestellte und von der Jeanne d'Arc mit
herübergebrachte Musikcorps seine fröhlichen Weisen zu spielen;
mehr und mehr Gäste traten zugleich in den Saal, unter ihnen mehre
bekannte Gesichter — eine Hand legte sich ihr plötzlich auf die Schulter — es war Aumama, die ihr lachend in's Auge schaute, und der
trübe Schatten der sich eben angefangen über Sadies Seele zu legen,
wich dem ersten freundlichen Eindruck der ihr entgegen trat.

»Was sitzen die Beiden da drüben so ganz allein und steif?« flüsterte dabei Aumama, die bemerkt hatte daß Sadie nach ihnen hinüberschaute. »Segne mich, wie still und ehrbar sie sind, als ob sie in
der Kirche wären — Mr. Aue könnte nicht steifer sitzen.«

Sadie lächelte, aber sie wandte den Kopf ab von der Gruppe — es
war ihr als ob sich die beiden Leute nur so steif und abgeschlossen
dort hinten hingesetzt hätten, nicht mit ihr zu sprechen — und was
hatte sie ihnen gethan? — »Und Aumama, Du bist auch hierhergekommen zu den Fremden?« sagte sie endlich leise — »ich glaubte Du
fühltest Dich nicht wohl zwischen ihnen?«

»Nein, das thu' ich auch nicht,« erwiederte rasch und flüsternd
die junge Frau — »ich habe zu Hause geweint und gezankt — ich
wollte fort bleiben, aber Lefevre — « sie wandte den Kopf ab und
schwieg, und setzte endlich langsam hinzu — »es ging nicht anders.«

»Ich wäre auch lieber daheim geblieben,« sagte Sadie treuherzig.

»Und ich weiß nicht,« fuhr Aumama, auf sich selber niederse-
hend fort, »mir ist meine Tracht bis jetzt noch nie aufgefallen, ja im
Gegentheil hab' ich das lange weite Oberkleid oft weit eher für über-
flüssig gehalten, nur heute — « und sie schaute halb verlegen umher
— »komme ich mir hier so sonderbar so fremd selber und unbedeu-
tend vor, als ob ich nicht hergehöre zwischen die geputzten Leute —

sie mit allem um sich hergehangen was nur die fremden Kaufleute in ihren Läden haben, ich barfuß und nicht einmal ihre Sprache redend. Ob ihnen denn auch wohl so zu Muth gewesen ist, als sie zuerst unser Land betreten? Bei Dir ist es wohl anders — Du hast Dich schon ganz ihrer Tracht angepaßt.«

»Wohl ist mir's auch nicht darin,« sagte Sadie kopfschüttelnd, »aber ich fühle daß es nun einmal nicht anders geht; vielleicht fügst Du Dich auch hinein.«

»Nein,« erwiederte Aumama rasch — »nie im Leben; je mehr ich mit den Fremden in Berührung komme, desto mehr fühl' ich daß wir nicht für einander gemacht sind. Sie sind stolz dabei, und worauf? — sie tragen Schuhe, weil sie nicht mit ihren unbehülflichen dünnen Sohlen unsere Korallen betreten können — ich hab' es neulich gesehen, wie sich die Frauen badeten und nicht einen Schritt auf dem scharfen Boden zu thun vermochten. Also deshalb stecken sie die Füße in solche Hülsen, und soll ich dann mich schämen daß ich sie nicht trage, weil ich da eben gehen kann, wo sie es nicht im Stande sind?«

»Und doch thust Du es,« sagte Sadie lächelnd.

»Weil wir eben Thörinnen sind, und das Fremde höher achten wie unsere eigenen heimischen Sitten. — Aber sieh was für goldblitzende Kleider die Feranis von dem Schiff draußen tragen,« unterbrach sie sich jetzt selber, als ihr die blitzenden Uniformen der Officiere des Kriegsschiffs in's Auge fielen. »Und das sind doch nun auch Christen, Sadie, und gute Menschen vielleicht und tragen so bunten Staat, und uns verbieten die Mitonares jeden Schmuck.

»Wir wissen auch nicht ob es nicht sündhaft ist so eitel Gold und Putz zu tragen,« sagte leise Sadie — »wenigstens nicht wenn wir zu Gottes Altar gehn — die Männer dort beten vielleicht nie, da können sie dann freilich tragen was sie wollen. Aber sie drehen wieder hierher um, und dort kommt auch Mad. Belard — sie ist die freundlichste von allen fremden Frauen.«

Das Gespräch der beiden Frauen wurde hier unterbrochen, und in der That betraten auch jetzt rasch nach einander mehre andere Gäste den Saal, von denen Einige, ebenfalls mit eingeborenen Frauen, die beiden Freundinnen herzlich begrüßten, und jedes weitere Gespräch zwischen ihnen unterbrachen.

Und was für bunte Gesellschaft war da versammelt.

Die Officiere der Corvette erschienen natürlich in ihrer Uniform, und Mr. Noughton, Mr. Belard und Brouard wie René und einige Andere waren in schwarzem Frack, wie überhaupt in dem Europäischen Ballcostüm gekommen. Das besonders kam übrigens den inländischen Frauen und Mädchen wunderlich vor, und sobald es nur heimlicher Weise geschehen konnte, kicherten und flüsterten sie nicht wenig darüber.

Ein großer Theil der anderen Gäste ging jedoch in die leichte und bequeme Tracht gekleidet, die das Klima eigentlich bedingt und fordert; helle Sommerstoffe, weit und luftig gearbeitet und den Gliedern vor allen Dingen Freiheit der Bewegung lassend. Strenge Etikette konnte überhaupt an einem Ort nicht stattfinden, wo diese schon zwei Drittheile des schönen Geschlechts unrettbar ausgeschlossen hätte, und mehr als zwei Drittheile gehörten der eingeborenen Race an, die nur zum Theil hatte bewogen werden können Schuhe und Strümpfe anzuziehen, sonst aber nur über dem pareu das weite loose Obergewand, und darunter die nackten Füße trug.

Aumama bildete den Typus dieser, aus den schönsten Mädchen jenes wunderschönen Stammes ausgewählten Schaar. Der Pareu den sie trug bestand aus einem halbseidenen mattgrünen mit tiefrothen Fäden durchzogenen und gemusterten Stoff, in der That nur ein einfaches Stück Zeug, das um die Lenden geschlagen und an der linken Seite eingesteckt wurde; über dieses aber trug sie das, erst durch die Europäer und wahrscheinlich durch die Missionaire eingeführte Obergewand, das vorn offen, und mit langen Aermeln an den Handgelenken geknöpft, bis etwas über die Knie herunterfiel, und aus feinem französischem Stoff bestand, der durch einen rothseidenen dünnen Chinesischen Shawl im Gürtel zusammengehalten wurde, und die Formen des Körpers mehr verrieth als verhüllte. Durch das schwarze lockige und seidenweiche, mit wohlriechendem Cocosnußöl getränkte Haar wand sich ihr, von Orangenblüthen durchflochten, das Gewebe eines reizenden grünen und rothen Schlinggewächses, und die goldenen Ohrringe waren fast von den darüber niederhängenden Knospen des cape Jasmin überdeckt. Aumama, die Behende, wie sie in der bilderreichen Sprache ihres Landes hieß, war eine der schönsten Frauen der Insel, und wie bei den meisten ihres Alters, stand ihr die etwas dunklere Hautfarbe nur zu ihrem Vortheil, während die großen lichtklaren und doch so tiefschwarzen Augen Diamanten gleich, rein und feurig über den von zartem Roth angehauchten, lichtbronzenen Wangen glühten.

Mehrere andere Indianerinnen waren ähnlich wie Aumama gekleidet, wenigstens mit demselben Schnitt des Gewandes und ähnlichen Stoffen, die Capitaine von Wallfischfängern in letzterer Zeit auf Speculation, theils von Frankreich, Deutschland oder England mitgebracht. Zwei der Frauen nur hatten sich so weit civilisirt, Strümpfe und Schuhe zu tragen; aber die neue Tracht saß ihnen nicht bequem, sie scharrten beim Gehen fortwährend mit den Füßen; sie waren noch nicht gewohnt diese hoch genug zu heben die Sohlen auch frei vom Boden zu bringen, und die Strumpfbänder mochten sie auch wohl drücken, denn wie sie sich nur unbemerkt glaubten, faßten sie da hinunter den, solchen Zwanges ungewohnten Blutgefäßen Luft zu geben.

Sadie vielleicht allein von allen übrigen eingeborenen Mädchen schien sich in die fremde Tracht vollkommen gut gefunden zu haben, und bewegte sich mit solcher Leichtigkeit darin, als ob sie von Jugend auf daran gewöhnt gewesen wäre. Nichts desto weniger ging sie fast so einfach gekleidet als ihre früheren Gespielinnen, in einem schlichten Oberkleid von ungebleichter Seide, die rothe Schärpe ebenso geknüpft wie Aumama, nur anders den Schnitt des Kleides selbst, das bis auf die Knöchel hinunterging und die niedlichen in weißen Strümpfen und feinen dünnen Lederschuhen steckenden Füße eben sichtbar werden ließ. In den Haaren trug sie einen zierlich geflochtenen Kranz von Mandelblüthen, und um den Hals eine einfache Schnur rother Korallen.

Von den Officieren der Jeanne d'Arc waren bis jetzt nur der Capitain mit dem ersten Lieutenant und einigen Seecadetten anwesend; der zweite Lieutenant, den Geschäfte länger an Bord hielten, wie mehre andere Marine-Officiere wurden aber auch noch erwartet, und René ging eben mit dem Capitain der Corvette, mit dem er schon vor einiger Zeit bekannt und gewissermaßen befreundet geworden, im Saal auf und ab, als Monsieur Bertrand, der Name des Seconde-Lieutenants erschien und augenblicklich auf den Capitain zuging, ihm irgend eine Meldung zu machen. René trat ein paar Schritte abseits, den Rapport, der vielleicht geheim war, nicht zu überhören, aber sein Auge haftete unwillkürlich auf dem jungen Mann, dessen Züge ihm so bekannt vorkamen, und dessen er sich doch, trotz alle dem nicht deutlicher erinnern konnte.

In diesem Augenblick drehten sich die Officiere nach ihm um, und der Capitain war eben im Begriff die jungen Leute einander vorzustellen, als Beide auch fast zu gleicher Zeit, »Delavigne«, »Bertrand« riefen und einander fest umschlangen und küßten.

Schulkameraden waren es aus frühster Jugendzeit, und es läßt sich denken, mit welchem Jubel sie Beide hier, fast bei den Antipoden, die Erinnerung an die Heimath, an das Vaterland, nach so vieljähriger Abwesenheit begrüßten.

Wir mögen uns losgerissen haben von Allem was uns einst lieb und theuer gewesen, zerrissen mag das Band sein, das uns an die verlassene Küste, wo unsere Wiege gestanden, fesselte; gleichgültig hören wir wohl von fremden Menschen darüber sprechen, hören selbst ungerührt den Ort nennen der unserer Kinderspiele Zeuge war, Zeuge der heranwachsenden Kraft. Im Herzen zittert's und zuckt's dann vielleicht nur ein wenig; lang verklungene Saiten wurden berührt, und sie wollten rauschen in der alten Weise, als sich noch eben zeitig genug die Hand des Menschen stark und kräftig darauf legte, und sie verstummen machte mit dem festen Willen. Unsere Nerven mögen von Eisen sein, und das Unglaubliche ertragen, aber laß ein Bild selber auftauchen aus jener Zeit, laß uns die Züge wieder vor uns sehen, mit denen wir Freud und Leid getheilt, denen wir unsere Lust und Seligkeit entgegenjubelten, denen wir den ersten Schmerz klagten und uns ausweinten an seiner Brust, und die Hülle springt, die unsere Brust umschloß, die erstarrte Thräne schmilzt und das Heimweh rüttelt zum ersten Mal an den Stäben unserer Herzenskammer, und streckt die scharfe entsetzliche Kralle aus nach dem Heiligthum, das wir von da an wahren müssen wie unseren Augapfel, wenn sie nicht Halt gewinnen soll daran, zu unserem Leid.

Die beiden jungen Leute schienen auch in der That Alles um sich her vergessen zu haben, in dem einen seligen Gefühl des Wiederfindens, nach so langer, langer Zeit, hätte sie nicht des Capitains Stimme wieder zu sich selbst und dem Bewußtsein des Platzes gebracht, an dem sie sich befanden.

»Hallo,« lachte dieser, »wie mir scheint mag ich da die Introduction sparen, denn die Herren sind jedenfalls genauer mit einander bekannt, wie ich vermuthen durfte.«

»Das in der That,« sagte Bertrand, der sich überhaupt auch zuerst von den Beiden wieder sammelte, indem er des Freundes Hand ergriff und fest in der seinen hielt — »nicht hoffen konnt' ich, hier an der fremden Küste einen so alten lieben Jugendgefährten, ja Spielkameraden aus der Knabenzeit zu treffen, und die Ueberraschung ist um so größer, je größer die Freude ist.«

»Eh bien, Bertrand, dann unterhalten sie auch Ihren Freund ein wenig,« sagte der Capitain, »aber vergessen Sie nicht um 11 Uhr — bekommen Sie vorher Nachricht wenn er etwa noch bis dahin eingefangen sein sollte?«

»Ich erwarte den Führer der Patrouille selber hier, sobald er zurückkehrt.«

»Um so viel besser — aber da drüben sehe ich ein paar Damen eintreten, denen ich guten Abend sagen muß — ich werde Sie nachher bitten mir das Nähere dieses freudigen Wiedersehens mitzutheilen« — und mit einer leichten und freundlichen Verbeugung verließ er die jungen Leute, die jetzt Arm in Arm, kaum noch ihrer Umgebung bewußt, an eines der Fenster traten, dort erst dem ersten glücklichen Gefühl des Wiedersehens auch Worte zu leihen.

»Und so halt ich Dich denn wieder, René, nach so langer Trennung, Dich den Flüchtigen eigentlich, der uns unter den Augen fort entschwand, und keinem Freundesruf achten wollte der ihn zurückhalten sollte mit seinem wilden ungestümen Sinn. Und wo hast Du Dich nun so lange herumgetrieben? Mensch Du bist braun geworden wie ein Indianer.«

»Ich weiß nicht wo ich da anfangen soll zu erzählen,« sagte René, dem Blick in herzlicher Liebe begegnend, den jener fest auf ihn geheftet hielt, »und wahrlich, ich hatte es schon fast aufgegeben je im Leben einen Freund von über dem Wasser drüben wieder zu finden in der fremden Welt. Die Zeit die ich hier verlebt, dünkt mich in diesem Augenblick so entsetzlich lang, und ist mir doch auch wieder so rasch so unglaublich rasch verflogen. Oh Bertrand, Du mußt mir viel, viel von daheim erzählen; wie Ihr dort gelebt, wie Ihr — oder nein — nein, auch lieber nicht; die Heimath liegt hinter mir, auf nimmer Wiedersehn, und es ist vielleicht besser ich löse die Schlösser nicht muthwillig, die mir das alte Bilderbuch meiner Jugend so freundlich und fest verschlossen halten. Ich bin fertig mit Frankreich; aber von Dir möcht ich hören, wie es Dir geht, was Du treibst, was Du hoffst, denn nach der Hoffnung eines Menschen beurtheilt sich der Mensch selber meist am besten und leichtesten.«

»Und weshalb auf nimmer Wiedersehn?« sagte Bertrand erstaunt, »unsere Schiffe haben sich jetzt die Bahn gebrochen nach diesem fernen Punkt, und wenige Monden können uns wieder in der Schallweite unserer alten Kirchenglocken landen. Es mag ein Paradies sein das uns hier umgiebt, kann es uns aber je der Heimath Reiz ersetzen? Du bist unstät, ein Flüchtling auf fremdem Boden so lange Du Dich gewaltsam fern von ihm hältst, und wie das Vaterhaus dem wegemüden Wanderer als theures Ziel den langen schweren Pfad wohl vorgeschwebt, so öffnet Dir die Heimath die Arme, und grüßt Dich, ja hält Dich, mit all ihrem unendlichen Zauber, sobald Du nur erst einmal wieder das schöne Land betreten. Sieh ich bin Seemann, René, und das Meer sollte meine Heimath sein; ich weiß auch ich gehöre eigentlich nicht auf's feste Land, und die Zeit die ich dort zubringe, ist meiner Pflicht meist abgestohlen, und dennoch hängt das Herz mit allen Fasern an jenem Fleck der mir das Leben gab, und wenn ich auch, doch einmal draußen, vernünftig genug bin solchen Gedanken keinen Raum zu gönnen, ist es, als ob mir das Herz aus der Brust herausspringen wolle, sobald wir den Bug unseres Schiffes einmal heimwärts kehren. Ich habe das im Anfang für eine Krankheit gehalten und unseren Doktor gefragt, und der hat mir eine Masse unsinniges Zeug dagegen verschrieben, aber es half Nichts; das Uebel saß tief im Herzen und war im Nu gehoben sobald ich an Land sprang.«

»Und doch hab' ich recht, Bertrand,« sagte René, der mit einem leisen, fast wehmüthigen Lächeln den Worten des Freundes gelauscht hatte. »So lange Du noch frei und unstät in der Welt umherstreifst zeigt der Compaß Deines Herzens dem einen heiligen Magnet, dem Vaterlande zu, mag Dir dort Leid geblüht haben, oder Lust, aber — es giebt einen Fall, wo der Mensch selbst die Heimath vergessen kann und — glücklich sein.«

»Nie, nie!« rief Bertrand rasch.

»Ich bin verheirathet!« sagte René leise.

»Du? — verheirathet?« sagte der Freund erstaunt — »und mit wem? — wo? — wann?«

»Zuerst zeig ich Dir meine kleine Frau,« lächelte René, »ich brauche vielleicht nur des einen Beweises, Dich zu überzeugen daß Du Unrecht hast; dann erzähle ich Dir meinen — Lebenslauf kann ich wohl kaum sagen, eher meine Abenteuer, denn das Schicksal hat mich im tollen Spiel einem entzogen mich muthwillig einem anderen in die

Arme zu werfen, bis mein schwanker Kahn den Hafen fand, der ihm Glück und Ruhe brachte, und den verlaß ich nicht wieder. Ich kenne die Stürme die draußen toben und bin es müde geworden ihnen wieder und wieder die Stirn zu bieten.«

»Und Deine Frau?« frug Bertrand, »warum will sie nicht mit Dir zurück?«

Die Trompeten schmetterten in diesem Augenblick den Beginn des Tanzes, und René schaute umher nach Sadie. Schon wirbelten die Paare vorüber und die junge Frau stand an der anderen Seite des Saales, noch neben Aumama, an ihrer Seite aber jetzt Monsieur Brouard, seinen rechten Arm, von dem sie sich leise zu befreien suchte, um ihre Taille gelegt, und augenscheinlich bemüht sie zum Tanz zu nöthigen, den sie ihm weigerte.

Wie ein Stich zuckte es durch René's Herz — er wußte selbst nicht weshalb, und das Blut schoß ihm in die Schläfe; Bertrand aber, der seinem Blick gefolgt war, schaute überrascht, und wie von einem plötzlichen Gedanken erfaßt, zu ihm auf.

»Und Deine Frau?« wiederholte er leise.

»Siehst Du sie nicht da drüben, wie sie sich ziert,« lachte René jetzt, die Hand auf des Freundes Achsel legend.

»Die Insulanerin?« rief der Officier fast wie erschreckt, und so laut, daß die ihm nächsten Paare nach ihm umschauten, und selbst Sadie ängstlich nach René herüber blickte.

»Die Missionaire stecken ihr noch etwas in den Füßen,« fuhr René, wie entschuldigend gegen den Freund gewendet fort, »aber — gefällt sie Dir nicht?«

»Es ist ein liebes, holdes Kind,« sagte der junge Mann, plötzlich ganz still und ernst werdend — »so hold und schön wie der sonnige Himmel ihres Heimathslandes.«

»Und weshalb seufzest Du da so schwer?« lachte René.

»Aber weshalb befreist Du sie nicht von dem alten Gecken, der sie da quält und peinigt?« sagte Bertrand rasch — »sie hat ihm schon zehnmal den Tanz abgeschlagen, und er läßt immer nicht nach — er würde sich das bei einer weißen Dame nicht unterstehen.«

»Du hast recht,« sagte René schnell, und that einen Schritt nach vorn, setzte aber plötzlich langsamer und lächelnd hinzu: »es ist Einer meiner Freunde und kennt Sadie, wie den etwas puritanischen Geist, der sie manchmal noch von unsern Sitten und Gebräuchen als etwas, ihrer eigenen Religion widerstrebendem, zurückschrecken läßt. Doch komm Bertrand, wir dürfen uns der Gesellschaft nicht so lange entziehen, Madame Belard da drüben — ha wer ist jene junge Dame die dort mit Deinem Capitan jetzt tanzt? - ich habe sie noch nicht auf Tahiti gesehen.«

»Sie kommt von der Südseite der Insel, wie ich heute gehört,« erwiederte Bertrand, »wo sie in der Familie eines dort angesiedelten Franzosen gelebt. — Aber Deine Frau winkt Dir da drüben.«

»Monsieur Brouard wird zudringlich, wie mir scheint,« entgegnete René mit einem halb spöttischen Lächeln die Unterlippe beißend — »komm mit mir Bertrand, und ich zeige Dir mein Weib,« und den Arm des Freundes fassend, ging er mit ihm, die Tänzer vermeidend, zu der anderen Seite des Saales hinüber, wo ihm Sadie, sich jetzt ernstlich von dem alten Herrn losmachend, rasch entgegen kam.

»Ihre kleine Frau ist entsetzlich spröde,« rief ihm hier Monsieur Brouard mit einem etwas verlegenen Lächeln entgegen — »sie will unter keiner Bedingung mit mir den ersten Walzer tanzen.«

Sadie sah bittend zu dem Gatten auf, und René, ihren Arm lächelnd in den seinen ziehend, sagte mit einer leichten etwas kalten Verbeugung zu Herrn Brouard:

»Ich habe Sie bis jetzt für unwiderstehlich gehalten, Monsieur, verzeihen Sie dem noch rohen Geschmack der Insulanerin, die selbst Ihren unausgesetzten Bemühungen gegenüber ihr Recht zu wahren suchte. Ich hatte schon den ersten Tanz vorher engagirt.«

»Ah, dann bitte ich tausendmal um Vergebung,« sagte der Kaufmann, sich verlegen, aber auch jedenfalls pikirt über die etwas kurze Abfertigung zurückziehend, während René, ohne sich weiter um Herrn Brouard zu kümmern, Sadiens Hand ergriff und sie mit herzlichen Worten dem Jugendfreund als sein liebes, braves Weib, als seine Sadie jetzt vorstellte.

»Euch Beiden erzähl' ich nachher von einander,« setzte er dann lachend hinzu, »und nun Sadie, darfst Du es mir nicht machen, wie Brouard — nicht wahr ich bekomme keinen Korb, wenn ich Dich jetzt um den Walzer bitte?«

»Aber René« sagte, leise sich zu ihm biegend, und hoch erröthend die junge Frau, »was wird Mr. Nelson, was Mr. Dennis sagen, wenn sie erfahren daß ich hier getanzt — ich thue doch wohl nicht recht damit, und möchte Dir aber auch noch viel weniger weh thun, mit einer Weigerung.«

»Thorheit, Sadie, haben wir nicht zusammen die Tänze meines Vaterlands vor Mr. Osbornes Augen getanzt auf Atiu?« frug René, mit einem leisen Vorwurf in dem Klang der Stimme.

»Auf Atiu,« wiederholte Sadie leise und das Wort rief liebe liebe Bilder wach in ihrer Seele — »auf Atiu!«

»Der alte Mann hatte seine Freude daran, wenn wir fröhlich waren.«

»Aber Mr. Dennis,« sagte Sadie schüchtern.

René zog die Brauen zusammen und sah einen Augenblick finster vor sich nieder; aber Sadie legte ihre Hand auf seinen Arm und schaute ihm mit ihrem bittenden herzlichen Blick ins Auge. Er sah auf zu ihr, sah das halbe Lächeln in ihren Zügen, und rasch seinen Arm um sie schlingend, flog er mit ihr den früher oft und gern geübten Tanz dahin in den Reihen der fröhlichen schwingenden Paare.

Sadie tanzte mit unendlicher Grazie und Leichtigkeit, aber ihr Herz war nicht bei dem Fest; in ihrer Brust wogte und stach es mit vorwurfsvoller Stimme und quälte das arme unschuldsvolle Herz mit trüben, ängstlichen Bildern. »Du sündigst jetzt« sagte sie sich leise und immer und immer wieder vor, und des ehrwürdigen Bruder Dennis Stimme klang dabei fortwährend in ihrem Ohr — »Du hast Dich dem wilden sündhaften Tanz ergeben, und der böse Feind greift schon nach dem Arm, wo ihm der Finger kaum geboten in Lust und Leichtsinn.«

»An was denkst Du Sadie?« flüsterte ihr René zu, wie er mit ihr wirbelnd und sie fest in seinem Arm dahin flog, während die eingeborenen Frauen besonders, Sadiens leichtem Tanze bewundernd mit den Augen folgten.

Sadie schüttelte leicht und erröthend mit dem Kopf, und zwang sich fröhlich zu sein, aber die mahnende Stimme in ihr wurde stärker und stärker, und wie schwindelnd lehnte sie sich endlich an Renés Schulter und bat ihn sie zu einem Stuhl zu führen.

»Du kannst das rasche Drehen noch nicht vertragen,« lachte der junge Mann, sie dort hin geleitend wo Bertrand mit untergeschlagenen Armen stand und keinen Blick bis jetzt verwandt hatte von dem Paar — »nur erst ein paar Tänze aber Dich munter im Kreis gedreht, und der Schwindel verliert sich schon von selber. Es ist eine Art Seekrankheit die wohl die meisten Menschen überstehen müssen.«

»Ah Monsieur Delavigne — hierher, wenn ich bitten darf, für einen Moment nur,« rief in diesem Augenblick die fröhliche Stimme der Mad. Belard, die ihm freundlich und dringend winkte zu ihr hin zu kommen. Sadie deshalb dem Freunde übergebend, folgte er dem Ruf.

»Monsieur,« rief ihm aber die lebendige kleine Frau schon von weitem entgegen, »ich habe Ihnen eine sehr angenehme Nachricht mitzutheilen; dort drüben, und ich werde indessen die Sorge für Ihre kleine Frau übernehmen, ist eine junge Dame die den Augenblick nicht erwarten kann Ihre Bekanntschaft zu machen, und sich schon nach allen Ihren Verhältnissen auf das Genaueste und Peinlichste erkundigt hat. Soviel rath' ich Ihnen, wahren Sie Ihr Herz.«

»Sie sind zu gütig, Madame,« lachte René, »wenn dem wirklich so ist, scheint die Sache in der That gefährlich zu werden.«

»Spotten Sie nicht vor der Zeit,« warnte Madame Belard — »Sie bekommen es mit keinem gewöhnlichen Mädchen zu thun, und werden einem Paar Augen Stand halten müssen, denen schon stärkere Herzen erlegen sind als ein junger leichtsinniger Franzose wahrscheinlich in seiner Brust mit herum trägt.«

»Und die Dame?«

»Warten Sie, dort drüben spricht sie noch mit Madame Choupin, der Stiefmutter von Brouards Frau, der möchte ich nicht gerne in die Hände laufen.«

»Die junge Dame dort?« rief René rasch, »ah ich habe sie schon vorher bemerkt: sie kommt von Papara, wenn ich nicht irre.«

»Das Alles wird sie Ihnen gleich selber mittheilen, Monsieur; aber aufrichtig gesagt,« setzte sie schelmisch hinzu, »bin ich selber neugierig welch Interesse sie in so auffallender Weise an Ihnen nehmen kann. Sie müssen ihr doch fremd sein.«

»Sympathie,« lachte René, »lieb ist mir's aber dabei daß gerade ein so reizendes Wesen sich für mich interessirt.«

»Sie müßte denn im Auftrag von Madame Choupin« – sagte Mad. Belard, Renés Arm ergreifend und mit einer komischen Mischung von Besorgniß und Schadenfreude zu ihm aufschauend.

»Um der heiligen Jungfrau Willen, Madame,« sagte aber René rasch und mit komischer Angst, »schon der Gedanke ist grausam – oder – gönnen Sie mir mein Glück nicht?«

»Gönnen? was wollen Sie damit sagen, Monsieur, – oder woher wissen Sie überhaupt daß Ihnen ein Glück bevorsteht? eitles Männervolk; Ihr Herren der Schöpfung werdet aber hier auf den Inseln viel zu sehr verwöhnt, und hätte ich früher gewußt was ich jetzt weiß, nie im Leben würde ich meine Einwilligung zu einem Umzug nach Tahiti gegeben haben.«

»Da kommt Mad. Choupin,« sagte René leise, und Madame Belard erschrak und wandte sich rasch ab, den Platz zu verlassen, als sie das boshafte Lächeln auf Renés Lippen bemerkte, und sich nun umdrehend sah wie Mad. Choupin die andere Richtung eingeschlagen, und die junge Dame im Gespräch mit Mad. Brouard zurückgelassen hatte. Madame Belard drohte ihm lächelnd mit dem Finger und sagte leise:

»Wenn Sie jenen alten Drachen näher kennten, würden Sie mir vollkommen recht geben, und ihn fürchten wie ich, aber – die Luft ist rein, so kommen Sie, denn ich muß mich auch noch um meine anderen Gäste bekümmern, und habe nicht Zeit hier Stundenlang mit Ihnen zu plaudern.« – Und seine Hand ergreifend führte sie ihn der Stelle zu, wo die junge Fremde mit Madame Brouard, anscheinend in tiefem Gespräche stand, behielt aber kaum Zeit für die ersten Worte, »Monsieur Delavigne, Mademoiselle Susanne Lewis,« als die Instrumente auf's Neue begannen und sich die Paare zur Française anstellten.

»Desto besser, unter dem Tanz werden Sie noch schneller mit einander bekannt,« rief die kleine muntere Frau, von dem Paar zurücktretend; »dort aber kommt auch mein Tänzer, Monsieur le capitain, und ich muß Sie für jetzt Ihrem Schicksal überlassen; doch – unsere Verabredung Monsieur, um die Auflösung dieses Räthsels wünsch' ich nicht zu kommen.« Und ohne weiter den beiden jungen Leuten eine Antwort zu gestatten, trat sie mit dem ihr jetzt den Arm reichenden Capitain zum Tanze an, und Delavigne konnte ebenfalls nichts anderes thun, als der schönen Fremden den Arm bieten, den sie

auch mit einer freundlichen Verneigung und einem eigenen schelmischen Lächeln dabei, annahm.

Die ersten Minuten gingen so mit der Anordnung des Tanzes
vorüber, ohne daß er im Stand gewesen wäre ein Wort weiter mit
seiner schönen Unbekannten zu wechseln, die erste Gelegenheit aber
die sich ihm bot ergreifend, sagte er leise:

»Madame Belard hatte mich durch einige freundliche, aber jedenfalls nur in Neckerei und Spott hingeworfene Worte ermuthigt zu
glauben, daß Sie, mein Fräulein, wünschten mich kennen zu lernen;
da ich aber gar nicht weiß womit ich solch ein Glück verdient hätte –
«

»Sie wissen noch nicht ob das ein Glück für Sie werden wird,
Monsieur,« lachte aber die Schöne schelmisch, und René sah wirklich
etwas überrascht zu ihr auf, denn die nämlichen Worte hatte Madame
Belard kurz vor ihr gebraucht, und konnten die beiden Damen mit
einander im Einverständniß sein? – aber weshalb?

»Es ist jedenfalls schon ein Glück in diese schönen Augen schau-
en zu dürfen,« sagte er jedoch, sich rasch sammelnd – »und Böses
kann da wahrlich nicht geschehen.«

»Haben Sie ein gutes Gewissen?« frug die junge Dame.

René lachte – »Ja und nein, wenn Sie wollen; nicht schwerer zu
tragen, wie wir Sterblichen überhaupt und durchschnittlich, und auch
nicht leicht genug um zu befürchten, daß mir das Herz davonflöge
über Nacht.«

»Sie sind ein weggelaufener Matrose,« sagte die junge Dame jetzt
lachend und sah neckend zu ihm auf. René erröthete; da aber seine
Geschichte, wie er diese Inseln betreten, auf Tahiti gar kein Geheimniß war, sagte er ruhig:

»Hat man schon versucht, mich Ihnen von der schlimmsten Seite
vorzuführen?«

»Ob man versucht hat?« lachte die Schöne, »Sie mögen selber
urtheilen. Uebrigens bin ich bei der Sache näher interessirt, als Sie
vielleicht glauben – Sie sind mein Gefangener.«

»Auf Gnade und Ungnade,« lachte René, gern in den leichten
Ton des wirklich wunderschönen Mädchens eingehend, dessen Reize
erst jetzt wie es schien, nach und nach seinem Auge sichtbar wurden.

»Aber tausend solche Gefangene haben Sie wohl schon solcher Art gemacht, und werden uns deshalb auch wohl auf unser Ehrenwort entlassen müssen, Ihrem Triumphwagen scheinbar frei zu folgen.«

»Auf Ehrenwort? – geben Sie kein leichtsinniges Versprechen, ehe Sie wissen wem?«

»Wem?« sagte René erstaunt, aber ihr Gespräch wurde hier durch den Tanz unterbrochen, der die Paare vor rief und trennte, und es bot sich von jetzt an keine Gelegenheit wieder auch nur ein Wort weiter zu wechseln, bis die Française beendet war. René nahm jetzt seiner Tänzerin Arm, und sie den Saal niederführend sagte er fragend:

»Und nun, mein Fräulein, lösen Sie mir das Räthsel – Sie tragen eine Maske, legen die Hand daran sie zu lüften, und ziehen sie neckisch wieder zurück. Ihr Spiegel sagt Ihnen schon, daß der Allmächtige Ihnen einen gewaltigen Zauber in's Auge gelegt über uns arme Sterbliche; mißbrauchen Sie die Macht nicht die Ihnen also gegeben – Sie bedürfen dessen nicht.«

»Ein Wallfischfänger ist doch wahrlich nicht der Ort Schmeicheleien zu lernen,« lachte die Schöne laut auf, »und dennoch scheint es fast als ob Sie selbst dort einen wesentlichen Theil Ihrer Zeit dazu benutzt hätten, nicht außer Uebung zu kommen. Oder haben Sie das Alles schon wieder hier auf den Inseln profitirt?«

»Mein Fräulein,« bat der junge Mann.

»Sie haben recht,« sagte die junge Dame da plötzlich ernster werdend, »es wird Zeit daß wir unsere beiderseitigen Stellungen einnehmen, die uns gebühren; also nochmals Monsieur, Sie sind mein Gefangener, René Delavigne!«

»Von Herzen gern.«

»Halt – nicht für mich etwa, Monsieur, sondern für meinen Vater, Jonathan Lewis, Capitain des dreimastigen Wallfischfängers »the Delaware,« gut gekupfertes Schiff erster Klasse A, und derzeit – «

»Miß Lewis? – aber wie ist das möglich?« unterbrach sie René in vollem, unbegrenzten Erstaunen.

»Derzeit« fuhr aber das schöne muthwillige Mädchen ernsthaft fort, »wahrscheinlich und mit Gottes Hülfe schon zu Hause, in Bedford, von seinem Kreuzzug heimgekehrt.«

»Aber Sie, eine Französin, des alten durch und durch Jankee Capitains Tochter?« rief René, immer noch ungläubig.

»Weigern Sie sich mir zu gehorchen, weil mir der schriftliche Verhaftsbefehl gebricht?« frug Miß Susanne.

»Sie sind grausam, Miß.«

»Nun denn, so will ich Ihnen mit zwei Worten das scheinbar unerklärliche Räthsel lösen. Erstlich bin ich keine Französin, sondern im New-York Staat in Nord-Amerika geboren, früh aber meiner Mutter durch den Tod beraubt schickte mich der Vater — wie Sie mir bezeugen werden, ein etwas rauher Seemann — nach Louisiana hinunter, wo seine Schwester an einen französischen Pflanzer verheirathet war. Ist Ihnen das nun klar?«

»Ja, aber jetzt?«

»Aber jetzt? ah, wie ich hierher gerade komme?« lachte die Jungfrau, »Sie verlangen also in der That meine Legitimation? Ist das auch etwas ungalant, will ich es doch den außerordentlichen Umständen zu Gute halten. Schwächlich von Gesundheit, und von den Sümpfen Louisianas mit wirklicher Gefahr für mein Leben bedroht, schien es, als ob mir der rauhe Nord dafür keine Linderung bieten sollte, denn dort hinauf zurückgekehrt, verschlimmerte sich mein Uebel eher, als daß es sich gehoben hätte. Die Aerzte dort verordneten mir daher eine Luftveränderung nach irgend einem milderen aber auch gesunden tropischen Klima, und mein Vater, damals gerade im Begriff ein Schiff zum Wallfischfang auszurüsten, sandte mich mit einem Jugendfreund von sich voraus nach Tahiti, mich hier dann später zu besuchen und vielleicht wieder abzuholen.«

»Und war der Delaware hier?«

»Nicht wahr das interessirt Sie?« lachte Susanne.

»Der Delaware interessirt mich allerdings,« lächelte René, »und Sie werden mir den Grund nicht streitig machen.«

»Nicht ich, Monsieur — Sie haben volle Ursache, aber ich gebe Ihnen auch mein Wort, daß sich der Delaware damals für Sie interessirte,« fuhr Susanne fort, »denn mein Vater landete gerade auf Tahiti, als Sie von ihm entsprungen waren, und eilte deshalb wieder besonders von hier fort den »entsprungenen Matrosen«, wie er mir erzählte, auf jener Insel wieder »abzuholen«. Wer mir damals gesagt hätte daß ich so glücklich sein sollte ihn wieder einzufangen.«

ich so glücklich sein sollte ihn wieder einzufangen.«

»Warum waren Sie nicht früher an Bord,« sagte René, »ich wäre nie davongelaufen.«

»Trau' Jemand Euch Männern,« rief Susanne abwehrend — »kaum auf festem Land, und mit keiner Sylbe mehr all jener heiligen Bande gedenkend die den Flüchtigen jedenfalls noch im alten Vaterland fesselten, hat er nichts Eiligeres zu thun als dem Beispiel seiner Landsleute zu folgen, und sich ein armes Mädchen zu beschwatzen, das ihm die Dauer seines Aufenthaltes hier die Zeit vertreibt.«

»Sie thun mir Unrecht, Mademoiselle.«

»Oh? — Ihnen sind die gemachten Contrakte wohl stets heilig?«

René biß sich auf die Lippen und sagte nach kleiner Pause:

»Also tadeln sie mich, daß ich mich dem Leben an Bord eines Wallfischfängers, dem ich nicht anders hätte für Jahre vielleicht entgehen können, durch die Flucht entzogen habe.«

»Nein,« sagte Susanne lachend, und das große schwarze seelenvolle Auge zu ihm aufhebend begegnete sie einen Moment seinem Blick, und glitt dann wie musternd und mit kaum unterdrücktem Muthwillen an seinem Anzug nieder — »ich begreife nur nicht,« fuhr sie dabei fort, »wie Sie je den unglückseligen Gedanken gefaßt haben konnten an Bord zu gehen. Hahaha, wenn ich Sie jetzt so vor mir sehe, und Sie dann mir als gewöhnlicher Matrose, in all dem Schmutz und entsetzlichen Leben eines »Whalers« unter dem wüsten rohen Volk denke — die Glacéhandschuh trugen Sie damals noch nicht, wie? — und auch wohl nicht den Frack? — Und wenn Sie nun damals wieder eingefangen wären? aber die Einzelheiten müssen Sie mir nächstens einmal erzählen, versprechen Sie mir das?«

»Mit Vergnügen.«

»Und aufrichtig?«

»Wie meinem Beichtvater.«

»Hm, ich weiß nicht ob ich mich damit gerade begnügen möchte — doch wir werden ja sehen. Und Ihre — Frau?«

»Steht dort drüben mit jenem Französischen Officier — darf ich Sie zu ihr führen?«

»Ich danke,« sagte die junge Dame mit etwas kalter Höflichkeit — »ich komme aus Louisiana — und Sie dürfen mir nicht verargen, daß ich gerade kein günstiges Vorurtheil habe für — braune Haut.«

René sah erstaunt, ja beleidigt zu ihr auf, und Susanne begegnete fest dem Blick, der in seiner innersten Seele zu wurzeln schien, dort die geheimsten Gedanken errathen zu wollen.

Es war ein wunderschönes Mädchen wie sie da vor ihm stand; die volle üppige Gestalt doch so zart und schlank in dem elastischen Reiz der Jugend; das edle Antlitz mit jenem weichen Zauber blühender Frische übergossen, der unsere Sinne auf den ersten Blick gefangen nimmt; die Augen voll Gluth und Feuer, und doch wieder eines so sanften Ausdrucks fähig daß sie den ernsten Schatten Lügen straften, wenn er streng und zürnend daraus hervorblitzen wollte, aber einen Himmel öffnend wenn ihr Glanz in milder Ruhe strahlte.

René schaute in diese Sterne voll Gluth und Leben, bis er fast vergaß weshalb er zu ihr aufgeblickt, und wie bittere Worte die süßen vollen Lippen erst gesprochen; denn wie ein leises Lächeln über die ernsten Züge glitt, war es wie spielendes Sonnenlicht auf der murmelnden Quelle im Waldesdunkel, mit tausend blitzenden funkelnden Lichtern tief hinableuchtend bis auf den reinen Grund.

»Sie sind beleidigt,« sagte sie endlich leise — »Sie hätten lieber gehabt, daß ich eine Unwahrheit gesagt, der Gegenwart zu schmeicheln.«

»Sie bringen ein Vorurtheil mit aus einer fernen Welt,« erwiederte René, »und doch verzeih' ich Ihnen gern; Sie kennen Sadie noch nicht.«

»Sadie — ein schöner, klangvoller Name — ich wollte ich hieße Sadie,« sagte Susanne — »wir in Nord-Amerika wählen unsere Namen fast nur aus der Bibel.«

»Ah, schon wieder einen alten Bekannten getroffen?« unterbrach in diesem Augenblick die Stimme des Capitains der Jeanne d'Arc, das Gespräch, und zwar gerade zu einer Zeit wo Susanna, mit feiner Hand eben wieder eingelenkt hatte in ein milderes Gleis. »Sie haben Glück, Monsieur Delavigne — aber für jetzt möchte ich die Dame wenigstens um den mir versprochenen Tanz bitten.«

Miß Lewis nahm, mit einer leisen dankenden Neigung des Kopfes seinen Arm, und René freundlich zunickend sagte sie:

»Ich muß sie nachher noch einmal sprechen — werden Sie kommen?«

René verbeugte sich, aber Sadiens Bild stand in diesem Augenblick vor seiner Seele, und er erwiederte das Lächeln nicht.

Als er zurückschritt, sein Weib aufzusuchen, war Sadie eben mit Bertrand, der mit der Hand nach ihm hinübergrüßte, zum Tanze angetreten, und an dem nächsten Fenster bleibend, lehnte er dort mit untergeschlagenen Armen, dem Tanze, an dem er dießmal keinen Theil nehmen wollte, zuzuschauen. Im Anfang schwammen ihm aber die Gruppen vor den Augen, ohne daß er im Stande gewesen wäre ein einziges Bild aufzufassen und zu halten. Vor seiner inneren Seele zog wieder und wieder die schöne Fremde — zogen die kalten Worte, die sie gesprochen, vorüber, und ein eigenes Weh, ein Gefühl dem er nicht Worte, nicht Ausdruck zu geben vermochte, zuckte ihm durch das Herz. Weshalb hatte sie ihn aufgesucht, weshalb sich ihm so freundlich zugewandt; um ihn nur wieder zurückzustoßen? — war das Ganze eine gewöhnliche Koketterie gewesen, ihn nur die Macht fühlen zu lassen, die sie über Männerherzen auszuüben gewohnt sei, und ihm dann lachend die Kluft zu zeigen die zwischen ihnen liege? »Bah — « um seine Lippen zuckte ein verächtliches Lächeln, als ihm der Gedanke aufstieg daß sie sich ihn zum Spiel ihrer Laune ersehen haben könnte — und was sonst war ihr Zweck? »Thörichtes Mädchen«, murmelte er leise vor sich hin, »Deine Schönheit vermag wohl das Auge zu blenden für kurze Zeit, aber den Mangel an Herz kann sie nicht ersetzen; geh und suche Dir ein anderes Spiel, bei mir hast Du Deine Zeit verloren.«

Und wieder wechselten die Bilder in Zauberschnelle vor seinem inneren Auge — die liebliche Gestalt in dem prächtigen Ballstaat — die vorüberschwirrenden Paare, deren einzelne Umrisse er schon nicht mehr sah; dazu die Musik, alte bekannte, lange lange nicht mehr gehörte Töne aus der Heimath — Weisen nach denen er selbst in schönerer Zeit — heiliger Gott die Erinnerung — — Er barg die Augen mit der linken Hand, aber nur wilder und unermüdlicher stürmten die Gedanken auf ihn ein, und nicht mehr entgehen konnte er den unabweisbaren.

Mehre Minuten mußte er so gestanden haben, als eine leichte Hand seinen Arm berührte, und fast erschreckt blickte er empor.

»Bist Du krank?« sagte eine leise, liebe Stimme, und Sadies treue seelenvolle Augen schauten bang und sorgend zu ihm empor; aber er bedurfte Secunden sich zu sammeln, sich zurückzurufen aus den Scenen in denen er jetzt — zum ersten Mal wieder nach langen Jahren — geweilt, und die er bis dahin mit fester Willenskraft zurückgeschleudert hatte wohin sie gehörten — in die Vergangenheit. Heute zum ersten Mal wieder, geweckt durch den Jugendgespielen vielleicht — vielleicht durch jenes schöne, kalte Bild, das ihn anzog und abstieß zugleich in wunderbarer Kraft, waren sie in altem Grimm und Schmerz erwacht, und es bedurfte wahrlich eines anderen, kaum minder starken Zaubers ihre Gewalt zu brechen, oder doch zu mildern.

Sadie — wie ein Sonnenstrahl der Wolken Nacht durchbricht, und Licht und Leben über die noch vor wenig Augenblicken nur mit Nebelschatten gedeckten Fluren wirft, so tauchte plötzlich das holde Bild in all seiner Milde und Lieblichkeit vor ihm auf, und Harfentönen gleich, die mit den weichen vollen quellenden Tönen nicht mehr allein durch das Ohr, nein durch alle Poren unseres Körpers in die Seele dringen und die Nerven nachklingen machen ihre Harmonie, in dem Vibriren ihrer feinsten Fasern, so sah er nicht allein das holde Kind in all seiner Lieblichkeit vor sich stehen, nein so fühlte er auch das Wohlthuende ihrer Nähe, das den bösen Geist zurückdrängte der ihn beschlich, und leise ihre Hand ergreifend, die in der seinen zitterte flüsterte er das Zauberwort, das sich ihm selber retten sollte — »Sadie!«

»Du bist krank, René,« sagte aber die junge Frau, ihn zum Fenster drehend — »Du siehst bleich und angegriffen aus — laß uns zu Hause gehen«, setzte sie dann rasch und leiser hinzu — »Dir wird wohler dort, viel wohler, und — mir auch.«

»Mir fehlt Nichts, Du holdes Kind,« erwiederte René lächelnd — ein eigenes Gefühl trieb ihn seine jetzige Bewegung wie deren Ursache vor dem Weibe zu verbergen, aber es lag etwas Gezwungenes in den Worten, und das Auge der Liebe täuschte es nicht. René fühlte das auch wohl, und jeden weiteren Verdacht zu beschwichtigen, vielleicht weiterer Fragen zu entgehen, die er fürchtete, setzte er mit lauter fröhlicher Stimme hinzu: »nein Kind, mir ist sogar heut' Abend recht froh und leicht zu Sinn, und ich will noch recht viel tanzen. Verschmähte Freude kehrt nimmermehr zurück und es wär' Sünde sie von der Thür zu weisen.«

»Ich weiß nicht von wem Sie sprechen,« sagte in diesem Augenblick eine lachende Stimme an seiner Seite, und die muntere Madame Belard trat zu ihnen hinan — »aber nicht mehr wie schuldige Artigkeit wär' es, sollt ich denken, die Wirthin, wenigstens zu einem einzigen Tanz zu engagiren, daß sie nicht den ganzen Abend auch nur zusehen muß, wie sich ihre Gäste amüsiren.«

René hätte in diesem Augenblick keine erwünschtere Entschuldigung finden können, einer ihm jedenfalls peinlichen Besorgniß, ja mehr noch, weiteren Fragen auszuweichen, und Sadie freundlich zunickend, bot er der Frau Belard den Arm. Diese aber, die ihm noch scherzend den Text las über seine für sie keineswegs schmeichelhafte Unhöflichkeit, bat er jetzt mit all jenem liebenswürdigen Leichtsinn, der ihm so gut stand vielleicht weil er ihm so ganz natürlich war, um Verzeihung, des begangenen Fehlers wegen, den er schon wieder gut machen wolle, wenn sie nur eben freundlich genug sein würde ihm Gelegenheit dazu zu gönnen.

»Hallo Sadie,« sagte in diesem Augenblick Aumama, die an ihre Seite trat, »Du machst ja ein merkwürdig ernstes Gesicht — bist Du schon müde?«

Sadie schüttelte lächelnd mit dem Kopf.

»So leicht nicht, Aumama,« sagte sie leise, ihren Arm um der Freundin Schulter legend, »und mir gefällt das Tanzen wundergut, wenn ich nur wüßte« setzte sie wieder ernster werdend und leiser hinzu — »ob wir auch recht thun mit solcher Lust, und vielleicht nicht gar eine Sünde begehen, von der wir uns selber vorlügen, daß das Ganze ja doch nur eine unschuldige Freude sei.«

»Und was ist's sonst?« lachte Aumama, »nimm mir den Tanz, und ich geb' Dir mein Leben in den Kauf. — Nur die Gesellschaft — und die Art hier wie sie's treiben gefällt mir nicht. — Das Umfassen hemmt die freie fröhliche Bewegung der Glieder, das Drehen treibt mich schwindlich, daß sich die Stube mit mir im Kreise wirbelt. Auch die Wände, der Boden hier machen mich irr und unbehaglich; mir wird als ob ich draußen im Canoe in offener See triebe und die Wellen mich auf und nieder würfen. Nein, gieb mir den freien offenen Plan, die blühenden Zweige und blinkenden Sterne über uns, die lustige Trommel zum Einschlag in Tritt und Sprung, und ich bin Dein mit Leib und Seele, wie Du mich willst. Hei wie die Tapa im Winde flattert und die Locke Dir um die Schläfe jagt, wie das Blut da durch die Adern schießt, und zu flüssigem Feuer wird, eh' es zum Herzen zurückkehrt. Bah, hier der Tanz ist kalt — kalt wie das Land aus dem er kommt, und es kann mir das Herz nicht erwärmen, ob sie auch blasen und Specktakel machen mit ihren wunderlichen Instrumenten, aus Leibeskräften. Nicht einmal eine Trommel haben sie dabei, und das nennen sie Musik.«

»Du bist ein wunderliches Mädchen,« lächelte Sadie — »fremde Völker haben doch auch fremde Sitten.«

»Eben deshalb sollen sie uns die unseren lassen,« trotzte Aumama — »aber, was ich Dich fragen wollte,« setzte sie ernster hinzu — »wer ist das weiße Mädchen das mit René so lange tanzte, und so viel mit ihm zu sprechen hatte?«

»Ich weiß es nicht,« sagte Sadie — »eine Fremde, glaub' ich, die von Papara oder dessen Nachbarschaft kommt, und wohl hier wohnen bleiben wird; — warum?«

»Mir gefiele das nicht, wär' ich wie Du,« sagte die Freundin mit dem Kopfe schüttelnd — »sie hat ein glattes listiges Gesicht und ihr Blick — ich konnte ihre Sprache nicht verstehen, aber das ist oft nicht nöthig wenn die Augen so deutlich reden wie die Lippen.«

»Und was haben die Dir gesagt?« frug Sadie.

»Nichts was mich freute,« antwortete Aumama, »aber auch Nichts was ich wieder erzählen möchte; man soll keinem Menschen etwas Uebles nachreden, noch dazu auf den bloßen Verdacht hin.«

»Du bist ärgerlich auf die fremden Frauen,« sagte Sadie lächelnd, »weil Du nicht mit ihnen umgehen kannst wie wir es gewohnt sind unter einander; es ist wohl möglich daß Du ihnen dabei unrecht thust. Aber René hat seitdem gar nicht wieder mit ihr gesprochen.«

»Aber auch mit Niemand Anderem,« sagte Aumama schnell — »er stand da am Fenster und stützte den Kopf in die Hand, bis Du zu ihm kamst.«

Sadie schwieg und sah sinnend vor sich nieder; ihr Blick haftete aber nicht lange am Boden, sondern suchte den Gatten, in dem wilden Gewirr des Tanzes, dem sich René wieder mit vollem Eifer hingegeben. Aber die, nach der ihr Blick dann umherschweifte, fand sie nicht; Miß Lewis hatte den Saal verlassen und René lachte und plauderte noch immer mit seiner lebendigen Tänzerin, der Frau Belard.

Doch neue Gäste kamen zum Tanz, in dem jetzt gerade eine kurze Pause eintrat, den Tänzern Gelegenheit zu geben sich an den hie und da angebrachten und mit Früchten, Kuchen und Wein bedeckten Tafeln zu erfrischen, und kaum schwieg die Musik, als Manche der wilden Mädchen, froh eines lästigen Zwanges enthoben zu sein, in die Mitte des Saales sprangen und sich dort bald von einem großen Theil der Männer umgeben fanden.

»Kommt!« rief Eine der fröhlichen Schaar, sich jetzt wenig an die geputzten Fremden kehrend, deren unbekannte Weisen und monotones Drehen im Ring herum sie schon lange geärgert und ermüdet hatte,

»Komm! denn der scharfe Ton

Hat mich gelangweilt schon,

Komm!

Zuckt mir's durch Fuß und Knie,

Zuckt mir's im Herzen hie!

Komm!«

»Frieden, Wahine — gieb Ruhe — fort mit Dir, Mädchen!« riefen einzelne lachende Stimmen dazwischen — »hier ist kein Platz für Euere wilden Tänze, wo fremde Frauen sind — auseinander mit Euch!«

»Fort?« riefen aber Andere dazwischen, denen der wilde bekannte Laut die Pulse schon rascher klopfen machte.

»Fort? laß sie schwatzen da,

Herzchen wir kommen ja,

Fort —

Rasch nur die Trommel her,

Stehn wir nicht müßig mehr.

Fort!«

und den Takt auf den Lenden schlagend mit ihren flachen Händen, und singend und lachend begann die muntere Schaar, trotz dem Einspringen einzelner Männer, die vielleicht nicht mit Unrecht fürchteten daß der Tanz in dem Uebermuth des jubelnden Schwarmes ausarten könnte, den wilden Upepehe, den Lieblingstanz ihres Stammes.

Die neuangekommenen Gäste, zwei Marine-Officiere der Jeanne d'Arc, mischten sich gleich lachend unter die jubelnden Dirnen, die sie fast Alle kannten, und Mad. Belard beschwor jetzt René, seinen Einfluß aufzubieten das zügellose Volk wieder zur Ordnung zurückzubringen, was aber mit nicht wenig Schwierigkeiten verbunden war. In der Mitte gestört, stoben sie nach allen Seiten hinaus, jede auf eigene Hand den begonnenen Tanz auszuführen, und es wurde auch in der That erst dann möglich sie wieder zu vollkommener Ordnung zu bringen, als die Trompeten, auf Renés Zeichen, von Neuem zu einem Tanze einsetzten und dadurch die Mädchen, die denen entgegen nicht ihren eigenen Takt beibehalten konnten, zwangen aufzuhören.

Als die Musik nun aber, nicht wieder durch eine neue Pause neue Störung zu verursachen, in dem begonnenen Stücke blieb, sahen sich die letztgekommenen Officiere ebenfalls nach Tänzerinnen um. Von weißen Damen schien aber nur noch Mrs. Noughton übrig geblieben zu sein, die trotz allen Aufforderungen auch noch nicht einen Schritt heut' Abend getanzt, sondern wacker an der Seite ihres eben so langweiligen Gatten auf dem einen Canape ausgehalten hatte. Madame Belard war mit Monsieur Brouard angetreten, Madame Brouard mit dem Capitain, und Fräulein Susanne blieb verschwunden. Mrs. Noughton weigerte sich aber auch dießmal mit einer steifen Verbeugung an dem Tanze Theil zu nehmen und Einer der neugekommenen Officiere schaute eben, leicht getröstet, im Saal umher, sich unter den anwesenden Insulanerinnen Eine herauszusuchen, mit der er möglicher Weise im Walzer fortkäme, als er Sadie bemerkte, deren Europäische Tracht ihm gerade nicht besonders auffiel. Rasch auf sie zu tretend, legte er seinen Arm um ihre Taille und sagte:

»Komm Wahine, dann wollen wir einmal versuchen wie wir herum kommen, und halt das Köpfchen steif, daß Du mir nicht schwindlich wirst; ich drehe Dich schon.«

René hatte sich mit Bertrand wieder zusammengefunden, und schritt eben langsam der Stelle zu wo Sadie stand, als er sah wie sie sich in dem Arm des Fremden sträubte und sich ihm zu entwinden suchte; der junge Officier aber, schon seit Monden langem Aufenthalt auf den Inseln gewohnt mit den Frauen Tahitis umzugehen, glaubte nur hier eine etwas spröder als gewöhnliche Schöne gefunden zu haben, und rief lachend:

»Zum Teufel, mein Mädchen, stemme Dich nur nicht, ich thue Dir Nichts;« Sadie aber war so erschreckt, daß sie nicht vermochte einen Laut über die Lippen zu bringen und sich von dem starken Manne schon emporgehoben fühlte, als René mit einem Sprung an ihrer Seite war, und seine Hand mit einem Eisengriff in des Soldaten Schulter heftend, mit vor Zorn bebender und kaum hörbarer Stimme sagte:

»Zurück da, Monsieur — das ist mein Weib.«

»Sollst sie behalten, Kamerad,« lachte der junge, etwas rohe Marine-Officier, »aber ein Tänzchen muß sie erst mit mir machen, davon hilft ihr kein Gott.«

»Lassen Sie mich los, Monsieur!« rief auch in diesem Augenblick Sadie, die durch Renés Gegenwart ermuthigt, ihre Sprache wieder gewann, und der Officier, durch das flüssige Französisch der Insulanerin überrascht, ließ kaum in seinem Griff um ihre Taille nach, als er sich auch schon von dem, kaum seiner Sinne mehr mächtigen René gefaßt und mehre Schritte zurückgeschleudert fand.

»Teufel!« schrie er, und die Hand fuhr fast unwillkührlich nach dem leeren Degenkoppel, Bertrand sprang aber dazwischen, und der Officier auch, sich rasch besinnend wo er sich befand, und daß er hier das Fest nicht stören durfte, biß nur die Zähne auf einander und winkte dem, trotzig zu ihm hinüberschauenden René ihm zu folgen. Aber andere Augen hatten ebenfalls den Wink gesehen und verstanden, und ehe René im Stande war sich von Sadie frei zu machen, und dem stillen aber wohl begriffenen, ja erwarteten Ruf zu folgen, fühlte er eine Hand auf seiner Schulter, und der Capitain der Jeanne d'Arc, der gerade zufällig mit seiner Tänzerin dort stehen geblieben, und Zeuge des ganzen blitzesschnell in einandergreifenden Vorfalls gewesen war, bat ihn, nur wenige Minuten auf seiner Stelle zu bleiben, bis er ihm Antwort bringe von draußen. Dann ohne weiteres dem Officier folgend, erreichte er diesen gerade an der Thür, fasste seinen Arm und führte ihn mit sich hinaus.

In dem Saal war indessen für den Augenblick Todtenstille eingetreten; die Musici, vor denen der Streit stattgefunden, hatten auch fast wie verabredet, aufgehört zu blasen so wie die Tänzer stockten. Auch die übrigen Gäste, wenn auch nur wenige von ihnen die Ursache des so plötzlich aufgetauchten Streites kannten, sahen daß er schon zu weit gegangen war, anders als mit Blut wieder gesühnt zu werden, und standen in jener peinlichen Erwartung, dem Ausgang des Ganzen entgegenzusehen, die wir uns wohl stets bei irgend einer nahenden

Gefahr, mag sie uns oder einen Andern bedrohen, beschleichen fühlen. Nur die eingeborenen Mädchen, denen nicht entgangen war daß Einer der Betheiligten den Saal verlassen hatte, glaubten damit natürlich Alles beigelegt, und zuerst die feierliche und so plötzliche Stille um sich her einen Augenblick erstaunt beobachtend, gewann das leichte Element bei ihnen doch nur zu bald wieder die Oberhand.

»Hierher Waihines!« rief plötzlich die lachende Stimme Nahuihuas, der Schwester Aumamas, mit der Lefevre schon fast den ganzen Abend getanzt —

Schnell!

Schnell wie der gier'ge Hai

Schneidet die Fluth entzwei,

Schnell —

»Ruhe Wahine!« flüsterte es rasch um sie her, und das Mädchen schwieg erschreckt, mitten in ihrem Gesang, als sie die ernsten finstern Gesichter all' erblickte, die sich rasch und bestürzt auf sie richteten.

Madame Belard wußte aber wie dieser böse Geist zu bannen sei, und dem Orchester ein Zeichen gebend, daß jetzt rasch wieder in den unterbrochenen Tanz einfiel, ergriff sie den Arm Renés und den halb Widerstrebenden mit sich fortziehend, flüsterte sie leise und dringend:

»Ei, Sie ungezogener Mensch, den eine Dame zum Tanz förmlich mit Gewalt zwingen muß. Sie haben mir meinen Tänzer fortgejagt, und sind jetzt auch verpflichtet dessen Stelle zu übernehmen. Ueberdieß fühlen Sie denn nicht daß Alles auf Sie achtet?« setzte sie leiser hinzu. »Machen Sie wieder gut was Sie verdorben haben, und zeigen Sie den Leuten daß Sie gar nicht daran denken Skandal anzufangen!«

René fühlte mehr wie er verstand, daß sie recht hatte; einen Blick nach Sadie zurückwerfend, die er jetzt in Bertrands Schutz sah, kam ihm auch die Erinnerung an das Vergangene, und sich zu seiner liebenswürdigen Tänzerin niederbiegend bat er leise:

»Vergebung, theuerste Frau, Vergebung für den fatalen Auftritt den ihnen hier meine Hitze bereitet, aber — «

»Ich weiß Alles,« beruhigte ihn Madame Belard, »ein Mißverständniß nur – ruhig Monsieur, Sie sollen mir nicht wieder hitzig werden und aufbrausen, so lange ich jetzt in Ihrem Schutze bin – ein Mißverständniß war die ganze Ursache, der junge Officier, der Sie gar nicht kannte, kann nicht die Absicht gehabt haben Sie oder Sadie wissentlich beleidigen zu wollen, und würde vielleicht eben so leicht daran denken sich einen Finger abzuschneiden, als Streit zu suchen hier bei mir.«

»Aber er hat – «

»Ich weiß ja Alles,« unterbrach ihn wieder Madame Belard, in gutmüthiger Ungeduld mit dem Kopf schüttelnd, als sie zum Ausruhen abgetreten waren und Nichts als eingeborene Frauen um sich sahen, die nicht verstanden was sie sprachen. »Er hat Ihre Frau nach unseren Begriffen von dem was sich schickt und gehört, beleidigt, und wäre das auf einem Europäischen Ball vorgefallen, so könnte nichts anderes als Degen oder Pistol den Streit entscheiden; hab' ich recht?«

»Wäre das?« wiederholte René erstaunt – »und ist das nicht hier, bei meiner Frau genau dasselbe?«

»Nein, nein und abermals nein!« sagte aber Madame Belard ungeduldig; »nach Insulanischen Begriffen von Ehre und Schicklichkeit – «

»Aber meine Frau ist – «

»Eine Insulanerin, Sie mögen's drehen und wenden wie Sie wollen; und wenn sie eine Ausnahme macht von den übrigen, von denen sie allerdings wie Tag und Nacht verschieden ist, so liegt der doch nicht auf der Haut zu Tage, und das junge fröhliche Stück von einem Officier, das in seinem Uebermuth, von den Schiffsbanden auf einen Abend frei zu sein, nur hier herein springt, sich, wie es keine weiße Tänzerin bekommen kann, nach dem schönsten Indianischen Gesicht umschaut und da aus Versehen gerad' auf Ihre Frau trifft, hätte eben so gut vermuthen können einen Neger in weißer Haut zu finden, als eine Indianerin, die sich so ganz ihrer eigenen Sitten entschlagen, und Europäischen Gebräuchen mit ihrer Sprache und Haltung zugewandt hat.«

»Aber ihre ganze Kleidung mußte ihm das schon von vorn herein verrathen.«

»Als ob Ihr Männer überhaupt je sähet womit sich eine arme

Frau herausgeputzt hat, diesen Herren der Schöpfung zu gefallen,« spottete die junge Frau halb im Scherz halb im Ernst; »entweder Ihr mustert ganz genau und auf das peinlichste, immer dabei Eueren schlechten Geschmack bewährend, oder Ihr wißt nicht einmal ob wir Seide oder Cattun getragen, wenn wir Stunden lang in Euerer Gesellschaft gewesen sind — Gott ist der Mensch grob,« seufzte sie dann nach einer kleinen Pause, als René schwieg und vor sich nieder schaute, mit komischem Ernst; »handgreiflich leg' ich's ihm in den Weg, und nicht eine kleine unbedeutende Schmeichelei sagt er mir dafür.«

»Liebe Madame Belard,« bat René.

»Ich bin schon wieder gut,« lachte die kleine Frau, »aber René,« setzte sie ernster, und einen Blick umherwerfend ob sie Niemand überhöre, hinzu, eien Sie auch vernünftig, setzen Sie sich über eine kleine Vernachlässigung Ihres sonst so lieben Weibchens eher einmal hinweg, als Sie es nöthig hätten wenn sie — eben von — unserer Farbe wäre. Der Fremde kann nun einmal unsere Privatverhältnisse nicht so leicht durchschauen, und wird der farbigen Eingeborenen nie eine solche Achtung und Aufmerksamkeit zollen, als ob sie ihm ebenbürtig wäre.«

»Und ist sie das nicht?« rief René erstaunt, und Madame Belard biß sich auf die Lippen; sie zögerte augenscheinlich mit einer Antwort, die sie sich scheute gerade auszusprechen.

»Lieber René,« sagte sie endlich nach einer kleinen Pause mit wirklicher Herzlichkeit im Ton, wie sie bis jetzt noch nie zu ihm gesprochen, »Sadie ist ein liebes herziges Kind, eine Frau die man lieber gewinnt mit jedem Tag, und ihre ganze Seele liegt in ihrem Blick, aber — «

»Aber? Madame Belard?«

»Sie haben sich mit ihr die Rückkehr in die Heimath abgeschlossen,« setzte die kleine Frau endlich entschlossen hinzu — »Sie haben sich auf Ihre Bambushütte und den Meeresstrand beschränkt, und — ich weiß nicht ob Sie daran gut gethan haben.«

»Und paßt Sadie nicht in jede Gesellschaft?«

»Ja — aber die Gesellschaft paßt nicht für sie;« lautete die rasche Antwort; »wenn sie von der Gesellschaft als das aufgenommen würde was sie wirklich ist, in all' ihrer Anmuth und holden Weiblichkeit, keine andere Frau könnte höher stehen, aber wir leben nun einmal in einer Welt von Vorurtheilen, und – können nicht durch die Wand mit dem Kopf.«

»Aber ich will von der Welt Nichts mehr – mir genügt das Glück das ich besitze – sie sollen mir das nur unverkümmert lassen.«

Madame Belard schüttelte mit dem Kopf und sagte ernst:

»Sie kennen sich selber nicht, Delavigne, und sind hier in Verhältnisse gekommen, die Sie noch nicht übersehen können; gebe Gott daß ich unrecht habe, aber Sie passen so wenig zu dem thatenlosen Leben dieser Inseln wie – ich, und ich will auch meinem Gott danken, wenn Monsieur Belard einmal ebenso denken lernt und die Segel wieder heimwärts setzt.«

»Und was sollte mich hindern ebenfalls nach Hause zurückzukehren?« frug René, doch sein Auge suchte dabei den Boden als er sprach, und nur als Madame Belard gar nicht antwortete sah er auf, und vor ihm stand, mit einem eigenen Lächeln auf den zarten Lippen, Susanne; aber ohne ihn anzureden schüttelte sie nur leise und wie mißbilligend mit dem Kopf und schritt langsam der Stelle zu, auf welcher sich Herr und Madame Brouard eben zum Fortgehen anschickten. Ihm blieb jedoch keine Zeit weiter, denn durch die Tänzer schritt der Capitain der Jeanne d'Arc, und mit einer entschuldigenden Verbeugung gegen Madame Belard René's Arm ergreifend, führte er ihn mit hinaus in's Freie, wo die kühle Seeluft seine heiße Stirn fächelte, und die Sterne gar freundlich und traut auf sie herniederschienen.

»Mr. Delavigne,« begann er hier, freundlich des jungen Mannes Hand fassend und drückend, »es ist zwischen Ihnen und einem meiner Officiere ein mir höchst fataler, ja schmerzlicher Fall vorgekommen.«

»Ich stehe dem Herrn mit Vergnügen jeden Augenblick zu seiner Genugthuung bereit,« erwiederte René ruhig.

»Ich weiß das, ich weiß das,« beseitigte es der Capitain – »aber die Sache ist, daß Sie Beide recht und Beide unrecht haben.«

»Ich verstehe Sie nicht,« sagte René.

»Ich will mich deutlicher erklären,« fuhr der Capitain fort; »Sie sind selber zu gut mit den hiesigen Verhältnissen bekannt, als daß ich nöthig hätte Ihnen den Standpunkt anzugeben, auf dem die Indianischen Mädchen den Europäern gegenüber stehen; Sie müssen den geringen moralischen Zwang kennen, den sich beide Theile hier auferlegen, und Monsieur Rodolphe konnte keine Ahnung haben, daß Eine von Tausenden eine solche Ausnahme ihres Geschlechts hier machte.«

»Er ist vollkommen gerechtfertigt Genugthuung zu verlangen,« erwiederte René, dem es weh that das Geschlecht der Indianer so herabgewürdigt zu sehen; doppelt weh vielleicht weil er fühlte wie viel Wahrheit das Gesagte enthalte.

»Tollköpfiges Geschlecht,« murmelte der Capitain, den Kopf ärgerlich herüber und hinüber werfend, »aber Ihr sollt Euch nicht schießen, Mann, Ihr sollt Euch mit einander vertragen, und einsehen daß Euch Gott Euere gesunden Glieder gegeben hat, sie zur Ehre Eueres Vaterlandes einzusetzen, wenn's Noth thut, aber nicht da in die Schanze zu schlagen, wo es nur eines offenen Wortes zwischen beiden Theilen bedarf, sich zu überzeugen daß Beide unrecht hatten.«

»Monsieur Rodolphe wird schwerlich, nach dem Vorhergegangenen, das erste Wort zum Frieden bieten,« sagte René vor sich hin.

»So thun Sie es, Delavigne,« rief der Capitain.

»Ich? — nie« — zischte René zwischen den zusammengebissenen Zähnen durch — »er hat mein Weib beleidigt und jeder Andere hätte wie ich gehandelt. Aber trotzdem will ich die Hand zur Versöhnung reichen,« setzte er finster hinzu, »wenn Monsieur Rodolphe mit mir zu Madame Delavigne geht, und die Dame dort, der begangenen Rohheit wegen, um Entschuldigung bittet. Sie wissen selber Capitain, daß nach unseren Begriffen von Ehre keine weitere Wahl mir oder ihm bleibt.«

»Aber Delavigne, das würde bei — das würde bei — das würde in Europa nöthig sein, aber hier — «

»Und sind unsere Gesetze der Ehre hier anderer Art?« frug René ihm scharf dabei in's Auge schauend.

Capitain Sinclair biß sich auf die Lippen — er konnte Nichts darauf erwiedern wenn er René nicht kränken und einen zarten, höchst schwierigen Punkt berühren wollte; aber er wußte auch daß sich Rodolphe gerade wieder seinen Begriffen von Ehre nach, einer Insulanerin gegenüber, deren Ehen mit den Weißen als viel zu leicht und zu wenig bindend angenommen wurden, nie dazu verstehen würde.

Es blieb da weiter keine Wahl, und tief aufseufzend und ärgerlich sich abdrehend sagte der Capitain, der gern das Aeußerste vermieden hätte, aber die Unmöglichkeit auch einsah:

»So macht was Ihr wollt; schießt Euch beide ein paar Kugeln durch die Jacken — so sind ein paar Tollköpfe weniger auf der Welt — aber ich will mit der ganzen Sache Nichts weiter zu thun haben — Nichts davon wissen — die Folgen über Euch!«

Er kehrte raschen Schrittes in das Haus zurück, von der anderen Seite aber näherte sich dem jungen Mann ein Marineofficier und sagte höflich:

»Monsieur Delavigne, wenn ich recht bin?«

»So ist mein Name.«

»Sie wissen, was — «

»Ich stehe Ihnen mit Vergnügen zu Diensten.«

»An wen wünschen Sie daß ich mich wende?«

»Lieutenant Bertrand wird so freundlich sein — «

»Ah — besten Dank, Monsieur, und guten Abend.«

Mit höflichem Gruß trennten sich die beiden Männer, und René folgte dem vorangegangenen Capitain, Bertrand in Kenntniß zu setzen und um seinen Beistand zu bitten, und seine Frau nach Hause abzuholen. Der Abend war ihm verleidet worden gegen weitere Lust und Freude. Unbemerkt, wenigstens unbeachtet hatte er dabei gehofft den Saal wieder betreten zu können, Madame Belard schien ihn aber schon in Angst und Sorge erwartet zu haben, und seinen Arm ergreifend führte sie ihn den Saal entlang.

»Was haben Sie gethan?« flüsterte sie dabei, »Sie wilder Mann; und die arme Frau sitzt da drin und weint und sorgt und grämt sich, und weiß — ahnt noch nicht einmal das Schlimmste.«

»Wo ist Sadie?« frug René leise, sich im ganzen Saal vergebens nach ihr umschauend.

»Auf meinem eigenen Zimmer — ich führe Sie dorthin.«

»Nur einen Augenblick, Madame,« bat René, »ich habe nur einem Herrn da drüben zwei Worte zu sagen; entschuldigen Sie mich nur einen Moment, ich bin gleich wieder bei Ihnen.«

»Und so soll es doch zum Aeußersten getrieben werden?« flüsterte erbleichend Madame Belard.

René zuckte die Achseln — aber Bertrand, ebenfalls im Begriff den Saal zu verlassen, stand nur wenige Schritte von ihm entfernt — wenige Worte leise geflüstert, genügten — sie drückten einander die Hand, und René eilte rasch zu seiner ihn ängstlich erwartenden Führerin zurück.

»Was Ihr für entsetzliche Männer seid,« sagte sie dabei, als sie den Saal verlassen hatten und die Treppe hinaufstiegen, der höher gelegenen Wohnung zu — »mit kaltem Blut verabreden sie da einander zu morden oder zu verstümmeln, und machen sich weiß dabei daß es nöthig, unumgänglich nöthig wäre. Guter Gott wie wird das jetzt enden. — Aber da gehen Sie hinein, und gehen Sie zu Haus mit ihr, so rasch Sie können — sie sehnt sich zu ihrem Kind, und ich möchte mich selber hinsetzen und weinen, wenn ich daran denke wie das arme süße Wesen, das hier Kummer und Sorge trägt unverschuldet, von mir eingeladen war sich zu amüsiren, und jetzt zu Hause geht, das Herz voll zum Ueberlaufen von Wehmuth und Leid. Sie dürfen mit ihr hier auf Papetee nicht mehr unter weiße Männer gehen, René, oder Sie können der armen Frau noch selber das Grab hier graben auf der fremden Insel.«

Und damit, ohne weiter eine Antwort von ihm abzuwarten, öffnete sie die Thür ihres Zimmers, ließ René eintreten und kehrte dann selbst zu ihren Gästen zurück, dort keinen Verdacht zu erwecken daß irgend etwas Außerordentliches vorgefallen sei, was den Frohsinn hätte stören dürfen.

Capitel 7

Unterwegs

René betrat rasch das kleine sonst so freundliche jetzt aber nur von einer einzigen düster brennenden Lampe kaum erleuchtete Gemach — eine eigene Angst, über die er sich eigentlich keine Rechenschaft zu geben wußte, preßte ihm das Herz zusammen, und nur zum Theil beruhigte es ihn, als ihm Sadie entgegen kam und beide Hände für ihn ausstreckte. Er zog sie leise an sich, und sie schmiegte ihr Köpfchen fest, fest an seine Schulter, ohne ein einziges Wort zu sagen, ohne einen Laut auszustoßen.

»Arme Sadie,« flüsterte er leise, und küßte sie auf die heiße glühende Stirn — fester drückte sie sich an ihn, aber sie athmete kaum, und René fühlte wie sie in seinem Arm zitterte.

»Wir wollen zu Hause gehen, mein süßes Lieb,« sagte er flüsternd zu ihr niedergebeugt, und sie nickte heftig an seiner Brust, aber ohne zu reden — das Herz war ihr so voll — so voll und so weh. Schweigend nahm er seinen Hut, den Madame Belard schon für ihn zurechtgestellt, und seinen Arm um ihre Schulter legend, sie zu stützen zugleich und zu führen, verließ er mit ihr das erleuchtete, Luft und Leben athmende Haus, durch eine Hinterthür das Freie suchend, da vorn, den hellen Fenstern gegenüber, hundert von Eingeborenen standen und lagen, den Tönen der Instrumente, den wunderlichen Melodien lauschend, bis hie und da eine Aehnlichkeit im Takt durch die Glieder Einzelner zuckte, und sie zum Tanz antrieb aus freier Hand, mitten auf der Straße draußen.

Durch den Garten, unter den thauigen Bananen und Orangen schritten sie hin, langsam und schweigend den schmalen Pfad entlang, auf den der Mond nur mühsam durch Palmenkrone und Brodfruchtwipfel einzelne seiner Strahlen konnte niederwerfen. Eine schmale Pforte führte auf die äußere Straße, und dieser folgend erreichten sie bald den düsteren Palmenhain, der vom Fuß der Hügel ab bis dicht an den Strand reichte und von dessen Wellen selbst seine Wurzeln bespühlen ließ.

»Du solltest Dich freuen an unseren Sitten und Vergnügungen,« sagte endlich René leise, als sie schon lange schweigend neben einander hingeschritten und René nur ängstlich bemüht gewesen war, die dicht an ihn angeschmiegte Gestalt des jungen Weibes vor allen Unebenheiten des Weges zu bewahren. »Du solltest tanzen und fröhlich sein, und hast nur Schmerz dort gefunden und Herzeleid.«

Sadie wollte sprechen; René fühlte wie sie sich von seinem Herzen halb emporrichtete, aber es war auch als ob ihr die Kraft oder das Wort dazu fehle.

»Bist Du mir böse, Sadie?« sagte René endlich nach langer Pause, und suchte dabei ihr Antlitz zu sich emporzuheben.

»Nein René,« flüsterte die Frau leise und schüttelte langsam den Kopf, »nein, nicht böse — aber — aber eine Bitte hätte ich an Dich.«

»Und nenne sie mein Herz.«

»Du warst so glücklich in Atiu« — fuhr Sadie nach kurzem Zögern fort, »kein Schmerz, kein Weh drohte unseren Frieden zu stören. Dort — waren keine weißen Männer und Frauen weiter,« fuhr sie mehr Muth gewinnend, aber doch immer noch schüchtern fort, »dort warst Du Einer der Unseren geworden, Alle hatten Dich lieb, und ich selbst — war ein Kind des Bodens und fand dort meine Heimath. Hier sind wir fremd, und der Charakter des Landes ist, durch Deine Landsleute, wie auch durch die Engländer ein anderer geworden. Die weißen Menschen dünken sich besser in ihrer Farbe,« fuhr sie wieder leiser fort, »als wir, denen die Sonne dunklere Haut gegeben. Sage mir Nichts dagegen, René, ich weiß es, und so weh es mir thut, ich wollte es gern ertragen um Deinetwillen — wenn ich nicht eben Deinetwillen Dich bitten müßte wieder mit mir fort von hier zu ziehen.«

»Meinetwillen, Sadie?« sagte René, aber es war ihm nicht Ernst mit der Frage und Sadie wußte es.

»Wenn Du es nicht selber fühlst, René,« sagte sie traurig, »mit Worten kann ich es Dir nicht beschreiben; ich kann Dich auch nur versichern daß ich die Ueberzeugung habe wie wir Beide recht, recht unglücklich werden würden, wenn wir hier blieben.«

»Aber mein Geschäft,« sagte René.

»Trägt nicht die Cocospalme Milch im Ueberfluß,« bat Sadie, sich fester an ihn schmiegend, »hängt nicht die Brodfrucht voll und reif am Zweig, und die Orange bietet Dir die Frucht, indem sie ihre duftenden Blüthen auf Dich niederschüttelt; hast Du nicht mich — Dein Kind? — liegt nicht der Frieden Gottes auf jenem stillen kleinen Inselreich, das Seine Huld mit Allem ausgestattet was lieb und schön und gut und fruchtbar ist? Sieh René,« setzte sie lauter, fester hinzu, »ich habe Alles gethan was Du von mir verlangt; ich habe mir Deine Sitten angeeignet, so weit es in meiner Macht stand, ich trage Euere Kleidung, ich spreche Euere Sprache, ich habe mein Herz Dir gegeben, Dir, nur Dir allein – und meinem Kind. Nur – nur die Farbe konnt' ich nicht ändern, die Gott meiner Haut gegeben – ich bin ein Kind dieser Inseln, und als solches hast Du mich lieben gelernt, und zu Deinem Weib genommen. Aber meine Schwestern hier auf Tahiti sind anderer Art – nicht mit so treuer Sorgfalt erzogen wie ich, leben sie meist wüst und wild in den Tag hinein – und Deine Landsleute tragen viel die Schuld. Du hast heute erfahren in welcher Achtung die Insulanerin bei ihnen steht – willst Du noch länger Zeuge sein wie sie mich kränken und niederdrücken? – und doch hast Du nicht den zehnten Theil von dem gesehen was mir wie Messer in die Seele schnitt, nicht die kalten verächtlichen Blicke einzelner Frauen – nicht die leichtfertigen Worte gehört, die mir, heimlich oft, oft ohne Furcht und Scheu in die Ohren geflüstert wurden, und das Blut in die Wangen jagten. Ich gehöre nicht unter jene Menschen, ich passe auch nicht für sie, sie nicht für mich, und willst Du hier bleiben auf Tahiti, magst Du Dich nicht trennen von dem jetzt vielleicht lieb gewonnenen Leben, so laß mich daheim bei meinem Kind, René, dorthin gehör' ich, den Platz füll' ich aus, und unsere Hütte mag Dir selber eine Heimath werden – aber Atiu wird es uns doch nie ersetzen. – O zögest Du zurück, René.«

René erwiederte Nichts; schweigend schritten sie neben einander hin, und tolle Bilder zuckten ihm durch Sinn und Hirn, denen er nicht Form, nicht Deutung zu geben vermochte. Das geschäftige, wenn nicht gesellige Leben Papetees war ihm schon theilweis zum Bedürfniß geworden, dem er nicht gern entsagen, das er sich aber noch weit weniger gestehen mochte, und doch auch wieder fühlte er in unbestimmter Ahnung die Gefahr, die seiner häuslichen Glückseligkeit hier drohen könne. Er sah sich in Kampf und Streit mit Europäern, von den Indianern angefeindet seiner Religion und Abstammung, von den Europäern verachtet seiner Heirath wegen, und durch das Alles, wie ein blendender neckischer Strahl, zuckte das weiße, wunderschöne Antlitz des fremden Mädchens, das kalt und höhnisch auf ihn niedersah und seiner Angst und Qual da unten nur zu spotten schien. Jetzt gerade sollte er Papetee verlassen, wo sie hier erschienen war, daß sie wohl gar nachher sich rühmte, er sei vor ihr geflohen? – bah – was war sie ihm? – ihre Schönheit konnte ihn nicht locken, Sadie war schöner — und ihr Geist? — ihr fehlte die milde Weiblichkeit die der Geliebten jenen unendlichen Reiz verlieh. — Und ihre Farbe — blindes thörichtes Menschenvolk, den Werth eines Herzens nach der Schaale oder Farbe zu schätzen, und die süße Frucht gar deshalb zu verachten, weil sie von der Sonne etwas mehr gebräunt. Und doch war gerade das jetzt dem jungen ehrgeizigen Mann ein bitteres schmerzliches Gefühl, daß sie mit jenem kalten Lächeln auf ihn niedersehen konnte; der Gedanke wurde ihm zur Qual, und ein Seufzer hob seine Brust. Es war zum ersten Mal der Wunsch daß die Geliebte seiner Farbe wäre, und Sadie hörte und verstand den Seufzer, denn sie senkte das Köpfchen und schritt lautlos neben ihm hin.

So erreichten sie den stillen freundlichen Platz der ihre Heimath war, das matte gedämpfte Licht das aus dem einen verhangenen Fenster quoll, beleuchtete den Schlaf ihres Kindes, die Palme die ihren breiten Wipfel darüber hing, rauschte leise und feierlich, und es war als ob sie dem Schlaf des Lieblings lausche und ihm bunte freundliche Träume zuflüstere über sein kleines Bett.

Fast unwillkürlich blieben die beiden Gatten stehen, und wie ihr Blick auf dem friedlichen Dache ruhte, das ihnen das Theuerste umschloß, als René der tausend glücklichen, seligen Stunden gedachte, die er schon dort mit seinem trauten Weib verlebt, und nun auch die frühere Zeit — die erste Zeit seiner Liebe, seiner Hoffnungen, des errungenen, so schwer errungenen Glücks in vollen lebendigen Farben emporstieg vor seinem inneren Geist, wie er damals den Augenblick gesegnet in dem er dieses Paradies zuerst betrat, da überkam ihn ein recht weiches, reuiges Gefühl, und sein Weib, sein treues braves Weib fest an sich ziehend, preßte er seine Lippen an ihre glühende Stirn, und das Liebeswort »Sadie« erstarb in dem langen, heißen Kuß.

»Komm,« flüsterte sie endlich, und entzog sich leise seiner Umarmung, »komm!« und seine Hand ergreifend, führte sie den Gatten an das Bett des Kindes.

Oh wie so süß der kleine Liebling ruhte; die Lampe, von einem breiten Bananenblatt verdeckt, warf nur den matten grünen Schein über den schlummernden Engel hin; die langen seidenen Wimpern lagen voll und dicht auf den von Schlaf geröteten blühenden Wangen, und ein liebes herziges Lächeln spielte um die fein und zart geschnittenen Lippen. Engel flüstern mit dem Kind, wenn es im Schlafe lächelt, und das Mutterherz sieht des Schutzgeistes Fittiche ausgebreitet über dem Liebling.

Komm lieber Leser, komm — siehst Du die Gruppe dort, das Herz des Weibes an des Mannes Brust, Mutter- und Vaterliebe dem Schlaf der Unschuld lauschend und Gottes Segen niederflehend auf das Haupt des schlummernden Kindes? — Und darüber die rauschende Palme, das Bild des Friedens? um sie her aber den stillen rauschenden Wald, und der Sterne blitzende Schaar die Zeugen des erneuten Bundes? — komm, leise, leise daß Du es mir nicht störst, das freundliche Bild. — Wohin? — nach dem Strand führ' ich Dich — hörst Du die Brandung rauschen über die Riffe hin? — sie donnert ihre alte ewige Weise unverdrossen fort, aber doch heimlicher, ruhiger heut' Nacht, als ob sie selber sich scheue den heiligen Frieden zu stören, der auf der wunderschönen Insel ruht, und wie des Mondes Scheibe dort oben über den Gebirgshang herübersteigt und sein Licht über die See gießt, blitzt ihm die Brandungswelle im weiten silbernen Streif den Strahl zurück. Komm, dort unten liegt mein Canoe, und jenes freundliche Licht leuchtet uns auf unserer Bahn. So, steig nur ein und fürchte sein Schwanken nicht, der Luvbaum schützt es vollkommen vor jedem Umschlagen, jeder weiteren Gefahr, und durch die Corallenriffe hin steuere ich Dich in dem scharfgebauten Kahn über das Mond beleuchtete Wasser anderen, wenn auch nicht so friedlichen Scenen zu.

Klares Wasser unter uns — tief, tief liegt es dort unten in »purpurner Finsterniß« und lichte glühende Punkte ziehen und blitzen durch die geheimnißvolle, dem Menschenauge noch unerschlossene Welt. Dort unten baut der Korallenbaum nach rechts und links hinüber seine Wälle und Dämme, gegen die Jahrtausende die wilde Brandung schlägt, und im Innern dort hat er sich sein stilles Haus gebaut und sein cristallenes Dach gewölbt, und jetzt bei Nacht entzündet er die grünen Lichter alle, und wie ein Feeendom blitzt es und strahlt's zu Dir hinauf.

»Die Sterne, wenn sie alt werden und sterben, fallen sie in's Meer,« sagt Dir der Indianer, »und dort feiern sie ihre Wiedergeburt und tanzen und werden wieder jung« — aber glaub's ihm nicht; tief unten in dem Corallenwald, dessen eng und dicht verschlungene Zweige neidisch das ihnen anvertraute Geheimniß wahren wollen, tanzt das fröhliche Nixenvolk, das eigene Haar von blitzendem Licht durchflochten, den frohen Reigen, huscht unter den Bäumen hin, herüber und hinüber, und fährt hinauf und hinunter oft wie ein zündender leuchtender Strahl. Und der träumende Fischer oben, der in seinem Canoe liegt und staunend niederschaut in die ihm fremde wunderbare Welt, sieht die Lichter und folgt ihrem Zucken und Schießen mit den Augen, und glaubt auch manchmal daß er unter, neben sich — doch nein, hätt' er die Geister wirklich je belauscht, er würde nie zum Strande wiederkehren; nur an der Schwelle darf er stehen, wie die Natur uns Alle auf der Schwelle läßt, und keinen Blick erlaubt in ihr geheimes wunderbares Wirken.

Weiter — schau nicht zu lang hinab, Dich schwindelt; und siehst Du den lichten Streif da drüben, der schon zweimal herüber und hinüberschoß, und dort zu Hause scheint, wo der Corallenhang die weiten Arme aufwärts wirft — das ist ein Hai, der unserem Kahne lauernd folgt — ein Wächter seinen Gebietern da unten.

Sieh, am Bug kräuselt und zischt die Fluth und aus dem silberglühenden Schaum blitzt sie Diamanten gleich funkelnde knisternde Lichter aus über das ruhige Wasser, auf dem sie eine Weile rasten und dann zerfließen. Mehr und mehr schwindet das Ufer zurück, und wir sehen den Schatten der Palme nicht mehr in der klaren Fluth, wie sie den Wipfel weit weit hinüberreicht sich zu spiegeln, und Morgens die Thautropfen niederzuwerfen in ihr eigenes Bild. Der Berg mit seinen gewaltigen Umrissen tritt massenhaft hervor, und links von uns donnert und schäumt die Brandung und springt höher empor, und rollt lauter und heftiger, als ob sie sich unserem Nahen widersetzen und uns zurückscheuchen wolle aus ihrer Nähe.

Dicht an der Corallenbank hin gleiten wir — so dicht, daß wir mit dem Ruder die hochaufzackenden starren Zweige berühren und Seeigel und Stachelei in ihren schimmernden strahligen Betten im matten Phosphorschein können liegen sehen — schärfer kräuselt das Wasser am Bug und einen Gluthstreifen zieht hinter dem Canoe die aufgerührte Welle. Weiter — von düsterer Nacht gedeckt, auf dem der Mond wie ein Silberschleier liegt, und nur den eigenen Strahl zurückzublitzen scheint, dehnt sich das waldbewachsene Ufer aus an unserer Rechten, mit seinen dunklen Orangen- und Guiavenschatten, seinen fächerblätterigen Pandanus und wehenden Palmen.

Weiter — die aufgescheuchte Möve, die im raschen Kreisschwung über die Fluth streicht stößt nieder nach dem dunklen Schatten des Canoes, flattert zurück, kehrt wieder, und abschweifend in weitem gewaltigen Bogen verschwindet sie in dem dämmernden Zwitterlicht, und nur der scharfe Schrei tönt noch aus dunkler Ferne zu uns her, die Bahn verrathend der sie jetzt folgt.

Sieh wie düster das Vorgebirge sich da hinauslagert in See, einem riesigen Ungeheuer gleich das vom Gebirge niedergestiegen und sich hier hineingeworfen in die klare Fluth, die heißen Flanken zu kühlen und den lechzenden Schlund — und das Brausen des Wassers — ist es doch fast als ob das schwere Athmen des Kolosses herübertöne in langen gewaltigen Pausen.

Daran hin gleitet der Kahn; so dicht — durch die Palmen am Ufer kannst Du das südliche Kreuz erkennen, wie es sich um des Südpols Axe dreht — und dort drüben die Lichter? dort liegt die Grenze unserer Poesie — die Compaßlichter sind's der im Hafen ankernden Schiffe, und in den offenen Luken liegen eherne Feuerschlünde, wie schlafend jetzt im Bau, jeden Augenblick aber bereit die eisernen Todesboten hinüberzusenden an diese stillen Ufer.

Unter jenem stolzen Schiff fahren wir hin — der Talbot ist's — und der Mann dort, der das Kinn auf den Arm gestützt, träumend nach uns herüberschaut der wachthabende Matrose, der schon lange das nahende Boot beobachtet hat, und heimlich den Kopf schüttelt was die stillen Ruderer hier draußen in der Bai thun so spät in der Nacht. Wie stolz und symmetrisch die Masten, mit ihrem spinnewebartigen Gewirr von Tauen und Stagen scharf und klar abzeichnen gegen das hellere Firmament, und wie leicht und elastisch der stattliche Bau auf dem Wasser ruht, der Möve gleich die schlummernd die weiche Woge gesucht, sich in Schlaf zu schaukeln durch die stille Nacht.

Und da drüben? — der schlanke wespenartige Bau kündet ein anderes Kriegsschiff, die Jeanne d'Arc, bedroht wie es fast scheint von dem Talbot hier und dem Vindictive da drüben, jenem gewaltigen Koloß, der die Mündungen seiner Kanonen auch hier herüber gerichtet hält; aber die Zähne gerade so weisend wie der stärkere Feind und mit entschlossenem Trotz liegt die Corvette still und ruhig in so gefährlicher Nachbarschaft, und mit der Morgensonne grüßt nicht rascher der erste Strahl die stolzen Flaggen Albions, als ihre drei Farben lustig im Winde flattern.

Welch ein eigenes wunderliches Bild in der Fluth da unten, wie die Schatten der dunklen Raaen herüber und hinüberziehen, und die Sterne ihr Bild daneben suchen in dem unheimlich düsteren Wasserspiegel.

Horch auf dem Kriegsschiff tönen die Schläge einer Glocke,

»sechs Glasen« schlägts, es ist elf Uhr, und kaum hat die Glocke der Ankerwinde, vorn auf dem Vorcastle des Vindictive dem Compaßschlag geantwortet, als in rascher Reihenfolge, die Jeanne d'Arc mit dem Talbot zu gleicher Zeit, und nach ihnen alle Schiffe in der Bai die Stunde schlagen. Alles ist wieder still und ruhig wie vorher, so lautlos liegt die Nacht auf dem kaum athmenden Meer, daß man den Schritt der einzelnen Wache auf dem nächsten Deck des französischen Kriegsschiffs deutlich hört, und das leichte Summen einer heimischen Melodie tönt leise, mit dem regelmäßigen Gang, zum Takt über das Wasser. Da beginnt noch ein Schiff die versäumte Zeit langsam nachzuschlagen — die französische Schildwacht lacht, und zählt, mit Singen einhaltend, die schläfrigen rauhen Schläge einer gesprungenen Glocke.

Von dort her kommen sie, von dem Wallfischfänger der gerade in unserer Bahn liegt, und der Mann der die Wacht hatte schlief so sanft in Lee vom Boot und träumte so süß, als das Schlagen der Glocken wieder und immer wieder zu ihm herübertönte. Eins, zwei, drei, vier, fünf, sechs — erst fein und dann tief — er zählte sie von allen Schiffen, und als wieder Alles still und ruhig geworden, und er in seinem Halbschlaf lange gewartet hatte daß die klappernden Töne seines eigenen faulen Schiffes, der einst so rüstigen Kitty Clover, wie immer den Nachtrab aufbringen sollte, da erst fiel es ihm ein daß er selber heute das Amt habe die alte lebensmüde Glocke sprechen zu machen, und mit einem leise gemurmelten Fluch suchte er sich zusammen, stand auf und den Klöppel anziehend daß er im Mißton sechsmal gegen die geborstene Seite dröhnte, brummte er bei jedem traurigen Schlag:

»Verdamme Dich — altes — geborstenes — klapperndes — schnarrendes — Lärmeisen Du! S'ist ein Skandal für die ganze Nachbarschaft,« setzte er dann knurrend hinzu, als er den Lagerplatz wieder suchte unter dem Boot, den Mondstrahlen wenigstens aus dem Weg zu gehen, und nicht aufzuwachen am andern Morgen mit geschwollener Physionomie.

Der Mond fällt jetzt voll und licht gegen die Flanke des schmutzigen, von Rauch und Theer geschwärzten, thranigen Fahrzeugs der Kitty Clover — die Segel die gestern zum Trocknen gelöst worden, hängen halbaufgegeit, die breiten Theerstreifen der Reefer zeigend [H] an den Raaen; die kurzen Masten mit dem breiten Sitz für den Ausguck darauf, die Boote aufgezogen und mit Cocosblattmatten dicht bedeckt, die heiße Sonne über Tag davon abzuhalten, das zerfetzte Kupfer am Bug, das Zeichen einer langen Reise, Alles kündet das Geschäft des Wallfischfängers, und doch liegt er hier träge und faul, mitten fast in der guten Jahreszeit, zu ruhen und träumen, statt im Norden oben den Fischen aufzulauern und seinen Rumpf zu füllen.

Dicht unter seinen Krahnen gleiten wir hin, und freier dehnt sich die Bai hier vor uns aus. – Siehst Du da drüben die kleine Palmen bewachsene Insel, links der Einfahrt zu? – Motuuta ist's, der Königssitz der Pomaren, der stille Zeuge ihrer früheren Macht und häuslichen Glückseligkeit. – Vorbei; so ist die Zeit der Pomaren, vorbei; ihre Macht ist zum Spott geworden zwischen Engländern und Franzosen; zum Spiel, um das beide Nationen vielleicht mit Kanonenkugeln würfeln, oder es auch dem einen Gegner, als nicht der Mühe werth des Streits, freiwillig überlassen.

Weiter – aus den dunklen Schiffen heraus, deren düstere Rumpfe lange Schatten werfen, und das weiche Mondlicht um sich her einzusaugen scheinen, gleiten wir vor. Funken sprühend ordentlich in der elektrischen Fluth, schießen wir dahin, das leichte Ruder den scharfgebauten Kahn fast über die Welle hebend die ihn trägt. Da drüben liegt der Strand – weit und silbern dehnt sich der mondbeschienene Muschelkies und blitzt und funkelt, und die Woge quillt auf dagegen und saugt und breitet darüber hin, zurückweichend nur den funkelnden Schaum ihm lassend, der in Atome auseinanderfließt.

Erreicht haben wir jetzt das lange niedere, palmenbewachsene Land, den rechten Arm der Bai, die ihn schützend vorhält gegen den Passat, und kleine hochgebaute Gerüste laufen ein Stück hier in See hinaus, von dem sandigen Strand ab, Seebooten auch bei niederem Wasserstand die Anfahrt zu gestatten.

Aber was braucht das Canoe solcher Hülfe, das schattige Ufer zu erreichen? – risch hin, mehr über wie durch das Wasser schießt's auf der klaren Fluth, und das Ruder das es vorwärts treibt, hebt es und zwingt es, selbst über Coralle und Sandbank fort, dem weißen Muschelkies entgegen. Bambusstäbe sind hier überall dem Grund eingestoßen, ein Zeichen für Fischer und Boote von tieferem Wasser; mitten zwischen ihnen durch springt das Canoe, und wie die aufgebogene Spitze in vier Zoll Wasser den Sand berührt, hebt sich das schlanke Boot und sitzt fest. – Nur hinaus, ob uns das warme salzige Naß den Fuß auch netzt, am Cocosbasttau ziehen wir den Kahn hoch hinauf

auf's trockene Land, daß ihn die rückkehrende Fluth nicht hebt und fortführt, und durch der Gärten schattiges Grün, durch die der Mondenstrahl nicht einmal zur Erde dringt, führe ich Dich einen Schleichweg hinauf zu heimlichem Platz.

Reich' mir die Hand hier, denn der Pfad ist schmal, und dort gleich hinter der Bananen letzte Reihe, denen der Brodfruchtbaum noch Schatten giebt, beginnt das Dickicht der Guiaven, und über dem Pfad reichen die niederen Büsche sich die Zweige traulich herüber und schlingen die Arme fest in einander, tiefer und tiefer niederdrückend in den Weg, bis des Menschen Hand, mit scharfem Stahl bewehrt, wieder eine neue Bahn abzwingt den zudringlichen. Weiter — halte Dich fest an mich und hebe den Fuß, denn alte niedergebrochene Cocosnüsse und Hülsen decken den Boden und — was Du zertratst, und was unter Deinem Fuße wich? — reife Guiaven sind's, die den Boden hier decken, kehre Dich nicht an sie, über und neben Dir wachsen mehr, und jetzt — siehst Du das Licht dort durch die Zweige blitzen? hörst Du die gellenden Töne keifender Menschenstimmen? — wir sind am Ziel und ich führe Dich jetzt ein bei Mütterchen Tot.

Fußnoten:

[H] Die Wallfischfänger, um Nachts nicht zu viel Fortgang mit ihren Schiffen zu machen, und Fischen vielleicht vorbeizulaufen, reefen meist Abends ihre Segel, und da die Leute den Tag über Thran auskochen und voll Fett sind, so machen sie auch Fettflecke in die Segel, auf denen sie zum Einbinden liegen.

Capitel 8

Mütterchen Tot's Hotel

Tief in den Guiaven versteckt, und etwa nur vier-oder fünfhundert Schritte von den äußersten Häusern von Papetee entfernt, lag eine der gewöhnlichen lang-ovalen niederen Bambushütten dieser Inseln, mit Pandanusblättern gedeckt, und wenig mehr anderem Hausgeräth, als ein paar eisernen Kesseln und einem Dutzend oder mehr niederer, halb ausgehöhlter Schemel, die den Eingeborenen über Tag zum Sitz, und über Nacht zum Kopfkissen dienen.

Die Wände waren übrigens, statt dem Luftzug freien Raum zu gönnen wie in den gewöhnlichen Indianischen Häusern, mit dünnen Bastmatten fast überall verhangen, und der Wärme wegen konnte das nicht gut geschehen sein, denn gerade dieser Platz hätte einer frischen Zugluft eher bedurft, wo das Guiavendickicht wie eine Mauer fast den engen, darin ausgehauenen Hof und Hausraum umschloß; aber der Besitzerin dieses Platzes lag mehr daran ungestört und von neugierigen unberufenen Augen nicht belästigt zu sein, als frische Luft zu haben — obgleich sie deren Wohlthat wohl auch zu schätzen verstand.

Die Wände, wenn man das mit Bast überhangene Gatterwerk überhaupt so nennen darf, waren auch weiter durch Nichts belästigt was etwa einen besonderen Reichthum der Inwohner hätte anzeigen können; an der einen Seite hingen nur ein paar alte Kattun-Ueberwürfe, abgenutzt und geschwärzt durch die Jahre sowohl wie auch vielleicht den Rauch der Hütte, neben diesen aber und unter einer langen Reihe ausgeschliffener Cocosnußschalen, die die Stelle von Trinkbechern versahen, paradierte ein alter, einst weiß gewesener, aber jetzt in jede mögliche, wie unmögliche Form hineingedrückter Filzhut, der in besseren Tagen vielleicht einmal den pomadisirten Kopf eines Dandy im lustigen alten England geziert, jetzt aber verdammt war, seine Tage in Cocosnußölqualm und Guiavenholzrauch in einer Tahitischen Hütte zu verträumen.

So kahl übrigens die Wände dreinschauten, so toll und wild stand alles mögliche Geschirr und Geräth in den Ecken herum. Kalebassen, die auf diesen Inseln den Bewohnern gewöhnlich zu Kommoden, Koffern, Hutschachteln, Arbeitskörben, Speisekammern, Toiletten und Gott weiß was sonst noch dienten, waren in Masse vorhanden, und hie und da eine über die andere geschichtet; dabei lehnte, zwischen ein paar Besen, einer Harpune und einem Ruder, eine alte rostige Flinte mit Feuerschloß, und darüber, aber so versteckt hinter den Matten, daß es nur von einzelnen Theilen der Hütte aus gesehen werden konnte, war ein schmales kleines Bret befestigt, auf dem ein paar Bücher, und oben auf eine dickleibige abgegriffene Bibel lagen.

Interessanter und mannichfaltiger erwiesen sich aber jedenfalls die Bewohner wie gegenwärtigen Insassen dieses abgelegenen Platzes, den viele der Indianer sogar in abergläubischer Furcht mieden, weil sie »Mütterchen Tot«, wie die Eigenthümerin von den Matrosen gewöhnlich nur schlichtweg genannt wurde, in dem Besitz übernatürlicher Kräfte glaubten, und allerdings rechtfertigte ihr Ansehen eine solche Vermuthung, wenn überhaupt auf irgend ein menschliches Wesen anzuwenden, vollkommen.

»Mütterchen Tot« war ein Charakter, und Niemand betrat ihr Heiligthum zum ersten Mal, ohne eine gewisse Scheu und Ehrfurcht zu empfinden, die selbst den Rohsten beschlich — aber ihr ehrwürdiges Aussehen trug wahrlich nicht die Schuld dabei.

Mütterchen Tot war übrigens — ehe ich den Leser mit ihrem äußerlichen Menschen, dem Anzug, bekannt mache — in Europa und zwar in dem Reiche ihrer Großbritannischen Majestät vor langen, langen Jahren geboren, Niemand aber konnte mehr an ihrem Dialekt erkennen ob in dem bevorzugten England selber, dem »bonnie« Schottland oder der »grünen Insel«, wie Irland von seinen poetischen Kindern genannt wird. Sie mischte Alles durcheinander und ihre Sprache hatte dabei, durch den langen Aufenthalt auf den Inseln, fast eben so viel Worte von diesen angenommen, daß, wer nicht Tahitisch oder wenigstens eine der Polynesischen Sprachen verstand, den Schlüssel zu all' den wunderlichen Ausdrücken zu haben, kaum im Stande gewesen wäre Sinn oder Verstand in ihre Rede zu bringen. Die Indianer und Fremden kamen noch am leichtesten darüber hin, die ersteren glaubten sie spräche Englisch, die anderen hielten es für Indianisch.

In ihrer Jugend nun aus ihrem Vaterland, wie die böse Welt behaupten wollte, nach Sydney deportirt, war sie von dort auf einem Englischen Wallfischfänger entwichen, oder eigentlich von dem Capitain desselben, den ihre Reize bestrickt haben mochten (denn Leute die Jahrelang draußen in See herumfahren sind nicht immer wählerisch) entführt worden. Der Capitain riskirte damals Zuchthaus, aber was riskirt die Liebe nicht, und setzte später die junge Dame, als er heimwärts fuhr und in solcher Begleitung doch nicht in einen Englischen Hafen wieder einzulaufen wünschte, auf den Sandwichs-Inseln ab, dort ihr Fortkommen, was ihr auch vollkommen gelang, weiter zu suchen.

Mütterchen Tot's Memoiren würden jedenfalls höchst interessante Daten liefern, könnte sie nur eben veranlaßt werden näher auf sie einzugehn; sie sprach aber nie über ihre Vergangenheit, und das einzige Individuum, das vielleicht noch darüber, wenigstens über einen Theil derselben, Auskunft hätte geben können, und auf das ich gleich nachher zurückkommen werde, durfte nicht.

Soviel ist gewiß, in der Gruppe der Sandwichs-Inseln hatte sie sich lange Zeit aufgehalten, und bald auf Oahu bald auf Hawai, gehaust, war dann mit einem Sandelholzfahrzeug nach den Freundlichen und Navigators-Inseln gegangen, und hatte dort zuerst angefangen eine kleine Wirthschaft zu gründen, in der sie besonders Matrosen beherbergte, und ihnen berauschende Getränke verkaufte, um die sie, wie um manches Andere, bei ihr würfeln konnten. Von dort streifte sie nach Neu-Seeland hinüber, wo sie wieder lange Jahre blieb, sich aber von hier eine »Stütze ihres Alters«, wie sie einen kleinen einäugigen Irischen Schuhflicker nannte, der von jetzt ab bei ihr blieb, mitbrachte.

In Neu-Seeland hatten sie die Missionaire vertrieben und auf ein Schiff gepackt, das sie Beide in der Samoagruppe landete, und hier bewogen die Missionaire ebenfalls wieder einen Capitän das, ihnen keineswegs freundlich gesinnte Wesen an Bord zu nehmen und dießmal, aus ihrem Bereich ganz und gar hinaus, den Gambiers-Inseln zuzuführen, wo sich die Katholiken schon seit längeren Jahren festgesetzt hatten. Ein Typhoon aber, der das Schiff faßte und entmastete, strandete es an Raivavai, und Mütterchen Tot fand wieder mit ihrem getreuen Begleiter den Weg nach Tahiti, das ihr, als Mittelpunkt aller Europäer fast in der Südsee, die besten Geschäfte und durch den Zwiespalt der Protestantischen Missionaire mit den Katholiken, auch jedenfalls eher eine sichere Ruhestätte wie irgend eine andere Insel versprach, wo nur eine oder die andere Sekte allein gehaust, und dann auch geherrscht hätte.

Dem kleinen Irischen Schuster war das Alles gleichgültig; auch er hatte übrigens eine Vergangenheit, die in Sydney ihren Culminationspunkt, den Felsen gefunden, zu dem hingetrieben das Bächlein seines Lebens wild und toll genug gesprudelt hatte, bis es mit dem gewaltigen Sturz in die Tiefe, die ersten Convulsionen nur einmal vorüber, wieder seine völlige Ruhe, wenn auch nicht Klarheit erlangt hatte.

Murphy — er wußte selber nicht ob er je noch einen anderen Namen gehabt — war ebenfalls Einer jener wahren Patrioten die »had left their country for their country's good« (zum Besten der Heimath, die Heimath gemieden). Wie er damals seine Freiheit wieder erlangt blieb sein Geheimniß, soviel aber ist gewiß, daß er in dieser Zeit gerade aufhörte ein Katholik zu sein, und das Studium der Bibel mit einem Eifer begann, der ihm die Bewunderung der Protestantischen Geistlichen, in deren Wirkungskreis er kam, hätte sichern müssen, hätten diese nur eben zu ihm gelangen können, Zeuge seiner wirklich angestrengten Thätigkeit zu sein. Wunderbarer Weise benahm er sich aber bei diesem Studium fortwährend als ob er irgend ein entsetzliches Verbrechen beginge, und in steter Furcht und Todesangst lebe dabei ertappt zu werden. Witterte er einen Geistlichen in seiner Nähe (und die frommen Männer machten sich manchmal die Freude ihn und seine Gefährtin aufzusuchen, obgleich sie Beide lieber gehen als kommen sahen, denn sie verzehrten nicht allein Nichts, sondern suchten nur umher, Grund zur Anklage zu finden) so konnte Mütterchen Tot nicht rascher bei der Hand sein eine vereinzelte Branntweinflasche zu verbergen, die sich vielleicht in zu unerlaubter Nähe bei einem Eingeborenen befand, als Murphy auch mit seiner Bibel in die nächste Kalebasse hineinfuhr, und Alles darüber deckte, was ihm gerade unter die Hände kam. Wenn er dabei die ganze Woche nicht an Arbeit gedacht, faßte er jetzt gewiß den ersten besten Schuh auf, der ihm unter die Hände kam, und fing an daran herum zu schneiden und zu stechen und zu nähen, als ob sein Leben an seiner Eile hinge.

Mütterchen Tot behandelte ihn dabei auf das Herabwürdigenste, und kein Schimpfwort gab es auf Englisch, Irisch, Gälisch oder Schottisch, wie in irgend einer der bekannten Polynesischen Sprachen und Dialekte, das sie nicht schon an ihm abgestumpft, kein Geräth in ihrem ganzen Haus, das sie nicht schon, bei irgend einer feierlichen oder unfeierlichen Gelegenheit, nach seinem Kopf geschleudert hätte. Vor allen andern aber war es die heilige Schrift selber auf die sie es in ihrem schlimmsten und gefährlichsten Zorn abgesehen, und die sie dann im Fall eines Streites mit ihrem höchst sanftmüthigen Gatten (wenn ich diesen ungerechtfertigten Namen überhaupt gebrauchen darf) häufig aus der Hand riß und an den Kopf warf. Ja sie hatte schon mehrmals gedroht das ganze heilige Buch bei der nächsten passenden Gelegenheit — und die Gelegenheit war eigentlich immer passend — zu verbrennen; wunderbarer Weise hielt sie aber immer eine eigene Scheu, die sie sich aber nie selber eingestehen mochte, und jedenfalls mehr in einer abergläubischen Furcht wie irgend einem religiösen Sinn wurzelte, davon ab ihre Drohung auszuführen, während Murphy, der ihr doch nicht so recht trauen mochte, seinerseits Alles that ihr das Buch, wenn er ja einmal die Hütte verließ, aus den Augen zu bringen, und Kalebassen und Ecken unaufhörlich damit wechselte. Nur bei vollkommenem Waffenstillstand lag es, wenn nicht gebraucht, auf dem kleinen Bücherbret auf einem Haufen verschiedener Traktätchen von Mäßigkeits- und Bibelverbreitungsvereinen in Tahitischer Sprache, und Murphy hatte seinen Sitz so gestellt, daß er das Buch fortwährend dabei im Auge behielt.

Ich sagte vorhin daß Mütterchen Tots Aeußeres gerade nicht dazu dienen konnte besondere Ehrfurcht einzuflößen, und allerdings war sie, was ihre äußere Erscheinung betraf, nichts weniger als eitel. Zwischen 50 und 70 Jahren, denn wunderbarer Weise hielten Schmutz und Runzeln ihre Züge mit einem solchen Schleier überzogen, daß man sie bald dem einen, bald dem andern näher glaubte, hatte sie einen gewöhnlichen pareu von einst grellrothem aber jetzt verblichenen Kattun, mit breiten hochgelben Streifen, um die Hüften geschlagen, und am Tag trug sie ein dem ähnliches Obergewand, das ihre dürre Gestalt in weiten Falten umhing; Abends aber, wenn die kühle Seebrise über die Küste strich, obgleich sie die, von den Guiaven förmlich eingeschlossene Hütte doch nicht erreichen konnte, wurde es dem ein heißes Klima gewöhnten Mütterchen zu kühl, und sie zog einen alten erbsgelben schmutzigen Männer-Oberrock, der früher einmal lange Haare gehabt haben mochte, über ihr Kattunkleid, und knüpfte die zwei Knöpfe, die ihm noch geblieben, fest zu bis unter den Hals. Der Rock ging ihr dabei bis tief über die Knie nieder, und da seine Taschen ebenfalls tief saßen, in deren einer sie den einzigen Genuß aufbewahrte, den sie sich außer dem Brandy gönnte, ihre Schnupftabaksdose, so hatte sie nur mit dieser Unannehmlichkeit zu kämpfen, daß sie so tief nach der ihr unter den Händen fortweichenden Tasche niedertauchen mußte, und sich gewöhnlich endlich gezwungen sah, ihre andere Hand auch noch mit zu Hülfe zu nehmen, das scheue Taschenfutter zurückzuhalten.

Den Hals trug sie blos, und auf dem Kopf einen alten Strohhut, wie er in ihrer Jugend wahrscheinlich einmal das Ziel ihrer Wünsche

316

gewesen — das Alter hatte sich daran festgeklammert, und unter den breiten, wunderlich geformten und mit ein paar künstlichen, aber selbst in der Kunst verblichenen und zerdrückten Blumen geschmückten Seitenwänden desselben hingen die grauen langen Haare wirr hervor.

Der Hut diente ihr gegen Sonnenbrand und Zugluft, am Tag wie Abends, bis sie ihr Mattenlager in einem Winkel der Hütte suchte, über das sie jedoch ein weites und gut in Stand gehaltenes Mosquitonetz gespannt ließ; der Rock jedoch war unstreitig nicht ihr Eigenthum, oder wenn doch, jedenfalls nur getheiltes, und Murphy, der wahrscheinlich frühere Besitzer schien seine Ansprüche daran keineswegs aufgegeben zu haben. Abends oder in Zeit der Kühle, bei Regenwetter oder sonstigen Witterungsfällen, wo überhaupt das Tragen eines solchen Rocks unter dieser Breite eine Entschuldigung fand, und nur den geringsten Grad von Befriedigung gewähren konnte, hatte sich freilich Mütterchen Tot darin eingeknöpft, und wollte Murphy dem Rechte des Besitzes nicht ganz entsagen, so mußte er den Sonnenschein benutzen — und das that er auch. — Jeden Tag wenigstens einmal, machte er den verzweifelten Versuch in den Rock einzufahren, und darin auszuhalten, und blieb darin zum Erstaunen aller, etwa in der Zeit eintreffenden Gäste, bis ihm das Wasser am ganzen Körper herunter lief, und er das nutzlose Kleidungsstück von den Schultern riß, aufpackte, zusammenrollte und versuchte in eine Kalebasse zu zwingen, was er nach einer Weile ebenfalls wieder aufgab, und sich dann seufzend an seine Bibel setzte — und der Rock blieb in der Ecke so lange liegen bis es Abends kühl wurde und ihn Mütterchen Tot wieder brauchte.

Außerdem trug Murphy ein paar sehr abgenutzte Sommerhosen, von irgend einem farblosen dünnen Stoff, ein baumwollenes Hemd, eine gelbgestreifte Weste, statt der fehlenden Knöpfe an den betreffenden Stellen mit Bast zugebunden, und eine durch den Jahrelangen Gebrauch schon total schwarz gebrannte Thonpfeife, die aber gewissermaßen mit zu seinem Anzug gehörte, und ohne die er eben so leicht erschienen wäre, wie ohne die Hosen oder die Weste. Nur der alte Filzhut schien zum Staat an der Bambuswand zu hängen, und obgleich er ihn regelmäßig abwischte, den Staub davon zu entfernen, erinnerte sich noch Niemand ihn je darunter gesehen zu haben. Bei Murphy waren die Kleidungsstücke alle in der Mitte, an Kopf und Beinen ging er barfuß.

Murphy war Schuhmacher, aber natürlich nur für Europäer, denen er altes Schuhwerk ausbesserte oder, wenn sie ihm das Leder
dazu lieferten, auch Neues fertigte, und wenn die Missionaire ihn und
seine Begleiterin schon gewiß lange, des unerlaubten Verkaufs spirituoser Getränke wegen, weiter geschickt, es wenigstens nicht so unter
ihren Augen geduldet hätten, so erwies sich der kleine einäugige Irländer doch auch wieder so nützlich, ja manchmal sogar unentbehrlich in dieser Hinsicht, daß sie das andere Auge zudrückten und ihn
lieber duldeten als sich in den Fall gesetzt sehen wollten ihre Kundschaft einem dort kürzlich hingezogenen katholischen Schuhmacher
zuzuwenden. Murphy fühlte auch eine gewisse Verehrung für diese
Männer, die ihm, weniger vielleicht durch ihr sonstiges Wesen und
ihre Predigten, als durch ihre fabelhafte Kenntniß der Bibel imponirten, und bediente sie stets auf das promteste. Da aber geschah es —
wie überhaupt bei vielen anderen Gelegenheiten — wo er mit Mütterchen Tot auf das bösartigste zusammenkam, denn wenn sie irgend
etwas haßte auf der Welt, so war es, ihren eigenen Worten nach, ein
»schwarzröckiger Missionair«. Oeffentlich durfte sie aber freilich
Nichts gegen sie unternehmen, als höchstens schimpfen wenn sie sich
unter ihren Freunden befand, aber heimlich ließ sie auch dafür keine
Gelegenheit verstreichen ihnen irgend einen Schabernak zu spielen,
und die zerbrochenen Brandyflaschen welche die frommen Männer
nicht selten Morgens in ihrem Garten fanden, waren Kleinigkeit gegen
die scharfen Zwecken die sie ihnen sicher irgendwo in die Sohlen
trieb, wenn Murphy nur die Augen von einem fertigen Schuh verwandte. Nur der alleinige Mangel an Concurrenz war im Stande gewesen, dem kleinen Iren die Kundschaft bis jetzt zu erhalten.

Mütterchen Tot's Hauptgeschäft war eigentlich der verbotene
Brandyverkauf an die Indianer, den sie, trotz Consuln und Missionairen, trotz Spioniren und Wachen der »Kirchenvorstände« in vollem
ununterbrochenen Gang zu halten wußte, und dabei eine Menge Geld
verdiente, von dem kein Mensch wußte wohin es kam, und dessen
Versteck aufzufinden selbst Murphys Scharfsinn bis jetzt entgangen
war. Von den Indianern bekam sie nur theilweise baar Geld, das jene
von den Europäern für Produkte gelöst, aber sie nahm auch alles Andere, Cocosnüsse und Früchte, süße Kartoffeln, Hühner, Ferkel, Matten, Tapa, Cocosöl, Perlmutterschaalen, Perlen; was ihr gebracht wurde, es war einerlei, und sie wußte es wieder zu den höchsten Preisen
an die Schiffe, von denen sie ihre Spirituosen bezog, abzusetzen. Auch
zu dem Schmuggeln derselben hatte sie wieder ihre besonderen Leu

te, großentheils unter den Europäern, und diese gerade waren wiederum mit ihre beste Kundschaft. Doch wir finden noch eine hübsche Gesellschaft in »Mütterchen Tot's Hotel«, wie die Bambushütte von ihren Gästen sowohl wie ganz Papetee genannt wurde, versammelt, und die alte Dame selber in bester Laune, denn gerade heute war ihr wieder ein guter Wurf gelungen, und eine ganze Parthie neu eingeführten Rum und Brandys glücklich in ihrem »Versteck« geborgen worden, was sie auch wohl mit der klug benutzten politischen Aufregung zu danken hatte, die beide Partheien zu viel beschäftigte ihre Aufmerksamkeit so vollkommen dem sonst scharf genug bewachten Strande zuzuwenden.

In der Mitte des Hauses stand auf einem leichten Bambusgestell eine ziemlich tiefe kleine eiserne Pfanne in der, aus dem flüssigen Cocosnußöl heraus, ein riesiger Docht flammte; auf dem nackten Boden aber umher waren verschiedene kleine Feuer angemacht und mit faulem Holz oder feuchtem Laub beworfen, nur um Qualm zu erzeugen und die Abends ziemlich lästigen Mosquitos fern zu halten. In diesem Rauch, und bei dem ungewissen Licht des flackernden Dochts saßen, oder kauerten vielmehr auf den niederen Sesseln, zehn oder zwölf Männer, Weiße und Indianer, mit drei oder vier Indianischen Mädchen zwischen sich, in buntem Gemisch zusammen, während im Kreis zwischen ihnen eine noch halb volle Flasche herumging, aus der sich Jeder, wenn er Bedarf fühlte, die vor ihm stehende Cocosschale füllte und die Flasche dann weiter schickte. Mrs. Tot saß unfern davon, wieder in Murphys weißen Rock eingeknöpft, auf einem ordentlichen Rohrstuhl, der sie den ganzen Kreis bequem überschauen ließ, und Murphy selber lehnte in seinem gewöhnlichen Winkel, wo er ein besonderes Licht in einer Cocosnußschale brennen hatte, drückte den Kopf an die Wand und schlief — in wiefern das Schlaf genannt werden konnte, wenn sich Jemand mit geschlossenen Augen, nur blindlings, aber ununterbrochen, der auf ihn einstürmenden Mosquitos zu erwehren suchte.

Die Unterhaltung war indessen lebendig genug geführt worden, hatte aber meist gleichgültigen Gegenständen gegolten, in die die Mädchen hinein lachten und tollten, den Männern die Flasche wegnahmen und sie versteckten, und sogar Murphy in seiner Ecke mit einer Feder unter der Nase kitzelten, was ihn zwang entsetzliche Gesichter zu schneiden und mit den Händen, zu ihrem unbeschreiblichen Ergötzen, rasch und heftig nach dem angegriffenen Theil zu fahren. Sie blieben dabei immer »zu windwärts von ihm«, wie sie's in ihrer Sprache nannten, d. h. an seiner blinden Seite, an der sie am wenigsten eine rasche Entdeckung zu fürchten hatten, und trieben es so arg mit ihm, bis er zuletzt, ohne jedoch seine listigen wie boshaften Quälerinnen zu entdecken, munter wurde, sich die Augen (selbst das blinde dieser Operation unterwerfend) ausrieb, und mit einem halblaut gemurmelten Fluch auf die Mosquitos seine Lampe wieder ein wenig auffrischte, daß sie heller brannte.

»Und Ihr, O'Flannagan, mein Juwel,« mischte sich jetzt die Alte hinein, die auf dem Stuhl zusammengekauert, die Füße halb heraufgezogen und die zusammengeschlagenen Arme gegen die Knie gelehnt, dem Gespräch theils behaglich zugehört, theils das Kreisen der Flasche beobachtet, auch wohl einmal aufmerksam über den Lärm hinübergehorcht hatte, ob sie draußen kein verdächtiges Geräusch vernehme — »Ihr wollt jetzt wieder eine Zeitlang auf der süßen Insel bleiben? — segne Euere Augen Kind, Ihr hättet zu keiner gelegneren Zeit herüber kommen können, im ganzen gebenedeiten Kalenderjahr — laßt mir jetzt den Narren da drüben zufrieden, Ihr Dirnen, oder ich hetze ihn über Euch, g'rad wenn er aufwacht — Wespenzeug.«

»Hallo Mutter Tot ist heute Abend böser Laune,« rief Eine der Mädchen trotzig — »sollen wohl ruhig hier sitzen im qualmigen Nest — ehrbar wie in der Predigt? Kommt Waihines, draußen im Freien ist's besser, laßt sich die Schildkröte am Feuer räuchern.« Und lachend, die Melodie ihres Tanzes trällernd, zu dem sie mit den Füßen den Takt schlug, sprang sie, von den übrigen begleitet, denen der größte Theil der Matrosen ebenfalls, theils fluchend theils lachend folgte, hinaus in's Freie.

»Das glaub' ich, Mütterchen;« brummte indeß unser alter Bekannter vom Strande, ohne sich weiter um den Lärm der Fortspringenden zu kehren, »natürlich, um gleich wieder die paar kaum verdienten Schillinge, und wer weiß was sonst noch, zu riskiren, Dir Deinen Wintervorrath an »Bergthau« einzulegen?«

»Bah, Mann, es war keine Kunst den Branntwein an Land zu schaffen,« brummte aber die Alte kopfschüttelnd, »und das Geld dießmal mit Sünden verdient — kein Mensch schaute danach, und ich hätte ihn selber wollen im Canoe an Land und hier herauf bringen, wenn der Narr von einem Schuster da in der Ecke nur für irgend was anderes noch, als auseinandergegangenes Leder zu flicken, gut wäre.«

Murphy, der munter genug geworden war die letzten Worte wie

ihre schmerzhafte Anspielung zu verstehen, knurrte nur etwas in den Bart, erwiederte aber Nichts, und fing sich an seine Pfeife zu stopfen, mit der er von da an langsam aber sicher der Nähe der Flasche zu arbeitete, vor allen Dingen einmal in Armes Länge von ihr zu kommen, und das Weitere dann seinem guten Glück zu überlassen, denn die Alte gönnte ihm keinen Tropfen ihres Getränks, daß sie als ihre Privatspeculation betrachtete, wenn er nicht eben so gut wie jeder Andere dafür bezahlte.

»Haha Mütterchen,« lachte aber sein Landsmann, ohne sich die Mühe zu nehmen nach dem bezeichneten Individuum umzuschauen — »nun die Arbeit gethan ist wollt Ihr sie herunter setzen, ich sage Euch aber daß Ihr Euch bald die Zeit wieder herbeiwünschen werdet wo sie Euch aufpassen bis unter Euer Mosquitonetz, denn wenn die Franzosen hier doch noch die Ueberhand kriegen, wird der Branntwein so billig wie der Limonensaft, und der Kanaka kann ihn am Strand trinken, im offenen Tageslicht.«

»Wenn die Wi-Wis nur der Henker holen wollte,« knurrte die Alte, die heimlich diese Besorgniß schon lange theilte, »aber die Englischen »Eisenseiten« halten ihnen den Daumen auf's Auge, und ich werde ja den Tag noch erleben, wo wir sie hinaustreiben sehen aus der Bai, wie eine Schaar räudiger Hunde.«

»Puh,« lachte Einer der schon halb angetrunkenen Indianer, indem er von seinem Sitz hinunterrutschte, und sich, den Schemel unter den Kopf schiebend, lang ausstreckte und dehnte zwischen die Trinker — »puh, die Beretanis nehmen den Mund voll — sie sind lauter Worte und kein Brandy — morgen früh kein Schießcanoe mehr im Hafen.«

»Unsinn, Du Saufaus,« schimpfte aber die Alte, einen mürrischen Blick nach ihm hinüberwerfend, »was weißt Du von den Schießcanoes, daß Du Deine Zunge mit hineinhängst wenn vernünftige Leute reden.«

»Was ich von den Schießcanoes weiß?« lallte aber der Insulaner — »bin d'ran vorbeigefahren heut Abend — Toatiti ist nicht blind.«

»Der Bursche hat am Ende nicht so ganz Unrecht,« meinte O'Flannagan kopfschüttelnd — »der ehrwürdige Mr. Pritchard muß gar nicht so vortreffliche Nachrichten mitgebracht haben, sonst hätten seine Kameraden hier, schon einen ganz anderen Lärm geschlagen, und bestätigt sich jetzt das, daß die Engländer segeln, dann haben wir auch in acht Tagen die Franzosen wieder über dem Hals. Ich weiß nur jetzt nicht recht was man sich wünschen soll.«

»Daß sie Beide der Teufel hole!« knurrte die Alte mürrisch in ihrem wunderlichen Dialekt, »Einer ist so sehr darauf versessen einer armen alten Frau das Bischen Lebensunterhalt zu entziehen, wie der Andere, und wo die Einen Alles verbieten, erlauben die Andern Alles — sie geben sich ordentlich die größte Mühe die Inseln nur so schnell wie möglich zu ruiniren. Aber hab' ich die Wahl, will ich doch noch lieber die Franzosen als Herren wissen, denn Handel treiben die Missionaire auch, und wer von ihnen ungeschoren bleiben will, muß ihnen dann ihre Kattune und Bibeln abkaufen für gutes Cocosnußöl und Perlmutterschaale; anstatt solch Eigenthum hier ansässigen Leuten zu gönnen, klappert's in ihren eigenen Geldsäcken weiter.«

»Oh laßt Euer nichtsnutziges Indianisches Gewäsch, und redet daß es ein anderer ordentlicher Mensch auch verstehen kann,« rief aber hier Einer der Englischen Matrosen, der Zimmermann der Kitty Clover dazwischen, der mit der größten Aufmerksamkeit Mütterchen Tots Rede gefolgt war, und um's Leben nicht herausbekommen konnte was sie eigentlich gesprochen — »wer ist todt und wo brennt's?«

»Laßt's gut sein, Mütterchen,« beschwichtigte diese O'Flannagan, des Engländers Einrede jedoch soweit beachtend, daß er in seiner Muttersprache die Unterhaltung weiter führte, »durch ihr Verbot des Brandy wiegen sie das Alles wieder auf, und Ihr bleibt noch immer in ihrer Schuld. — Wie viel rechnet Ihr etwa, daß Ihr jährlich an heimlichem Grogverkauf verdient?«

»Zählt einer armen Wittwe die Bissen die sie in den Mund steckt, heh?« fuhr ihn aber die Alte an — »daß ich zu leben habe an Brodfrucht und Cocoswasser ist's eben genug, gönnt Ihr mir das etwa auch nicht? — Ihr verdient in einer Nacht mehr durch mich, wie ich durch Euch das ganze Jahr.«

»Haha Mütterchen,« lachte aber der Ire — »Ihr lernt das Prahlen wohl von den Franzosen, und dabei riskirt Ihr ohnedieß auch nicht Euere Haut, und sitzt wohl und sicher hier in Euerem behaglichen Haus, während sie unsereinem, wenn sie ihn faßten, vielleicht kurzen Proceß machten, statt aller Weitläufigkeit.«

»Bah, was riskirt Ihr,« brummte die Alte verächtlich — »daß sie Euch einstecken für ein paar Wochen, oder von der Insel verweisen dann schifft Ihr Euch in Papetee ein, und steigt in Papara wieder an

Land — es ist ordentlich erstaunlich, daß Ihr es unter den Umständen wirklich wagt, einmal nach Dunkelwerden noch eine halbe Stunde für funfzig schwere silberne Dollar zu arbeiten.«

»Ihr redet wie Ihr's versteht,« brummte Jim finster in den Bart — »und ich habe auch gerade keine besondere Lust Euch das Ganze hier weitläufig aus einander zu setzen; soviel aber kann ich Euch versichern, ich wollte lieber zehntausendmal mit Eueren glattrasirten Methodisten zusammenrennen, wie mit den großmäuligen Burschen, den Franzosen, und — habe dazu meine ganz absonderlichen Gründe, die eben Niemand weiter etwas angehen, wie mich selber. Wenn das übrigens wahr wird, was Taotiti da vermuthet, und die Engländer hier wieder klar Fahrwasser machen, in das die Franzmänner nachher mit fliegenden Fahnen einziehen, dann weiß meiner Mutter Sohn was er zu thun hat, und jede andere Insel ist dann für mich bequemer wie Tahiti — Ihr könnt mir vielleicht eine Empfehlung nach Neu-Seeland mitgeben Mütterchen, wie?«

Murphy verzog bei diesen Worten das Gesicht zu einem breiten Grinsen, Mütterchen Tot wurde aber böse, und begann eben mit einer vollen Ladung Schimpfwörter gegen den heimlichen, aber desto boshafteren Angriff des Iren, als draußen ein leises Pfeifen gehört wurde, und Mrs. Tot sowohl, wie Jim alles Andere in dem einen Gefühl größter Wachsamkeit vergaßen.

»Hallo was ist das,« sagte Jim, stand auf von seinem Sitz, und zog sich langsam nach einem entlegeneren Theil der Hütte hin, während Toatiti die gerade vor ihm stehende Flasche zustöpselte, und unter sich schob, von wo sie Murphy, der jetzt recht gut den passendsten Zeitpunkt wußte, eben so rasch wieder entfernte, und damit auf seinen Platz zurückglitt — »da kommt Jemand.«

»Das war To-to's Zeichen,« flüsterte die Alte, vorsichtig die Hand vor die Flamme haltend, darüber hinwegschauen und den gleich erkennen zu können der ihre Hütte noch zu dieser späten Stunde betreten würde, »Toatiti, wahr' Deine Flasche.«

»Wahr meine Flasche?« knurrte der Indianer, auf dem Platz herumfühlend wo er sie verborgen — »das haben Andere gethan — Oro's Zorn über sie.«

In diesem Augenblick öffnete sich aber die niedere Bambusthür, und von dem auf Wacht draußen postirten Insulaner dicht gefolgt, betrat, den Hut tief in die Augen gedrückt, ein Matrose den inneren

Raum, blieb in der Thüre stehen, sich erst zu orientiren in was für Gesellschaft er eigentlich kam, und schritt dann, wie mit einem Blick um sich her vollkommen zufriedengestellt, zur Flamme. Hier warf er den Hut ab, setzte sich auf einen der leeren Schemel nieder, und fing an seine Thonpfeife so ruhig zu stopfen, als ob er von klein auf hierher gehört hätte, und gar nicht beabsichtigte je wieder einen so angenehmen Platz zu verlassen.

Niemand in der Hütte war übrigens mit größerem Erstaunen diesen Bewegungen des Besuchs — der für ihn kein fremder schien — gefolgt, als Mr. O'Flannagan, der in dem späten Wanderer mit einer keineswegs freudigen Ueberraschung seinen früheren alten Spießgesellen, Jack, von der Jeanne d'Arc, erkannte, und sich dabei recht gut bewußt war, daß er ihn halb und halb selber eingeladen, an Land zu kommen.

»Well Jim,« begann dieser würdige Mann, nachdem er sich die Pfeife angebrannt, während die Anderen ihm schweigend, und durch seine Kaltblütigkeit wirklich überrascht, zuschauten — »wie geht's heut' Abend, was stehst Du denn dahinten in der Ecke? — habt Ihr Nichts zu trinken hier?«

»Hol mich dieser und Jener« brummte aber Jim, der jetzt langsam vorkam, und seinen alten Platz wieder einnahm, »wenn das nicht Jack ist von der Jeanne, nun mein Junge, hast Du den Platz hier wirklich aufgefunden, und wo willst Du hin?«

»Freundlicher Empfang das, bei Jingo,« lachte Jack — »hallo Mate da drüben, wenn Du mit der Flasche fertig bist, lang' sie mir einmal herüber.«

Die Anrede galt Murphy, der sich in diesem Augenblick unbeobachtet genug geglaubt, einen heimlichen Angriff auf die erbeutete Flasche wagen zu dürfen, und jetzt erschreckt absetzte und eine fast unwillkürliche Bewegung machte das corpus delicti rasch wieder, und bis zu geeigneterer Zeit zu verbergen, Toatiti war aber indessen auch aufmerksam geworden, und in die Höh springend und mit dem Rufe: »Hallo, weißer Mann — hat meine Flasche,« holte er sich sein Eigenthum wieder, mit dem er jedoch die gefährliche Nachbarschaft des neugekommenen Fremden ebenfalls mied, und sich seinen Platz am anderen Ende der Hütte suchte. Jim reichte Jack indessen eine andere Flasche hinüber.

»Und wer seid Ihr, wenn man fragen darf, mein feiner Herr?«

sagte aber jetzt Mütterchen Tot, mit noch immer etwas vorsichtig gedämpfter Stimme, als ob sie nicht recht traue daß nicht vielleicht noch
eine andere Gesellschaft draußen an der Hütte stehen könne — »Ihr
kommt hier gerade so breitbeinig herein, als ob Ihr mit zum Haus
gehörtet, und müßt doch wissen daß ich, den streng gehaltenen Ge-
setzen der Insel nach, keinen Fremden über Nacht bei mir beherber-
gen darf, selbst wenn ich ihn kenne, was bei Euch aber nicht einmal
der Fall ist.«

»Wer ich bin? — hm, Jim da drüben wird Euch das am besten erzählen können, wenn er sonst Lust dazu hat,« lachte der Matrose,
zum ersten Mal wieder absetzend mit der Flasche, und sich das Naß
aus dem Bart streichend.

»Aber wo kommst Du noch her so spät in der Nacht,« frug jetzt
Jim selber, »und wie in der Welt hast Du den schmalen Pfad durch die
Guiaven verfolgen können?«

»Verdammt wenig hab' ich überhaupt von einem Pfad gespürt,«
lachte der Seemann, »nein Kamerad, einen nichtswürdigen Kreuzzug
habe ich durch das niederträchtige Buschwerk hier gemacht nach
allen Strichen und Himmelsgegenden zu, und bin auf und ab lavirt,
bis ich mich eben bereit machte die Nacht unter Gottes freiem Himmel zuzubringen, als ich noch zum guten Glück Euer freundliches
Licht durch die Büsche schimmern sah, und nun vor dem Wind Cours
halten konnte, bis ich das leise Pfeifen des Burschen da hörte, der
mich noch immer so verstört und mißtrauisch ansieht, als ob ich ihm
alle Augenblicke wieder davon laufen wolle. Hab' keine Angst, mein
Junge, der Brandy ist vortrefflich, und hier sucht mich doch kein Teufel, wenigstens nicht bis es Tag wird, und man sich nicht mehr in den
stachlichen Orangengebüschen die Fetzen vom Leib, ja die Haut von
den Knochen reißt.«

»Du bist desertirt?« frug O'Flannagan rasch.

»Desertirt?« schrie die Alte, von ihrem Sitz aufspringend — »und
halt' ich ein Versteck hier, für entlaufene Matrosen? was wollt Ihr da
hier? — weshalb seid Ihr hierhergekommen?«

»Pst, pst Alte,« suchte sie Jack aber wieder zu beruhigen, und die
Flasche vorher noch einmal gegen das Licht haltend, that er einen
zweiten Zug, der eben nicht viel für einen dritten übrig ließ — »nur
nicht solchen Lärm einer Kleinigkeit wegen; das haben bessere Männer vor mir gethan — Wetter noch einmal, der Brandy ist famos, und

ich wollte die Flasche hier hätte eine Schwester.«

»Aber sie haben Dich noch nicht vermißt?« sagte Jim, ihn über das Licht aufmerksam betrachtend, »denn ich will doch nicht hoffen daß Du eben, von den Spürhunden gehetzt, hier nur so zu Bau gekrochen bist.«

»Der Vergleich könnte passen,« schmunzelte Jack, wie mit sich selber zufrieden; »erst mit Dunkelwerden haben sie meine Spur in den Guiaven verloren, und ich kann's ihnen nicht übel nehmen, denn ich wußte selber nicht mehr wo ich war — wie sollten sie's.«

»Da haben wir's!« rief aber die Alte in Zorn und Grimm mit der rechten Faust in ihre linke offene Hand schlagend; »wegen dem fortgelaufenen Lump soll ich mir hier das Dach über dem Kopf niederreißen und mich wieder hinaus in alle Welt jagen lassen? weiter fehlte mir Nichts – hinaus mit Dir mein Bursche, hinaus so schnell Du gekommen bist, oder ich lasse Dich binden und knebeln und selber wieder auf Dein Schiff zurückliefern, wohin Du gehörst, und das Du im Leben nicht hättest verlassen sollen.

»Herrliche Gastfreundschaft hier auf der Insel,« lachte Jack, ohne aber auch nur die mindeste Bewegung zu machen, als ob er dem Befehl Folge leisten wolle — »patriarchalische Freundschaft das, hol' mich der Böse — sie sagen's Einem doch erst ganz höflich, ehe sie Einen wieder hinauswerfen. Nun Jim, wie ist's? — willst Du mich nicht lieber wieder an Bord zurückschicken lassen? — Du weißt, ich könnte nachher gar keine Geschichte erzählen, Gott bewahre, nicht die mindeste.«

»Unsinn,« knurrte der Ire, »es wäre mir verdammt egal was Du, einmal erst wieder an Bord, erzählen oder erfinden könntest — na, ich weiß schon was Du sagen willst; die Alte hat aber in einer Hinsicht recht, hier kannst Du nicht bleiben, und ich auch nicht, wenn sie Dich wirklich bis an die Guiaven verfolgt haben, denn dann stöbern sie auch, von ein oder dem andern frommen Indianer geführt, die dabei ein gutes Werk zu thun glauben, diese Hütte noch vor Tagesanbruch auf, und könnten uns dabei im besten Schlaf erwischen.«

»Hol sie der Teufel!« rief Jack finster — »sie mögen thun was sie nicht lassen können, aber meiner Mutter Sohn geht heute Nacht nicht wieder allein in die Guiaven hinaus, und wenn ich die ganze Mannschaft der Jeanne d'Arc hinter mir wüßte. — Wenn Ihr mich aus dem Weg haben wollt, versteckt mich hier irgendwo, ich bin müde wie ein gehetzter Wolf und will schlafen; kommen die Monsieurs nachher wirklich noch hierher, was ich aber doch stark bezweifeln möchte, so kann sie die alte würdige Dame da, mit dem allerliebsten Hut auf und dem gewiß höchst modernen Anzug, leicht genug auf eine falsche Fährte bringen — so, jetzt wißt Ihr das Kurze und Lange davon.«

Mütterchen Tot, der vielleicht in ihrer ganzen jahrzehnte langen Praxis ein solches Beispiel von keckem Trotz, ihr gegenüber noch nicht vorgekommen war, stand im ersten Augenblick wirklich starr vor Ueberraschung — jedenfalls sprachlos, dann aber war sie eben im Begriff wie Gottes Zorn über den Unverschämten hereinzubrechen, der ihr hier in ihrer eigenen Hütte zu trotzen, ja sie zu verhöhnen wagte, als Jim dazwischen trat, und sie zurückhaltend den Arm des Matrosen faßte und diesen bei Seite zog.

»Was will der Mensch hier?« kreischte jetzt aber das gereizte Weib mit lauter, gellender Stimme, ziemlich unbekümmert wie es schien, wie viel Specktakel sie mache — »was thut er hier, was sucht er bei mir, daß er — «

»Halt Mütterchen,« rief aber Jim rasch und heftig sie unterbrechend, und den Arm drohend gegen sie aufgehoben — »halt, oder Du schreist Dich selber um den Hals — der hier ist ein alter Kamerad von mir, und ich werde ihn nicht in der Patsche sitzen lassen.«

»Aber hier in meinem Hause — «

»Ruhig Mütterchen — hier im Haus soll und kann er auch nicht bleiben — Du brauchst Dir deshalb keine Sorge zu machen; und Du, Jack,« wandte sich Jim jetzt gegen diesen, der ziemlich geduldig das Ende der Unterhaltung zu erwarten schien — »Du stehst hier auf gefährlicherem Boden als Du wahrscheinlich vermuthest, und je eher Du aus dem Schein dieses Lichts kommst, desto besser für Dich — vielleicht für uns alle Beide.«

»Aber wie zum Teufel kann ich fort?« rief der Matrose ärgerlich, »das Dickicht draußen ist ordentlich zugewachsen, und mit dem Licht schon in Sicht, habe ich meinen Weg noch gewiß eine halbe Stunde förmlich durcharbeiten müssen, nur den Platz hier zu erreichen.«

»Du sollst auch nicht allein gehen,« unterbrach ihn Jim, »denn wir müssen Dich eine ganze Strecke weit inland bringen, wenn Du es nicht lieber vorziehst in der Nähe vom Strand zu bleiben und mit erster Gelegenheit in einem Canoe nach irgend einer anderen Insel überzusetzen.«

»Nein nein — danke,« sagte Jack nach kurzem Ueberlegen — »draußen in See ist langsames und unsicheres Fortkommen, und der Henker traue den verschiedenen Fregatten die jetzt im Ein- oder Auslaufen sind; sie könnten Einem jeden Augenblick über den Hals kommen, und — neugierig sind sie alle. Nein, ich will's jedenfalls erst einmal eine kurze Zeit hier in den Bergen versuchen — auf Salzwasser komme ich noch immer zeitig genug.«

»Gut, dann soll Dich Toatiti in die Berge bringen,« sagte Jim nach einigem Nachdenken, und zwar in Tahitischer Sprache, mehr zu dem Indianer selber, als zu Jack gewandt.

»Toatiti wird sich hüten,« knurrte aber dieser, seine Stellung beibehaltend und sich nur etwas mehr auf die Seite hinüberdrehend, »Toatiti liegt hier ausgezeichnet und ist sehr durstig.«

»Schwamm!« zischte der Ire zwischen den zusammengebissenen Zähnen durch, aber er wußte auch daß mit den Insulanern, wenn sie einmal keine Lust hatten, Nichts zu machen war, weder in Gutem noch Bösen, und deshalb den anderen jungen Burschen zu sich winkend, flüsterte er ihm etwas in's Ohr — irgend ein Versprechen, seine Faulheit zu beschwören, und mußte ihm dabei so dringend zugeredet haben, daß er wirklich seine Tapa fester um sich her zog, die Haare aus dem Gesicht schüttelte und sich bereit zeigte den Weißen »aus dem Weg« zu führen.

Der Insulaner der Südsee ist eigentlich nicht faul — wir haben wenigstens kein Recht für ihn, dem die Natur Alles gegeben was er braucht, wenn er nur die Hand danach ausstreckt, eine eben solche Thätigkeit zu verlangen, wie sie unser ganzes Klima, unser Boden, unser übervölkerter Staat schon zur Bedingung unserer Existenz gemacht, und uns also auch damit jedes Verdienst genommen hat, sie uns angeeignet zu haben — wir können einmal nicht ohne sie leben, und deshalb auch nicht mit ihr prahlen. Es würde ebenso wenig Einem unserer reichen Leute, unserer Rentiers und Capitalisten einfallen Holz zu hacken oder Straßen zu bauen mit Schaufel und Spitzhacke — »wir brauchen es nicht« sagen sie achselzuckend, »dafür haben wir unsere Leute.« Dasselbe sagt der Insulaner — »ich brauche es nicht«, oder wenn er's nicht sagt liegt es in jeder Muskel seines Gesichts, in jedem Nerv seines Körpers. Der Brodfruchtbaum ernährt ihn, und tausend andere Fruchtbäume schütteln ihm selber das luxuriöseste Mahl auf den Boden nieder; nur die Kleidung wurde früher von den Frauen und Mädchen aus der Rinde gewisser Bäume herausgeschlagen, und dieser einzig nöthigen Beschäftigung widmete wenigstens der weibliche Theil der Bevölkerung einige Zeit; aber selbst das ist jetzt, sehr zum Schaden der Insulaner, durch die erst von den Missionairen und später von anderen Europäern eingeführten Cattune unnöthig gemacht und aufgehoben, und die Missionaire selber verkauften ihnen die Europäischen Stoffe, die ihnen durch ihre bunten Farben gefielen, um einen Tauschartikel zu haben, für den sie ihren eigenen Lebensunterhalt, wie anderes was sie zur Bequemlichkeit ihrer Existenz gebrauchten, bekommen konnten. Den Frauen wurde damit die letzte nützliche Beschäftigung genommen, und Bibellesen, das ihnen dafür Ersatz geben sollte, konnte sie natürlich nur so lange fesseln, als es eben den Reiz der Neuheit für sie hatte. Was kümmerten sie die Sagen eines Volks von dem sie nicht einmal einen Begriff hatten wo und wann es existirt, und jetzt gerade, wo das Glauben an die Wunder ihrer eigenen Götter durch die fremden Männer erschüttert, ja über den Haufen geworfen worden, sollten sie da gleich gläubig und vertrauungsvoll zu noch viel wunderbareren Sachen aufschauen?

Ach was — die Sonne reifte ihre Früchte noch wie je — im Schatten ihrer wundervollen Wälder ruhte sich's so kühl wie sonst, und der Zukunft träumte es sich viel eher, wenigstens viel leichter entgegen, als daß sie die Hand hätten »an den Pflug« legen sollen, wie es die Missionaire fortwährend von ihnen verlangten. Wer etwas von ihnen haben wollte mußte es gut bezahlen — dann thaten sie es vielleicht; aber gezwungen wollten sie noch immer nicht dazu werden.

»Und wo führt er mich hin?« sagte Jack mit einem leisen Anflug von Mißtrauen als er sah, wie sich der Indianer fertig machte ihn zu begleiten, »hab ich weit zu gehen?«

»Zu einem Haus in den Bergen,« erwiederte Jim, ihm die Worte leise zuflüsternd — »selbst Mütterchen Tot braucht den Ort nicht zu wissen, obgleich sie Keinen verrathen würde, von dem sie nicht selber gleichen Liebesdienst fürchten müßte — der Platz liegt kaum eine halbe Meile von hier entfernt, aber sicher versteckt, und ist wenigstens nicht, wie der hier, als heimlicher Schlupfwinkel entlaufener Matrosen in ganz Papetee, ja auf der ganzen Insel, berüchtigt — bist Du fertig?«

»Brauch' ich etwa andere Vorbereitungen,« lachte Jack, »als meine Jacke wieder zuzuknöpfen? — aber die Flasche hier nehme ich mit, es ist immer noch ein Tropfen darin, und der Nebel liegt dicht auf den Bergen. Und nun ade, Mütterchen, und vergelt' Dir Gott die freundliche Bewirthung — bis ich's vielleicht einmal im Stande bin. Und Du, Kamerad?« wandte er sich plötzlich noch gegen den Mann von der Kitty Clover, der die ganze Zeit, seit Jack die Hütte betreten, keine Sylbe gesprochen, und den fremden Gesellen nur manchmal, wenn das unbemerkt geschehen konnte, unter seinem Hutrand vor beobachtet hatte, »hast Du nicht vielleicht Lust einen Abendspaziergang mitzumachen? — s'ist verdammt langweilige Arbeit so allein mit einer Rothhaut draußen in den Büschen herumzukriechen.«

»Danke,« brummte aber der Matrose ohne aufzusehen — »befinde mich g'rade hier wohl wo ich bin.«

»Auch gut,« brummte der Andere finster — »besser keine Gesellschaft wie schlechte,« und mit einem kurzen Gruß nach Jim hinüber, winkte er seinem Führer und verließ rasch und mürrisch das Haus.

Nicht ein Wort wurde gesprochen, als sich die leichte Bambusthür wieder hinter den Beiden schloß, und die Zurückbleibenden horchten viele Minuten lang lautlos und aufmerksam den, bald in der Ferne verhallenden Schritten. Der Mann von der Kitty Clover, Bob mit Namen, brach zuerst das Schweigen wieder, und sich mit finster zusammengezogenen Brauen den Hut aus der Stirn rückend brummte er, mehr mit sich selbst als zu den Anderen redend, und die letzten Worte des wunderlichen Burschen wiederholend, der hier so plötzlich zwischen ihnen aufgetaucht und verschwunden war:

»Besser keine Gesellschaft wie schlechte? — Wetter Kamerad, Du würdest weit in der Welt herumsuchen müssen, wenn Du schlechtere finden wolltest wie Dein eigenes süßes Ich.«

»Kennt Ihr ihn?« frug Jim rasch, sich zugleich nach dem Sprecher umdrehend.

»Vielleicht nicht so gut wie Ihr,« lachte dieser trocken, »aber immer doch gut genug froh zu sein, daß ihm mein Gesicht nicht gerade alte Scenen in's Gedächtniß zurückrief. Wir waren vor gar nicht so langen Jahren Schiffskameraden, ja Vortopgäste zusammen, und er wurde gepeitscht und später in Ketten an Land geschafft, weil er das M. und D. nicht von einander zu unterscheiden wußte.«

»Das M. und D.?« sagte Jim erstaunt.

»Nun das Mein und Dein,« lachte der Wallfischfänger, »aber

noch schlimmere Sachen wurden ihm zur Last gelegt, und ein halbes Wunder nur rettete ihn damals von der Raanocke — verdient hatte er sie schon zehnmal.«

»Aufgepaßt!« flüsterte da die Stimme der Alten rasch und vorsichtig dazwischen — »aufgepaßt, draußen sind wieder Schritte die da nicht hingehören — und der faule Gauch von einem Schuster kauert da wahrhaftig wieder hinter seiner dickleibigen Bibel und schmiert die Seiten voll Cocosöl — hinaus mit Dir, Menschenkind, wohin Du gehörst, und daß doch der Böse mit Dir und dem Buch davonflöge.«

Murphy schien allerdings vollständig ausgeschlafen zu haben, und hatte sich, da ihm die Flasche wieder abhanden gekommen, seinen allnächtlichen Tröster, die Bibel, vom Gesims geholt, über der er bei dem matten Licht der unsteten Flamme brütete. Mütterchen Tot's Zornrede störte ihn nun allerdings etwas in dieser löblichen Beschäftigung, aber theils ärgerlich gemacht durch den Verlust des Brandy, theils durch die unermüdlichen Angriffe der Mosquiten, derer er sich heute Abend kaum erwehren konnte, war ein sonst an ihm kaum denkbarer Geist, der Geist des Widerspruchs, in ihn gefahren, und mürrisch über das Buch und das Licht wegsehend rief er mit seiner feinen, jetzt ärgerlich erregten Stimme:

»Ach zum Henker, ich habe draußen Nichts zu suchen, und wenn man Einen wie einen Menschen behandelte, könnte man auch wie ein Mensch existiren. Laß die aufpassen die sich vor was zu fürchten haben; Murphy hat ein gutes Gewissen und sitzt hier lange gut.«

»Nun das hat mir noch gefehlt!« schrie Mütterchen Tot, von ihrem Sitz empor und auf den Rebellen zufahrend, der nur eben Zeit genug behielt das Gestell mit der Lampe zwischen sich und die Megäre zu bringen. Mütterchen Tot schien aber seine Taktik schon zu kennen, und mit einem Griff ihrer langen Arme um die Flamme herumgreifend erwischte sie das Buch, hob es mit beiden Armen auf und schleuderte es blitzesschnell und mit einem ingrimmigen Fluch nach dem Kopf des kleinen Schusters, der nur durch rasches Untertauchen dem nicht unbeträchtlichen Gewicht des Bandes entgehen konnte. »Da,« schrie sie dabei, kirschroth vor Wuth — »da Du Lump, da nimm das und studier's, und nun hinaus mit Dir, oder so wahr da oben der Mond am Himmel steht, ich gieße Dir das heiße Cocosöl über den Leib, und brühe Dich wie ein unreines Schwein das Du bist — Du — Du Lederstecher Du.«

»Zum Teufel noch einmal, Mütterchen,« rief aber Jim jetzt dazwischen, der sich indessen ebenfalls zum Fortgehen bereit gemacht, und seine Jacke zugeknöpft, seinen Hut aufgesetzt hatte — »laßt den Lärm hier, Ihr macht ja einen Skandal, daß die Hunde am Strand an zu bellen fangen. Mir wird's unheimlich hier drin, und ich suche mir lieber ein stilleres Quartier. Komm Kamerad, ich will Dich noch in gute Gesellschaft bringen, heut' Abend, und morgen früh dann — Teufel!« unterbrach er sich aber rasch und erschreckt, denn draußen rasselten plötzlich, wie auf ein gegebenes Kommando, eine Anzahl Gewehrkolben auf den Boden, dicht an dem Eingang der Hütte nieder, und die Stimme eines Befehlenden in Französischer Sprache wurde laut:

»Zwei von Euch um das Haus herum, ob es noch einen anderen Eingang hat, und Ihr hier bleibt an der Thür; was mit Gewalt hindurch will den stoßt Ihr nieder — Feuer auf jeden Flüchtling.«

»Alle Wetter,« brummte Bob, jetzt ebenfalls aufspringend, und seine Segeltuch-Hosen nach Art der Seeleute in die Höhe zerrend — »Jack ist ihnen zur rechten Zeit aus den Klauen gerutscht.«

Es blieb ihm keine Zeit zu weiterer Bemerkungen, denn die Thür wurde in diesem Augenblick aufgerissen, und sich bückend trat ein Französischer See-Officier ein, dem eine Anzahl Marinesoldaten mit aufgepflanztem Bajonett folgten, und somit ein Verlassen der Hütte, die keine Fenster hatte, unmöglich machte.

Der Officier, dessen Blick den inneren Raum, soweit das nämlich das ungewisse Licht der Cocosflamme erlaubte, überflog, haftete zuerst auf Murphy selber der, sich wenig um die Patrouille oder Haussuchung kümmernd, an die er durch eine lange Reihe von Jahren auch wohl schon gewöhnt sein mochte, nur rasch und bestürzt seine Bibel aufgegriffen hatte, und mit dem dicken Buch jetzt gar nicht schnell genug in seine Hülfskalebasse hineinfahren konnte.

»Hallo Sir — was habt Ihr da so Kostbares zu verstecken he?« rief er in Englischer Sprache, und ging langsam auf den kleinen Mann zu, der fast instinktartig das erst halb hineingezwängte Buch bei Seite und in den Schatten drückte, und nach einem angefangenen Schuh griff, als ob er mitten in der Nacht seine mit Dunkelwerden aufgegebene Arbeit wieder beginnen wolle.

»Und seid Ihr hierhergekommen, Sirrah, unsere Taschen zu visitiren?« knurrte aber unwirsch der kleine Ire, der schon einen tückischen Seitenblick nach der ihm verhaßten Uniform warf, und seinen ganzen trotzköpfigen Muth oder eher Widerspruchsgeist zurückbekommen hatte, als er fand daß der nächtliche Besuch nur Soldaten und keine Missionaire waren, »wenn's mir Vergnügen macht, kann ich meine Kalebassen und Taschen so voll stopfen wie und mit was ich will — was geht's Euch an?«

»Langsam mein Bursche, langsam,« lachte der Officier, unser alter Bekannter Bertrand, durch die mürrische Antwort keineswegs böse gemacht — »wenn ich nachher neugierig werden sollte, wirst Du mir's doch noch zeigen müssen, jetzt aber vor allen Dingen wollen wir Deine Wohnung einmal etwas genauer besehen, ob wir nicht einen alten Freund und Schiffskameraden darin entdecken können, der sich wahrscheinlich von Bord verlaufen hat, und in der dunklen Nacht nicht wieder dorthin zurückfinden kann. Die Guiaven stehen gar zu dicht um Euer Haus — Ihr solltet sie ein wenig lichten.«

»Wie ich merke stehen sie doch noch immer nicht dicht genug;« brummte Murphy halblaut vor sich hin, Mütterchen Tot nahm aber für ihn die Unterhaltung auf, und mit ihrer schrillen Stimme kreischte sie dem Officier entgegen:

»Deine Wohnung, Deine Wohnung? wessen Wohnung habt Ihr hier anders als meine? und glaubt Ihr daß der schmutzige Schuster da eine Wohnung für sich selber hat? — Ist das auch eine Manier einer armen alleinstehenden Frau bei Nacht und Nebel in's Haus zu fallen, und sie zu erschrecken, daß sie den Tod davon haben könnte? was wollt Ihr? wer seid Ihr? wen sucht Ihr? nun, habt Ihr die Sprache verloren daß Ihr dasteht wie von Gott verlassen?«

»Alle Wetter,« lachte Bertrand, der sich erst jetzt von seinem Staunen über die wunderbare, vor ihm aufsteigende und von der Flamme phantastisch genug beschienene Gestalt erholen konnte — »das ist eine Dame; bei Allem was da schwimmt, ich hatte keine Ahnung daß sich das schöne Geschlecht auch in solch alte Ueberröcke zurückziehen könnte.«

»Ach was schöne Geschlecht — Dame,« knurrte die Megäre, »was wollt Ihr, wen sucht Ihr? und ein Bischen rasch, denn es ist Schlafenszeit, und ich möchte meine Ruhe haben wie ich's verlangen kann.«

Der Officier hörte schon kaum mehr auf sie, sondern näher zum Licht tretend, und seine Augen mit der linken ausgestreckten Hand dagegen schützend suchte er vor allen Dingen herauszubekommen, ob außer den, neben der Lampe sitzenden Individuen noch Andere vielleicht in der Hütte befindlich, oder gar versteckt wären, einer eben nur oberflächlichen Untersuchung auf bequeme Art auszuweichen.

Jim hatte erst wirklich, und wie er das erste Niederstoßen der Gewehrkolben hörte, eine Bewegung gemacht, als ob er sich in den hinteren und dunkleren Theil der Hütte zurückziehen wolle, als aber sein scharfes Ohr auch dort draußen Schritte hörte, blieb er ruhig stehen und ließ sich dann sogar, als eben der Officier die Hütte betrat, wieder auf seinen alten Platz nieder, wo er, den Kopf in die Hände gestützt, und den breiträndigen Wachstuchhut nur etwas tiefer in die Augen gezogen, ruhig sitzen blieb, und das Ganze mit vollkommen gutem Gewissen schien abwarten zu wollen. Nur der mißtrauische und finstere Blick, den er heimlich, unter dem Schatten seiner Hutkrempe vor, nach dem Officier hinüberschoß, wie die fest zusammengebissenen Zähne hätten können ahnen lassen, daß doch nicht Alles mit ihm so gut und richtig sei, und er vielleicht gegenwärtig lieber den von Mosquitos am meisten heimgesuchten Guiavensumpf, als gerade diesen behaglichen Platz auf dem er sich befand, inne haben möchte.

»Was oder wen ich suche, Madame?« wiederholte Bertrand langsam und fast wie mit sich selber redend — »hm, Jack scheint sich richtig aus dem Staub gemacht oder doch einen sichereren Platz aufgefunden zu haben. Ihr, da, zwei von Euch« wandte er sich dann in französischer Sprache an die Soldaten, »sucht einmal an der Wand hin, ob Ihr nicht irgendwo noch Jemand entdeckt, und wenn so, bringt ihn her zum Licht; vielleicht können mir indessen diese beiden Burschen, die da so schweigsam sitzen, etwas nähere Auskunft über den Gesuchten geben. Heda Gentlemen,« wandte er sich jetzt an die beiden Leute, von denen Bob nicht als Matrose zu verkennen war, während selbst Jim einen ziemlich seemännischen Anstrich hatte, und hier auf Tahiti, wo man kaum Leute anderen Berufs vermuthen konnte, recht gut für zu Salzwasser gehörig gelten konnte — »ich suche einen entsprungenen Mann von der Jeanne d'Arc, der auf den Namen Jack hört, und sonst ein so durchtriebener nichtsnutziger Schuft ist, wie nur je Einer Schuhleder zertreten oder das Deck eines Schiffes gewaschen hat. Kann mich Einer von Euch auf die Spur bringen?«

»Spur bringen?« brummte aber Bob dagegen — »wenn's auf See wäre, aber hier an Land bin ich immer froh wenn ich das Ufer selber wiederfinde, mich nicht zwischen den verdammten Bäumen zu verlaufen — da müßt Ihr Euch schon einen Anderen suchen.«

»Aber hast Du den Burschen nicht irgendwo gesichtet, Kamerad?« frug der Officier wieder, der aus dem ganzen Wesen der Alten etwas Aehnliches fast vermuthen wollte. »Er heißt Jack.«

»So heißen wir ziemlich Alle,« knurrte der Seemann — »wenn man Eines Namen nicht weiß auf Englischen Schiffen, nennt man ihn Jack — jeder Matrose ist eigentlich ein geborener Jack, und kriegt den anderen Namen, wie das Frauensvolk bei der Heirath, mit dem ersten Salzwasser-Grog ohne Zucker und Rum, den sie ihm über den Schädel gießen.«

Bertrand hatte, während Bob sprach, zuerst Jim oberflächlich betrachtet, und sich dann wieder in der Hütte umgesehen, in seiner Erinnerung wurden aber andere Bilder wach, und wieder und wieder kehrte sein Blick zu den halbbeschatteten Zügen des Mannes zurück, der am Feuer mit zusammengezogenen Brauen saß und jetzt anfing in seiner Tasche nach Tabak zu suchen, sich eine Pfeife zu stopfen.

»Hallo Kamerad,« sagte er endlich, als die beiden Soldaten zurückgekommen waren und gemeldet hatten daß sich Niemand weiter in der Hütte befinde, »wo haben wir Beide denn schon einmal unser Fahrwasser gekreuzt? — Du bist ein Engländer?«

»Wenigstens nicht weit davon,« brummte Jim, sich noch mehr in seine Pfeife vertiefend, und jetzt halb vom Lichte abgewandt — »habe aber nicht die Ehre — Menschen gleichen sich wie Blätter und Eier — tragen Alle die Nase mitten im Gesichte.«

Bertrand barg einen Augenblick die Augen in der Hand, wie um durch keine äußeren Eindrücke sein Gedächtniß zu beirren — ein thatenreiches Leben flog ihm in wirren Bildern vor dem inneren Geist vorüber; aber zu viel der Scenen, zu viel der Gestalten wechselten und schwammen da durcheinander, als ihm so rasch zu gestatten daß er sich den einen, verlangten herausgriffe aus der Masse, und nur den Kopf schüttelnd, schritt er mit verschränkten Armen ein paar Mal auf und ab in der Hütte, ohne, wie es schien, auf die Inwohner viel zu achten, ja fast vergessend, weshalb er eigentlich hierhergekommen.

Jim war dabei diese höchst unnöthige Aufmerksamkeit, die der Officier, den er selber recht gut wiedererkannte, auf ihn wandte, nichts weniger als angenehm, und er fing an sich eben nicht mehr so sicher auf seinem Platz zu fühlen. Er stand langsam auf und zog sich dem Hintergrund der Hütte zu.

Bertrand stampfte ungeduldig mit dem Fuß.

»Weiß der Teufel,« murmelte er dabei leise vor sich hin, »wo mir die Galgenphysionomie schon einmal vorgekommen, aber nichts Unbedeutendes war's das ist sicher — nun vielleicht fällt's mir wieder ein — ha — « sagte er, emporsehend, als er den Seemann nicht mehr auf seinem Sitz erblickte — »ah, der Herr schläft wohl hier, und will sich sein Lager zurechtmachen? — habt Ihr Erlaubniß an Lande zu bleiben, und auf welches Schiff gehört Ihr?«

»Ich gehöre auf gar kein's,« entgegnete Jim finster aus dem Halbdunkel der Hütte vor — »die Insel hier ist meine Heimath, und ich werde d'rauf schlafen können, denk' ich.«

»Und Du, mein Bursche, auf welches Schiff gehörst Du?« wandte er sich jetzt zu Bob — »oder rechnest Du Dich etwa auch zu den Eingeborenen, mit Deiner Furcht vor den Bäumen?«

»Verdamm es, nein,« brummte der Seemann, »ich gehöre zur Kitty Clover.«

»Dem Wallfischfänger?«

»Ja.«

»Und weshalb bist Du da nicht an Bord, Sirrah?« frug der Officier scharf, »die Kitty Clover steht überhaupt in dem Verdacht andere Ladung als Thran an Bord zu führen, und wenn ich nicht irre haben die Missionaire schon Klage eingereicht, daß Ihr den ganzen Ort mit Brandy überschwemmt.«

»Die Missionaire können zu Grase gehen,« erwiederte Bob gleichgültig, »die schwatzen viel wenn der Tag lang ist. Was übrigens die Kitty Clover thut geht mich nichts an — die Kitty Clover ist ein ganz selbstständiges Frauenzimmer.«

Bertrand lachte. »Doch apropos,« rief er plötzlich, sich zu Murphy wendend, der noch immer auf seinem niederen Schemel saß, und den in der Eile aufgegriffenen Schuh wie mißtrauisch betrachtete, »was war's denn was der Bursche da vorhin versteckte? seh doch einmal Einer von Euch nach — in der Kalebasse da drüben muß es sein, vielleicht daß uns das auf Jacks Spur bringt.«

»Und was habt Ihr Euch um anderer Leute Kalebassen zu bekümmern?« rief aber die Frau jetzt, zum ersten Mal des Schusters Parthei ergreifend, der nur mit finster trotzigem Blick vor sein Eigenthum trat, und nicht übel Willens schien es zum Aeußersten zu vertheidigen — »hab ich Euch nicht gesagt daß ich Nichts von Euerem ganzen Gesindel weiß, und mir noch weniger daraus mache, und überhaupt wünsche die gottvergessenen Wi-Wis in meinem ganzen Leben nicht gesehen zu haben? — ist das jetzt Zeit, mitten in der Nacht bei einer armen alten Frau einzubrechen, das Unterste zu oberst zu kehren, und unschuldige Leute mit geladenen Gewehren und Bajonetten zu erschrecken? Fort mit Euch wohin Ihr selber gehört, was wollt Ihr von uns? — was steht Ihr noch da?«

»Komm hier Mütterchen,« lachte aber der eine Soldat, ein riesiger Bursche, sie und Murphy zu gleicher Zeit aber sanft bei Seite schiebend, während der Andere, unter Murphys Armen fort, die fragliche Kalebasse mit dem Bajonnet anspießte und nach vorn zog, wo das allerdings höchst unverdächtige Buch zu Lichte rollte.

»Eine Bibel,« lachte der Officier, »und weshalb versteckst Du die vor mir? — hab' keine Furcht mein frommer Bursche, ich wäre der Letzte der Dich in Deiner Andacht störte — laßt sie los.«

»Gottes Fluch über Euch!« schrie aber jetzt die Alte, durch das ruhige Verhalten der Leute nur noch mehr in Wuth gebracht. »Pest und Gift in Euere Knochen, und faulende Krankheit, daß Ihr eine arme Frau mißhandelt und drückt in ihrem eigenen Haus!« und zufällig vielleicht, oder auch mit Absicht das heiße Cocosöl über die Eindringlinge auszuschütten, stieß sie zu gleicher Zeit das hohe und leichte Bambusgestell, auf dem Murphys Cocosschale mit dem darin brennenden Docht stand, um, und die Soldaten konnten auch wirklich eben nur unter laut ausgestoßenen Flüchen zur Seite springen, dem drohenden Oel, das sich jetzt entzündete, zu entgehen. Auf dem Boden aber schlug es in heller Flamme empor, den Platz mit seinem Lichte übergießend.

»Alle Wetter Madonna,« rief Bertrand, der lachend zurücksprang, »Du wirst Dir selber das Haus über dem Kopf anzünden, und da hinten — « sein Blick fiel in diesem Moment auf das, ihm fast unwillkürlich zugewandte Antlitz des Iren, der sich überrascht nach der hellen Flamme umschaute, und wie ein zündender Blitz sprang zu gleicher Zeit die Erinnerung an jene Nacht in ihm auf, die Jack schon früher gegen Jim erwähnt, seinem Gedächtniß mit Zauberschnelle das Wo und Wie jener Züge in die Seele rufend.

337

»Sapristi,« schrie er, den Degen mit dem Wort aus der Scheide reißend und gegen den Iren anspringend — »hab' ich Dich, Kamerad — ergieb Dich Schuft! hierher Ihr Leute!«

»Verdammt!« knirrschte Jim zwischen den Zähnen durch, »aber noch habt Ihr mich nicht!« und einen Sessel der dort stand aufgreifend, und dem Franzosen vor die Füße schleudernd, daß dieser auf die Seite springen mußte nicht darüber zu fallen, warf er sich, ehe die Soldaten herbeieilen oder selbst Bertrand ihn erreichen konnte, mit aller Gewalt gegen einen der Bambusstäbe an, der, jedenfalls schon zu einem heimlichen Ausgang, einer Art Nothröhre benutzt, seinem Gewicht nachgab und sich nach außen bog. Der Körper des Flüchtigen war im Nu dahinter verschwunden, und als der Officier vorspringend mit seinem Degen einen Stoß nach dem Entsprungenen führte, traf der zurückschnellende Bambus die Klinge, und brach sie in der Mitte, wie Glas entzwei.

»Feuer! beim Teufel — Feuer!« schrie Bertrand, wüthend gemacht, und dem Knacken der Hähne folgte mit Blitzesschnelle eine Salve, mit wenig mehr Erfolg aber wohl, als den Bambus an einigen Stellen zu zersplittern und die Hütte mit Pulverrauch zu füllen.

Der einzige Ruhige während der ganzen wilden Scene schien Bob, der regungslos auf seinem Platz sitzen geblieben war, und nur nach dem Verschwinden Jims und der rasch gefeuerten Salven wie spöttisch mit dem Kopf schüttelte. »Hm, möchte wissen was da im Winde ist — verteufelter Kerl, wie fix er durch die Wand war,« murmelte er vor sich hin; »sein Hals kann auch seinen Beinen dankbar sein, mein' ich, denn auf einen bloßen Deserteur wird doch nicht gleich geschossen — hab's mir aber etwa gedacht, daß der Bursche wohl was erzählen könnte — wenn er nur wollte.«

Ein paar Soldaten wollten jetzt rasch zur Thür hinaus, dem Flüchtigen nachzusetzen, Bertrand rief sie aber zurück.

»Laßt ihn heute, in dem Unterholz ist er schon lange in Sicherheit,« sagte er seine Klinge vom Boden aufhebend und den Sprung, mit einem leise gemurmelten Fluch wieder zusammenpassend — »wart' aber Canaille; also hier nach Tahiti her hast Du Dich gefunden? — nun hoffentlich war das nicht das letzte Mal daß wir einander begegnet sind, und das nächste Mal kenn' ich Dich, darauf kannst Du Dich verlassen. Und Du Mütterchen,« wandte er sich plötzlich an die alte Frau, die knurrend und keifend neben dem qualmenden brennenden Oele stand, und giftige Blicke bald nach der Ursache dieser Ueberstürzung ihres Hausstandes, bald nach dem unglücklichen Schuster hinüber warf, an dem sie nur noch nicht recht wußte, wie sie einen Halt bekommen sollte, ihren Grimm auszulassen, »Du kannst mir vielleicht sagen wie der Bursche, der da eben durch Deine Wand sprang, heißt, was er treibt und wo er wohnt.«

Mütterchen Tot war aber keineswegs in der Laune irgend eine Auskunft zu geben, und ihren vollen Grimm gegen den Frager kehrend, überhäufte sie ihn mit einer wahren Fluth von Schimpfreden und Zorneswoten, daß er verlange sie solle alles Gesindel kennen, das sich auf der Insel herumtriebe, und die Wohnung von Leuten angeben die zu ihr in's Haus kämen einen Dollar zu verzehren, wovon sie leben müsse in ihren alten Tagen.

Bob wollte ebenfalls von Nichts wissen, und Bertrand sah wohl ein daß er hier nur seine, jetzt weit kostbarere Zeit vergeuden würde, aus den hier Anwesenden durch Drohungen oder Bitten etwas herauszulocken. Vielleicht aber vermochte ihm ihr Eigennutz, dieser gewaltige Hebel der Menschheit mehr zu nützen, und sich an die Alte wendend da der Matrose wohl schwerlich einen Kameraden verrathen würde, sagte er ruhig:

»Frieden Mütterchen, eben weil Ihr eine arme verlassene Wittwe seid, red' ich zu Euerem Besten, und wollt Ihr einen Haufen Geld mit einem Schlag verdienen, so habt Ihr weiter Nichts zu thun als Ja zu sagen.«

»Haufen Geld,« mumpelte die Alte mürrisch, aber auf einmal merkwürdig besänftigt, in ihrem zahnlosen Mund — »Haufen Geld, ja mit der Zunge, da versprecht Ihr Wi-Wis das Blaue vom Himmel herunter — Haufen Geld — wie soll eine arme verlassene Wittwe einen Haufen Geld verdienen in dieser schweren, drückenden Zeit? — fort mit Euch, ich kenne Euch schon von alten Zeiten her.«

»Schon gut, Madonna, also Du weißt nicht wo jener Bursche, der da eben durch die Bambuswand sprang, und mit der Gelegenheit dieses Hauses außerordentlich vertraut scheint, sich über Tag aufhält, und wo er wohnt?«

»Nein — Nichts,« brummte die Alte mürrisch.

»Weißt auch nicht wie er heißt?«

Die Alte zögerte und sah halb unschlüssig Bob an, der aber sog ruhig an seiner Pfeife und schaute still und heimlich lächelnd vor sich nieder – sie schüttelte trotzig mit dem Kopf.

»Gut,« sagte Bertrand, sich die Lippen beißend, »vielleicht fällt Dir's später ein; frisch sich aber Dein Gedächtniß, so kannst Du 500 Frank – verstehst Du? – 500 Frank verdienen, wenn Du mir Gelegenheit giebst des Schuftes habhaft zu werden.«

»Fünfhundert Frank?« sagte die Alte ungläubig.

»Auf der Stelle ausgezahlt, sobald wir den Burschen in unsere Gewalt bekommen – und selbst für den Anderen sollst Du zweihundert haben, wenn Du uns zu seiner Ergreifung behülflich bist.«

Bob hob jetzt zum ersten Mal den Blick vom Boden auf, und sah die Alte lauernd an – Mütterchen Tot schien aber in der That in tiefem Nachdenken verloren über den Vorschlag, und es bedurfte einiger Minuten, ehe sie die Versuchung von sich abschütteln konnte – wenn sie sich nicht etwa gar vor den Zeugen genirte.

»Ich will Nichts mit der Sache zu thun haben,« brummte sie kopfschüttelnd – »hat O'Flannagan sich – «

»O'Flannagan?« frug Bertrand rasch.

»Ach zum Teufel!« rief die Alte, jetzt selber ärgerlich werdend – »lauert Einem nicht das Wort von den Lippen, eh' es gesprochen ist – was weiß ich wie Einer heißt der bei mir aus und ein geht, und sich so oder so nennen kann – wen kümmerts. Es ist Nachtschlafenszeit, und ich will meine Ruhe haben in meinem eigenen Haus – versteht Ihr das?«

»Ich versteh' Euch, Mütterchen,« lachte aber Bertrand – »danke übrigens für den Wink, und – vergeßt die 500 Frank nicht. – Doch jetzt: Achtung. Ihr Leute rechts umkehrt und vorwärts marsch!« und den Soldaten voran schreitend, die ihm durch die niedere Thür mit gebückten Köpfen folgten, verließ er rasch das Haus, und bald verklang der letzte Schritt der bewaffneten Männer in der Ferne.

Bob war aufgestanden und lauschte dem weiter und weiter verschwimmenden Geräusch der ihm genug verhaßten Franzosen. Dann sich den Hosengürtel nach Seemannsart in die Höhe rückend und den Hut etwas weiter aus dem Gesicht schiebend, drückte er beide Hände neben den Hüften in den Bund und drehte sich ab, ohne weiteres Wort oder Gruß das Haus zu verlassen.

Die Alte sah ihm finster und schweigend nach, ohne ihn aufzuhalten, in der Thür aber blieb er plötzlich noch einmal stehen, drehte sich um, nahm mit der linken Hand die Pfeife aus dem Munde, und sagte:

»Mein Name ist Bob Candy,« und sich dann auf dem Absatz herumschwingend, verschwand er durch die noch offene Thür.

Mütterchen Tot aber löschte die Lichter aus, ohne auf Murphy oder den jetzt wieder zum Feuer niedergekauerten Indianer irgend eine Rücksicht zu nehmen, und drückte sich mürrisch und knurrend auf ihr Lager in der Ecke nieder. Sie hatte den Kopf voll, und selbst der kleine Schuster konnte sich heut Abend unbelästigt auf sein Lager werfen, den Mosquitos ein paar Stunden Schlaf abzuringen.

* * * * *